本书获 2014 年贵州省出版发展专项资金资助

"共和国民族之魂丛书" 编委会

共和国

少数民族艺术家传

Gongheguo shaoshuminzu kexuejiazhuan

金星华◎主编

乔继堂 乔盖乔◎编著

贵州出版集团
贵州民族出版社

图书在版编目（CIP）数据

共和国少数民族艺术家传 / 金星华主编；乔继堂，
乔盖乔编著．—贵阳：贵州民族出版社，2015.9（2020.7 重印）
（共和国民族之魂丛书/金星华主编）
ISBN 978－7－5412－2230－6

Ⅰ.①共…　Ⅱ.①金…　②乔…　③乔…　Ⅲ.①少数民
族—艺术家—生平事迹—中国　Ⅳ.①K825.7

中国版本图书馆 CIP 数据核字（2015）第 176666 号

共和国民族之魂丛书
共和国少数民族艺术家传

―――――――――――――――

主　　编：金星华
编　　著：乔继堂　乔盖乔
出版发行：贵州民族出版社
社址邮编：贵阳市观山湖区会展东路贵州出版集团大楼　　　550081
电　　话：0851－86826871
传　　真：0851－86826871
印　　刷：山东龙岳文化传媒有限公司
版　　次：2015 年 9 月第 1 版
印　　次：2020 年 7 月第 3 次印刷
开　　本：787mm×1092mm　1/16
印　　张：27
字　　数：470 千
定　　价：68.00 元

目　　录

前　言

说起我国的少数民族，"能歌善舞"往往是用来概括他们特点的最为常用的词汇，这足以说明我国少数民族艺术的高度发达。共和国的艺术园地，正是有了各少数民族艺术的装点，才显得多姿多彩。在民族民间艺术土壤上成长起来的少数民族艺术家，为我国的艺术事业作出了不可多得的贡献，我国各民族艺术家共同创造的中华艺术，已经成为世界艺术园地的一朵奇葩。

一

说起我国少数民族的杰出人物，在各个职业类别当中，恐怕要数艺术家最为人所熟知了。然而，"艺术"并非远比"文化"更容易界定的概念，因此，"艺术家"是不能够简单认识的。

按照现代学科的分类——诸如教育系统的分类，归入艺术的，包括音乐、美术、舞蹈、戏剧、影视等；其中各个大类之中，又有许多小类，比如美术中的绘画、雕塑、工艺美术等，音乐又包括声乐、器乐、作曲、指挥等；小类之中，又有进一步的分类，比如绘画中的油画、国画、版画等。这里，我们无须对此进行深入探讨，只是要说：很显然，从事这些艺术门类的卓然成家者，都应该属于艺术家的行列。

实际上，在国土辽阔、民族众多的我国，情况远比学术上的学科分类更为复杂。比如我们可以提出这样的问题：进入学院课堂的是艺术，流行山野的那些是不是？搬上舞台（或者其他传播平台）的是艺术，那么与生活共生的那些是不是？大众普及的是艺术，那么相对小众（但并非阳春白雪）的那些是不是？全国性的是艺术，那么地方性的那些是不是？这些问题，乍一看，似乎并不难回答，但如果加上一个"家"字，从而确定从事诸如此类活动的人是不是"艺术家"，恐怕就众说纷纭了。

这里反映出的是一个如何全面认识"艺术"——也就是中华民族文化财富的问题。现实中，我们往往对某些事物给予格外的关注，而对另外一些却很少青眼相加——锦上一再添花，雪中难得送炭。这就造成了那些与各民族人民的生活共生的、山野的、地方性的原生艺术、乡土艺术，未能得到足够重视、研究、传承、发展。而我国少数民族的艺术，可以说，绝大多数是属于这一类的。当近些年通过大众传媒听到少数民族天籁般的原生态民歌，而且专家学者们也为其中的艺术技巧惊叹的时候，我们无疑应该体会到过去很长一段时间对她们（艺术）和他们（艺术家）是多么的轻忽。好在近些年来，随着世界性的文化多样性的追求，这种情况已经得到极大改善；相应地，我们这里对艺术家的认识，也很自然地有了一个更为宽泛也更为切实的视角。

其实，就学术文化的不同领域来说，艺术是少数民族最能够出"家"的领域。众所周知，由于历史原因，旧时大多数少数民族教育不算发达，因此在学术，尤其是自然科学领域成名成家，并不容易。而艺术领域就大为不同了：歌舞等艺术，原本就是少数民族，尤其是边疆少数民族生活中的一部分，其普及和深入，自然成为培育少数民族艺术家的丰沃土壤。

二

根植生活、丰富多彩的民族民间艺术，为少数民族艺术家的成长提供了丰沃的土壤，而他们艺术修养的提升和艺术生涯的延长也有赖于专业的培养和国家的支持。这里可以从人们耳熟能详的几个事情来加以说明。

1956 年，上海音乐学院第一次有少数民族的学生来学习声乐，维吾尔族、黎族、彝族各一人。这给学校提出了一个问题，那就是如何既学习西洋技巧又保持民族特点，达到二者的完美结合。正是这一课题，催生了上海音乐学院民族班。1958 年，民族班正式成立，开设声乐专业，有藏族、维吾尔族、苗族、彝族、蒙古族、朝鲜族、白族、黎族等 8 个民族的学生13 人（后来发展到 12 个民族、25 人），其中大多数是擅长演唱本民族民歌的歌手。他们当中的绝大多数，后来都成为蜚声国内外的歌唱家，如藏族的才旦卓玛，维吾尔族的热比娅·穆罕默德，苗族的阿旺、何纪光，白族的赵履珠等。担任教学任务的有 8 位教师，其中有知名的声乐教育家周小燕、王品素等，他们每人教 1~4 个学生，尽其所能，因材施教。实践证明，民族班的教学极为成功，每一位学员的歌唱能力和艺术表现力都有了很大提高。对此，当时有报道说："首先证明此路（西洋、民族结合）可行的是藏族学生才旦卓玛。才旦一直保持着她的大嗓（真声）唱法，但是，她的歌唱能力在教师的指导之下，有很大的提高，声音更嘹亮、更圆润，气息更深长了，并且逐渐形成独立的艺术创造能力。她在歌唱悠长舒缓的藏族民歌时，使人更加入迷。"才旦卓玛谈到学习前后的体会时说：
"从前在草原上唱歌，只要唱出声音就算数，自然不讲发声、用气是否正确，因此，有时多唱几首歌，就觉得喉咙发干，现在，多唱些也没有什么影响。"

中央民族歌舞团是我国少数民族歌舞艺术的专业团体，成立于1952年。歌舞团的发展史，也可以说就是少数民族声乐、器乐、舞蹈人才的发现、吸收和培养的历史。如今，它是我国少数民族歌舞艺术家荟萃的专业团体，有着德德玛、克里木、杨丽萍、曲比阿乌等一大批新老艺术家。

少数民族艺术人才的脱颖而出，还有一个因素，就是各个时期的文艺会演。早在新中国成立十周年庆祝活动中，就有少数民族歌舞艺术人才崭露头角。进入新时期以来，1980年，我国历史性地举办了少数民族文艺会演。这次会演整整持续了1个月。上演的节目有278个，共演出109场，我国55个少数民族都有自己本民族的代表和节目参加演出，是名副其实的少数民族文艺盛会。在这届会演中，我国人口较少民族裕固族歌手银杏姬斯参加演出，以一首《裕固族姑娘就是我》，使人们欣赏到了一首好歌，记住了一位少数民族艺术家。2001年，第二届少数民族文艺会演在北京举行，37个代表团的3000多名民族文艺工作者参与演出，节目包括歌舞、舞蹈诗、乐舞、音舞诗画、综艺晚会、风情歌舞剧、交响乐、歌剧、音乐会、舞剧、扬剧、京剧、话剧、儿童剧、曲艺、黄梅戏、维吾尔族歌剧、藏戏等艺术形式。这届会演，艺术形式的多样化，充分体现了我国少数民族民间艺术的丰富多彩。此后，2006年、2012年，我国又分别举办了第三、第四届少数民族文艺会演。

笼统来说，上面的概述，涉及的基本上是少数民族的歌舞艺术，这可谓少数民族艺术的"大宗"，但绝非全部。近些年来，随着"非物质文化遗产"保护的推进，以及其他文化艺术活动的推广，少数民族艺术得到了更为广泛的展示，相信也将有更多少数民族艺术家涌现。

从科学的角度来看，无论是少数民族的民间艺术还是汉族的民间艺术，它们都有一个特点——集体性。一些民间艺术——无论是日常生活中的，还是礼俗生活中的，都以集体参与的形式出现，而非个人行为。而所谓"家"，往往是个人性的，少数民族的一些集体性艺术样式，相应也就不容易有更多个人出名成家。尽管近来诸如"非遗"的认定代表性传承人等提供了新的思路，但我们在瞩目学术的和社会的分门别类、条分缕析的"现代性"的同时，也有必要关注生活与艺术等浑然一体、共生共荣的"原生性"。

三

　　我们曾经希望总结少数民族科学家、文化学者等的特点，但总免不了挂一漏万甚至言不及义。因此，就具体事例言说，虽未尽科学，却也颇能说明问题。这里，还是就日常生活中的见闻和写作中的一些体认，做些不具系统的列举以及点滴的感发。

　　在写作中，我们注意到，就人口比例而言，一些少数民族在某些领域的卓然成家者，远远高于其他民族，比如北方的满族，南方的白族。其原因，可谓十分明显，那就是历来对教育的重视，对文化艺术的推崇。在某些艺术门类中，有的民族名家辈出，十分惹眼，比如满族之于相声艺术，名家不下十数位，几乎可谓占尽半壁天下。对此，相应的艺术发展史乃至人们的偏好，都可以做出一定的解释，但也必须注意到传统的艺术传承方式在其中的作用。进入现代以来，学校教育几乎颠覆了传统的师徒传承方式，但其成就值得反思。比如，旧时京剧的"科班"习艺和"名角制"，与现在的院团习艺和"导演制"，勿论孰优孰劣，但不能不说各有利弊。学术领域的书院和学校，也是如此。倒退回过去固然行不通，但割断历史也未必能行得远。凡事还是不要"一刀切"，多样化才好。

　　鲁迅先生有过一句名言："民族的就是世界的。"这话是否科学，姑且不论。但在艺术领域，确实存在土与洋的问题。在上海音乐学院的早期少数民族学员中，曾经有人几乎完全丢弃自己民族的唱法，一味学习西洋唱法。老师们敏锐地注意到了这一点，教导少数民族学员不要放弃自己民族的唱法，而是要寻求民族唱法和西洋唱法的结合，形成自己的艺术风格。在老师的指导下，学员们在这方面取得了长足进步，其中才旦卓玛、热比娅可谓典型代表。成名后的才旦卓玛完全有条件进入中央文艺团体，但周恩来总理希望她"不要离开自己的土壤"，不要丢掉"酥油糌粑的味道"；同样，热比娅也回到了新疆，不仅延续了自己的艺术生命，还为本民族培养了一大批声乐艺术人才。回头来看，才旦卓玛和热比娅的路子是对的。这里，就涉及了民族民间艺术的"坚守"的问题。在"全球化"似乎要抹平不同人群、不同社会的所有沟沟坎坎，"创新"几乎成为极度高频词汇的今天，"坚守"的意义不言而喻。

　　还有一些要坚守的，诸如艺德。老一辈少数民族艺术家，在这方面表现突出。京剧名家马连良曾经为一家公司录制《甘露寺》唱片，有人听了其中乔玄的唱段，向马连良提出意见说，唱词中"他有个二弟寿亭侯"一句，"寿"字前少了个"汉"字，而"汉寿"是个地名，"亭侯"是爵位名，缺了一个字，全句就不通了。马连良听后十分不安，于是立即要求公司停售唱片，并收回已售唱片，悉数退款。公司认为此举会造成巨大经济损失，迟迟不肯行动。情急之下，马连良自掏腰包，买下所有唱片，全部销毁。事后，当有人问马连良为何这样做时，他说："明知有错还任其流传，这不仅遭识者讥笑，更是亵渎听众，既愧对前人，而且贻害后辈。"这种负责任的态度，对于"无错不成××"的今天来说，不啻警钟。

李德伦是20世纪中国的著名指挥家，他被誉称"中国交响乐之父"，固然首先在于他推动国内交响乐演出以及国际交流所作出的贡献，也与他在普及交响乐方面的努力不无关系。作为成名的指挥家，他曾不辞辛苦，到全国各地大学、工厂和机关团体举办"交响乐讲座"，普及交响乐知识，培养人们对交响乐的兴趣和素养。这种艺术使命和大众情怀的结合，无疑使他在人们的心目中树立起一座丰碑。而李德伦带学生，会先给他们开书单，其中好些书跟音乐并无直接关系，诸如茅盾的《子夜》，朱光潜的《给青年的十二封信》，等等。他不仅要求学生阅读，还要提问、交流，把自己的体验传达给学生，让学生在学习音乐时有更内在、更深刻、更细腻的感受。这种教学理念和方法，对今天的艺术教育乃至其他学科的教育，都有其借鉴意义。

作为20世纪中国最为杰出的舞蹈家，贾作光在回顾自己的创作道路时说："我的作品没有一个是哀怨、悲观的，因为我在创作过程中总是充满热情，向往美好。"无疑，这样的作品会使人们现实的生活更为充实，未来的生活充满希望。少数民族的艺术，大都有这样的价值，而这也是少数民族艺术家的追求。

四

相对于科学家和文化学者来说，少数民族艺术家是一个受到更多关注的群体。无疑，这和艺术与人们生活的关系密不可分——生活中，在接受完学校教育之后，我们可以不再理会物理化学，但很少有谁不去听听歌曲、看看电影。与此相应，有关少数民族艺术家的宣传报道，乃至个人传记，就远为丰富。然而，同样的问题是，"星光灿烂"的关注较多，不那么"灿烂"却不乏光彩的则瞩目较少；同时，由于大众传媒的泛滥，相关宣传报道也存在严重同质化和碎片化的不足。

这本《共和国少数民族艺术家传》，旨在专门记述我国的少数民族艺术家。就时限而言，凡是曾在新中国生活的少数民族艺术家，都在收录之列。其中，绝大部分是 20 世纪上半叶出生的，也有一些出生在 19 世纪末，还有一些是"60 后"。由于某些民族艺术人才辈出，艺术家人数众多，同时为使艺术门类更为齐全，尽可能多地记述从事民族性、地域性艺术样式的艺术家，因而不得不割舍了一些民族（比如满族、蒙古族、回族等）或者某些艺术领域（比如歌唱、京剧、相声等）的名家。

作为人物传记，传主的生平事迹当然是介绍的主体，但本书同时也注重传主成长道路的梳理以及艺术造诣的概括，尽可能全面细述他们不同艺术阶段的代表性作品，或者展示一专多能者的各个方面，注重发掘诸如表演兼创作以及其他兼型（如艺术教育、写作等）艺术家其他方面的介绍。对于专业技能和艺术造诣的评价，大多是征引专家学者论述，避免某些溢美或偏颇的记述和评断。

进入新时期尤其是 21 世纪以来，随着大众传媒的助推、艺术体制改革的促进以及文化多样性的追求等，少数民族艺术人才不断涌现、层出不穷，少数民族艺术家的队伍随之也将不断扩大。可以预期，少数民族艺术家必将在各个艺术领域展示其更加迷人的风采，艺术史册上也将留下他们浓墨重彩的记录。

于非闇

——莳花养鸟工笔描

于非闇（1889～1959），国画家、随笔作家。原名于照，字非厂，别署非闇，笔名有闲人等。山东蓬莱人，满族。毕业于北京师范学校。曾做过小学和大学教员及报社编辑、记者，历任古物陈列所附设国画研究馆导师，中央民族美术研究所研究员，北京中国画院画师、副院长等。以工笔花鸟知名，兼擅书法、治印，随笔写作亦有独到造诣。绘画代表作有《玉兰黄鹂图》《红杏山鹧图》《和平鸽图》《果实来禽图》等，结集有《于非闇工笔花鸟画选》《于非闇画集》等。此外，还著有画学专著《我怎样画工笔花鸟画》《中国画颜色的研究》，以及随笔《都门艺兰记》《都门钓鱼记》《都门秦鸽记》等。

一、平凡一生多坎坷

1889 年 4 月 21 日（光绪十五年农历三月二十二日），于非闇出生于北京。他家祖籍山东蓬莱，本为汉族，后来一家随其曾祖父移居北京。于非闇的父亲隶属内务府汉军正白旗，母亲是满族，爱新觉罗氏，于非闇从母为满族。他早年曾经用过"奎照"的名字。

7 岁的时候，于非闇开始进私塾读书，接受了传统的启蒙教育。15 岁时，于非闇就考中了秀才。不过，由于清季大办新学，于非闇后来又转入新式学堂读书。在北京市立第二小学高等班毕业后，1908 年，他又考入了当时知名的满蒙高等学堂。

于非闇

在满蒙高等学堂读书三年后，辛亥革命爆发，学堂停办，于非闇又转入北京市立师范学校学习。一年后，于非闇毕业，在北京市立第二小学担任教员，同时兼任北京《晨报》"艺圃"版的编辑、记者。就在这时，于非闇开始跟随民间画家王润暄学习绘画。

于非闇在作画

由于受过传统蒙学教育，又曾考中秀才，笔下功夫自然是有一些，再加老师指导、自己勤学，于非闇的画技不断长进。同时，他的文字功夫也日渐成熟，不断有文章见诸报章。这也为他的职业开辟了渠道，因此离开小学教师岗位后，他又先后在市立师范学校、华北大学美术系、京华美术专科学校、北平艺术专科学校等校任教，并任京、津、沪各报特约撰稿人。

20 世纪 30 年代，于非闇与张大千、黄宾虹、汪慎生等人倡导，在北京古物陈列所（即今故宫博物院）成立了国画研究馆。1936～1943 年间，于非闇兼任国画研究馆导师。1936 年，于非闇在北平中山公园举办了首次个人画展。日本人侵占北京后，1938 年，于非闇曾被日伪抓捕，被迫在日伪教育机构的教育刊物股担任编审。1942 年，他任教留守的北平艺专时，因不常到校而被解聘。

新中国成立后，于非闇历任中央民族美术研究所研究员，北京中国画院（今北京画院）画师、副院长，北京中国画研究会副会长，中央美术学院民族美术研究所研究员，北京市文联常务理事，还是第一、二、三届北京市人大代表。

1959 年 7 月 3 日，于非闇在北京逝世，享年 71 岁。

二、师古更重师造化

于非闇是现代艺术史上的杰出画家，与张大千、齐白石等人齐名，其工笔花鸟出类拔萃，但作品不多，影响大小有别。同时，他的书法、治印，均达到了相当高的造诣，可谓诗书画印全知全能。

于非闇早年学画，主要学的是写意花鸟和山水。这一时期，他在绘画上多使用写意或工写结合的手法，色彩淡雅，笔墨轻逸洒脱，隐约透出青年时代的稚嫩与不羁。如 1932 年所作《水仙》，淡雅清秀，造型简洁，线条随意潇洒，反映了早期小写意的特点。花鸟之外，山水在于非闇早期绘画中也占有一定比例，如 1927 年创作的《秋景山水》镜心，1932 年创作的《仿黄公望山水卷》等，是他为数不多的山水画作。这些山水画皆承宋元而来，用笔恣纵不拘，较其花鸟更为酣畅纵逸。那时，他还与张大千合作画了不少作品。

1935 年，于非闇 46 岁，开始所谓"中年变法"，从此专研工笔花鸟。于非闇研究工笔花鸟画，从学清代陈洪绶入手，后学宋元花鸟画，并着意研究宋徽宗赵佶手法。在古物陈列所工作期间，他接触、临摹过不少古画。同时，他还经常出入古董店，借古画临摹；还到沈阳故宫，临摹黄筌《写生珍禽图》和赵佶《瑞鹤图》。广泛的接触，开阔了眼界，汲取了技法，提高了画艺。

新中国成立后，为与时代气息结合，于非闇走出师古的范畴，开始注重写生，表现"蓬勃生气"。他曾说："花鸟画要画得朝气蓬勃，使人看后如亲临其境，如欣赏鲜花和活泼的虫鸟一样，消除掉一天的疲荣，更感生活幸福。"为此，他

于非闇画作《水仙》

在自己颇感逼仄的住宅莳花养鸟，以便观察。所以这一时期，作品丰富，虽笔直工整，但又生气淋漓，达到艺术巅峰。

在生命的最后一年，于非闇在病中作了一幅《喜鹊柳树》，题跋所写，可谓对自己一生绘画艺术的总结："从五代两宋到陈老莲是我学习传统第一阶段，专学赵佶是第二阶段，自后就我栽花养鸟积累的一些认识从事写生，兼汲取民间画法，但文人画之经营位置亦未尝忽视。如此用功直到今天，深深体会到生活是创作的泉源，浓妆艳抹、淡妆素服以及一切表现技巧均以此出也。"

总之，于非闇的画线条严谨、劲挺有力，设色典雅、清丽、匀净，画面具有装饰性，形象刻画细致精微，生动传神，使人如身临大自然，赏心悦目。代表作有《玉兰黄鹂图》《红杏山鹬图》《和平鸽图》《果实来禽图》等。画作结集出版有《于非闇工笔花鸟画选》《于非闇艺术作品欣赏》（黑龙江美术出版社，2006）、《于非闇画集》（广西美术出版社，2007）等。此外，于非闇还著有《我怎样画工笔花鸟画》（人民美术出版

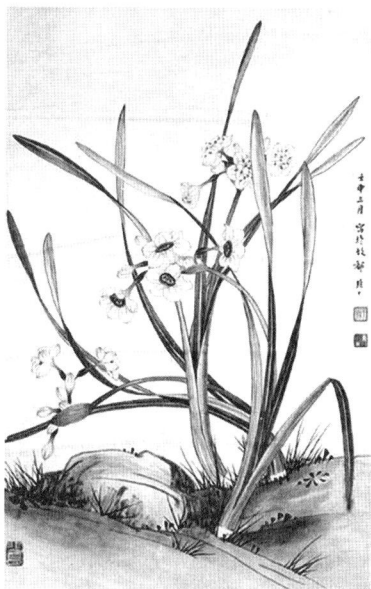

社，1957）、《中国画颜色的研究》等绘画艺术专著。

《我怎样画工笔花鸟画》书影

在书法上，于非闇主要以古为师，基本上是纯师宋徽宗赵佶的"瘦金体"，并达到了相当造诣，是近代"瘦金体"书法首屈一指的大家。其作品运笔能寓劲健于柔媚之中，轻重滑涩，均耐人寻味。而且"瘦金体"书法不仅能够锻炼笔力，且其瘦硬的风格与工笔画可谓相得益彰。在《木笔山鹠图》中，于非闇用酣畅挺拔的"瘦金体"题写了白居易诗《题灵隐寺红辛夷花戏酬光上人》："紫彩笔含尖火焰，红胭脂染小莲花。芳情香思知多少，恼得山僧悔出家。"颇见意趣，充盈古意。此外，于非闇偶作小篆，也均劲利圆润。

于非闇画作《木笔山鹠图》

于非闇亦擅治印。他治印并不局守一家一派，而是广泛资借。有专家指出，他"所作时饶汉铸印意趣，即古玺、圆朱文，亦深得其奥"。1927年，他曾在北京《晨报》副刊发表《治印余谈》等文，其中有云："是以为合明清以来诸谱录，如秦汉印谱，特不过为治印之标，而本端赖乎为学以养之，其直接关于治印者曰小学、曰书法、曰金石碑版。通小学，谙书法，学之本以立，游心于碑版，以极其变。而画之理与法，亦关于治印焉。能如是，取秦汉诸玺印，博观而约取之，则所为印，均为吾之印，非摹甲仿乙之印也。夫而后文何诸说，弃之可也；浙徽诸派，不观可也。"探源追本，可谓知言，足以津渡后学。印学专家寿石工的《杂忆当代印人》，有一首专咏于非闇者，诗云："石涛画格瘦金书，金石渊源信不虚。别署无心疑益甫，多能天纵不关渠。"可谓称许备至。

三、莳花养鸟皆成文

于非闇出身于书香世家，从小受到良好的传统教育以及父祖的文化熏陶，喜好诗文书画。他曾经说自己"喜治小学，即《说文》一书已见十余种"，即此可见其旧学功底。后经历庚子之乱，到辛亥革命后，家里房屋变卖，家藏文玩也用来换了柴米油盐。不过，从小养成的雅好赏玩的习惯却并没有改变，因而莳花、鳌鸽、养鱼均为所爱，鉴赏古器亦其擅长。这些，不仅有裨于其绘画创作，也刊之报章、行之出版，不仅在一定时期换得了稻粱，也为于非闇赢得了随笔作家、民俗学家一类的称誉。

20世纪二三十年代，在北京《晨报》等报社做记者和副刊编辑时，于非闇用"闲人"的笔名撰写随笔刊诸报端，曾经获得过读者的激赏。这些篇什，后来结集为《都门钓鱼记》《都门艺兰记》《都门鳌鸽记》《都门蟋蟀记》以及《非闇漫墨》等。

于非闇的几种"记"，统称"都门四记"，都是写关于闲情逸致的篇什，在缕述具体操作之外，更涉及都门当时的习俗风情，故而颇为人称道，齐白石、周作人、王世襄等，均给予应和赞赏。

齐白石与于非闇有师生之谊，他在《画语题记·杂抄兰石》中说："门人于照扇上画独虾：'衰老耻知煤米价，儿时乐事可重夸。钓鱼怜你曾编记，何若先

《都门艺兰记》书影

生旧钓虾。'余小时，尝以棉花为饵钓大虾，虾足钳其饵，钓丝起，虾随钓丝出水，钳犹不解，忘其登彼岸矣。"这里所说的"钓鱼怜你曾编记"，

《都门豢鸽记》书影

于非闇画作《牡丹双鸽》

即指于非闇所著《都门钓鱼记》。

于非闇钟情养鸽，著有专书也就不在意外。为了世界和平宣传作画，他养过各种各样的鸽子。对鸽子的姿态等，他有过多年的仔细观察。有一次，朋友们求他作大幅的翔鸽图，一时颇让他为难，平日放鸽，只能仰观，还从未俯视过鸽子如何飞翔。于是，他登上城楼，俯视鸽群的起落飞翔，然后才动笔作画。这充分体现了于非闇求真求精的艺术精神，而在这种精神指导下的艺术创作，自然超过前人、出类拔萃。

在"四记"中，《都门豢鸽记》一向最为人所注意，不仅国内出版，还被译成了英文在国外出版。同为大"玩家"的王世襄评价《都门豢鸽记》说："遍查我国古今图籍，有关观赏鸽专著，只有明张万钟《鸽经》及近人于非厂《都门豢鸽记》两种。三百年来，前后辉映，为子部增色不少。前者详于品种，略于养育。后者述及品种、豢养、训练、用具等等，可谓无所不赅。盖因于氏对此文禽，情有独钟。事必躬亲，甘为鸽奴，故所记咸得自经历感受，弥足珍贵。"（《鸽话二十则》）

关于于非闇这些文字作品的价值和笔致，随笔大家周作人曾这样评论："于君在北京是以字画和印出名的，但是在我的意见上最推重的乃是闲人的文章，因为这个我还比较知道一点，对于书画实在是个外行。闲人的那些市井小品真是自有他的一功，松脆隽永，没有人能及，说句俏皮话，颇有他家奕正之风，可以与《帝京景物略》的有些描写竞爽吧。"这里的"奕正",即明代掌故大家于奕正,他与刘侗合著的《帝京景物略》是有关北京的风景名胜、习俗风情的名著。

于非闇自己谈到这些风物随笔,曾说:"吾幸居北京久,吾又幸为北京之细民,吾眼孔愧小,不能见北京之荦荦大者,仅于极小至微,鄙弃不顾中,掇而出之,觉其中有妙趣,有至味。"其实,对于一时一地来说,黄钟大吕的宏大叙事固然必不可少,细微之处的体察和描摹也不可或缺,这样的社会历史才是真实全面的。于非闇所言虽然谦虚出之,或许也未必不存这样的期许。

侯喜瑞
——让梨园"侯派"大放异彩

　　侯喜瑞（1892～1983），京剧表演艺术家。河北衡水人，生于北京，回族。1902 年入科，历任中国戏曲学校、北京市戏曲学校教员，中国戏曲学院艺术顾问，北京市戏曲研究所研究员。致力于继承、发展京剧净角表演艺术，独创架子花脸"侯派"，塑造了众多个性鲜明的艺术形象。表演代表作有《战宛城》《阳平关》《连环套》《牛皋下书》《法门寺》等，以及电影《荒山泪》。出版有口述自传《学戏和演戏》一书。

一、数遇良师，扬长避短

侯喜瑞

　　1892 年 2 月 23 日，侯喜瑞出生在京城的一户回族家庭，是家中的老大。他的父亲侯金贵是个孤儿，12 岁就来到北京，靠做学徒和赶车为生。

　　侯喜瑞 5 岁时母亲病故，剩下他和父亲还有弟弟三人相依为命。当时，家里的生活非常清贫，父亲卖苦力养家糊口，侯喜瑞和弟弟则帮着捡煤核煮饭、取暖。等年龄稍长一些，他又开始和父亲一起赶车，经常食不果腹。

　　1902 年，父亲托人把 10 岁的侯喜瑞送进了"喜连升"京剧科班。"喜连升"是 1904 年成立的"喜连成"科班的前身，虽然在后来成为京城最大的京剧科班，可当时因刚组建不久，条件很差。在那里，侯喜瑞成为第一科"喜"字班的弟子，跟着勾顺亮开始学习秦腔老生。他学戏非常认真，不到一年就学会了《杀庙》《打御街》《三疑计》等十几出戏。

　　随后，侯喜瑞又师从萧长华，开始学习京剧丑行。他的悟性极高，在萧长华的指点下很快就学会了《打砂锅》《打灶王》《紫荆树》等 30 多出戏，并开始登台演出。

几年后，侯喜瑞的嗓子出现了"倒仓"，原本又冲又亮的嗓音变得低沉沙哑起来。于是，在萧长华的建议下，他跟韩乐卿学起了净行，专工架子花脸。

1909 年，"喜连成"排演全本《三国志》，侯喜瑞在戏中饰演曹操，受到大家的一致好评。从此，侯喜瑞的名声逐渐响亮起来，成为科班里的红人。

1911 年，侯喜瑞出科，留在科班一边演戏、一边任教。其间，他依旧刻苦练功，每天早晚都要雷打不动地到天坛练两遍功。那时，除了演架子花脸的戏，侯喜瑞还常演铜锤花脸戏《草桥关》《二进宫》，以及武花脸戏《取金陵》《伐子都》等。

侯喜瑞（前）在后台勾脸

此时的侯喜瑞在梨园已经小有名气，可他却并未感到满足。他的嗓子自从出现"倒仓"后就一直都很沙哑，而且因身材矮小，在演出时常感到力不从心。为此，侯喜瑞感到十分苦恼。

一天，侯喜瑞刚演出完就被萧长华叫到大栅栏附近的一处戏台听戏。当时，净行名家黄润甫和著名小生德珺如正在演出《取洛阳》，侯喜瑞看着看着，突然发现黄润甫的嗓子和自己的一样沉郁发沙，但却因喷口有力、吐字清晰，反而有一种独特的韵味。演出结束后，侯喜瑞随萧长华去后台拜见黄润甫，他又惊讶地发现，在台上和德珺如个头不相上下的黄润甫，实际上要比德珺如矮半头。

从此，侯喜瑞迷上了黄润甫的戏，开始模仿起黄润甫的唱腔和身段。后来，萧长华领着侯喜瑞先后 6 次拜见黄润甫，最终打动了这位梨园名家，得到了他的倾囊相授。其间，侯喜瑞不仅学习了黄润甫的表情、台步、身段等，还学会了用长神、长气、长腰缩小肚子和臀部肌肉，从而增高、增大形体的诀窍。

二、尽心扮角，艺德高尚

1917 年，侯喜瑞离开"富连成"科班，开始搭班演出。他陆续搭过吴铁庵、谭小培、刘鸿声等人的戏班，所到之处都很受欢迎。

1921 年，侯喜瑞加入杨小楼的"崇林社"，与他合演了《长坂坡》《阳平关》《战宛城》《冀州城》《连环套》等戏。同时，他还经常在时慧宝的"裕群社"、俞振庭的"双庆社"，以及高庆奎的"庆兴社"演出。

侯喜瑞为弟子袁国林说戏

有一天，俞振庭带着戏班到恭亲王的大公主府里唱堂会，大公主点名晚上要看钱金福在《芦花荡》里饰演张飞。为此，钱金福只能推掉晚上在三庆园演《失空斩》的戏，去给大公主演出。

当时，三庆园的戏票已经卖了出去，在这个紧急关头，俞振庭只能让在戏里扮演张郃一角的侯喜瑞顶替钱金福扮演马谡。于是，侯喜瑞便改演马谡，大家都纷纷称赞他"演起来还真有点'黄三'（黄润甫）的味道。"演出结束后，侯喜瑞分文未取，反而要来钱金福的戏份托人捎给他，并说："您对他讲，戏我替他唱了，他的戏份儿没丢。"钱金福听后感动不已，对侯喜瑞刮目相看，俞振庭听后也对他连连称赞。

1922 年，侯喜瑞加入了程砚秋的"和声社"，先后与程砚秋合作了《红拂传》《风流棒》《沈云英》《朱痕记》等戏，并随社赴天津、上海等地演出。1925～1929 年，侯喜瑞又到梅兰芳的"承华社"，与梅兰芳演出了《太真外传》《宇宙锋》《凤还巢》等经典剧目。

1928 年，侯喜瑞应胜利唱片社的邀请，灌制了一生中仅有的几张唱片，包括《长坂坡》《九龙杯》《红拂传》《阳平关》《盗御马》5 个唱段。同年，他赴武汉给程砚秋配演，并为鄂北工赈会义演，广受赞誉。

20 世纪 30 年代后，侯喜瑞又与众多京剧名角一起演出了《法门寺》《雁门关》《甘露寺·美人计·回荆州·芦花荡》等戏。在演出时，他从不像其他演员一样挑三拣四，无论大小角色都尽心表演，并悉心向前辈求教。他说："不管学什么都得用心，学是为了演，在台上演同时也是学，学艺是没有止境的。别看不起小活儿，在台上小活儿不小，红花虽好还得要绿叶陪衬。光杆牡丹不成，要大角儿小角儿都好，才是一台好戏。"

正因如此，许多京剧名家都喜欢和侯喜瑞配戏，他的戏路也越走越敞亮。有时，侯喜瑞一天要连赶好几场戏，遇到杨小楼演《连环套》、梅兰芳演《太真外传》、程砚秋演《十三妹》，他逢场必到，因为这几位名角都说只有他才能让演出更加精彩。

有一次，侯喜瑞到天津演出《连环套》和《战宛城》，场场爆满，有的戏迷买不到票不肯离开，剧院无奈之下只好关上铁栅栏门，这次"铁门"事件被传为佳话。后来，人们把侯喜瑞与金少山、郝寿臣称为京剧"净行三杰"。

三、演戏与执教相映生辉

新中国成立后，侯喜瑞一边演戏，一边积极投身戏曲教育事业，在中国戏曲学校（今中国戏曲学院）、北京市戏曲学校任教。他教起戏来十分认真，课堂中间几乎不休息，两节课90分钟总是一起上完。

1950年，侯喜瑞在北京华乐戏院与尚小云、谭小培演出了《法门寺》，毛泽东主席看了那场戏，对他的表演赞不绝口。第二年，为了给抗美援朝捐献飞机大炮，侯喜瑞与京剧界的其他老艺术家在大众剧场联合义演了5场。

1957年，侯喜瑞收马连良之子马崇仁为徒；1959年，他又收袁国林为徒。这一年的整整一个盛夏，侯喜瑞几乎天天都在教弟子演自己最拿手的剧目《战宛城》中的"马踏青苗"一折。他教戏细致入微，不仅亲自示范曹操在剧中"趋步""卧鱼"等多个身段，就连曹操整冠、捋髯、抖袖等动作也讲得非常细腻。他每做一个动作都要弟子马上模仿，以便及时修正，他常说："这真比自个儿唱一出还累，有时候好像心都疼得要跳出来了。"

1961年底，中国戏曲学校实验剧团首次到上海演出，侯喜瑞助阵随团赴沪，演出了《牛皋下书》《打棍出箱》和《坐楼杀惜》三场戏。演出时，观众如潮水般从四面八方涌来，把剧院挤得水泄不通。

这一年，由侯喜瑞口述、张胤德整理的《学戏和演戏》一书在北京出版社出版，梅兰芳为此书写了序言。在书中，侯喜瑞回顾了自己多年来的艺术历程，并讲解了"侯派"艺术的精髓，深受梨园子弟及广大读者喜爱。

1962年，侯喜瑞应邀与天津京剧团合作举办花脸大会。在为期3天的演出中，他剃须登台，表演了《法门寺》《普球山》和《牛皋下书》。

1965 年，程砚秋拍摄戏剧电影《荒山泪》，侯喜瑞应邀在影片中扮演了杨德胜一角。第二年，"文革"爆发，侯喜瑞遭到批斗，从此走下了京剧舞台。

"文革"后，侯喜瑞一连收了 8 个弟子，此后悉心传教，倾囊相授。在教学中，他常常对弟子强调："膀如弓、腰如松、胸要腆、腿起应重落该轻，腕子应该扣，眼睛应该精。"

《学戏和演戏》书影

1981 年 3 月 18 日，中国戏剧家协会、中国戏曲学院等单位在北京举行了"侯喜瑞舞台生活八十年纪念会"。在会上，侯喜瑞委托代表朗读了答谢词，他说："我在旧社会受尽压迫，新中国成立后，党给了我政治地位和优厚的经济待遇。当我年纪大了，不能登台了，党和政府还给安排了戏曲教学和研究工作，并派专人整理我的艺术经验，使我的微薄技艺能够传下去。我将在有生之年努力培养学生，把全部技艺贡献给社会主义事业。"

这一年，侯喜瑞不顾 89 岁高龄，又收了 7 名弟子。他常对大家说："不要做普通的'唱戏的'，对所演的'活儿'，不但知其然，而且要知其所以然，这样才能够恰如其分地表演出来。"

四、让"侯派"花脸享誉梨园

1983 年 2 月 22 日，侯喜瑞在北京家中辞世，享年 91 岁。临终前，他嘱咐家人"千万不要给领导添麻烦，不必开追悼会"。2 月 24 日，家人遵照侯喜瑞的遗嘱，在花市大街的清真寺为他举行了安葬仪式。

在京剧表演的道路上，侯喜瑞走过了 82 个年头。多年来，他始终致力于继承、发展京剧净角表演艺术，并独创架子花脸"侯派"，以谿朗、健美、灵俏、洒脱的风格，在舞台上塑造了众多个性鲜明的艺术形象。

虽然因嗓音问题而不能挑大梁，可侯喜瑞却有着几乎超过主角的声誉。他曾和一代宗师杨小楼，"四大名旦"梅兰芳、程砚秋、尚小云、荀慧生，以及"四大须生"余叔岩、高庆奎、马连良、言菊朋合作，受到观众的热烈追捧。

侯喜瑞一生曾演过上百出戏，扮演过众多角色，其中尤以曹操著称，被誉为京剧舞台上的"活曹操"。他不但身段演得好，眼法也非常独到，为此，梅兰芳曾说："我很爱看喜瑞同志扮演的曹操，特别是《战宛城》《阳平关》的曹操，很能表达这位文武双全、雄才大略的统帅气度。"

曹禺也曾评价说："侯喜瑞演的曹操，不只是一般的浅薄庸俗的表演，而比别人创造得丰富多彩。比如《战宛城》演'马踏青苗''割发代首'，非常有个性，讽刺中含有赞扬。在演《长坂坡》的曹操时，见到敌方赵云英勇无敌，爱

侯喜瑞在《连环套》
中饰演窦尔敦

将之心油然而生。在《击鼓骂曹》中，不是把曹操当成一个草包、权臣来演，而是演出了曹操的气度，演出了曹操对祢衡既赞赏他的才华，又不容忍他的狂妄，展现出曹操有大志、有权术的雄才大略气概。"

侯喜瑞演的窦尔敦也十分出色。在演《连环套》时，同台的武生演员基本都比他高大魁梧，可他仍能以气势先声夺人。他念白有力、喷口好、字眼清楚，一场"拜山"下来，红扎能被口水喷湿一半。张伯驹曾说："侯喜瑞《连环套》一剧，最能表现出窦河间之英风豪气。"此外，侯喜瑞在《清风寨》中扮演李逵时，也能把李逵表演得妙趣横生，令人百看不厌。

除了演戏，侯喜瑞还十分注重对新人的培养，他的弟子尚长荣曾说："侯先生的艺术深厚博大。他的表演气势磅礴，而角色刻画却又细腻入微，处处透出'精、气、神'的变化，可以说达到了出神入化的境地。可以毫不夸张地说，我是在拜了侯先生以后，才真正领悟到什么是戏，怎样才算演戏。"

2007年，在侯喜瑞115周年诞辰之际，《中国京剧》杂志特地把当年的第1期出版为《纪念侯喜瑞115周年诞辰专辑》。侯喜瑞的弟子尚长荣、马崇仁、李荣威、张关正、赵致远等人写了怀念恩师的文章，还有一些人也撰写了与侯喜瑞有关的文章，共同纪念这位梨园名家的辉煌京剧生涯。

溥雪斋
——皇室贵胄的艺术人生

溥雪斋（1893～1966），古琴演奏家、画家、书法家。本名忻，字雪斋，以字行。北京人，满族，爱新觉罗氏。曾任辅仁大学美术系主任、北京文史馆馆员、北京画院名誉画师、美术家协会北京分会副主席、古琴研究会副会长、民族音乐研究所特约演奏员等。他是现代琴坛、画坛的一代宗师，均有深湛造诣。古琴代表曲目有《梅花三弄》《普庵咒》《鸥鹭忘机》《良宵引》等，著有《古琴音乐活动在北京》等。

一、跌宕迷离的一生

溥雪斋

1893 年，溥雪斋出生于清皇室，爱新觉罗氏，籍隶正蓝旗。他是道光皇帝的曾孙，祖父是皇五子惇亲王奕誴，父亲是贝勒载瀛。6 岁时，他曾袭封为"贝子"。

溥雪斋本名溥忻，字雪斋，又字学斋；号雪道人，又号南石居士、松风主人。晚年为名号一致，遂以字行。此外，他还曾用南石、邃园、乐山等笔名，堂号怡清堂、松风草堂。

出身于天潢贵胄之家的溥雪斋，自然受到了极好的启蒙教育。在传统儒学之外，他爱好文学艺术，曾经潜心习学古琴、三弦、书法以及国画。

溥雪斋年长溥仪 13 岁，溥仪登基做皇帝后，溥雪斋作为皇兄，先后任乾清门行走、备引大臣、前引大臣，成了御前行走的侍从官。

1911 年辛亥革命，社会变革，生活不复其旧，溥雪斋遂以书画为生。1930 年，他受聘执教于辅仁大学美专修科，任导师兼主任。他教学认真，重视学风，不趋炎附势，不苟且放任。有一年，因某个学生毕业的问题，他和校方产生了争执。学校主事神甫因为那个学生是天主教徒，所以用外语讲话，想瞒着溥雪斋让其毕业。结果不讲外语的溥雪斋无须翻译，把神甫的话听得清楚明白，当即拂袖而去。这体现了溥雪斋坚持原则的精神，也反映了他的博学多能。

新中国成立后，1952 年，溥雪斋被聘为北京市文史研究馆馆员。此外，他还曾任北京市文联常务理事、市美协副主席、书法研究社副社长、北京画院名誉画师、市音协理事等职。他积极参与国内外文化交流活动，多方面的艺术成就得到了国内外人士的高度评价和赞赏。

溥雪斋在演奏古琴

溥雪斋与新中国的一些国家领导人都有交往。周恩来总理对他关怀备至。在第一届全国文艺工作者代表大会上，周恩来见到溥雪斋，关切地询问他的生活和工作情况，并在会后亲自安排汽车送他回家。有一次，溥雪斋应邀到中南海怀仁堂招待外宾的文艺晚会上演奏古琴，演毕，周总理特意到后台感谢他精彩的演奏。1963 年溥雪斋 70 寿辰，陈毅副总理代表党中央和国务院，请他到中南海紫光阁，设午宴为他祝寿。他感动地对陈毅说："我没有做多少工作，也谈不上成绩，领导给我这样的荣誉，深感受之有愧。"朱德委员长也曾多次与他在北海画舫斋内古柯庭一起研究书画艺术，并合影留念。

1966 年"文革"爆发后，溥雪斋很快受到冲击。同年 8 月 30 日，溥雪斋携六女儿离家出走，途经关仲航家少歇，随后下落不明，以至今日，时年 73 岁。

二、一代古琴名家

溥雪斋是一位多才多艺的艺术家，在美术、音乐领域均有深湛的造诣和卓越的成就。其中，最为突出的是古琴和绘画。

溥雪斋在音乐领域，主要从事器乐演奏，包括古琴、三弦和其他乐器。其中尤以古琴最为突出，是 20 世纪中期的一代古琴名家，其艺术造诣

溥雪斋（左一）和古琴
研究会的成员在一起

广受称誉，所演奏的经典琴曲，至今仍然是人们学习的范本；而他与知名琴家组织琴会推进琴曲整理、琴艺推广，贡献良多。

溥雪斋在青少年时代即从名师学习古琴演奏。他曾跟随近代著名琴师黄勉之的弟子贾阔峰学习，而贾则是当时知名的古琴演奏家。学习之余，溥雪斋还经常参加各种演出。不过，后来由于社会动荡与战乱，琴艺有所荒废。抗日战争胜利后，由于其为爱好，溥雪斋重习琴艺。对此，王世襄先生记述道："……荒芜已久，而心实好之。知荃猷（王世襄夫人）从管平湖先生学琴，烦为弹奏。不数月，平沙、良宵，先生已能脱谱，绰注无误。旋与查阜西先生、郑珉中兄游，琴大进。《梅花》《潇湘》等曲，皆臻妙境。"

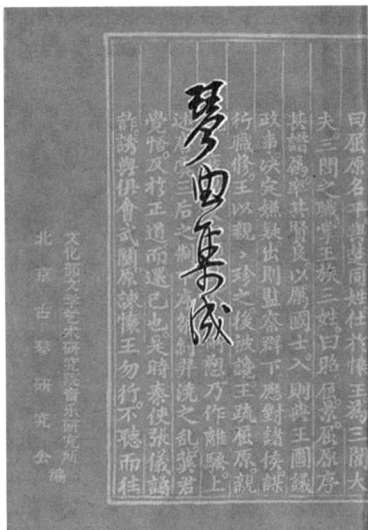

《琴曲集成》书影

当时，会弹奏古琴的人寥寥无几，在北平也是屈指可数，流传千有余年古琴琴艺有失传之虞。出于对祖国文化艺术的珍视，溥雪斋与同好张伯驹、管平湖、查阜西、汪孟舒等人，倡议成立了"古琴会"，广泛联系琴友，定期切磋琴艺。不少人慕名前来学琴，使北平的古琴活动粗具气象。

新中国成立后不久，政府成立了民族音乐研究所，对古琴会的作用十分重视。1954年5月，"古琴会"改名"北京古琴研究会"，并得到文化部的资助，在西城购置了一所幽静的四合院，作为会所。会长为查阜西（时任中国音协副主席），溥雪斋为副会长，主要成员有古琴家管平湖、吴景略、杨葆元、汪孟舒、关仲航等。研究会主要工作是联络各地古琴家和音乐爱好者，从事有关古琴的学术研究、演奏和教学。

研究会成立后，积极开展各项工作。会中人员先后访问了上海、杭州、成都等17个城市，向各地87位古琴家调查并录音，共录制各派琴曲

262 首。同时，搜求珍贵琴学古籍，陆续搜集到一些罕见的琴学古籍，并将唐、宋、元、明、清各代传谱上百种编辑整理为《琴曲集成》，由中华书局陆续影印出版。为使这些果实发挥作用，把古谱变成可听的音乐，琴会发动各地琴家，经过反复探索，把一些久已绝响的古代名曲，如《广陵散》《幽兰》、大小《胡笳》《胡笳十八拍》《离骚》等，陆续弹奏出来。演奏进而推广普及，是琴会的重要任务，仅 1954 年一年，就演出近 20 场。以后历年多有演出，包括应音协、政协、高等院校等单位约请或接待外宾的演出。

在琴会的活动中，溥雪斋始终是骨干，参加了各类活动。他曾在中南海为国家领导人和招待外宾演出。琴会录制的曲目，有他演奏的《良宵引》《鸥鹭忘机》《梅花三弄》《普庵咒》，这些也都是他的代表曲目。其中，他演奏的《梅花三弄》，节奏规整，也宜于合奏，故被琴家称为"新梅花"。此外，他还著有《古琴音乐活动在北京》等。

除古琴外，溥雪斋的三弦演奏也独擅胜场，曾为岔曲、子弟书伴奏。

三、"先生工画复工书"

溥雪斋的书画艺术也深有造诣，堪称名家，王世襄先生曾称他"先生工画复工书"。

溥雪斋自幼习画，学有所成。辛亥鼎革之后，他曾鬻画为生。20 世纪 30 年代，曾任辅仁大学美术科的导师和主任，可见其美术修养受到时人看重。其间，组织"松风画会"，研究国画艺术，培育了大批人才。北京中国画院成立时，他被聘为名誉画师。

溥雪斋画作《溪山高远》

溥雪斋绘画多山水、马、墨兰等，尤以山水见长。他的山水画主要受清代宫廷画风的影响，以细笔山水和青绿山水为主，风格细腻、雅致，着重线条勾摹，整个画面充满着一种和谐的静谧之气。代表性作品有《溪山高远》《春日山中日正长》《高原积雪》《秋江泛舟》等。

薄雪斋画作《秋江泛舟》

在书法方面，薄雪斋主要学米芾、赵孟頫，融米、赵于一体，独具一种谨严而又潇洒的神韵。

王世襄先生记述说，薄雪斋在新中国成立后僦居无量大人胡同，离自己所居嘉芳园不远。那时，薄雪斋"有时徒步来访。入门即坐临大案，拈笔作书画。得意时频呼'独！''独！''独'为（张）伯驹先生口头语，意近今日之'酷'。今尚存小帧兰草、山水、行楷等，皆先生当时所作。荃猷画鱼，亦曾即席为补水藻落花"。

粉碎"四人帮"拨乱反正后，北京市文史馆为薄雪斋开会追悼，王世襄先生曾撰联云："神龙见首不见尾，先生工画复工书。"不过，他觉得"殊不惬意"，因为"先生书画早负盛名，尽人皆知，毋庸再及"，所以改为"先生能富亦能贫"，"但终不当意，以未能道出先生可敬、可爱之性情品格也"。

薄雪斋书法作品

也许，王世襄先生的这段话，可以为薄雪斋的一生作一论定："六七十年来，先生无时无刻不寄情于文化、艺术，深深融入其中，其乐无穷，而家境则日益式微。20世纪60年代初，曾见先生命家人提电风扇出门，易得人民币拾元。为留愚夫妇共膳，命家人赊肉，并吩咐'熬白菜，多搁肉'。使我等不敢、亦不忍言去。而此时窥先生，仍怡如也。其旷达乐观又如此。先生实为平易天真，胸怀坦荡，不怨天、不尤人之真正艺术家。"

扎西顿珠

——勇于改革的藏戏大师

扎西顿珠（1899～1961），藏戏艺术家。原名萨迦扎西，西藏萨迦人，藏族。1924年加入"觉木隆"戏班，开始职业藏戏艺术生涯。历任"觉木隆"戏班演员、戏师，西藏藏剧团团长，中国戏剧家协会理事。全面改革藏戏，将藏戏的内容和组织形式与时代相结合，并将各类民间舞蹈融入其中，丰富了藏戏的艺术手段和表现力，提高了观赏性，在藏戏发展史上作出了杰出的贡献。表演代表作有《卓娃桑姆》《白玛文巴》《苏吉尼玛》等，编创代表作有《解放军的恩情》。

一、走上职业藏戏演艺之路

1899年，扎西顿珠出生在西藏日喀则萨迦县的一户农奴家庭。从很小的时候起，他就开始帮着家里干农活、杀牛，当地人都管他叫夏廓扎西，因为"夏廓"在藏语里有"杀牛的人家"之意。杀牛是当时最卑贱的职业，扎西顿珠从小就体会到了生活的疾苦。

小时候，扎西顿珠唯一的乐趣就是看藏戏。藏戏是西藏的古老剧种，起源于8世纪藏族的宗教艺术。到了17世纪，藏戏从宗教中分离出来，逐渐形成了一套以唱为主，唱、诵、舞、表、白、技相结合的系统艺术形式。当时，为

扎西顿珠

了苦中寻乐，农奴们自发地组织了各种藏戏班子四处巡演，深受大家喜爱，年幼的扎西顿珠也不例外。

久而久之，扎西顿珠对藏戏产生了浓厚的兴趣，开始随哥哥平措学起了藏戏。当时，虽然农活十分繁重，一天下来几乎精疲力竭，可扎西顿珠仍然废寝忘食地抽空学习藏戏艺术。

1915 年，16 岁的扎西顿珠进入萨迦县的戏班，凭着练就的一身绝技成了戏班的台柱子，赴各地巡演。在演出中，他弹唱六弦琴的绝活时常引得台下连声叫好。他不但能侧身弹、反抱着弹，还能将斟满酒的银碗顶在头上，一边弹奏、一边唱歌跳舞，碗里的酒却不会洒落一滴。

后来，扎西顿珠受萨迦寺活佛的指派，离开戏班，赶着牦牛在西藏北部与亚东县之间来回运货。运货的差事完成后，他开始四处流浪卖艺，靠弹唱六弦琴为生。

25 岁那年，扎西顿珠到帕里镇卖艺，遇到了西藏 12 个民间职业藏戏班子中最负盛名的"觉木隆"。当时，扎西顿珠正在街头表演自己的拿手绝活，戏班的戏师看到后非常欣赏他的才艺，于是便邀请他加入戏班担任演员。

"觉木隆"戏班成立于 19 世纪末，是西藏噶厦政府负责布达拉宫内务的机关"孜恰勒空"管辖的唯一官办性职业戏班。戏班的演员分为 7 种，即"雄谐巴"（剧情介绍者）、"鲁嘎肯"（演出者）、"瑞莫肯"（音乐者）、"尚堆巴"（伴唱伴舞者）、"喜觉肯"（祝福者）、"谐开巴"（喜剧者）、"千学巴"（服装者）。

"觉木隆"戏班的演员没有固定报酬，除了在每年的罗布林卡"雪顿节"上演出时得到几个赏钱外，其余时间都靠卖艺糊口。与其他戏班不同的是，"觉木隆"戏班的成员不用劳作，有更充足的时间排戏巡演。此外，他们还拥有噶厦政府授予的特权，可以在西藏民间和任意一个藏戏班社里选拔优秀人才纳为己用，扎西顿珠就是这样被挑中加入戏班的。

加入"觉木隆"戏班后，扎西顿珠一边演出，一边跟着其他演员刻苦学艺，开启了自己的职业藏戏艺术生涯。

二、演技精湛，不断锤炼

由于基本功十分扎实，扎西顿珠在学习"觉木隆"职业藏戏的各种演技时得心应手。在藏戏的各种身段中，他最擅长的是"颇侓""茶吉""杰侓""郭尔侓""恰比别果"和"常斯兴孜"。

"颇侓"是男性角色常用的身段。这一身段需要演员两手反复做拉弓搭箭状，脚下有节奏地停顿、磋步，并连带腰身轻松跃动，以模仿古代勇士射箭的姿势。在戏班众多演员中，扎西顿珠做的这一身段非常漂亮，演出时受到观众的热烈欢迎。

"茶吉"是各个角色惯用的身段，是一种环形旋转舞步，常在唱腔结束之后的集体舞中使用，并伴随"颇侪"的动作进行。这一身段对演员的要求较高，主要表现剧中长途跋涉的情景。扎西顿珠在出演《苏吉尼玛》中苏吉尼玛被流放，《诺桑法王》中诺桑外出寻找爱妻云卓拉姆，以及《顿月顿珠》中顿月、顿珠两兄弟四处逃亡时，常表演这一身段。

"觉木隆"戏班在罗布林卡演出

"杰侪"是扮演国王时所需要的身段。演员表演时会根据不同剧目中国王的性格，把这一身段与"颇侪""茶吉"等结合，创编出"顿甲"（前行）、"强顶"（后退）、"降谐"（手持望远镜远眺）、"霞优"（摘帽施礼）等不同的动作。扎西顿珠在饰演《苏吉尼玛》中的达娃桑格国王和《卓娃桑姆》中的格勒旺布时，会用到"顿甲"和"强顶"；在饰演《白玛文巴》中的迪杰布国王时，会用到"降谐"；而"霞优"是他在饰演各剧中的国王或贵族头人出场时必用的身段。

"郭尔侪"是藏戏中旋转的舞步，分"也郭"（左转）、"因郭"（右转）、转半圈、大半圈、整圈，以及后退旋转、前行旋转等多种动作，常与别的身段合用。

"恰比别果"是见面施礼的礼仪身段。扎西顿珠在表演这一身段时，动作潇洒矫健，显示出了男子的英武气概。

"常斯兴孜"是藏戏《智美更登》里的专用身段。演员在表演时，会在地上竖起一根长杆，然后爬到杆顶的平板上说唱，以祈祷平安。扎西顿珠在表演这一身段时干净利落，并经常以此为基础，编演出更加高难度的身段。有一次表演时长杆意外折断，他就顺势在半空中把剩下的半截长杆直接插到地上，然后落地打跑子，不但没有受伤，还完美弥补了长杆折断的缺憾，显示出高超的技艺水准。

每次演出结束后，扎西顿珠都会根据自己的表现进一步提高演技。他不但身段做得漂亮，台词也记得十分牢固，《贾萨白萨》《白玛文巴》《卓娃桑姆》《朗萨雯蚌》《顿月顿珠》《苏吉尼玛》《诺桑法王》《智美更登》

这八大传统藏戏的台词，他都熟记于心，即便很长时间未演也依然能脱口而出。

三、出任戏师，全面革新

1943 年，扎西顿珠被当时西藏的摄政王选中，成为继阿佳唐桑、日巴、米玛强村之后的新任"觉木隆"戏班的戏师。

以往，农奴主为维护统治地位，对藏戏的管理十分严苛，不允许藏戏在剧目、剧本、唱腔、舞蹈及伴奏音乐等方面有一丝改动，受"孜恰勒空"直接管辖的"觉木隆"戏班更是如此。幸运的是，扎西顿珠出任戏师后，正逢十三世达赖圆寂，一年一度的"雪顿节"传统公演告停，"孜恰勒空"因此对"觉木隆"戏班放松了管理。于是，扎西顿珠便抓住这一千载难逢的机会，对藏戏的各个方面进行了大胆革新。

首先，扎西顿珠对藏戏传统剧目的内容进行了丰富。在《卓娃桑姆》中，剧中有一个场景是表现白玛金国放牧生活的，传统演出中只有牧民。为了更加真实地体现放牧情节，扎西顿珠将"希荣仲孜"戏班惯演的野牛舞融入其中。起初，他特邀"希荣仲孜"戏班的演员来表演这一舞蹈，后来，他将其改进为鲜活生动的"牦牛舞"，从而与《卓娃桑姆》的剧情浑融无间。

其次，为更好地表达角色的内心情感，扎西顿珠尝试性地将藏族俚曲民谣的唱腔元素融进藏戏，编创了民歌型唱腔"谐玛朗达"，即"歌戏混合腔"。后来，经过不断探索和改进，"谐玛朗达"逐渐成为藏戏中最重要的唱腔之一，《贾萨白萨》中扮演文成公主的演员运用的就是这一唱腔。

除了"谐玛朗达"，扎西顿珠还编创了"觉鲁朗达"唱腔。藏戏演员班典望久曾在接受采访时说："扎西顿珠大师在观看木鹿白桑寺院的藏戏演出时，从寺中的僧侣演出的《卓娃桑姆》一剧中的哭腔哭韵受到启发，借鉴了寺中艺人哭腔唱演时激昂紧凑的唱法，并将这种带有激情之声的唱腔称为'木鹿白桑朗达'，在此基础上进一步加工、完善，从而创唱出悲调的'觉鲁朗达'。这种悲调唱腔，不以人定曲，专曲专用，剧中各类角色都可以视剧情需要用以抒发自己的伤感之情。故此，很多演员都在戏中使用'觉鲁朗达'增强演唱的感染力，加强对人物性格化的塑造和对唱演技巧性格化的使用。"

后来，扎西顿珠又在藏戏的伴奏乐器中加入了"毕旺"（藏族拉弦乐器）、扬琴、笛子等；在《白玛文巴》一剧中增加了萨迦寺独有的侍佣神鼓舞"梗";在《苏吉尼玛》外道神主的侍佣表演中增加了"囊玛"歌舞。此外,他还将我国话剧、戏曲、民间狮子舞的表演技艺融入藏戏中,并利用赴印度、不丹、锡金等国巡演的机会,学习了印度民间舞"赤赤"等国外舞蹈。

扎西顿珠的革新加强了藏戏表演的艺术性和表现力,使藏戏艺术焕发出耀眼的光芒。其中,《卓娃桑姆》《白玛文巴》《苏吉尼玛》3部"觉木隆"戏班的经典剧目在表演时更加出彩,成为众多藏戏剧目中的精品,直到今天仍常演不衰。

四、让藏戏艺术经久不衰

扎西顿珠(中)与西藏
藏剧团演员在一起

1955年,扎西顿珠和戏班的其他演员在拉萨演出了《苏吉尼玛》。当时,到拉萨访问的八国记者为他们的演唱录了音,后来,这一录音被做成唱片销往各地,让更多人听到了藏戏的美妙唱腔。

1956年,扎西顿珠带领"觉木隆"戏班加入西藏文艺代表团,参加了在北京举行的全国第二次文艺会演。在会演中,他们的精彩演出博得了观众的热烈掌声。

1959年西藏平叛后,扎西顿珠召集"觉木隆"戏班的成员组建了西藏藏剧团,并出任团长。在剧团,扎西顿珠带领大家开始对藏戏的传统剧目进行整编和排演,使藏戏由原先的宣扬佛法教义转变为反映社会的真善美;由简陋的广场戏发展为现代的舞台艺术形式。另外,他还将演出中脸戴面具的表演方式改为用油粉在脸上化妆,并添加了布景、灯光和管弦乐器的伴奏,使藏戏焕发出青春活力。

同年10月,为庆祝新中国成立10周年,扎西顿珠改编了藏戏传统剧目《贾萨白萨》,并赴北京献演,参加彩车巡游,广受好评。之后,他又改编了《朗萨雯蚌》一剧。

1960年初,扎西顿珠从拉萨、日喀则和山南地区招收了20多名藏戏学员,改变了西藏戏班"师徒授艺"的传统教法,正式成立"觉木隆"职业藏戏学员培训队,运用现代教学方法培育藏戏新人。在培训中,扎西顿珠总会在百忙中抽空亲自教大家学习藏戏，传授自己多年来的演出经验。在之后的几年里，学员们经过刻苦的训练，逐步成为西藏藏剧团的艺术骨干。

这一年，扎西顿珠在剧团组织了一个创作组，编创了第一部现实题材的藏戏《解放军的恩情》。这部戏主要反映了民主改革给西藏社会带来的变革，以及西藏平叛这一历史性事件，同时也歌颂了党的政策，歌颂了军民鱼水情。在创作过程中，扎西顿珠充分运用了藏戏中的各类身段和"朗达"，并融入新的表演形式，结合剧情需要，在戏中编排了藏族歌舞和民间艺术表演。

《解放军的恩情》公演后，其质朴的语言和感人的情节，打动了广大解放军官兵以及藏族和其他各族人民群众，受到大家的高度赞扬，成为新中国成立后藏戏的代表作之一。

1960年7月，扎西顿珠出席了中国文学艺术工作者第三次代表大会和中国戏剧家协会第二次会员代表大会。在会上，他做了题为《风和日暖花重开》的发言，并当选为全国文联委员及中国戏剧家协会理事。

1961年，扎西顿珠因病在拉萨去世，享年62岁。

扎西顿珠一生始终活跃在藏戏的舞台上，不但演技精湛，在新的历史时期更顺应时代变革，全面改革了藏戏。他的改革极大地丰富了藏戏的艺术手段和表现力，提高了藏戏的观赏性，在藏戏的发展历史上作出了杰出的贡献。

马连良

——"马派"大师的传奇人生

马连良（1901～1966），京剧表演艺术家，老生演员。字温如，原籍陕西扶风，生于北京，回族。1921 年从"富连成"正式出科，1927 年开始挑班演出、名挂头牌。1930 年建立"扶风社"，1952 年组建"马连良京剧团"，1955 年任北京京剧团团长，1962 年兼任北京市戏剧专科学校校长。独创"马派"艺术，是 20 世纪里程碑式的京剧艺术大师。表演代表作有《借东风》《甘露寺》《青风亭》《四进士》《失空斩》等。

一、天赋异禀，初露锋芒

1901 年 2 月 28 日，马连良出生在北京阜成门外檀家胡同的一个回族家庭，父亲马西园是位开茶馆的小老板。

马西园是个十足的戏迷，当时正逢京剧蓬勃发展，三弟、六弟又都是唱京剧的，于是他就在茶馆里办了个票房，邀请票友前来唱戏。那时的名票金秀山、刘鸿升、德珺如等，都是这里的常客。

受父亲影响，马连良自幼十分喜爱京剧，因而每天泡在茶馆听戏便成了必修课。日子久了，整天在京剧氛围的熏陶下，他耳濡目染，

马连良

这方面的天赋逐渐显露出来。8 岁那年，马连良被京剧丑行表演艺术家萧长华相中，成为"喜连成"科班的学生，从此开启了自己的京剧生涯。

"喜连成"成立于 1904 年，1912 年更名为"富连成"，是京城里最大的京剧科班。在这里，马连良首先跟随茹莱卿学武戏打功底，之后师从萧长华、蔡荣贵、叶春善学习京剧。

在"喜连成"坐科的日子十分辛苦，马连良每天早上 6 点就要起床练功，然后吊嗓子学戏。午饭后如果有演出，他就排队上戏园子，没有便继续学戏、练功，直到晚上 10 点。在严苛的培养下，马连良日复一日地勤奋练习，从未间断，打下了相当扎实的基础，很快成为科班出类拔萃的弟子。

1910 年，谭鑫培、陈德霖和贾洪林联袂演出《朱砂痣》，需要一个娃娃生，并点名要"喜连成"的弟子。于是，老师们决定派入科仅一年多的马连良前去配戏。演出中，马连良从容不迫，举手投足间韵味十足，出色地完成了表演，赢得三位京剧大师的交口称赞。大家一致认为，这个如今还不到 10 岁的孩子，日后一定会成为名角。

马连良在《甘露寺》
中饰演乔玄

一年后，马连良开始学演老旦、丑和小生，有时还扮演龙套。1914 年，他以主角的身份再度排演《朱砂痣》，成为"富连成"的当家老生。马连良的台风极好，每次上台前，他都把自己拾掇得清清爽爽。从那时起，他的骨子里就透着一副大牌风范。

后来，马连良迷上了谭鑫培的戏，开始潜心揣摩《连营寨》《清风亭》《捉放曹》《南阳关》等剧目，获益颇多。

1917 年 3 月，17 岁的马连良从"富连成"出科，在三叔马昆山的带领下到福州搭班演出。没过多久，他便成为福州的名角，红透了半边天。然而，心气极高的他并未就此满足，每次演出后都会总结自己的欠缺之处加以修正。

渐渐地，马连良隐约感到自己在演出中内力有些跟不上，而且嗓子出现了"倒仓"的状况。于是，他毅然决定二次坐科，重返"富连成"。途经上海时，马连良观摩了汪笑侬、王鸿寿、麒麟童等京剧表演艺术家的演出，眼界大开。

二、爱戏护戏，独创"马派"

1918 年初秋，马连良回到"富连成"，成为京剧历史上第一位二次坐科的艺术家。他向叶春善学习了"末角"，并着重在念白上下苦功，得到了老师的倾囊相授。

二次坐科的三年里，马连良严格律己，丝毫不碰烟酒。每天清晨，他都会去西便门外喊嗓，练习念白，回去后继续吊嗓，坚持不懈。当时，"富连成"每天都有日场演出，为了能学习前辈的艺术成就，他不管白天演出多累，晚上都会去看戏。

1921 年年底，马连良再次出科，开始走南闯北。他先后搭过沈华轩的临时班，尚小云的玉华社，俞振亭的双庆社以及朱琴心的和胜社、协和社。演出中，他首次表演了《三字经》，"韵味悠然，念白如唱"。

1924 年，马连良前往上海，在老天蟾舞台与京剧"麒派"艺术创始人周信芳同台演出，轰动了整个上海。从此，马连良声名鹊起，在京剧界有了自己的一席之地。他原本学的是"谭派"，却博采众长，把当时的许多流派熔于一炉。他的演唱既参考了"奎派"特色，又吸收了贾洪林的韵味，表演的《打登州》《白蟒台》等戏更散发出创新光彩，独树一帜。

1927 年 6 月，马连良开始挑班演出、名挂头牌。挂了头牌就得有自己的戏码，于是，他对大量京剧传统剧目进行了改造，《甘露寺》就是其中之一。

《甘露寺》是京剧《龙凤呈祥》里的一出折子戏，戏中的乔玄原本是二路老生，唱词很少。经过马连良的改编，乔玄的唱词成了全戏的高潮。这段以"劝千岁杀字休出口"开头的唱腔轻快俏皮、朗朗上口，在马连良的演唱下家喻户晓，即便是生活在最底层的拉洋车夫也能唱上几句。由此，"马派"艺术应运而生。

后来，高亭公司为马连良录制唱片，有人听了《甘露寺》中乔玄的唱

马连良演出《串龙珠》
时的剧照

段后，向马连良提出意见，说唱词中"他有个二弟寿亭侯"一句犯了原则性错误，"寿"字前少了个"汉"字。"汉寿"是一个地名，而"亭侯"是爵位名，缺了一个字，全句就不通了。

马连良听后十分不安，心想："一定是以前哪位名角儿一时出错，结果师徒代代口耳相传，将错就错，闹出了如今的笑话。"于是，他立即要求高亭公司停售唱片，并收回已售唱片，悉数退款。公司认为此举太过冒险，迟迟不肯行动。情急之下，马连良自掏腰包，买下了所有唱片全部销毁。事后，有人问起这样做的原因，他意味深长地说："明知有错还任其流传，这不仅遭识者讥笑，更是亵渎听众。既愧对前人，而且贻害后辈。"

经过此次风波，马连良对唱词愈加留心，一字一词，锱铢必较。光是一部《十道本》中褚遂良的台词，他就背了无数遍，到了最后连邻家老妇都听得滚瓜烂熟。几十年后再次演出这部戏时，他依然能把褚遂良上疏的十道奏本一字不差地表达出来，功力之深令人敬服。

三、建立"扶风"，一度落难

1930 年，马连良自组戏班，建立了北平首屈一指的"扶风社"。扶风社的表演风格严肃整洁，讲究"三白"——白水袖、白小袖、白护领，就连群杂演员扮戏也干净利落，表演准确无误。在马连良的带领下，"扶风社"的一大批青年演员脱颖而出，所到之处深受欢迎，在东北演出时甚至出现了万人空巷的情景。

1931 年，马连良与周信芳在天津第二次同台演出，赢得了"南麒北马"的美誉。随后，他与言菊朋、余叔岩、高庆奎并称京剧"前四大须生"。20 世纪 40 年代初，马连良又与新崛起的谭富英、杨宝森、奚啸伯并称"后四大须生"。

1937 年 3 月，马连良与人合作，投资建立了"新新大戏院"。数月之后，抗日战争全面爆发。

1938 年，素有"山西梆子大王"之称的丁果仙到北平演出，其中一出《反徐州》深深地吸引了马连良。于是，他让人将《反徐州》改编成了京剧《串龙珠》。这出戏讲的是元末徐州州官徐达不堪完颜图、完颜龙父子欺压，起义反抗收复徐州的故事，具有明显的反侵略意图和强烈的民族意识。结果，此剧刚演两场就遭日寇禁演，马连良只好率一班人马移往天津租界的中国大戏院继续演出。

1940 年年底，日本侵略者霸占新新大戏院，马连良开始了寄人篱下的生活。1942 年，沈阳要修建一所回民中学，请马连良前去义演筹款，伪满政府借机命令他去"新京"（长春）参加伪满洲国"建国 10 周年"庆祝演出，并给剧团强加了"华北政务会演艺使节团"的头衔。其间，马连良演出了《串龙珠》和《春秋笔》这两出带有反抗色彩的剧目，借此表达自己的心迹。

20 世纪 50 年代马连良
演出时的戏单

1944 年，马连良每周都在北平的开明戏院演出，唱了将近一年。他的儿子马崇仁常陪伴左右，并几乎包揽了所有二路老生的戏。1946 年春，马连良赴上海为宋庆龄主办的儿童福利基金会义演多场，广受赞誉。

抗战胜利后，国民政府官员为侵占财产，以"汉奸罪"起诉马连良，诬告他当年的东北演出之行是伪华北政务委员会"官派"。最后，该案以"查无实据，不予起诉"而告终，而马家却为打这场官司负债累累。

1947 年 9 月，在与京剧界的南北名伶们一起参加完杜月笙的 60 大寿会演后，马连良到上海展开了为期 4 个月的"还债演出之旅"。演出期间，扶风社采取了同一戏码连演 3 天的方式公演，观众们为支持马连良争相购票，在上海掀起了一阵"京剧旋风"。

在上海演出的 4 个月中，马连良每天都高度紧张、身心疲惫。为防止货币贬值，他每天早上都会把前晚的收入换成黄金立刻还债。一次，在演出《群英会·借东风》时，他突然闪了腰，从此便落下习惯性闪腰的毛病。后来，在演出《打渔杀家》更换彩裤时，他发现裤子里面竟全是线虫，此时的他俨然到了崩溃的边缘。

1948 年初，马连良终于还完了所有债务。当时正值淮海战役前夕，平沪铁路已经中断，他只好在上海租了一套公寓养病。

四、重回大陆，不断革新

1948 年 11 月，马连良前去香港散心，并与张君秋、俞振飞等举办了几场京剧会演。然而，由于香港的京剧市场多半靠南下的内地观众维持，因此几场演出下来不但没有盈利，还亏得很厉害。

为弥补一些损失，马连良受邀在港出演了两部戏曲电影。在第一部戏中，他和张君秋主演了《梅龙镇》（《游龙戏凤》）和《渔夫恨》（《打渔杀家》）；在第二部戏中，他又出演了《借东风》。

马连良为弟子说戏

电影拍摄完毕后已是 1949 年，当时内地局势剧变，于是马连良决定留港观望一段时间。那段日子里，他因害怕赔钱不敢唱戏，加之十分惦念亲人，急火攻心之下患了一种易紧张的病症，夜里时常被噩梦惊醒。

新中国成立后，内地的戏院逐渐恢复了正常营业，许多戏院向马连良表达了合作意愿。随后，他女儿马力以及好友梅兰芳分别来信，转达了毛泽东和周恩来欢迎他回京的想法。接踵而来的喜事让马连良心情大为好转，情绪渐渐稳定了下来。

然而，马连良要回归大陆的消息很快被台湾情报机构获取，于是，台湾方面派人重金礼聘，想请他赴台巡演。就在此时，中央派人前来与马连良接洽，先为他偿还了亏空，而后又在 1951 年国庆前夕护送他平安抵达广州。在广州，马连良一口气演出了 21 场，让市民过足了戏瘾。

之后，马连良在各地开始了巡演。在南昌，他拿出了在当地演出的全部收入，用以协办回民幼儿园。到天津后，他又把自己演出一场《四进士》的收入捐赠给了"梨园公会"会长沈玉斌，帮助他筹办"艺培"戏曲学校（今北京市戏曲学校）。

1952 年初春，马连良终于回到了阔别 5 年的北京，在长安戏院演出了"马派"名剧《苏武牧羊》。同年 8 月，他重整旗鼓，组建了"马连良京剧团"。

1953 年 7 月，国务院开始筹备第三次赴朝慰问演出。正在青岛巡演的马连良听到消息，立刻赶回北京，与梅兰芳、程砚秋、周信芳等参加了慰问团。在朝鲜，马连良与周信芳进行了第三次合作，周信芳感慨地对他说："谁能想到老哥俩第三次合作这出戏是在这儿——朝鲜前线！"

回国后，在北京文化部门的主导下，"马连良京剧团"与北京京剧二团、三团合并为"北京京剧团"，马连良任团长，谭富英、张君秋、裘盛戎任副团长。这一空前庞大的阵容，对此前一度低迷的京剧市场起到了良好的提振作用。

1957 年，随着"反右"运动的开展，许多过去戏班的班头被打成了右派。在北京市委书记、市长彭真的保护下，马连良躲过了一劫。等政治风暴逐渐平息后，他排演了《海瑞罢官》《秦香莲》和《赵氏孤儿》等几出脍炙人口的大戏，风靡一时。

1960 年初，年过六旬的马连良紧跟"革命样板戏"的步伐，先后排演了《杜鹃山》《南方来信》和《年年有余》三部现代戏。

1964 年全国京剧现代戏会演前夕，马连良突然抽起了烟袋。问及原因，他笑着回答说："以后京剧要多演现代戏，我自然只能扮演老头，如果遇到戏里的人抽烟，临时去学就来不及了。"参演《杜鹃山》和《年年有余》时，马连良的烟袋都派上了用场。特别是在《杜鹃山》中，他设计了一个别着烟袋下场的漂亮身段，得到观众好评。

五、饱经折磨，含冤谢世

1965 年下半年，北京京剧团根据江青的指示排演《红岩》。于是，马连良写信给彭真，希望自己能参加演出。为此，彭真亲自去找江青商量，惹得江青勃然大怒。

同年 11 月 10 日，上海《文汇报》发表了姚文元的文章《评新编历史剧〈海瑞罢官〉》，"文革"序幕由此拉开。随后，马连良被下放到北京京剧二团"控制使用"。

1966 年，《解放日报》先后发表了《〈海瑞上疏〉为谁效劳?》《〈海瑞上疏〉必须继续批判》两篇文章。6 月 4 日，马连良急火攻心，一向甜润嘹亮的嗓子突然嘶哑起来。第二天，团里贴出了马连良的大字报，从此，他被迫离开摸爬滚打了一辈子的京剧舞台，随后一病不起，住进了医院。

一个月后，马连良被关进了"牛棚"，既不准回家也不准外出。一天，他看见旦角演员赵荣琛，趁四下无人，便伸出食指和中指向赵荣琛摇晃了一下。赵荣琛知道马连良的烟瘾犯了，便买了几盒烟偷偷塞给他。10 月 1 日，马连良被释放回家。此时，他的家已经成为北京红卫兵"西城纠察队"的总部。一天夜里，剧场的值班人员听见有人叫门，一开门，只见马连良孤零零地站着。"都过 12 点了，您怎么来啦?"马连良说："我们家的红卫兵跟红卫兵打起来了，等会儿他们讲和了，想起马连良来，就打我。我受不了，还是到这儿来吧。"

北京这方水土曾经养育了马连良，正是在这里，他逐渐崛起，成为京剧历史上的泰山北斗。如今，也是在这里，他却连自己的栖身之地都无从找寻。

12月13日中午，马连良步履蹒跚地排队买了碗面条，还未等转身，就先扔掉拐杖，再扔了装着面条的碗，仰天一跤，如一片枯叶般缓缓倒下。三天后，马连良去世。

1978年8月30日，北京市文化局召开落实政策大会，为马连良平反昭雪。

六、为艺尽瘁，后人缅怀

马连良对京剧艺术情有独钟，是近代舞台上生命力最旺盛的京剧艺术大师之一。他一生共演过300多出戏，其中自创戏占1/3，整理剧目达五六十出。

马连良一生最大的贡献就是独创了京剧"马派"艺术。几十年来，"马派"从创立走向成熟，经历了一段漫长的道路。其间，马连良凭借自己独特的思想以及睿智的舞台眼光，对京剧的唱腔、扮相、行头、剧本等方面逐一进行了改革。

"马派"在唱腔的发展时期曾有巧腔耍板等特点，扮相上则以漂亮整洁著称。在京城，马连良首创京剧老生演员用油彩化装的先例，最终成为京派老生化装的样板。

在对京剧行头进行改革时，马连良曾说："改革服饰是为了使观众观看后精神为之振奋，发扬爱美之心。其目的是让服饰有利于塑造人物、关注人物。"在保留京剧传统服饰的基础上，他把老生的扮相做了改进，创制了剪蟒、官衣蟒、方圆毯路带、仿古赤巾等，同时重新启用了"襕衫"这一失传服饰，并在一些小道具上花了心思。

在"马派"剧本的改良中，马连良也狠下了一番功夫。与其他经过文人加工的作品不同，"马派"剧本多由他与前辈编纂排练而成，真正适应了舞台和观众的需要。此外，马连良的演剧思路也别具一格，他多以评书的"书道儿"行事，即不在折子戏中压缩表演，而是以串折的方式演唱，使整个故事情节得到贯穿。他还经常在一出戏里分别饰演两个不同的角色，展示出极高的表演水平，成为"马派"经典。

在演戏的同时，马连良还乐于发现人才、提携后进。无论是谁，只要有才华，他都给予重视和鼓励。他曾在1962年兼任北京市戏剧专科学校校长，抽空教学生《白蟒台》《审头刺汤》等戏。

在马连良的指导下，"马派"传人遍布大江南北。他的弟子罗蕙兰曾说："马先生不但带着我演戏，还教会我如何提高。他告诉我：'学习是大圈圈里面有个小圈圈，小圈圈里面有个黄金点，我们要的就是这个黄金点。'"冯志孝曾说："'马派'艺术像磁石一样吸引着我，使我终身受益……马老师有种'艺不惊人死不休'的精神，很令我们感动。"

《马连良舞台艺术》特种邮票

2009 年 6 月 30 日，"京剧大师马连良先生从艺一百周年"纪念大会在北京华彬大厦紫金剧院召开。与会人员客观总结、评价了马连良为京剧艺术发展作出的贡献，缅怀了他非凡的一生，并鼓励"马派"传人传承他的艺术精神与创造精神，让"马派"艺术发扬光大。纪念活动期间，由马连良之孙马龙主编的大型画册《京剧大师马连良》正式出版，同名 CD 光盘也由中国唱片上海公司出版发行。

2009 年 11 月 28 日，中国邮政发行了《马连良舞台艺术》特种邮票 1 套。这套邮票共两枚，分别以马连良在《借东风》和《赵氏孤儿》中的经典舞台形象为图案，真实再现了他的舞台风采，带领大家重温了那段辉煌的京剧岁月。

《京剧大师马连良》书影

程砚秋

——"砚田勤耕为秋收"

　　程砚秋（1904～1958），京剧表演艺术家。原名承麟，北京人，满族。1910年步入梨园，1915年开始登台演出。历任中华戏曲音乐院副院长、中国戏曲研究院副院长，全国文学艺术界联合会委员、中国戏剧家协会常务理事。他独创京剧"程派"表演艺术，并推动戏曲研究、教学与交流，为京剧事业的蓬勃发展作出了贡献。表演代表作有《红拂传》《鸳鸯冢》《荒山泪》《春闺梦》《锁麟囊》等。有《程砚秋文集》《程砚秋演出剧本选集》行世。

一、少时学戏不懈怠

程砚秋

　　1904年1月1日，程砚秋出生在北京德胜门内大街翔凤胡同的一个满族家庭，在兄弟四人中排行最末。他是满洲正黄旗人，煦斋相国的五世孙，父亲荣寿还世袭了旗营将军的职位，可以说是贵族子弟出身，家境较为优越。

　　程砚秋不到1岁时，父亲就因病去世。好在家底宽厚，他的大哥、二哥又都在禁卫军当差，生活过得还算安逸。那时，母亲常带着程砚秋和三哥到戏园子听谭鑫培、路三宝、汪笑侬等京剧名角唱戏，一听就是好几天。每次回到家里，程砚秋都会爬上房顶有模有样地学他们唱戏，京剧天赋逐渐显露。

　　然而，没过几年，随着家底逐渐吃空，先前无忧无虑的日子便一去不复返。为节省开支，程砚秋的母亲只好带着一家人搬离翔凤胡同，一连换了好几次住处，最终在南城的天桥附近落脚，住进了大杂院一间又黑又小的破瓦房里。当时，程砚秋的大哥、二哥已经从禁卫军退役，整天游手好闲，只有母亲靠做女红来维持一家人的生计。

程砚秋6岁时，邻居一位唱花脸的京剧演员见他模样俊俏，便介绍他到荣蝶仙门下当学徒，立下了长达9年的契约。从此，程砚秋以"程菊侬"的艺名步入梨园，开始了自己的京剧表演生涯。

在荣蝶仙的教授下，程砚秋开始学习武旦，每天撕腿、下腰、练虎跳，十分辛苦。荣蝶仙教戏十分严厉，稍有不满，就会拳打脚踢。练习"跷功"时，他让程砚秋脚上每天都绑着木跷，一刻也不得摘下。这种教戏方式虽然过于严苛，却帮助程砚秋打下了扎实的功底。

后来，荣蝶仙见程砚秋扮相秀丽，改学花旦更有前途，便推荐他跟陈桐云学戏，学唱了《打樱桃》《打杠子》《铁弓缘》《虹霓关》等花旦戏。不

程砚秋和罗瘿公合影

久，因嗓音清亮，程砚秋又跟陈啸云学习了《彩楼配》《宇宙锋》《祭塔》《玉堂春》等青衣戏。程砚秋学戏十分用心，很快就悟出了其中的门道，唱起戏来有板有眼，赢得了师傅们的称赞。

1915年，11岁的程砚秋开始登台演出，初演于东安市场内的丹桂茶园，与赵桐珊、刘鸿升、孙菊仙等合演《桑园寄子》《辕门斩子》《朱砂痣》等戏。在演出中，程砚秋嗓音好、扮相俊、台风正，大家都夸他像极了以唱青衣著称的"陈石头"陈德，很多名角都爱请他配戏。当时，在京城政、教界颇有名气的罗瘿公看了程砚秋的戏，也赞不绝口，认为他已经可以与梅兰芳媲美，并赋诗道："除却梅郎无此才，城东车马为君来。笑余计日忙何事，看罢秋花又看梅。"

1917年，程砚秋跟着荣蝶仙到浙慈会馆演出，由于过度劳累，嗓子出现了"倒仓"，如果无法得到充分的休息，很有可能会毁掉嗓子，再也无法唱戏。然而，荣蝶仙却为了上海戏院的丰厚薪酬，仍强迫程砚秋赴沪演出。在这个紧要关头，罗瘿公出面筹款，将程砚秋赎出了师门。

二、习艺创腔，"声满十方"

不久，程砚秋带着家人搬到了罗瘿公为他们在北芦草园租下的住所，开始安心调养嗓子。其间，罗瘿公亲自为他讲解诗词歌赋，教他书法，还带他看戏、看电影。后来，等程砚秋的嗓子有所好转，罗瘿公又让他跟着众多名角继续学习，并为他制订了详细的学习计划。

"四大名旦"合影，前排为程砚秋，后排左起尚小云、梅兰芳、荀慧生

在罗瘿公的安排下，程砚秋每天上午都会跟阎岚秋学武旦，然后吊嗓子；下午同乔蕙兰学昆曲身段，并和江南笛师谢昆泉、张云卿习曲；晚上则到王瑶卿家中学戏。后来，罗瘿公还取"艳于秋者厥为菊"之意，把程砚秋的艺名由"菊侬"改成了"艳秋"。

1919 年，程砚秋在罗瘿公的引荐下拜梅兰芳为师。通过为梅兰芳配演《上元夫人》《天河配》《打金枝》等剧目，他深得"梅派"精髓，进一步提高了自己的表演技艺，为日后独创"程派"艺术奠定了基础。

随后，程砚秋根据自己多年学戏、唱戏的经验，在罗瘿公和众多名师的指点下另辟蹊径，逐渐摸索出一种适合自己的独特唱腔，使演唱婉转深沉、独具韵味。对于自己新开辟的唱腔，程砚秋是这样理解的："新腔者，四腔之外，加以小腔……其音狭而奇，如童子音，又谓之鬼音。虽为新腔，实存古调，非尽变旧法也，然是天赋非人力所能强者。"

后来，程砚秋开始搭班演出，先后在梅兰芳的"喜群社"和高庆奎的"庆兴社"演出《贵妃醉酒》《御杯亭》《四郎探母》《打渔杀家》《游园惊梦》等戏，大受欢迎。罗瘿公称他当时的演出是"智慧日增，声满十方"。

1922 年，程砚秋在罗瘿公的帮助下组建了"和声社"，并请来荣蝶仙担任社长。随后，他以一出由罗瘿公改编的《龙马姻缘》轰动了京城。

不久，程砚秋搭余叔岩的班赴上海演出，几天后，余叔岩遇到意外中途返京，他便开始自己挂头牌，不但演出《玉堂春》等传统剧目，还唱了罗瘿公编写、王瑶卿导演的《梨花记》等新戏，在上海一炮而红。程砚秋的表演带着一股浓郁的书卷之气，有人曾评价说："梅兰芳柔媚似妇人，尚小云倜傥似贵公子，艳秋则恂恂如书生。"他之所以能形成这种独特的表演风格，与早先在罗瘿公指点下广泛涉猎文学、培育文化修养息息相关。

1923 年 4 月，程砚秋在梅兰芳和夫人的极力促成下，与京城名旦果湘林的二女儿果素瑛结为连理。结婚当天，京城的众多旦行名角纷纷前来贺喜，报纸刊文称："自有伶人办喜事以来，真正巨观之名旦大会也。"

之后，程砚秋根据自身表演特点，重排了《武家坡》《贺后骂殿》《汾河湾》等老戏，并在扮相、服饰等方面做了改进。此外，罗瘿公还根据程砚秋的唱腔，为他编写了《红拂传》《花舫缘》《花筵赚》《鸳鸯冢》《风流棒》等新戏，受到观众的一致好评。

《程砚秋赴欧考察戏曲
音乐报告书》书影

三、创立"程派"表演艺术

1923 年 9 月，程砚秋应邀带着"和声社"的成员，第二次踏上了赴沪演出之旅。为此，上海戏院早早就挂上了"艳色天下重，秋声海上来"的对联。其间，程砚秋上演了罗瘿公为自己编写的多部新戏，每场演出都座无虚席，连走廊都站满了人。此时的他已经在梨园界站稳了脚跟，名声大噪。

1924 年初，程砚秋带领"和声社"赴东北演出，表演了罗瘿公编写、王瑶卿导演的《孔雀屏》《赚文娟》《金锁记》《玉狮坠》《青霜剑》等新戏。同年 8 月，程砚秋将"和声社"改组为"鸣盛社"，由岳父果湘林担任社长。8 月 20 日，"鸣盛社"在三庆园以一出《汾河湾》打响，享誉京城。

9 月 23 日，罗瘿公因长期疲劳过度，在东交民巷的一家外国医院离开了人世，给程砚秋带来了沉重的打击。罗瘿公去世后，原来冲着他的面子对程砚秋多加照拂的朋友，都渐渐冷淡起来，有人背地里甚至还幸灾乐祸地说："罗瘿公一死，程砚秋就完了。"

程砚秋在《锁麟囊》
里的扮相

面对这样的情形，程砚秋并没有气馁。在停演了一段时间后，他决定另起炉灶，创编新戏。罗瘿公去世前曾托付挚友金仲荪接替自己，继续为程砚秋写戏，于是，金仲荪为程砚秋编写了剧本《碧玉簪》。1924年12月，程砚秋首演《碧玉簪》，赢得了观众热烈的掌声，令人刮目相看。

1925年，为减轻果湘林的负担，程砚秋将"鸣盛社"改为"鸣和社"，并让梁华亭接任社长，自己则在挂头牌的同时兼任艺术指导。从此，程砚秋集创作、导演、演出于一身，步入了京剧表演事业的黄金时期。

1927年，《顺天时报》举办了一次京剧旦角名伶评选活动。经过观众投票，程砚秋以一出《红拂传》，和梅兰芳、尚小云、荀慧生、徐碧云荣膺"五大名旦"。后来，徐碧云过早离开舞台，余下四人因此被称为"四大名旦"。四年后，长城唱片公司邀请四人灌制了唱片《四五花洞》，被誉为"四大名旦"合作的精品。

1930年，李煜瀛联手程砚秋创办了中华戏曲音乐院，李煜瀛任院长，程砚秋任副院长，并分管北平分院的事务。随后，在程砚秋等人的筹办下，中华戏曲音乐院又附设了北平戏曲专科学校，由焦菊隐、金仲荪先后担任校长。学校培养了大批戏曲人才，为弘扬戏曲艺术作出了贡献。

程砚秋在家中整理艺术经验

1925～1930年，程砚秋先后赴上海、武汉、东北、南京等地演出了《聂隐娘》《文姬归汉》《沈云英》《斟情记》《朱痕记》《梅妃》《柳迎春》《陈丽卿》等剧目，并为鄂北工赈会和山西赈灾会进行了义演。他的表演因"独特风格的剧目，高亢低回的唱腔，极富乐感的念白，以及千变万化的做工、表情和身段"，被大家誉为"程派"表演艺术。

四、苦心孤诣终有获

1931 年 1 月和 8 月，程砚秋先后在"中和园"（后称"中和戏院"）首演了金仲荪编写的以现实题材为主的《荒山泪》和《春闺梦》，将"程派"艺术推向了高峰。

当时正值军阀连年混战、民不聊生的时期，这两部反映百姓疾苦、抨击社会丑恶的剧一经上演，便在京城引起了不小的轰动。尤其是程砚秋在《荒山泪》中喊出的那句"我不如拼一死向天乞请，愿国家从此后永久和平"，更道出了穷苦百姓的共同心声，让人为之动容。

多年后，程砚秋曾在《永远不会忘记的日子》一文中，回忆了自己演出《荒山泪》和《春闺梦》的经历。他说："……后来交往渐广，朋友中不乏具有革命思想的人，我渐渐受了感染，从消极中生长出一线希望，从而开始向兄弟戏剧艺术学习，编演一些社会问题的戏剧，发泄个人胸中的不平和愤懑，这样才演出了《荒山泪》《春闺梦》等剧。"

1931 年底，程砚秋在《北平新报》上发表了一篇题为《检阅我自己》的文章，详细回顾并分析了自己之前编演的剧目，他说："从《斟情记》和《朱痕记》到《荒山泪》和《春闺梦》，犹之乎从平阳路上突然转入于壁立千丈的山峰。"此后，程砚秋坚持"戏曲是人生最真确的反映"这一理念，立志用京剧艺术反映时代和人民的心声。

1932 年元旦，程砚秋以"砚田勤耕为秋收"自喻，正式宣布将艺名由"艳秋"改为"砚秋"，决心从此不再以"艳"悦人。

半个月后，程砚秋登上火车，远赴欧洲游学考察。在一年多的时间里，他先后访问了法国、德国、瑞士、意大利等国，观摩了各国的戏剧艺术，结识了不少著名的艺术家。在法国考察期间，程砚秋还参加了在尼斯举行的"国际新教育会议"，做了题为《中国戏曲与和平运动》的演讲，并现场演唱了《荒山泪》中的部分唱段。

1933 年 4 月，程砚秋回到祖国。同年 8 月，他将考察见闻和感受写成《程砚秋赴欧考察戏曲音乐报告书》，并由世界编译馆北平分馆出版发行。这份报告书分为两大部分，在第一部分中，程砚秋概述了考察活动的经过；在第二部分中，他表达了自己对此次欧洲之行的感想，把我国戏曲与欧洲戏剧做了比较，并提出 19 条改良我国戏曲的建议。

程砚秋改良戏曲的 19 条建议非常全面，首先，他指出："国家应以戏曲、音乐为一般教育手段。"之后，他又提出戏曲表演应该有乐谱，舞台化装应与周围环境相协调，演员表演应注重表情规律化、发音科学化，剧场的设备、灯光、音乐应得到良好的运用。此外，他还谈到了导演的重要性，以及戏曲界的社会组织等问题，并建议戏剧界人士应多与各国艺术家交换中西戏曲音乐艺术意见。这些建议为我国戏曲艺术的发展提供了宝贵的借鉴，受到戏曲界人士的高度重视。

五、不断创新，新意迭出

1934 年 10 月，程砚秋在"中和园"再度演出了《春闺梦》。与之前有所不同的是，他通过吸收西方戏剧的表现手段，在这部戏中增加了灯光和布景，并在伴奏乐器中加入口琴、双二胡和小提琴，令人耳目一新。

后来，有人曾撰文对程砚秋新排演的《春闺梦》做了如下评价："此剧意义伟大，各场穿插别具匠心，不落寻常窠臼。衬以灯光变化，布景新奇，于新旧过渡中之舞台上，力求现代化，开创旧剧之新纪元。"

1935 年，程砚秋改编并演出了反映民族危机的历史剧《亡蜀鉴》，表达了自己"绝不卖国求荣，宁死不做亡国奴"的爱国情怀。至此，他已经成功演出了包括《鸳鸯冢》《青霜剑》《文姬归汉》《荒山泪》《春闺梦》《亡蜀鉴》等在内的多部悲剧，塑造了一系列广为人知的悲剧形象，为自己赢得了声誉。

1937 年 4 月，程砚秋将"鸣和社"改组为"秋声社"，由吴富琴担任社长。不久后的一天，他在家中读清朝学者焦循写的《剧说》时，被其中一则引自《只麈谭》的故事深深吸引。《只麈谭》讲述了一个善良的富家小姐，如何在富贵无常的人世中，因当年的仗义助人而得报恩和救助的感人故事。于是，程砚秋决定转变表演风格，请剧作家翁偶虹根据这则故事为自己编写一部喜剧。

为了编好这部喜剧，翁偶虹和程砚秋付出了大量心血。在创作唱词时，翁偶虹费尽心思，他说："为了写好主要人物的性格和思想感情的发展变化，我试用'烘云托月法''背面敷粉法''帷灯匣剑法''草蛇灰线法'，期望取得舞台上的效果。"当时，翁偶虹每写出一段唱词，程砚秋都会立即编唱新腔，对唱词反复推敲。就这样，两人用了近三年的时间，终于完成了整个剧本的创作，并将它命名为《锁麟囊》。

1940 年 4 月，程砚秋赴上海"黄金大戏院"首演《锁麟囊》，大获成功。这部剧"集程腔之大成，囊括除反二黄、南梆子之外几乎所有的京剧声腔、板式"，有的唱腔还吸收了西洋歌曲的旋律，充满新意。之后，程砚秋一连演出了 24 场，场场爆满，有报纸评价这部戏为"秋云阅厚，韵绝尘寰"。

1941 年，程砚秋演出了翁偶虹编写的《女儿心》。在这出戏中，他独创了一套剑舞，为演出增添了不少色彩。两年后，程砚秋由于不为日军演出而受到迫害，暂时告别舞台，在北平青龙桥隐居务农。抗日战争胜利后，他重返舞台，在"新新大戏院"举行了庆祝抗战胜利的首演。

1946 年，程砚秋赴上海演出。不久，内战爆发，他回到北平，到青龙桥暂住。1947 年，程砚秋在青龙桥创办"功德中学"，不但不收学费，还免费发放书本笔墨。然而，开学不久，城里就来了一帮流氓学生打架斗殴，欺负女学生，再加上教员不断要求加薪，学校被迫停办。

六、让"程派"艺术大放异彩

1949 年 1 月，北平和平解放，周恩来总理亲自登门探望了程砚秋。之后，程砚秋重组"秋声社"开始进行演出，并于当年 3 月赴布拉格参加了第一届"世界和平大会"。

新中国成立后，程砚秋在文化部副部长周扬的支持下，先后在 1949 年和 1950 年实施了两次"全国戏曲音乐考察"计划，赴西北、西南地区调查地方戏曲。

1951 年，中国戏曲研究院在北京成立，程砚秋受邀担任副院长。1953 年，他随"中国人民第三届赴朝慰问团"，与梅兰芳、马连良、周信芳等名角赴朝鲜进行了慰问演出。

1954 年，程砚秋根据南方剧种编演了《英台抗婚》。这出戏在唱腔、唱词以及舞台表演和美术设计方面都做了创新，得到专家和广大观众的一致认可。

1956 年，程砚秋为《荒山泪》拍摄了戏曲电影。为保留更多"程派"艺术精华，他和导演吴祖光在原剧的基础上改编了许多唱段，并创作了200 多种水袖表演形式。影片拍摄完毕后，程砚秋把全部精力都投入到了讲学和整理艺术经验中，先后发表了《戏曲表演艺术的基础——"四功五法"》《谈戏曲演唱》《创腔经验谈》等文章。后来，这些文章都被收录在中国戏剧出版社出版的《程砚秋文集》（1969）中。

1957 年，程砚秋和杨宝森在中央人民广播电台合录了《武家坡》一剧。同年 11 月，他在中南海怀仁堂举办的京剧晚会上演出了《六月雪》。1958 年初，文化部决定派程砚秋率团赴巴黎参加"第三届国际戏剧节"。

于是，程砚秋立即投入了紧张的准备工作当中。

这一年的 3 月 9 日，程砚秋因突发心肌梗死被送往医院，经抢救无效与世长辞，年仅 54 岁。同年 11 月，中国戏曲研究院整理出版了《程砚秋演出剧本选集》（中国戏剧出版社）。1962 年，中国戏剧出版社又出版了《程砚秋舞台艺术》一书。

程砚秋将自己的一生都奉献给了京剧表演艺术事业，他所取得的骄人成绩，对京剧乃至整个戏曲艺术的发展都产生了极为深远的影响。有人曾评价说："程砚秋在艺术创作上勇于革新创造，他创作的角色典雅娴静，恰如霜天白菊，有一种清峻之美。他的表演在眼神、身段、步法、指法、水袖、剑术等方面也都有与众不同的特点，作为一个完整的艺术流派，全面展现在京剧艺术舞台上。"

在表演京剧及研究戏曲艺术的同时，程砚秋也不忘提携后辈，培养了赵荣琛、新艳秋、侯玉兰、李世济等弟子。程砚秋去世后，他的弟子们担负起将"程派"艺术发扬光大的责任，演出了众多"程派"经典剧目，并将其传给了后人。

2003 年，"纪念程砚秋 100 周年诞辰学术研讨会"在北京召开。在会上，大家对程砚秋的艺术道路进行了回顾，并展望了"程派"艺术广阔的发展前景。如今，"程派"的众多经典剧目仍常演不衰，在京剧舞台上大放异彩。

胡絜青
——巾帼艺术家

胡絜青（1905～2001），国画家、散文家，国家一级美术家。原名玉贞，北京人，满族。1931年毕业于北京师范大学。历任中学、大学教师，中国画院美术师，中国美术家协会、书法家协会会员，中国画研究会副主席，满族书画研究会会长等。专工花卉翎毛，写意、工笔俱佳，尤其擅长画菊、梅、松。作品有《月季》《银星海棠》《菊花》《苍松》《凌云直上》《傲霜图》《玉羽春光》《姹紫嫣红》等。出版有画集《絜青画册初集》《胡絜青画集》《胡絜青百菊图》等。此外著有《老舍生活与创作自述》《散记老舍》（合作）等。

一、受祖父影响喜欢上绘画

1905年12月23日，胡絜青出生在北京西城的一户满族家庭。据胡絜青自己回忆，她的祖籍是黑龙江省的呼尔哈村，祖上先是从黑龙江南迁辽宁，后来又随清军入关而定居北京。

胡絜青的家庭隶属满洲正红旗，父亲、祖父都曾在官府当差，但官职均不高。父亲小时候曾经卖过菜，后来也仅仅是做笔帖式、骁骑校，最高也就做到印务参领。祖父虽然职位高一些，但在胡絜青出生后没几年，随着清王朝的终结也就结束了。

胡絜青

胡絜青小的时候，祖父在皇宫里当二等侍卫，由于喜欢画画，平日里经常和如意馆的画师们来往，学画仕女画，他的宫廷画习作《白猿盗桃》《麻姑献寿》等，都给胡絜青留下了非常深刻的印象。久而久之，胡絜青受祖父的影响，逐渐喜欢上了绘画，常常观摩祖父作画，受到了不少熏陶。

8 岁那年，早到了入学读书的年龄，胡絜青向母亲提出请求，希望能够进学堂念书，将来凭本事吃饭。于是，母亲便送她到了位于西直门大街的第四女子小学读书。小学毕业后，胡絜青休学两年，在 1921 年考入了北京女子师范学校附属中学。

在中学里，胡絜青认真学习，各门功课都很出色。此外，基于早年的兴趣以及一定的基础，她开始专门学习绘画。那时，学校的美术老师汪孔祁是一位有名的国画家，擅画山水。在教学中，他特别注重培养学生的基本功，严格要求学生进行铅笔画、水彩画和国画的写生训练。在他的指导下，胡絜青进行了系统的学习，打下了造型、色彩的基本功，而且美术习作经常获"甲上"的评分。后来，胡絜青常常为学校的博物课绘制挂图，受到老师和同学的称赞。

胡絜青、老舍故居"丹柿小院"

1925 年，胡絜青以第一名的成绩中学毕业，随后考入北京女子师范大学（1931 年合并为北京师范大学）预科。两年后，她转入国文系，随黎锦熙、钱玄同、吴承仕等名师学习文学。后来，胡絜青还选修了俞平伯、周作人、杨仲子、孙诵昭的课。当时，杨仲子和孙诵昭在学校里主要讲授书法和花卉绘画的课程，胡絜青在他们的指点下获益匪浅，"絜青"这个名字就是杨仲子为她起的。

在校期间，胡絜青还与国文系及英文系的同学一起组织了文艺社团"真社"，进行新文学的研究和创作，成员有后来的著名散文家吴伯箫等。他们还一起为社团的《真报》编辑文艺副刊，一开始取名《瀑布》，后来又改称《流水》。胡絜青曾以"燕崖"的笔名，为副刊写过诗和散文，并为后来出版的合订本设计封面。在这里，她文学和绘画两方面的才能，都得到了一定的实践和发展。

1930 年，胡絜青一边在大学念书，一边在中学母校兼课。同年，在英国教书的老舍回到北平，暂住在好友白涤洲家。当时，胡絜青作为"真社"的代表前去与老舍见面，邀请他到学校座谈文学，两人因此结识。胡絜青和老舍都是满族人，又都爱好文学，因此常常通过书信交谈，慢慢产生了感情。

1931 年，胡絜青的毕业论文《朱（熹）陆（象山）异同》得到导师黎锦熙的赞扬，以优异的成绩顺利毕业。

二、结识并拜师齐白石学画

1931 年 7 月，在众人的撮合下，胡絜青与老舍结为夫妻。婚后第二天，老舍对胡絜青说："咱们要和睦相处，决不能吵架拌嘴。"往后，这句话成了胡絜青和丈夫恪守的信条，两人共同生活了 35 年，相处得十分和睦。

不久，胡絜青和老舍去了山东济南。在那里，她先后在济南齐鲁中学高中部和青岛女一中教授国文。抗日战争爆发后，老舍只身一人前往重庆参加抗日救亡活动。随后，为照顾老舍的母亲，胡絜青带着 3 个孩子返回已经沦陷的北平，在北京师范大学附属女子中学任教，开始了隐姓埋名的生活。其间，她认识了著名画家齐白石，从此与齐白石结下了深厚的友谊。

1942 年，老舍的母亲病逝。第二年，胡絜青打包好 10 件行李，带着 3 个孩子，悄悄踏上了逃往重庆的路途。一路上，母子 4 人颠沛流离、备尝艰辛，走了整整 50 天才终于平安抵达重庆北碚，与在那里的老舍团聚。

老舍为胡絜青画作
《山雀杜鹃》题诗

在重庆，胡絜青进入国立编译馆社会通俗读物组担任编审。在此期间，她曾将逃难的过程撰写成文在杂志上发表，并向朋友们叙述沦陷区的真实生活，为老舍日后创作《四世同堂》提供了丰富的背景材料。

抗日战争胜利后，胡絜青留在北碚，在女子师范学校的附属师范部任教，并在乡村建设学院任副教授，为学生讲授诗词。在那段时间里，胡絜青遇到了上海立信会计专科学校的校长潘序伦。于是，在潘序伦的邀请下，她同时在立信北碚分校兼课，教授国文。

1950 年初，胡絜青一家返回北京，住进了新购置的位于东城区丰盛胡同的小四合院。起初，她在家一边帮老舍抄写稿件，一边照顾子女、主持家务。后来，又参加了妇女学习班和国画研习会。在国画研习会上，她接触到了一批优秀的画家，此后开始作画，实现了自己多年的梦想。

1951 年，胡絜青加入中国画研究会，历任理事、常务理事、服务部副部长和副主席。同年，她正式拜师齐白石，每周定期去齐白石家中学画，写意技巧大有长进。齐白石十分喜爱胡絜青，他曾经在胡絜青的一张藤萝习画上题字作为勉励："此幅乃絜青女弟之作，非寻常画手所为。"

1953 年春天，胡絜青和老舍一起在四合院里种了两棵柿子树。每到秋天，火红的柿子便挂满枝头，格外好看。于是，胡絜青就把院子命名为"丹柿小院"。除了柿子树，她还在院子里种了许多花卉，并精心栽培了100 多种菊花，仔细观察它们的生长，为其作画。

后来，胡絜青又在中央美术学院艺术研究所听于非闇讲授工笔花鸟绘画，在画写意画的同时兼绘工笔重彩。

三、跨越动乱年代　再造艺术辉煌

1956 年，胡絜青与陈半丁、于非闇、胡佩衡一起，为新建的北京饭店合作了大幅壁画，受到周恩来总理的称赞。第二年，她和陈半丁、于非闇、孙诵昭一起，在北海画舫斋举办了联合画展。

1958 年，胡絜青受聘于北京画院，担任画士，后来被评定为一级美术师。第二年，她与关松房、何镜涵、惠孝同以及胡佩衡一起，先后分两期为民族文化宫合作绘制了 4 幅巨幅国画。

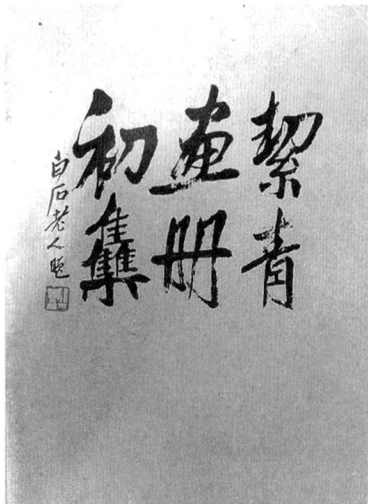

《絜青画册初集》书影

1962～1964 年，胡絜青与老舍到内蒙古、湖南、安徽等地游玩。途中，胡絜青作画，老舍题诗，留下了不少合作的书画、扇面等，被大家誉为"双璧"。

"文革"开始后，胡絜青一家被定为"三等"公民，生活十分落魄。后来，老舍含冤投湖自尽，给胡絜青带来了极大打击。在那段艰苦的岁月里，她硬是带着孩子们咬牙挺了过来。

"文革"结束后，胡絜青重新拿起手中的画笔，迸发出了更加浓烈的创作激情。随后，登门求字求画的人逐渐增多，胡絜青由于过度劳累，三叉神经疼的老毛病频频发作。然而，她依旧一边服用镇痛片，一边坚持为人题字作画。

有一次，胡絜青在朋友的陪伴下到河南游玩，大家得知消息后纷纷找上门来求字画。她虽然累得腰酸背疼，仍来者不拒，并且从不过问报酬。她说："这是打破'四人帮'多年来对文艺禁锢的好现象。人们敢于追求美的享受，是情操高雅的表现。"她还说："求字、求画的人，比'砸花盆、毁文物'的人素质高、情操美。"

1979年，胡絜青为刚刚复刊的《民族团结》杂志作了一幅国画《傲霜图》，并赋诗"十载除四害，祖国面貌新。长征创业史，团结各族人"。

1980年，胡絜青在香港举办画展，并出版了《絜青画册初集》（香港九龙狮子会印行），封面用齐白石为此书写的题签，并由巴金作序。画册问世后立即被抢购一空，广受赞誉。

20世纪90年代后，耄耋之年的胡絜青仍继续努力研习书画，并到处举办画展。1992年，她出版了《胡絜青画集》（北京出版社）。第二年，胡絜青赴湖北襄樊举办了个人画展。

1996年，为纪念《民族团结》出版第300期，胡絜青应邀为杂志创作了一幅《石榴图》。在接受采访时，她说："我从前也种过石榴树，果实结得又多又好。如今石榴树没了，但石榴都留在我的脑子里了。"

1997年，胡絜青出版了《胡絜青百菊图》。画册中收录了她创作的100幅工笔重彩菊花作品，并附有她写的《吟菊》："墨池为友拜菊师，卌载韶华描影迟。百态千姿摩不尽，留取观赏好赋诗。"在画册的前言中，胡絜青说："我爱花，爱看花、爱画花，也爱养花。在花之中，我对菊花有特别的偏爱。"

1998年，胡絜青在中国美术馆举办了《胡絜青艺术大展》。次年，她又到美国举办了个人画展。

四、散文与国画双峰并峙

在几十年的创作实践中，胡絜青逐渐形成了独特的艺术风格，成为我国画坛上杰出的女画家。她最擅长画菊、梅、松，并把苹果、鸭梨、谷物等题材引入国画之中，拓展了国画的表现领域，为作品赋予了浓厚的生活气息和时代特点。

胡絜青的绘画代表作有《月季》《秋实图》《五松图》《银星海棠》《凌云直上》《傲霜图》《报春图》《玉羽春光》等。她的作品曾被编入《中国妇女画册》《中国女画作品选》和专题邮票《菊花》中，并被中国美术馆及湖南、吉林、山东、安徽、江苏、四川等省的博物馆收藏。其中，她画的大幅工笔牡丹图《姹紫嫣红》，作为国礼赠送给越南的胡志明主席。

胡絜青画作《傲霜图》

除了绘画，胡絜青的书法和写作功底也非常深厚。她曾经写过《从北平到重庆》《破镜重圆》《记齐白石大师》《老舍和赵树理》《难得的好人》《工笔花鸟画大师于非闇》《巨人的风格》《市宝》《老赶不上趟》等散文。其中，《老赶不上趟》曾获北京市散文一等奖。她和儿子舒乙合写的散文《老舍和朋友们》获首届杜康散文优秀奖和第三届"十月文学奖"优秀散文奖。1990 年，舒乙选编了胡絜青和老舍的一些文章，出版了《热血东流》一书。

另外，从 20 世纪 80 年代起，胡絜青曾先后走访济南、青岛、重庆等地搜集老舍的资料。1980 年，她整理编辑了《老舍生活与创作自述》一书，在读书·生活·新知三联书店香港分店出版。1985 年，她与王行之合编了《老舍剧作全集》（中国戏剧出版社），第二年又与儿子舒乙合著了《散记老舍》（北京十月文艺出版社）。这些书都是研究老舍的经典著作，为后人留下了丰富详尽的资料。

2001 年 5 月 1 日，胡絜青因感染肺炎住进了北京和平里医院。几天后，她的心肺功能开始衰竭，18 日陷入了深度昏迷。21 日下午，胡絜青安然辞世，终年 96 岁。

2005 年 12 月 23 日，北京市文物局和老舍纪念馆在北京艺术博物馆联合举行了"纪念胡絜青 100 周年诞辰暨画作捐献仪式"。仪式上，胡絜青的子女遵照母亲的遗愿，将老人精心创作的 67 幅画作捐赠给了老舍纪念馆。

这天，有关单位还举办了"胡絜青美术精品展"，并在老舍纪念馆制作发行"个性化邮品"以及"纪念性日历"。之后，老舍纪念馆的官方网站上又开办了"絜青画廊"等系列活动，以多种方式纪念这位巾帼艺术家。

金 焰

——老牌"影帝"的非凡人生

金焰（1910～1983），电影表演艺术家，国家一级演员。原名金德麟，出生于朝鲜，后加入中国籍，朝鲜族。1928年开始电影表演生涯。曾任上影演员剧团团长、中国电影家协会第四届理事、电影家协会上海分会副主席。在30年的表演生涯中，塑造了一个个英俊潇洒、朴素真挚的银幕形象，形成了健康清新的风格，开创了重塑电影小生形象的新时代，是我国第一代"电影皇帝"。表演代表作有《野草闲花》《恋爱与义务》《野玫瑰》《三个摩登女性》《大路》《暴风中的雄鹰》等。

一、走上演艺之路

1910年4月8日，金焰出生在朝鲜汉城的一个知识分子家庭，在兄妹七人中排行第三。他的父亲金弼淳是一位爱国医生，毕业后一边开诊所，一边投身于反抗日本殖民统治的斗争。受父亲影响，金焰从小就充满正义感，希望像父亲一样能为抗日贡献力量。

金焰两岁时，父亲遭到了日本人的通缉。为躲避日本宪兵队的追捕，一家人越过鸭绿江逃到我国黑龙江齐齐哈尔，加入了中国籍。此后，父亲一直靠开诊所维持生计，并以此作掩护继续从事抗日活动。

金 焰

1919年，金焰的父亲被一名日本特务用牛奶毒死，一家人因此陷入困境，生活变得更加拮据。为减轻家里的经济负担，金焰前去上海投奔姑妈，开始了寄人篱下的生活。一次，金焰观看了梅兰芳的京剧影片《天女散花》，对电影艺术产生了浓厚的兴趣，从此，

做一名电影演员的想法在他心里生根发芽。

后来，金焰随姑妈迁居到天津，并在南开中学读书。在学校里，他的爱好十分广泛，足球、游泳、绘画、小提琴以及口琴，他样样在行，还是篮球队"五虎将"之一。一天，金焰在图书馆读到了鲁迅的著作《呐喊》，深受鼓舞，于是就把自己的名字由"金德麟"改成了"迅舟"，后来又改为"金焰"，希望自己能像金矿一样，在熔炉的火焰中冶炼后成为闪闪发光的金子。

金焰和阮玲玉主演的
电影《野草闲花》剧照

1927 年毕业前夕，金焰在《大公报》上读到了一篇影评，根据这一线索，他去报社找到编辑何心冷，向何心冷表达了自己想当演员的意愿。何心冷二话没说，马上帮金焰写了一封介绍信，让他去上海找民新影片公司的导演侯曜。就这样，金焰找同学凑了七块大洋，带着介绍信只身一人坐船回到了上海。

到上海后，侯曜在公司里为金焰安排了场记的工作，并让他兼做剪报或抄写之类的杂事。虽然每天夜里只能睡板凳，可金焰并不觉得苦，他不用花钱就能看那么多电影，而且还能在《花木兰从军》《热血男儿》等一些影片里"跑龙套"，这让他感到十分满足。

然而，好景不长，金焰才去一年就赶上公司裁员，丢掉饭碗后沦为流浪汉。弄堂口面铺的伙计见金焰两天都没来吃面，于是就到处找他。金焰见到小伙计，支吾着说天冷不愿出门，小伙计心里明白，就每天都端两碗面送给他。过了一阵，小伙计突然不来了，金焰就去弄堂口找，不料老板却说："这个孩子太坏，偷着把我的面给人家白吃，把他辞了。"

后来，金焰在《热血男儿》的导演万籁天的介绍下，来到南国电影剧社投奔"田老大"——田汉。田汉看出了这个年轻人身上的潜质，于是便悉心指导。在他的帮助下，金焰的演技飞速进步。从此，金焰一直把田汉当作自己的良师益友，1968 年田汉去世后，他还发表了题为《我的第一位老师》的文章，来缅怀这个引导他走上演艺之路的人。

二、演技精湛，大受追捧

1928 年夏天，南国电影剧社公演话剧《莎乐美》。一次，话剧就要开场时，担任男主角的演员却因故不能登台。在这个紧要关头，田汉当机立断，让原来担任配角的金焰顶了上去。演出结束后，金焰的表演得到了大家的好评。后来，他又在《一致》《卡门》等话剧中担任重要角色。

1929年，金焰为寻找拍摄机会向明星影片公司自荐，当上了导演郑正秋的笔记员。同年，留学归国不久的导演孙瑜加入了民新影片公司，准备拍摄影片《风流剑客》。在公司，孙瑜看到了一张金焰在《热血男儿》中扮演配角小铁匠的剧照，觉得他很适合饰演《风流剑客》的主角，于是就邀请他回民新影片公司拍摄电影。在影片中，金焰充分展现了自己在表演艺术方面的天赋，令人耳目一新。

1930年，在民新影片公司并入联华影业公司之后，金焰便马不停蹄地开始了《野草闲花》的拍摄。《野草闲花》讲述的是一个富家少爷反抗家庭包办婚姻，和卖花姑娘结合的爱情故事。在影片中，金焰成功塑造了"学生型"的银幕形象，他匀称健美的身材、优雅脱俗的气质，以及略带忧郁的眼神，让那些充斥在国产影片中的"才子加流氓"式的电影小生黯然失色。

《三个摩登女性》的广告

由于金焰天生有一副好嗓子，又懂得歌剧的演唱技巧，于是孙瑜特意在影片里增加了一段他和女主角阮玲玉对唱《寻兄词》的部分。当时的电影还是默片，所以孙瑜就把这段对唱灌制成了唱片，在影片放映相应情节时进行播放。影片上映后，金焰精湛的演技受到了观众的热烈追捧，而他浑厚、清亮的歌喉更是让人刮目相看，引起了巨大轰动。

《野草闲花》的成功使联华影业公司看到了金焰的潜力，于是，编剧朱石麟在1931年为金焰量身定做了一个剧本《恋爱与义务》。在片场，导演卜万苍发现，金焰在饰演穷大学生李祖义时比他在《野草闲花》中的表演更为自然，于是就问他灵感的来源。金焰回答说："这不过是我所经历过的事，是我过去的生活。"

此后，金焰的片约逐渐增多，又陆续出演了《一剪梅》《桃花泣血记》《银汉双星》等影片。在拍摄《桃花泣血记》时，有一段表现主人公私奔到郊外乡野的戏，卜万苍想拓展情节，可是原剧本有关描写却过于简单。得知导演的想法，金焰沉思片刻便提出了处理这场戏的设想，直乐得导演大声叫好。

后来，金焰在电影界率先发起组织了第一个以电影明星为主要成员的"联华"球队，后改为"未名"球队。他从小练就了一身强壮健美的体魄，无论是从影前还是步入影坛后，一直没有中断各类体育锻炼，算得上是电影界首位健美男星。那令人羡慕的身材，充满着阳刚之美的青春朝气，都在影片中充分展露了出来。

三、用实力说话的"青春偶像"

1932 年，金焰再次受孙瑜的邀请，和王人美主演了电影《野玫瑰》。同年，上海《电声日报》效仿美国好莱坞，举办了一次评选"电影皇帝"的活动，金焰以票数第一的成绩当选。

金焰在《暴风中的雄鹰》里的造型

然而，金焰却对当选"影帝"一事毫不在意。他曾说："我的第二部作品《恋爱与义务》上映之后，一部分观众说我比在《野草闲花》中的技巧进步了，就随便地将'电影皇帝'等'荣冠'加在了我的头上。可这一部分观众和《野草闲花》的观众一样，仍然是太太小姐之类。朋友，我不愿赞美我的是那些太太小姐，我不承认一个演员只是被太太小姐消遣的东西！"

王人美后来也回忆说："有一次有个青年学生要他签名，喊他'陛下'，他听了起初一愣，随即脸色也变了，转身不理睬那个学生，自顾自地走了。日常生活中，他的亲戚朋友戏称他'电影皇帝'或'大明星'，他都很恼火，要求大家叫他的名字。结果是，尽管他只 20 出头，大家都叫他'老金'。"

淞沪抗战爆发后，田汉的住所被炸毁，金焰就把他接到了自己的宿舍。在宿舍里，田汉读到了一封女影迷写给金焰的信，在信中，这位女影迷模仿 18 世纪的欧洲小说，用缠绵的语句抒发了对金焰的爱慕之情。田汉因此受到启发，撰写了电影脚本《三个摩登女性》，并导演了这部作品。

《三个摩登女性》是金焰演艺生涯中的代表作品之一，其中，三个摩登女性分别代表了浪漫、现实和进步，而由金焰饰演的张榆则是一个追求进步、投身抗日前线的英俊青年。在影片中，金焰把这一角色塑造得完美且极富时代特征，使广大青年知识分子的精神世界得到了充实，大家纷纷称他为"青春偶像"。

1933 年，金焰加入了由田汉等人组织的"左翼戏剧家联盟"。由于家庭的遭遇和现实的教育，他对日本侵略者怀有深刻的仇恨，积极投身抗日活动，并出演了《母性之光》《城市之夜》这两部揭露当时社会黑暗和阶级矛盾的影片。

这一年的 11 月 12 日，蓝衣社特务捣毁了艺华影片公司，并以"上海电影界铲共同志会"的名义向上海各家电影院发出"警告信"，声称："对于田汉、沈端先、卜万苍、胡萍、金焰等所导演、所编剧、所主演之各项鼓吹阶级斗争、贫富对立的反动电影一律不予放映，否则必以暴力手段对付。"然而，对于这些恫吓，金焰毫不畏惧。

1934 年，金焰与曾经合作主演《野玫瑰》的"小野猫"王人美结为夫妇。同年，《电声日报》改为《电声周刊》，举办了"中国明星选举"活动。在活动中，金焰当选为"观众最喜爱的男明星""最漂亮的男明星"和"观众最愿和他做朋友的男明星"。有人这样评价他："谁也不能否认，几年来金焰是一直走着一条民族解放运动的道路。他勇敢、坚毅，不断向前迈进！"

四、用电影抗日救国

1934～1936 年，金焰先后出演了《黄金时代》《新桃花扇》《浪淘沙》《到自然去》等影片，以自然纯熟的演技成功扮演了不同经历、不同性格的重要角色。此时的他越发英气逼人、星光耀眼。

在此期间，孙瑜创作了一个描写抗战的剧本《大路》，金焰看后深受震撼，很快就投入了角色当中。在影片中，金焰一改往日青春俊美的银幕形象，以真情纯朴的表演，将在黑暗社会的压迫下仍坚贞不屈、乐观向上的筑路工人"金哥"的形象表现得活灵活现。

《大路》在全国各地上映后，人们都说："金焰的出色表演，来源于他爱国、勇敢、刚强，不向恶势力低头的优秀品格。"然而，没过多久，这部影片就因生动反映了人民群众要求抗日的强烈愿望而触怒了奉行"不抵抗主义"的政府当局，以致该片在江西上映时发生了拷贝被焚事件。

早在 20 世纪 30 年代初，金焰就曾参加上海大光明戏院抵制放映美国辱华影片《不怕死》的斗争，并拍摄过一部以抗日为背景的影片《共赴国难》。如今，这一事件的发生更是让他痛心疾首。他不畏强权压迫，继续出演了相同题材的电影《壮志凌云》，慷慨激昂地发出了"我们要抵抗下去"的呼声。

其间，金焰也与流亡中国的韩国抗日独立运动多有联系，并曾经写过一个与此相关的电影剧本《英雄血泪》，只可惜由于"七七"事变爆发等诸多原因而搁浅。

1937 年抗日战争爆发后，国内迅速掀起了抗日救亡运动的热潮，金焰在这时出演了由田汉创作的三幕剧《保卫卢沟桥》。没过多久，上海沦为"孤岛"，日本侵略者趁机派人威胁金焰和王人美，强迫他们拍摄"中日亲善"的影片，金焰夫妇毫不犹豫地加以拒绝。后来，一名日本少佐又亲自找金焰谈话，金焰断然回答说："你们就是把机关枪架在我面前，我也不干！"

《寻找我的外公：中国电影皇帝金焰》书影

金焰的话激怒了这位少佐，于是，日方派出了多名特务在他的住所周围巡视。见情况迅速恶化，金焰再三考虑后决定带妻子离开上海。1938 年深秋，金焰夫妇用朋友的名字购买了两张船票，悄悄地登上一艘驶往香港的邮轮，就此离开了上海。

后来，金焰从香港辗转到昆明、桂林、成都等地，最后来到了大后方重庆。这几年，他尝尽了颠沛流离之苦，只在四川拍过一部电影《长空万里》。由于长期以来生活动荡，夫妻间又缺乏沟通，金焰和王人美的感情日渐淡漠，于是，1944 年年初，两人结束了 10 年的婚姻生活。

抗日战争胜利后，金焰返回上海，主演了《乘龙快婿》《迎春曲》和《失去的爱情》3 部影片。在拍摄《失去的爱情》时，金焰与初涉银幕的秦怡相识了。一年后，他们正式结为夫妻，婚礼当天，郭沫若还亲笔题写"银坛双翼"四字赠予这对新婚夫妇。

五、"留金影坛，化焰云端"

新中国成立后，金焰加入了上海电影制片厂，并先后出任上影演员剧团团长、中国影协第四届理事、影协上海分会副主席等职，还接连主演了《大地重光》《伟大的起点》《母亲》等影片，在银幕上创造了崭新的工农兵形象，被周恩来亲切地称为"中国的驸马"。

1957 年，金焰随《暴风中的雄鹰》摄制组赴阿坝藏族羌族自治州拍摄电影。当时，高原外景场地天寒地冻，只能以烤羊肉和白酒御寒，金焰由于大量喝酒把胃给喝坏了。第二年，他赴德国参与一个合演影片的拍摄，由于剧本要反复修改，于是返回北京等候，结果刚到北京就因胃部大出血昏倒在宾馆。

1960 年，大病初愈的金焰去大西北慰问支援边疆的职工，由此萌生出编写一部反映女子石油勘察队生活的剧本。在去山区体验生活时，他的胃部又第二次大出血。两年后，医生为金焰做了三分之一胃切除手术，可术后却留下了后遗症。从此，他的身体日渐衰弱，久病不起，遗憾地告别了影坛。

"文革"爆发后，长期卧病在床的金焰受到牵连，不得不每天到上海电影制片厂报到并参加学习。因为吃早饭会让残缺的胃产生不良反应耽误报到，他只好每天空腹走到厂里学习，直到晚上回家才能吃上一口热饭。1969 年，金焰和秦怡又被赶去农场参加劳动，直到一年多后才得以离开。

1983 年 12 月 27 日，73 岁的金焰旧病复发，被送往华东医院紧急治疗。此时的他鼻孔里插着氧气管，手臂上扎着针头，瘦骨嶙峋，深陷的眼睛里含着泪珠，奄奄一息。秦怡赶来后，金焰望了望妻子，然后永远闭上了双眼。

不久，上海电影界为金焰举行了追悼会，他的遗像两旁有这样一副挽联："留金影坛，化焰云端。"对于"留金影坛"这四个字的含义，王人美是这样解释的："金焰拍电影并不是为着好玩，也不是单为赚钱；他是希望能够留金影坛。换句话说，是希望自己拍的电影能够成为时代潮流中的浪花。"

1996 年，韩国 KBS 公司在采访秦怡后推出了专栏纪录片《1930 年的影帝金焰》。后来，金焰的外孙女朴圭媛以 10 年寻觅外公的经历，完成了《寻找我的外公：中国电影皇帝金焰》一书，荣获"韩国年度纪实文学大奖"。2006 年，这本书由上海文艺出版社引进出版。

2005 年，在纪念中国电影百年时，金焰被评为"中国电影百年百位优秀演员"之一。

2010 年 9 月 21 日，中国电影资料馆、上海影协、上影集团、上影演员剧团、福寿园人文纪念公园、上海文化发展基金会共同举办了"金耀影坛、焰映银海——纪念电影皇帝金焰 100 周年诞辰"系列纪念活动。活动期间，社会各界人士用不同形式缅怀了这位电影表演艺术家的辉煌一生。

从 1928 年登上银幕，到 1962 年因病告别影坛，金焰在 30 多年的表演生涯中共拍摄了 34 部影片，正如墓志铭上写的那样，他"为中国电影事业的进步作出了巨大贡献，他的功绩将永垂青史"。

李万春
——"活武松"与"活猴王"

李万春（1911～1985），京剧表演艺术家。黑龙江哈尔滨人，祖籍河北雄县，满族。1915年起学唱京剧，1918年登台演出。历任首都实验京剧团团长，北京京剧二团艺术委员会副主任，中国戏剧家协会理事。创立武生新流派"李派"，塑造了马超、武松、林冲、关羽、猴王等精彩的人物形象，是京剧武生表演的集大成者和京剧艺术的革新者。表演代表作有《战马超》《狮子楼》《林冲夜奔》《汉寿亭侯》《闹天宫》等。

一、随父亲步入梨园

1911年，李万春出生在黑龙江哈尔滨的一户满族家庭，在兄妹5人中排行老大。他的父亲李永利是驰名上海、江浙一带的京剧武净演员，和李春利、刘春利、王永利被誉为"武净四利"。受父亲影响，李万春自幼喜爱京剧艺术，常常看父亲练功、演戏。

4岁那年，李万春一家搬到上海，不久，他跟着父亲学起了京剧。教戏时，父亲十分严苛，总是抱着"不打不成才"的传统观念严加教育，每天都督促李万春苦练基本功，看着他

李万春

在铺着麻袋片的地上耗顶、踢腿、翻跟斗。那时，李万春练飞脚、旋子、扫堂腿等动作，都要练正、反两种，练"乌龙绞柱"时，脑袋顶在地上不停转圈，皮磨破结了血痂也要接着练。

后来，为了让李万春文武并进，父亲想了个办法，用粗绳子拴着滑车钩在屋顶上，让他把一只脚伸到绳子套里用滑车吊起来，然后再开始喊嗓，喊完一出再换只脚接着来。当时，李万春每喊完一出戏都汗流浃背，

虽然辛苦，却打下了扎实的文武功底。

除了亲自教戏，父亲还先后请了徐德增、崔凤鸣、项鼎新3位师傅教李万春文戏。在他们的指导下，李万春逐渐学会了《珠帘寨》《碰碑》《洪羊洞》《逍遥津》《斩黄袍》《状元谱》《盗宗卷》《乌龙院》《辕门斩子》等戏，展露出过人的表演天赋。

1918年，荀慧生来到上海演出，其中有一出《三戏白牡丹》的戏，开场要由5名仙童表演"五子夺魁"。于是，李万春在父亲的推荐下，以"客串李"的艺名正式登台演出，扮演了一名仙童。

民国期间李万春演武松戏的戏单

过了几天，李万春应荀慧生的邀请，主演了《捉放曹》和《打棍出箱》两部戏，一下子唱红了整个上海。随后，他先后上演了《黄金台》《凤凰山》《摩天岭》《珠帘寨》等戏，并赴安庆、扬州、苏州、无锡、杭州等地巡演。每到一地，李万春的戏票都立刻一售而空，演出时叫好声此起彼伏，场面十分热烈。

后来，李万春在父亲一位朋友的启发下，取"五风十雨皆为瑞，万紫千红总是春"之意，将艺名由"客串李"改为"李万春"。

巡演结束后，李万春回到上海。为进一步提高技艺，他广拜名师，和杨瑞亭学了《战马超》《战冀州》；和张德禄学了《潞安州》《汤怀自刎》《驱车战将》；和何月山学了《三江越虎城》《长坂坡》《金钱豹》；和张德俊学了《花蝴蝶》《四杰村》《快活林》；和刘奎童学了《追韩信》《徐策跑城》；和马连良学了《李陵碑》《南阳关》等戏。

此外，李万春还曾多次向余叔岩请教，并跟杨小楼学唱了一段时间，得到两人的倾囊相授。这些经历都为他日后逐渐成长为京剧名角奠定了良好的基础。

二、由"童伶奇才"成长为京剧名角

1922年底，溥仪迎娶婉容，李万春受邀前往北京，和杨小楼、梅兰芳、余叔岩等名角唱了3天堂会。其间，他和众多名角合演了《八蜡庙》，又主演了《神亭岭》，名声大噪，从此扎根京城。

1923年，李万春加入俞振庭的"斌庆社"，在三庆园举行了入社的首场演出，和师弟兰月春以《战马超》一剧大获成功。起初，人们并不看好李万春，更有人直截了当地说："就这俩不起眼的孩子，跟俩小怪物似的，指着他们叫座，那不瞎扯吗？"这句话很快就传到了李万春的耳朵里，可他并没有在意，依旧用心准备。演出开始后，他扮演的马超一开嗓就吸引了大家的注意，随后又以干练的武打动作赢得了满堂彩，先前对他存有质疑的观众也都纷纷鼓掌叫好。

那一天，李万春还演了《狮子楼》和《神亭岭》，不少人都说："李万春脸上身上、举手投足全是戏。一个才12岁的孩子，能做到这个地步可太不容易了，这可真是童伶中的奇才呀！"从此，李万春便有了"童伶奇才"的美誉。

1924年，李万春在俞振庭的安排下开始在"双庆社"串班演出。当时，有"第一童伶"之称的尚小云也在"双庆社"，两人便有了合作。当年10月，李万春和尚小云合演了新戏《白兔记》，一人串演"咬脐郎"刘承祐，一人扮演母亲李三娘，在舞台上相得益彰，引起了不小的轰动。不久，李万春又在尚小云主演的《刺巴杰》中串演了骆宏勋一角，再度艺惊四座。

1926年，李万春随梅兰芳的"梅剧团"赴沪演出《林冲夜奔》《战冀州》《劈山救母》等戏。回北京后，他参加了梨园公会的义演，为家境贫穷的同行筹钱过年。一般来说，义演的参与者都是名角，而李万春还是童伶，却破例受邀参加了演出，从此跻身名伶之列，在梨园界有了自己的一席之位。

李万春做事出了名的认真，自从参加义演后，每年他都踊跃加入其中。有一年冬天他到济南演出，原定年底按时赶回北京义演，不料却因铁路故障造成火车停驶。为了能如期返回，李万春费尽周折，在义演当晚赶回京城，不顾旅途劳顿直奔戏院扮戏。到了9点多钟，舞台上临时贴出一张海报："艺员李万春自济南赶回，今晚加演《义侠记》，特此预告。"台下顿时掌声雷动，等李万春上场后更是喝彩不绝。

1932年初，李万春挑班自组"永春社"，在北京、上海、济南、青岛、武汉及东北各地演出，大受欢迎。除了传统名剧外，他不断排演独有剧目，如《田七郎》《大树将军》《佟家坞》《阴阳鱼》《羊角哀》《十八罗汉收大鹏》等，均收到热烈反响。

随着演出次数的增多，他的舞台经验不断得到丰富，戏迷也日益增多，名气越来越响。

三、老剧新排，创办"鸣春"

20世纪30年代中期，在演出之余，李万春将武松的戏贯穿起来，重新进行了编排。自"打虎""戏叔""挑帘裁衣"，到"杀嫂"完，贴头本《武松》；"十字坡""快活林""飞云浦""鸳鸯楼"连起来演，贴二本《武松》；之后又在头两本的剧情后加入了"蜈蚣岭""涌金门""擒方腊"三出戏，分为十本演出，气势如虹。当时，同行都公认盖叫天为南派京剧的"活武松"，而李万春则是北派中演武松最为出色的演员。

"鸣春社"学员在演出

随后，李万春又把林冲的四本戏全部排演了一遍，并根据昆曲武生戏《林冲夜奔》精雕细琢新排了同名京剧，在戏中增添角色，在手、眼、身、法、步上做足了功夫。同时，他还把林冲进庙门，身体困倦意欲小睡片刻时唱的昆曲原词"一觉放开心地稳，梦魂先已到邯郸"改为了"一觉放开心头稳，浑浑沉沉倒阳台"。唱完之后马上起范儿，打个飞脚，跨右腿，转一个半身，"踹鸭儿"，随后卧鱼。每当演到这里，观众都不禁为李万春流畅的表演大声叫好。1936年，李万春还应新华影业公司之邀，将《林冲夜奔》拍摄成了黑白有声京剧影片。

同时，李万春还排演了《精忠报国》，剧中囊括了《精忠说岳全传》中的"杨再兴误走小商河""梁夫人击鼓战金山""八大锤""车轮大战""断臂说书"等一连串故事。另外，他又跟李洪春学演了关公戏，将"屯土山""约三事""斩颜良""诛文丑""古城会""走麦城"串起来演，总名《汉寿亭侯》，备受好评。

1938年，李万春在父亲的支持下创办了"鸣春社"科班，与北平的"富连成""荣春社"两大科班鼎足而立。当时，"鸣春社"常演连台本戏《济公传》《文素臣》以及应节戏《天河配》等，都极为叫座。到1948年，"鸣春社"先后培养出"鸣""春"两科近300名学员，为弘扬京剧艺术作出了不小的贡献。

20世纪40年代后，李万春排演了连台"猴戏"，从《石猴出世》《花果山》《水帘洞》起，演到《闹龙宫》《闹地狱》《安天会》，直至《五百年后孙悟空》《收白龙》《收沙僧》《收八戒》《三打白骨精》《真假美猴王》，赢得了观众的赞许。

新中国成立后，李万春创建了首都实验京剧团（1952 年改为北京京剧一团），并担任团长。此后，他陆续演出了《武松》《马超》《火并王伦》《闹天宫》《野猪林》《将相和》《生死桃园》《走麦城》《古城会》等剧，并排演了《岳飞》《戚继光斩子》《廉吏风》《奸虎双英》等几部新戏。

1959 年，李万春奔赴西藏，协助组织了西藏自治区京剧团。1961 年，他又前去内蒙古，加入了内蒙古自治区京剧团。

四、演戏和教学并举

"文革"开始后，李万春被打成"反动权威"遭到批斗，不仅失去了登上舞台的机会，就连教戏资格也被剥夺。

1976 年粉碎"四人帮"后，李万春回到北京，担任了中国戏剧家协会理事和北京京剧二团艺术委员会副主任等职。自此，他的艺术青春再度焕发，先后演出了《武松打虎》《霸王别姬》《古城会》《廉吏风》等剧。虽然他在京剧界唱武生的演员中年纪最大，但干劲比年轻人还足，很多人都说："李老师的精神真好，越活越年轻了。"

虽已年近古稀，可李万春对待演出仍一丝不苟。一次，他准备演出《闹天宫》，特请侯喜瑞前来听戏。演出开始前，侯喜瑞来到后台探望李万春，于是，李万春便请侯喜瑞评价自己的扮相。侯喜瑞说："别的地方

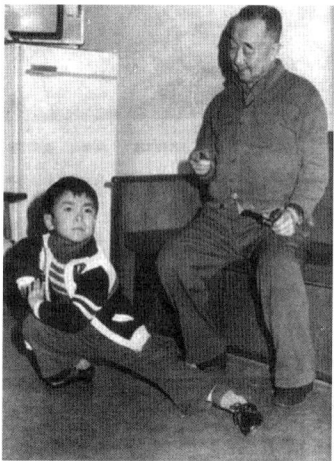

李万春在家中教戏

不错，就是嘴没勾出来。"李万春听了二话没说，立即抹掉重新认真勾画起来，直到侯喜瑞满意。

1982 年，李万春与毕谷云合演了《平贵别窑》。在演出时，他对这部戏的一些情节、唱词以及扮相做了改动。他说："我的习惯是不论排新戏还是演传统戏，都是随演随听取意见，不断加工改革。每部戏的产生和发展变化，都与它的时代背景有关，都必须适应当时的历史情况。一成不变地按照原来的老路子演下来，就不一定能被观众所接受。"

除了演戏，李万春还不忘提携后辈，曾培养出俞大陆、马少良等多名优秀弟子，他的孙子李阳鸣也在他的指导下成了一名优秀的京剧演员。在

李万春在少年宫现场作画

教戏时，李万春总是提醒弟子认真对待每一个角色，深入分析剧情和人物性格。平日里，如果他发现谁在演出时有不足之处，都会立即提出意见。

1984 年，李万春赴太原讲学。第二年 8 月，他应京剧昆曲振兴会邀请，录制了《火并王伦》《白袍薛礼》《落马湖》《恶虎村》等戏。他说："有些戏多年不唱了，得让年轻人见见真事，不然怎么继承？"

1985 年 9 月 11 日，李万春因病住进友谊医院，在病床上，他还为学生说了《连环套》《落马湖》两出戏。9 月 14 日，李万春去世，享年 74 岁。

五、注重继承，更重创新

李万春把一生都奉献给了京剧表演事业，在几十年的演艺生涯中，他共演出了将近 500 出戏，不但擅演传统剧目，还编创了许多新戏。

在长期的艺术实践中，李万春根据自己的体会总结了"戏、细、戏"的规律，他认为："一出戏只有演细致了，才有戏剧性，才能打动观众，达到理想的演出效果。"因此，李万春演的武生，不论是长靠、短打还是箭衣戏，都很出色；扮演的马超、武松、林冲、关羽等角色，别具一格；"猴戏"更是不落俗套，被誉为"活猴王"。

李万春扮演猴王，一向演成"猴学人"，从不按"人学猴"来处理。他说："猴学人，是猴子处处模仿人的举止，可不时又流露出猴气；人学猴，就容易毛手毛脚的。前者演出来大气，给人以神猴、猴王的感觉；后者就显着小气，不符合'齐天大圣'的称号。"

在勾画猴王脸谱时，李万春也有独到之处。他将"倒栽桃"的画法加以改革，在颜色的使用上做到红白分明，减少脸谱上的黑色纹路，以凸显猴王的朝气蓬勃；他在脸谱的耳前和两腮处加上棕色，给人以猴毛的感觉，并在耳旁鬓角处加了棕色毛球，让人看上去赏心悦目。在《安天会》中，他按不同时段勾脸，在演"八卦炉炼猴王"时，给猴脸的眼睛周围勾上金色，表示已练成火眼金睛；而到"受封斗圣佛"时，则勾成满脸金色，表示已成正果。

此外，李万春还研究出了猴王的几十种棍法，令人叫绝。曾有人称李万春演的猴为"鹰眼、龙腰、鸡腿，机智灵巧兼有气魄，形象、动作俱美。刻画美猴王的神态灵捷机智、不俗不野"。

除了对"猴戏"脸谱进行改革，李万春的改革创新还体现在各个剧目的台词、服饰、道具和刀枪把子等方面。在台词方面，他取消了剧目中不必要和重复的词语，如"自报家门""正是""便了"等。在服饰方面，他创用了林冲的"倒缨盔"以及马超的"倒缨荷叶盔"，使林冲比戴一般的"轻罗帽"更显英武，使马超的扮相独具风格。过去的刀、枪、棍等长兵器，只有金杆和花杆两种，李万春率先用大绒缠杆，增加了红杆、紫

《菊海竞渡——李万春
回忆录》书影

杆、黑杆等，并用电镀圈在猴王的棍上打箍，增添了道具色彩。如今，李万春的许多改革措施已经被整个戏曲界采用。

此外，李万春在国画方面也有一定造诣，他擅画墨菊、梅花和兰花，晚年常为人画扇面、条幅，还曾为黑龙江省京剧院画过巨幅"葫芦图"。

1990年，中国文史出版社出版了由周桓编写的《菊海竞渡——李万春回忆录》，书中李万春回顾了自己为京剧表演事业奉献的一生。

曾杏绯
——国色天香写牡丹

　　曾杏绯（1911～2013），花鸟画家，国家一级美术师。原名曾瑜，江苏常州人，回族。早年曾任美术教师，后来曾做过妇女联合会和科学技术协会干部、美术编辑，历任宁夏美协主席、宁夏书画院院长、中国美协理事。她是宁夏美术事业的拓荒者，曾当选"宁夏影响力人物"；艺术生涯长达80余年，作画1000余幅，以工笔没骨花卉见长，尤其擅画牡丹。代表作有《明花映日》《新春颂》《紫微凌霄》《百花催春》《前程似锦》《垂丝海棠》《月季石榴》《牡丹蝴蝶》《红满枝头》《山花烂漫》等，出版有《曾杏绯花卉作品选》《曾杏绯画集》。

一、自幼喜画，钟情花卉

曾杏绯

　　1911年3月26日，曾杏绯出生在常州青果巷一户回族人家。他的祖父曾省三是清朝的举人，父亲曾宇涵曾在国民党省府财政厅任职。

　　由于家境比较殷实，曾杏绯受到了较好的教育。7岁的时候，她进入私塾启蒙。9岁时，进入新学堂常州女师附小读书，一直读到初中，因患病而不得不中途辍学。

　　很小的时候，曾杏绯就对绘画产生了浓厚的兴趣。16岁时不幸身染痨病，医生认为她活不过一年。于是，祖父母便让她在家养病，拜画家徐凤林为师学画，借以修养身心。就这样，原本喜欢花卉的曾杏绯便整天以花木为伴，用画笔描绘它们。美丽的自然事物不仅填充了曾杏绯幼年失去母爱的痛苦，而且还逐渐治愈了她的疾病。一年后，曾杏绯的身体大有好转，遂又拜恽南田派传人、常州没骨花卉大家蒋志明进一步学习绘画。

常州是江南名城，不仅景色秀丽，而且文化底蕴甚为深厚。历史上，常州学派、常州词派、常州画派，都极为有名。常州画派的代表人物恽寿平（号南田），不仅擅山水，尤其在没骨花卉画的创新上用力甚多，创造了新的画法，并吸引了一大批画家，形成了流派。常州画派的特殊贡献之一，是诞生了一大批女画家，其中恽氏家族中就有恽兰溪、恽怀娥、恽冰、恽珠等十余位。

蒋志明对学生要求极为严格。他言语不多，总是让学生动手实践，常把一些画稿交给学生临摹。曾杏绯随他学画 3 年，仅练习勾画稿就学了一年。第二年只学习描稿子、不上颜色，一直画到花与叶子都有立体感时，才学上色。第三年，老师让她独立绘画。曾杏绯严格遵照老师的要求学习，每天练习绘画长达八九个小时之多。勤奋好学的曾杏绯不断进步，打下了坚实的传统绘画基础，画稿越来越受到老师的认可和赞许。

经过 3 年的严格训练、刻苦学习，曾杏绯的绘画已经小有成就，尤以恽派工笔没骨花卉见长。因此，她在常州一带渐渐小有名望，登门索画者多得难以应付。

1930 年，应国民政府蒙藏委员会委员长马福祥的再三邀请，曾杏绯离开常州到南京，担任马福祥夫人马书城的家庭绘画教师。在南京期间，她与马季康缔结姻缘。

抗日战争爆发后，曾杏绯像许多沪宁浙一带的文化人一样，不得不辗转流离，四处飘零，艰难谋生。她先是到了重庆，担任美术教师。1945 年，曾杏绯被甘肃平凉女子师范学校聘为美术教师。1947 年，曾杏绯带着子女到达宁夏银川，在马书城办的托儿所附设妇女识字班当教员，从此定居银川，与塞上江南结下终生之缘。

曾杏绯与丈夫马季康

二、塞上耕耘，播撒艺术

1949 年 9 月 26 日，宁夏获得解放。新中国成立后，曾杏绯先后在宁夏妇联、科协、文联工作，对宁夏的妇女，尤其是美术工作作出了杰出贡献。

新中国成立后的第一年，曾杏绯参加了西北妇代会。1951 年，她进入当时的宁夏省妇联工作。1952年，加入了中国民主同盟会。1955年，她从妇联调到了科协，担任《科普报》的美术编辑。

尽管经过了十多年烽火连绵的战争岁月，曾杏绯却从未停下手中的画笔。新中国成立后，在繁忙的工作之余，她始终坚持探索绘画艺术。当时，因为孩子小、家务重，下班回家料理完家务，把孩子安顿睡下，常常已是深夜，曾杏绯方才摊开画纸，调好颜色，开始绘画，把自己对新生活的感受和热爱用自己的画笔描绘出来。

曾杏绯（右二）与宁夏
艺术家讨论创作

当时的宁夏，基本上可以说是艺术的"荒原"，而曾杏绯则成了绘画领域的第一批拓荒者。1953～1956年，她的作品连续三次（第三、四、五届）参加了全国美术展览，她也成为宁夏第一个参加全国美展的艺术家。

1958年，宁夏回族自治区成立后，曾杏绯作为回族美术家被调入自治区文联，负责美术组工作。从那时起，她一心扑在人才的培养工作和各种活动的开展中，培养了一大批美术人才，活跃了当时的文化氛围。

1960年，曾杏绯到北京参加第三次全国文代会，当选为中国美术家协会第二届理事会理事，后来又连续担任了第三、第四届理事。

1979年，68岁高龄的曾杏绯成为宁夏美术家协会首任主席。从这时开始，整个自治区美术工作的担子落在了曾杏绯的肩膀上，而她自己的绘画艺术也进入了黄金期。

那时，曾杏绯把绝大部分精力都用在了协会的工作上，天天忙着搞各种培训班，组织创作活动。虽然年届七十，但她却精力旺盛，终日忙于各种教育和交流活动。与此同时，她创作了大量的作品，她认为"艺术的春天"已经来临，如果不好好把握，是对生命的浪费。

1985年，曾杏绯获得中共宁夏回族自治区党委和政府授予的"双文明建设先进个人"和第一批"宁夏有突出贡献的高级知识分子"称号。

2008年，曾杏绯当选为"宁夏50年影响力人物"，颁奖词就她对宁夏美术事业的杰出贡献做出了中肯的评价：作为宁夏当代美术事业的创建者之一，曾杏绯在特殊的年代来到宁夏，将艺术的种子播撒在当时这片文化相对贫瘠的土地上，使之逐渐根深叶茂，蓬勃壮大。

2010年，在曾杏绯百年寿诞之际，中共宁夏回族自治区党委宣传部决定授予她"杰出回族女画家"称号,并在宁夏博物馆举行了"'百岁荣寿'作品展览"。

2013 年 7 月 26 日,曾杏绯在银川去世,享年 103 岁。

三、扎实创作,卓有大成

从事绘画艺术 80 余年来,曾杏绯作画千余幅,取得了骄人的成绩,在继承的基础上形成了自己的风格,成为一代大家。

早年或是由于社会动荡,或是因为工作繁忙,尽管从未放下画笔,但曾杏绯艺术生涯的黄金期却是在年近古稀担任宁夏美术家协会主席之后。曾杏绯的小儿子、宁夏书画院现任院长马建军先生说:70 岁以后,母亲才进入了艺术创作的黄金时期,多年的坚持不懈和扎实的传统绘画功底使她很快达到了个人的巅峰。那时的母亲,总是在废寝忘食地画画,创作了不少工笔作品,很多精品都出自那一时期。

曾杏绯以工笔没骨花卉见长,尤其擅画牡丹。其实在烂漫的百花园中,任何一种花卉对于她而言都是驾轻就熟,而且除了牡丹、石榴、红梅、芙蓉等花卉,她的画集里还有出类拔萃的《百蝶图》。曾杏绯晚年爱画牡丹,缘于 20 世纪 80 年代银川中山公园种植了一片牡丹,名为"天香园",生性爱花的曾杏绯时常到公园去观察、写生,在那段时间画了不少以牡丹为主的作品。后来,牡丹题材作品流传到社会,广受人们喜爱,她遂以牡丹作为主要的创作素材,由此牡丹也成为代表她绘画艺术的符号或曰代名词。

1961 年,为纪念中国共产党建立 40 周年,曾杏绯画了名作《明花映日》。这是一幅以石榴为题材的花卉作品,在竖幅的画面中,朵朵石榴花千姿百态、红艳似火,有的充分绽放、花蕊金黄,有的含苞欲放、尽显妩媚。它们个个生趣盎然,在俯仰多姿的新枝老叶的映衬下焕发着勃勃生机与活力,似乎在暗示着生命的延续与继承,预示了共产主义事业"百子千孙红不尽"的光辉前景。从这幅画中,不难读到画家的心性与情趣,进而激发对美好生活的向往和积极向上的动力。

曾杏绯从不讳言:几十年来,自己从不将残荷败叶等衰腐气息流露于画面。她还说,她总是以平和的心境向往美好的事物。在她的画中,从来都看不到伤感和绝望,她笔下的花卉都开得灿烂绚丽、晶莹透明、芬芳甜润,让人感到天朗气清、风和日丽。从她的画里,我们可以看到中国传统女性的贤淑、温馨、谦和、容让等美德;同时,从画面的和谐明丽中,我们又能看到画家超凡的心境，一种波澜不兴、荣辱不惊的气质。

曾杏绯下笔总是一丝不苟。她的画，不仅构图严谨、疏密相间、主从呼应、浓淡有序，尤其是细部用笔和着色恰到好处，就连那些主体花卉周围附生的小草和灌木都逼真如活。她的画，一枚花瓣、一片叶子都精微到位。一位评论家指出，在艺术的路上，许多人不屑于画那些细碎微小的生命，一张口、一动笔，总是追求大气磅礴，结果空疏无物、大而无当。而"曾杏绯她从南方、从书本、从老师那里得到的一切艺术熏陶和知识都在这西北腹心得以实践，获取正果。她的绘画道路是一步一个脚印走过来的，她的每一幅作品都扎扎实实"。

曾杏绯作品《山花烂漫》

曾杏绯有自己的笃定的坚守，但也不乏尝新。在宁夏回族自治区成立 30 周年时，77 岁的曾杏绯创作了一幅颇为独特的作品，她打破传统中国画的模式，在画面中甚至加入设计的意味，使画作在今天看来也充满创新的色彩。画面绘了十余种花卉，组成一个象征吉祥的"如意"图案，设色艳丽而不失雅致，兰花、灵芝、向日葵、牡丹等各色花卉栩栩如生。这幅作品一直悬挂在她的家里，被认为是代表她艺术成就的作品，是"镇宅之宝"。

曾杏绯的主要作品还有《紫微凌霄》《已是悬崖百丈冰，犹有花枝俏》《百花催春》《争春》《宁可枝头傲霜老，不随黄叶舞东风》《前程似锦》《垂丝海棠》《月季石榴》《牡丹蝴蝶》《红满枝头》《山花烂漫》《欣欣向荣》《枸杞丰收》《果实累累》《百花齐放》《向阳花》《新春颂》等。

曾杏绯的画作参加了全国第三、四、五、六、八届美展和其他全国及省内外展览，并被选送到中国香港和日、法、德、阿联酋、新加坡等地展览多次，还被各种报刊选用，有的被中国美术馆、中南海、毛主席纪念堂、宋庆龄纪念堂以及宁夏博物馆、宁夏文史馆等收藏。作品在历次宁夏评奖中均获一等奖。2001 年，中国美术家协会、中国少数民族美术促进会"民族百花奖"第五届民族作品展览组委会授予她"民族杰出美术家"称号。

曾杏绯的画作曾入收人民美术出版社的《中国女画家作品选》《中国

当代女美术家作品选》等大型综合性画
册。1984年，宁夏人民出版社出版了
《曾杏绯花卉作品选》；1998年，宁夏人
民出版社又出版了《曾杏绯画集》；2013
年，荣宝斋出版社出版了《曾杏绯花鸟
作品集》。

《曾杏绯画集》书影

四、德艺双馨，善良平和

一个艺术家，艺术上做到出类拔萃
已属不易，如果能同时做到德艺双馨，
那就更为难能可贵。曾杏绯确确实实做
到了，而且做得十分出色，它不仅仅是
某种宣传的言辞，更表现在人们的口
碑中。

曾杏绯具有我国老一代文化人的品德，她一生与人为善，从不计较个
人得失与名利，只是一心一意地干好自己的工作。遇到事情，她总是先替
别人着想，把自己摆在最后。有一次生病，儿子要带她去医院，曾杏绯却
说自己休息休息，扛一扛就过去了，不要多花公家的钱。2007年，曾家所
住区域进行改造，要把住户原来独院的墙推倒建造公众绿地。邻居不少住
户很有意见，而曾杏绯则把儿女们叫到跟前，告诉他们要配合政府的改造
工程，不给组织上添麻烦。儿女们听了都默默无言，他们知道这片小花园
对老人的重要，甚至可以说是老人晚年生活的"精神家园"。有人建议曾
杏绯找找领导，把这片小天地留下来，她却说坚决遵照政府的决定，不搞
特殊。

曾杏绯十分关心青年的成长，无
论是艺术还是生活，无微不至，一如
慈母。在文联工作时，每逢春节，她
就把家在外地不能回去的同事带到自
己家里，一起吃团圆饭。看到年轻人
积攒的脏衣服，她也抱回自己家给洗
干净，有时连他们的袜子破了她都会
给他们补好。即使已经成为声名远播

曾杏绯在孙女的陪伴下作画

的知名画家之后，面对青年们的求教，她总是耐心细致、诲人不倦。青年

画家李东星慕名求教，曾杏绯见到还是毛头小子的他却非常耐心，给了他许多宝贵的建议和鼓励，还叮嘱自己已经有所成就的儿子抽空辅导他。正是这种鼓励与帮助，成为许多年轻人在艺术道路上不断前进的精神动力。

谈到自己母亲曾杏绯的品德和性格，现为宁夏书画院院长的马建军概括为"善良"与"平和"。马建军认为，母亲之所以广受尊敬，不光是因为在美术领域的不凡造诣，更是因为她平和的个性和高尚的道德情操使然，这一点，在宁夏美术界可谓众口一词。"善良""平和"，简单朴实，在当今这个社会，这种品性显得尤为珍贵——不仅是对做人，也关乎艺术事业的成就。

数百年前，常州画派的恽氏家族一门多画家，而曾杏绯的家庭也是名副其实的美术之家。曾杏绯长达数十年在艺术领域的艰辛求索，自然而然、潜移默化，在无形中感染了后人。如今，她儿子马建军是宁夏书画院院长、中国百杰画家；小女儿马以慰也是美术专业出身，在宁夏博物馆工作；外孙马骅和孙女马丽茵，分别执教于宁夏大学和北方民族大学。后人都以有曾杏绯这样的长辈而感到骄傲，在专业上丝毫不敢懈怠。每次见到儿孙，曾杏绯都会笑着问他们最近有没有什么新作，然后一家老少聚在一起开"作品观摩会"。这种家风——家学氛围与家庭风尚，是我们中华民族的传统，也是我们今天实现中华民族伟大复兴所应该提倡的。

马三立
——"相声就是马三立"

马三立（1914～2003），相声表演艺术家。原名马桂福，甘肃永昌人，回族。1927年正式开始演艺生涯。历任天津市曲艺团副团长、天津市曲艺家协会名誉主席、中国曲艺家协会顾问等。在长期的相声艺术实践中潜心钻研，形成了独具特色的"马氏相声"，在相声发展史上树立起一座承前启后的重要里程碑，被誉为"相声泰斗""幽默大师"。编演代表作有《开粥厂》《卖挂票》《文章会》《买猴》《吃元宵》《逗你玩》等。

一、为糊口学说相声

1914年8月，马三立出生在北京的一户回族家庭。他的祖父马诚方是评书艺人，擅说《水浒》；外祖父恩绪（后改名恩培）是相声史上的第三代艺人；父亲马德禄是清末民初著名的"相声八德"之一；母亲恩萃卿曾学唱京韵大鼓；长兄马桂元师承"万人迷"李德钖，以擅演"文哏"段子著称。

出生在这样一个曲艺世家，马三立受家庭环境的熏陶，从小耳濡目染，对相声艺术十分

马三立

痴迷。可家人并不想让他学说相声，父亲和兄长努力挣钱供他读书，希望从他开始改换门庭，不再从事这个十分辛苦的行业。

即便如此，马三立对相声的热爱仍有增无减。8岁那年，在天津万全道小学念书的他头一次听到了相声，乐得差点儿没躺下。于是，他偷学了一小段说给同学们听，结果让老师知道了。老师不但没有批评他，反而让他在阴雨天上不了体育课的时候给全班同学说相声。就这样，马三立很快

红遍了学校，成为学校文艺晚会上少不了的人物，同学们都争着为他捧哏。在那段日子里，相声给马三立清苦的学习生活带来了无限乐趣。

1927年，由于家庭生活陷入困顿，马三立被迫从天津汇文中学辍学，跟着父亲开始学艺。三年后，他拜"相声八德"之一的周德山为师，正式登台演出。马三立爱看书、好动脑筋，拜师没多久就成了师兄弟中的佼佼者。那时，他常去天津的南市、河东地道外"撂地"说相声，逐渐发展了一批忠实观众。

1933年，父亲借高利贷帮马三立成了家。新婚之后，家中接连发生了许多重大变故，为了拼命赚钱，马三立每天早上随便吃口干粮就马上出门，或是"撂地"，或是赶书场、茶社，风雨无阻。

一次，马三立演完相声去买糖炒栗子，不料却被店员拦住："三立，来一段儿吧？"见马三立不应声，店员又嬉皮笑脸地继续道，"你就在这儿给我来一段儿，说完就卖你栗子，捡大个儿的给你。"马三立说："你非让我在这儿给你说一段儿？我的相声可有价儿，那我可开始演啦。"于是，他就地演开了相声，引得街坊四邻挤满了店铺，店员拦都拦不住。

这时，掌柜进来了，得知事情的来龙去脉后气得脸都白了，急忙对马三立作揖赔不是，还亲自称了一斤栗子送给他，并说要赶走那个店员。马三立见店员一脸哭相，就软下心来替他求情，然后照价付了钱。出门时，他转过身逗那个店员说："对了，你听相声可还没给钱呢！"店员臊得脸都红了，忙说："马老板，我服您了！"

后来，父亲不幸去世，家境每况愈下，于是马三立决定四处流浪卖艺。起初他没有路费，就坐小船到天津附近演出，有一次还是托了熟人坐在火车头里才到了秦皇岛。1939年，他到济南卖艺时捡到10块钱，这才买上车票又回到了天津。

二、好抖"包袱"的"马善人"

回天津后，马三立的知名度越来越高，许多相声园子和电台都约他前去演出。然而，就在他稍觉快意时，厄运悄然降临。

1940年，天津臭名昭著的汉奸袁文会为笼络艺人、便于辖制，以庆云戏院为场地成立了"联义社"，强拉马三立入伙。马三立推脱不掉，只好答应临时帮忙3个月，没想到一进去就落入虎口，失去了人身自由。直到5年后袁文会因日本投降失势，马三立这才得以脱身。

1947年，马三立与侯一尘搭档，登上了被说唱艺人视为"大台口"的天津大观园剧场，大受追捧。第二年，他回到北平，在华声电台说相声并兼报广告。此时，马三立的表演已深入人心，大家都称他的段子为"马氏相声"，而《开粥厂》里的"马善人"则成了他的绰号。

一次，马三立到王府井凤凰厅茶社演出，在舞台上，他颇有自知之明地说："电台的听众们没见过我的庐山真面目，很难猜想我是什么模样。当然，您看了我的相貌后深表遗憾，这不能怪我，我自己也不愿长成这样……"马三立话音还没落，台下的观众们就已经乐得前仰后合。后来这句话传遍了大街小巷，大家都说："看马三立的长相比听他的相声还逗！"

北平和平解放后的一天，马三立突然在电台里说："各位听众、各位同志、各位朋友，我和花小宝（与马三立同在电台演出的梅花大鼓女艺人）自由恋爱多年，决定正式结为夫妻，组成幸福家庭。如今万事俱备，就是没房。朋友们都知道，我一直在电台后院那间小屋里凑合，一个人忍着好说，燕尔新婚可不行，总得有间正式房子不是？这房子不能远了，就得在椿树胡同一带，图个去电台上班方便；房钱还不能太贵，我穷，虽然说花小宝有钱，可她账目挺清楚，房钱得两个人均摊，我那一半儿找谁要去？……有合适的房子您给留神寻摸着，我这儿提前道谢了！"

之后，马三立每天都借着说相声广播一遍，为他捧眼的东北相声演员张庆森则在一旁帮腔。几天后，听众们给电台来信，在祝贺马三立喜结良缘的同时，向他介绍了十几处房子。马三立相中了一套，房东仗义地表示："您住，房钱好说，不论外边怎么涨，我都光要您一袋白面钱还不行吗？"

搬家那天，张庆森夫妇也来了，大家肩扛手抬忙活了一天。傍晚，张庆森夫妇留下，马三立要走，房东不干了："不是您结婚呀！要知道这样，我们腾房子干吗？"原来，马三立并没有和花小宝结婚，要租房子的是他的搭档——从东北前来投奔他的张庆森。见房东快要急了，马三立连忙深施一礼："得了，您就当帮我，行吗？我想帮朋友，没别的能耐，就会编相声——把自己也编进去了，您要怪罪，我这儿给您……"说着就要屈膝施礼。房东哭笑不得，赶紧搀住了他。

事后，有人给电台打电话说："'马善人'，你这个'包袱'不小，把一整座北京城都'装'进去了！"

三、跌宕起伏的相声之路

新中国成立后的 1950 年，应天津新声戏院的邀请，马三立带着他的

"马氏相声"重回天津。之后，他经常往返京津两地，在同行和观众心目中确立了自己的地位。

1952年，当得知相声演员常宝堃在朝鲜前线光荣牺牲后，马三立主动报名参加了抗美援朝慰问团，在朝鲜战场给战士们带来了欢笑。时隔多年，当年的志愿军战士还珍藏着他的剧照。

20世纪60年代演出中的马三立

回国后，马三立加入了天津市曲艺团，还当上了副团长。他非常兴奋地说："我们这些'说玩意儿'的，一解放摇身一变成为国家的主人，被称为文艺工作者。成立了天津曲艺团，所有的艺人每个月都拿工资，生活有了保障；演出进入剧场，风吹不着，雨淋不着，更不会挨冻受热。社会地位变了，就连说相声的体会都不一样了。过去穷吃不起，说段《报菜名》过过嘴瘾；如今生活水平大大提高，都吃得起山珍海味。现在再说这段相声，就好比向别人介绍情况。"

新中国的诞生使马三立焕发了艺术青春，除了表演相声，他还经常深入农村收徒传艺。在这一时期的相声中，他改编的《买猴》最为出名。《买猴》讲述了一个"马大哈"如何把别人要买的"猴牌"肥皂误买成3只猴子的故事，为了把这段相声推上舞台，马三立投入了大量心血，字斟句酌、精雕细刻，演出后立即产生了强烈反响。一时间，"马大哈"不胫而走，一炮而红。

1958年，正当马三立的演艺生涯如日中天时，他却在"反右派运动"中被打成了"右派"。当时，关于马三立被打成"右派"的原因，占主流的说法是他改编并表演了《买猴》，塑造了一个闻名全国的办事马虎、工作不认真的人物形象"马大哈"。但是在1979年平反时，人们才发现，他的档案里没有任何"右派"认定材料，完全是因为指标由起初的4个增加到了11个，只好把他报上去凑数。

这一次莫名其妙的"凑数"，彻底改变了马三立的一切，转年2月，他就被下放到天津市东郊区农村改造思想。当时正值寒冬，马三立蜷缩在冰冷的露天猪圈里过夜，全身都冻僵了。第二天村干部知道后，急忙把他安顿在与广播室连间的里屋居住。乡亲们更没有把他当"右派"，常常坐在一起请他说笑话。在大家的多方关照下，马三立这才挨过了那段岁月。

1961 年 3 月 16 日的晚上，领导突然宣布给马三立"摘帽"，可以回原单位重操旧业，马三立当场落泪。几天后，阔别舞台两年的他举办了首场演出，台下暴风雨般的掌声持续了很久。面对这些喜爱自己的观众，马三立频频作揖，哽咽地说："老没见我了吧（场内一阵应和的笑语声），我——病啦！"话音刚落，掌声再次响起，他的两行热泪潸然而下。

四、一切为了观众

1964 年，"四清"运动的浪潮席卷天津，重返舞台仅 3 年的马三立又一次被冲刷进劳改的队伍。1968 年冬，因"文革"遣送"牛鬼蛇神"，他被押解到宝坻区务农。紧接着，因为战备疏散，马三立又在 1970 年带着全家到南郊区北闸口村落户。

然而，无论是在城里还是农村，无论是下放还是蹲"牛棚"，马三立从来没有忘记过背相声台词，几乎每天早晨都要练上一番。作为一个技艺超群的艺人，他心里无时不挂念着舞台，挂念着台下那些爱他、捧他的观众。

1976 年 10 月，随着"四人帮"的粉碎，马三立终于回到了天津市曲艺团。平反后，年过花甲的马三立和王凤山搭档，将《西江月》《开粥厂》《卖挂票》等众多拿手绝活再度搬上舞台。一次，在黄河戏院重演《买猴》谢幕时，观众起立鼓掌、久不退场，马三立站在台上感动得热泪盈眶。

1984 年的一天晚上，马三立的妻子甄慧敏病危住进了医院。当时，马

马三立和王凤山表演相声

三立正准备前去演出，他不顾大家劝阻，义无反顾地去了剧场。在后台，看到往日有说有笑的演员们个个耷拉着脑袋，马三立便抖了个"包袱"："怎么茬儿？一个个跟霜打的茄子似的，人家不知道还以为给我守灵呢！差奏哀乐了吧？"一句话把大家都逗乐了。

当时，搭档王凤山本想取消原定的段子《开粥厂》，改说"快活儿"，可马三立却拒绝了："大家的一片盛情我心领了，可节目不能动。放心，我顶得住！"上场后，马三立向观众深鞠了一躬，随后扭过头去悄悄地抹了一把泪。那天晚上，他出色地完成了演出，还应观众要求加演了 40

分钟。

下台后，马三立急忙脱下大褂，脸都没顾得上洗就直接赶到了医院。听到丈夫的呼喊，甄慧敏勉强睁开双眼冲老伴儿笑了笑，然后便永远停止了呼吸。此后，每到妻子的忌日，马三立都会去坟前怀念，他甚至还在妻子的墓碑旁为自己立了块"马三立之墓"，在当时被传为奇闻。

后来，马三立加入了中国共产党，完成了自己多年以来的心愿。此后，他一心扑在演艺事业上，为观众奉献了一场场精彩的演出，被评选为"天津市优秀共产党员"。

1992 年，在搭档王凤山去世后，马三立改说单口相声。在无人捧哏的情况下，他积毕生之功编创表演了一系列脍炙人口的单口小段，如《逗你玩》《家传秘方》《查卫生》《八十一层楼》《老头醉酒》《追》等。

这些单口小段既融合了传统相声讽刺、幽默的特点，又带有"马氏相声"的特色，充满浓郁的市井气息，因此一经推出便长演不衰，形成马三立艺术创作中的又一高峰。

同年 11 月，中国曲艺家协会等单位在天津举办了"庆祝马三立从事相声艺术 65 周年"活动，与会专家对马三立的艺品和人品给予了高度评价。一周后，"马三立杯"业余相声邀请赛拉开序幕，马三立担任顾问，这也是相声界第一次以艺术家的名字来冠名全国性赛事。

1994 年，由姜申执导的 18 集电视连续剧《马三立》在全国播出。这部电视剧根据马三立的口述，再现了他的传奇经历和坎坷人生，受到观众好评。

五、一切为了相声

大师的幽默是不受舞台限制的，晚年的马三立似乎随时随地都能抓到笑料，信手拈来，激起笑声一片。

一次，马三立刚出席完活动，看见记者正准备举起相机拍照，便严肃地说："胶卷是正品吗？现在骗人的事太多，不行，先打开看看！"记者一听急了："一打开胶卷不就……"话还没说完，在场的人就都乐了，原来这是个"包袱"。

除了说相声，马三立平时很喜欢读书，涉猎甚广。古代诗文、讲史评话、章回小说、野史笔记、科普读物他都读，老来还常引诗自娱。他认为："相声演员的肚子应该是'杂货铺'，脑子里应该装有一部'百科全书'，这样才会在台上传达给观众更多的东西。"

马季向马三立献字

此外，马三立还喜欢看戏、习画写字、看足球，到了晚年还会不时在庆典或联欢性的合作戏中"客串"一把。晚年的他也律己甚严，曾自拟"养心安神十一条不该"和为人处世的"三别、三不、三对、三要"。

1998 年，84 岁高龄的马三立在中国大戏院参加了抗洪救灾募捐义演。此后，除了大量的慰问演出之外，他几乎把所有心思都扑在了建立"马三立老人园"上。1999 年 4 月，老人园正式落成，往后，马三立一有空就去和老人们说笑谈天，并亲自安排医疗、伙食等事务。

2000 年年底，马三立因患膀胱癌住进了医院，第二年开春动手术后病情有所缓解。

2001 年 12 月 8 日晚，"相声艺术大师马三立从艺 80 周年暨告别舞台晚会"在天津市体育馆举行，很多人冒雪前去观看演出，馆内 2000 多个座位无一空席。

演出的最后，马三立穿着一身灰色中山装登场了。依然是过去的老习惯，他先向观众作揖示意，待如潮的掌声停息后缓缓说道："我叫马三立。"随后，他望了望满台的鲜花，略带惶恐地问观众："我值吗?"观众们不约而同地喊："值!"演出中，马三立时而自我调侃，时而就地取材，引得现场笑语不断。演出结束后，上海吉尼斯总部向马三立颁发了从事相声艺术时间最长的吉尼斯证书，马季也将自己手书的"前无古人，后无来者" 8 个大字献给了马三立。

2002 年，马三立病情转重，接受了第二次手术，之后便一直卧床、输液。长子马志明回忆说："父亲生病住院时，病房里摆满了鲜花，有一次院长来看他，在院长临走时，父亲叫住他说：'院长，麻烦您一个事，在门口写一张条——本室代售鲜花。'中央电视台举办第二届相声大赛时，让他对观众说几句话。当时父亲身体十分虚弱，连坐都坐不住，但他表示对这个活动支持，希望多搞。他说：'我借此机会向观众致意，我最近感冒了，但是您放心，您看电视不会传染您。'他在生命的最后一刻，还在思考着相声，在力求去创作相声。"

2003 年 2 月 11 日，马三立溘然长逝，享年 89 岁。遵照他生前的遗嘱，丧事从简，当天入土。这天，当送葬队伍走到红桥区的一座清真寺时，赶来吊唁的群众早已把路围得水泄不通。

3月25日，有关部门在天津举行了"马三立艺术人生追思座谈会"。11月18日，马三立的纪念铜像在他的小学母校落成。后来，天津市要在海河边为名人树立雕像，让市民投票选举。最后，大多数人都把票投给了这位为他们说了一辈子相声的老艺术家——马三立。

六、德艺双馨的人民艺术家

马三立海河铜像

从一个"撂地"糊口的艺人，到让亿万观众喜爱的艺术家，马三立把毕生的经历都奉献给了相声艺术。他一生共演出传统相声200多段，创作、改编并演出新相声70多段。直到今天，这些段子仍广为流传、脍炙人口。

马三立曾说："相声的内容一定要源于生活、高于生活。相声顾名思义就是'相'与'声'，演员千万不可靠扮怪相、出怪声来逗观众乐，而要追求那种令人回味无穷的作品，才能起到教育、启发人们思考的作用。"正因为如此，他一生都扎根市井大众，评说家长里短、刻画街坊四邻，注重对人性的反思和揭露。他的相声"既保持了俗文化色彩，又在讽刺与反思中提升了其文化品位"，被大家誉为"本色自然、冷面滑稽、外松内紧、有条不紊、表演细腻"的"马氏相声"。

除了从事相声表演，马三立还十分注重相声人才的培养，阎笑儒、班德贵、连笑昆、常宝华、高笑林等都是他的学生。常宝华曾说："我的老师是很有性格的人，我们当学生的请他吃饭、给他送礼都不招他喜欢。有时从北京到天津去看他，他说你要带东西就带一盒北京的麻豆腐。""在学生的眼里，马老师从来都把自己当作是一个普通的演员，对年轻的相声演员他没有不喜欢的，一见面就鼓励、鞭策，有问必答，有求必应。"

正如常宝华所说，马三立一生都坚持低调内敛的处世原则，不以大师泰斗自居。他常说："我不是大师，不是艺术家，我只是个普普通通的老艺人，是个热爱相声、喜欢钻研相声的老艺人。"

姜昆曾说："马三立将自己的一生都奉献给了相声和观众，他的相声风格更是以贴近百姓、贴近生活著称。无论是《卖挂票》中的'马洗澡（喜藻）'，《文章会》中的'马大学问'，还是《开粥厂》中的'马善人'，在表演风格和题材内容上都更加贴近市民阶层的普通观众。他的相声处处渗透着散发着生活的芬芳，真正关心老百姓的柴米油盐和喜怒哀乐，这是他平易之风的根源和精髓。马三立将笑声传遍了千家万户，传递出他内心对人民最深沉博大之爱，不愧为深受观众爱戴的人民艺术家。"

汪景寿也曾说："在相声界有一句俗话：'谁不学马三立谁不会说相声，谁学会了马三立谁说不好相声。'说的是马三立自成一家的表演风格，有他个人的天才因素和特殊经历，是后人难以企及的。但有一点是值得学习并且能够学习的，那就是他把自己的100多斤全交给了生活和相声，所以他才能一直保持着艺术的青春和不竭的创作源泉。"

作家冯骥才则这样评价马三立："大耳凹腮，总睁不开的一双小眼，细瘦的身条在灰布大褂里晃来晃去；哑嗓子说起来从容又机警，傻乎乎的表情中夹带着锐利。对于他，最普通的事物下也可以挖出笑料，最平常的语言也能刺激人的笑神经。"

2014年，"纪念马三立100周年诞辰座谈会"在天津举行，与会人员从各个角度缅怀了这位德艺双馨的老艺术家。

古书云："君子有三立——立德、立功、立言。"在80年的演艺事业中，马三立始终朝这个方向努力，令后人敬仰，是当之无愧的艺术大师。

郑律成
——解放军军歌的作曲者

郑律成（1914～1976），作曲家，人民音乐家。原名郑富恩，出生于朝鲜，后加入中国国籍，朝鲜族。青年时代来到中国，并奔赴延安，投身抗日斗争和音乐创作；抗战胜利后曾在朝鲜工作；1950年定居北京，先后在北京人民艺术剧院、中央歌舞团、中央乐团工作。在延安时期和新中国成立后，创作了一大批脍炙人口的音乐作品。主要作品有歌曲《延安颂》《延水谣》《八路军军歌》《八路军进行曲》（即《中国人民解放军进行曲》）、《朝鲜人民军进行曲》，大合唱《江上的歌声》《兴安岭上雪花飘》，歌剧《望夫云》等，出版有《郑律成歌曲选》。

一、音乐天赋在革命运动中崭露

郑律成

1914年8月13日，郑律成出生在朝鲜全罗南道（今属韩国）光州杨林町一个贫苦农民家庭。关于郑律成的出生年份，旧时一般说是1918年，后经查证，应是1914年。原来，郑律成为参加抗日活动时便于以未成年人身份作掩护，将年龄改小了4岁，由此导致一些资料把他的生年就记成了1918年。

郑律成出生的四年之前，朝鲜半岛已经沦为日本的殖民地。郑律成的父亲郑海业是一位爱国者，支持孩子们参加抗日救国斗争。郑律成的三个哥哥都参加了朝鲜和中国的民族解放运动，大哥和二哥都是中国共产党党员，并为革命事业献出了生命。

郑律成天资聪颖，听觉特别灵敏，天生一副好嗓子。因为酷爱音乐，后来，他把名字由原来的"富恩"改成了"律成"。在幼时和后来的音乐生涯中，郑律成先后学过六弦琴、钢琴、小提琴、作曲和声乐，因而成为器乐、声乐和作曲兼擅的音乐家。

1929年，郑律成小学毕业，以优异成绩考入中学。父亲病故后，他只好中途退学。

1933年，19岁的郑律成跟着三哥，与一批朝鲜进步青年，经釜山绕道日本长崎，到达中国上海。接着转乘火车，来到南京，加入了朝鲜人抗日团体"义烈团"和"朝鲜民族解放同盟"，并在朝鲜抗日团体举办的"朝鲜革命干部学校"学习。在学校，郑律成主要学习军事课，同时学习钢琴、小提琴和声乐。

1934年，郑律成毕业后留居南京，在电话局工作，收集情报，从事秘密抗日活动。为了更好地掩护身份，组织资助他到上海学习音乐。他坚持每周去一次上海，跟外籍教授学习声乐。就这样，郑律成一边在沪宁一带从事抗日活动，一边利用业余时间学习音乐，熟悉了大量民歌和世界名曲，音乐天赋逐渐展现。

1936年春天，郑律成在南京参加了"五月文艺社"。这是一个进步团体，田汉、任光等许多文艺界进步人士都是其成员。在5月1日举行的成立大会上，郑律成为总发起人郑趣涛写的诗作曲，取名为《五月之歌》，并登台演唱。《五月之歌》是郑律成的作曲处女作。

1936年秋天，因经济原因，郑律成无法继续去上海学习声乐，便在南京花露岗自修。1937年，经罗青介绍，他结识了冼星海。冼星海把刚谱完的《民族交响乐》和《救国军歌》给郑律成看。郑律成看过一遍，立即演唱了出来。冼星海听后，十分欣赏他的歌唱才华，邀请他到上海长期合作，灌制唱片，唱电影歌曲。在冼星海鼓励下，郑律成立下了以音乐为毕生事业的志向。

二、辗转两国，一个目标

1937年"七七"事变爆发后，中国进入全面抗战时期。也就在这一年，早已与进步人士有所接触的郑律成，与一批进步青年一起，来到了延安。

在上海时，郑律成通过姐夫朴建雄（在华朝鲜抗日团体领导人之一）结识了上海妇女救国会领导人、"左翼作家联盟"成员杜君慧。杜君慧向他介绍了中国共产党的情况和中国工农红军两万五千里长征的历程，郑律成决心奔赴中国革命的圣地延安。

郑律成、丁雪松夫妇

1937 年 9 月底，郑律成开始奔赴延安的行程。李公朴先生资助他 30 块银圆作为盘缠，地下党员宣侠父给西安八路军办事处主任林伯渠写了介绍信。郑律成背着小提琴和曼陀铃，带着《世界名曲集》，冒着生命危险，冲破层层关卡，于 1937 年 10 月到了延安。

到延安后，郑律成先后在陕北公学、抗日军政大学、鲁迅艺术学院学习和工作，担任音乐指导和声乐教员。1937 年 10 月到 1942 年，郑律成一直生活、战斗在延安。这段时间，不仅是他的创作高峰期，其间他也完成了两件人生大事，一是在 1939 年 1 月，光荣地加入了中国共产党；一是 1941 年底，与丁雪松结成了革命伉俪。

1938 年和 1939 年，是郑律成音乐创作的黄金时期，创作出了《延安颂》《延水谣》《保卫大武汉》《生产谣》《十月革命进行曲》《八路军大合唱》等充满激情的乐曲。这些歌曲，明快昂扬，深受人民群众喜爱，很快流传到各地。其中如 1938 年 4 月间创作的歌曲《延安颂》，一经问世就由延安迅速传遍全国，对许多进步青年奔赴延安投身革命起了直接鼓动作用。1993 年，《延安颂》被评为 20 世纪华人音乐经典，永载中国音乐史册。

1942 年 5 月，郑律成参加了延安文艺工作座谈会，聆听了毛泽东主席的教导。

1942 年 8 月至 1944 年 1 月，郑律成被派往太行山八路军总部工作，任华北"朝鲜革命军政学校"教育长。在这里，郑律成参加了前线的抗日斗争，同时继续创作，先后谱写了《朝鲜义勇军进行曲》《革命歌》等歌曲。这些歌曲在华北、东北等地区被人民群众广为传唱。

1945 年 8 月，日本投降，抗日战争胜利，郑律成的故乡朝鲜也获得了解放。12 月，郑律成夫妇到达朝鲜平壤，郑律成担任朝鲜黄海道委宣传部部长，丁雪松担任华侨联合总会委员长、新华社驻平壤分社社长。1949 年，郑律成调回平壤，担任朝鲜保安队（朝鲜人民军前身）俱乐部部长（略相当于解放军的文化部部长）。他受命筹建朝鲜人民军协奏团，并兼任团长。此外，他还担任了朝鲜音乐大学作曲部部长等职。其间，郑律成创作了歌曲《朝鲜人民军进行曲》《朝鲜解放进行曲》《中朝友谊》和大合唱《图们江》《东海渔夫》等十余部作品。

1950年，中朝两国正式建交，中国政府决定在平壤建大使馆。按照两国的约定，郑律成和丁雪松面临国籍的抉择，夫妻之中，必须有一人加入另一方的国籍。这年9月，丁雪松奉调回国。不久，经周恩来和金日成同意，郑律成回到中国，并加入了中国国籍。同年12月，郑律成随中国人民志愿军创作组奔赴朝鲜前线，谱写出了《朝鲜人民游击队战歌》《中国人民志愿军进行曲》《亲爱的军队亲爱的人》《歌唱白云山》等歌曲。

出生于朝鲜的郑律成，在其前半生辗转于中朝两国，但目标却是一致的，那就是朝鲜和中国的民族解放和独立。他是中国公民，也曾是朝鲜公民；他在中国加入中国共产党，到朝鲜后组织关系转为朝鲜劳动党党员，回中国后又转为中国共产党党员；他既是中国军歌的作曲者，也是朝鲜军歌的作曲者；他的出生地今属韩国，那里建有他的故居，

郑律成在指挥唱歌

人们对他的崇仰和纪念毫不逊色。这些，自然都源于他的杰出的奉献精神和伟大的音乐艺术。

三、军歌乐曲诞生在他的笔下

提及郑律成的音乐创作，首屈一指的自然是中国人民解放军军歌《中国人民解放军进行曲》。

郑律成到延安后，有一段时间和诗人公木（本名张松如）同住一孔窑洞。同是热血青年，一个诗人，一个作曲家，他们的合作是必然的。

1939年10月，郑律成受到冼星海《黄河大合唱》的鼓舞，与公木合作创作出了《八路军大合唱》，并成功演出。这个大合唱中，有著名的《八路军军歌》和《八路军进行曲》。这些歌曲，起到鼓舞士气的作用。在抗日战争中，为民族解放事业奋斗的抗日将士，高唱着"脚踏着祖国的大地，背负着民族的希望……"奔赴抗日战场。

解放战争时期，脍炙人口的《八路军进行曲》更名为《中国人民解放军进行曲》（歌词略有改动），随着人民军队的壮大而唱遍祖国大地。军歌中，我们的小米加步枪壮大成火炮、骑兵师团；运粮独轮车的吱吱声唤来了装甲车、坦克车的轰鸣："听！风在呼啸军号响；听！革命歌声多么嘹

郑律成手写的《朝鲜
人民军进行曲》曲谱

亮！……向最后的胜利，向全国的解放！"

《中国人民解放军进行曲》以淳朴简练的语言、铿锵有力的节奏、庄严豪迈的曲调，深刻地刻画了人民军队的形象，表现了人民军队一往无前的战斗风格和排山倒海的气势，如进军的号角，伴随着人民军队成长壮大和人民战争胜利的历程，成为中国人民解放军战斗力量和政治工作的一个组成部分。

1949 年新中国成立时，在隆重的开国大典上，《中国人民解放军进行曲》回响在天安门广场上空。之后，它被作为中国人民解放军的军歌长期使用。

1988 年 7 月 25 日，中共中央军委正式将《中国人民解放军进行曲》定为中国人民解放军军歌。

《中国人民解放军进行曲》这首 1939 年秋天写于延安窑洞里的进行曲，竟然有无比宏伟厚重的音乐形象，充分体现了郑律成的音乐才华。公木生前在回忆郑律成创作过程的文章中说："没有钢琴，连手风琴也没有，只是摇头晃脑地哼着，打着手势，有时还绕着屋当中摆的一张白木茬桌子踏步转悠……"有的老战友说，郑律成是在窑洞里敲着盆、拍着腿完成作曲的。那么简陋的环境，当时部队还处在分散作战时期，而作曲家的心中，却有着人民军队叱咤风云、摧枯拉朽的大兵团气势，作曲家的胸怀该是多么广阔、宏伟！

无独有偶。在平壤工作期间，郑律成为朝鲜军队谱写了《朝鲜人民军进行曲》，这首歌曲也被确定为朝鲜人民军的军歌。郑律成成为两个国家军歌的作曲者，这在世界音乐史上堪称独一无二。

四、深入生活为工农兵创作

1950 年回到中国后，郑律成定居北京，先后在北京人民艺术剧院、中央歌舞团和中央乐团从事音乐工作。他深入工厂、农村、边防，足迹踏遍了中国大地，到处寻找新的创作原料，为工农兵创作，谱写了大量的音乐作品。

郑律成十分注意从人民群众中吸取养料，他曾先后四次深入云南大理等地去体验生活。正是坚持边学习、边创作，他创作出新中国第一部传统题材的大型歌剧《望夫云》。

在深入生活中，郑律成创作了基于林业工人生活的森林组歌《兴安岭上雪花飘》以及《采伐歌》《女康拜因手》等歌曲。他为农民谱写了《幸福的农庄》《绿色的祖国》等歌曲。他和诗人郭小川合作，创作了"解放军组歌"，包括《海军战歌》《空军战歌》《常备不懈》等歌曲。在海军基地体验生活期间，他创作了《海防哨

郑律成深入云南收集民歌

兵歌》《海上勇士歌》《炮艇大队出动了》《归航》《强大的舰队在海上行进》等。他还为空军谱写了《飞行员之歌》《高歌猛进飞向前》《前进，人民空军》等歌曲。

关于郑律成的音乐创作，可以概括为源于生活、高于生活。郑律成的女儿，同样是作曲家的郑小提回忆说，1953年，为创作无伴奏合唱《江上的歌声》，郑律成和四川音乐家组成的采风小组雇了只木船，挑选了最好的号工，从乐山顺岷江而下，与船工们共同生活了五天，也听了五天的号子。《江上的歌声》的旋律，正是在川江号子基础上凝练加工的。合唱的旋律中既有川江的险阻和奇美，也有船工纤夫们艰苦卓绝地与大自然搏斗的惊心动魄的场面，还有船工们对明天的美好憧憬和希望。而当年排演这部无伴奏合唱，郑律成选择了川江上号子唱得好的船工，作为《江上的歌声》一歌的领唱。取之原生态又高于原生态，郑律成的创作经验，值得当今的艺术家、理论家悉心研讨、借鉴。

1959年，在"反右"运动中，郑律成被当作重点对象，受到错误批判。他被扣上"严重右倾"和"反党"的帽子，下放改造，甚至有人阴险地劝他退党。郑律成头脑清醒，是非分明，坚决不在结论书上签字。即使在身处逆境的情况下，他仍然坚持创作，与放平合写了《秋收起义》大合唱，与白得易合写了歌剧剧本《雪兰》。

"四人帮"肆虐时期，郑律成被扣上"特务""大鲨鱼"等帽子，挨过批斗，进过"牛棚"。他对"四人帮"极其轻蔑。"反击右倾翻案风"时，郑律成借故离开北京到外地去，不接受"上面"布置的谱写所谓"批邓歌曲"的任务。他说："我不为他们歌功颂德，不为他们写一个音符。"

从 1958 年开始，郑律成为毛泽东全部诗词谱曲，其中《西江月·井冈山》《清平乐·六盘山》《七律·人民解放军占领南京》《卜算子·咏梅》《蝶恋花·答李淑一》等，均曾风靡一时。1972 年，陈毅元帅逝世，郑律成不顾当时险恶的政治形势，四处搜集陈毅元帅当时尚未发表的诗词，为《赣南游击词》《赠同志》《梅岭三章》等诗歌谱曲，赞颂陈毅坚持同邪恶势力做斗争的高风亮节。

五、继聂耳、冼星海之后的优秀作曲家

1976 年 10 月，中国人民迎来了粉碎"四人帮"的大喜日子，郑律成开始了新的创作。

1976 年 12 月 7 日，郑律成在准备谱写纪念建军 50 周年交响合唱《万岁！伟大光荣的中国人民解放军》时，由于高血压引起脑溢血，在北京昌平去世。

数十年间，郑律成谱写了 360 余首（部）不同形式、体裁的脍炙人口的音乐作品。1978 年，人民音乐出版社出版了《郑律成歌曲选》。书中收录了郑律成创作的合唱曲、独唱曲、群众歌曲、儿童歌曲以及歌剧选段等 170 首作品。

《郑律成歌曲选》书影

在八宝山革命公墓的郑律成墓碑上，词作家乔羽这样写道："郑律成同志是一位将自己的生命与中国人民革命事业结为一体的革命家。人民是不朽的，律成同志的歌曲也是不朽的。抗日战争之初，律成到延安不久便写出了《延安颂》，这首歌曲像一只展翅飞翔的鸟儿，迅即从延安飞到各个解放区，飞到全中国，飞到海外各地。在中华民族生死存亡的历史关头，我们的队伍中有一代人便是唱着这首歌，热血沸腾、义无反顾地奔向革命圣地延安的。此后不久便是《八路军进行曲》的出现，有了这部作品，八路军这个伟大的英雄行列从此便有了代表自己的歌曲。中国人民的子弟兵正是唱着这首歌驱走了日本帝国主义侵略者，推翻了旧中国，建立了新中国。

至今，我们的战士依然是唱着这首歌威震边陲，保卫着伟大的社会主义祖国。1988年中央军委发布命令颁定为《中国人民解放军军歌》。"

抗战时期曾担任三五九旅旅长，后来曾担任国家副主席的王震将军，在《作曲家郑律成》一书的序言中写道："他是当代继聂耳、冼星海之后，又一位杰出的优秀的作曲家，是中国无产阶级革命音乐事业的开拓者之一。"

为纪念郑律成，中朝两国都拍摄了相关影片。朝鲜拍摄的大型彩色故事片是由金日成亲自部署的，启动于20世纪90年代，用了约三年时间由朝鲜二八艺术电影制片厂拍摄完成，1992年上映后在朝鲜各地久映不衰。2002年，长春电影制片厂拍摄完成《走向太阳》，讲述了郑律成从年少时热爱音乐逐渐成长为一名军旅作曲家的故事。

2007年10月19～21日，为纪念中国作曲家郑律成，韩国光州市举行了第三届光州郑律成国际音乐节。音乐节包括开幕式、主题音乐会、学术研讨会、摄影展等多种形式的纪念活动。

2009年7月25日，人民音乐家郑律成纪念馆在哈尔滨市道里区友谊路233号（市警备区左耳楼）建成开馆。展馆总面积1350平方

郑律成和乔羽

米，分为开篇、动荡年代、延安岁月、友谊之旅、情系黑土、时代歌者、根植祖国、结束8个展厅，收藏、展出500余件实物展品和近1000张珍贵照片。

2009年9月10日，在中宣部、中组部、统战部以及全国总工会、共青团中央、全国妇联、解放军总政治部等11个部门联合组织的"100位为新中国成立作出突出贡献的英雄模范人物和100位新中国成立以来感动中国人物"评选活动中，郑律成被评为"100位为新中国成立作出突出贡献的英雄模范人物"。

2014年7月16日晚，《伟大复兴，向前向前——纪念音乐家郑律成诞辰百年》音乐会在北京国家大剧院隆重举行。音乐会由中华人民共和国文化部、中国音乐家协会、中国人民对外友好协会和中国国际友人研究会主办，演唱了郑律成各个不同时期与各个不同题材和形式的代表作品。

雷振邦
——他和他那些令人难忘的电影歌曲

雷振邦（1916～1997），作曲家，国家一级作曲。北京人，满族。毕业于日本高等音乐学校作曲科。历任中央新闻作曲、长影音乐创作室主任，中国音乐家协会理事、中国电影音乐学会副会长等。主要致力于电影音乐创作，为《新中国诞生记》《抗美援朝》等17部纪录片、《董存瑞》《五朵金花》《刘三姐》《冰山上的来客》《吉鸿昌》等40余部故事片作曲，作品具有浓郁的民族民间色彩和地域风情，有100余首电影歌曲传世，代表作有《花儿为什么这样红》《冰山上的雪莲》《怀念战友》《只有山歌敬亲人》《蝴蝶泉边》《重整山河待后生》（合作）等。出版有《雷振邦创作电影歌曲选》等。

一、两改志愿，脱颖而出

雷振邦

1916年5月30日，雷振邦出生在北京蓝靛厂的一个满族家庭。由于家庭条件比较优裕，小时候的雷振邦受到了良好的启蒙教育和艺术熏陶。他很小就接触到了京戏，七八岁时便能哼唱京剧小段，还能用胡琴拉京戏以及一些歌曲。同时，他还对绘画深有兴趣，也积累了一些基础。

1928年9月，雷振邦来到沈阳奉天公立学校读小学，后又进入南满中学。在音乐老师的辅导下，雷振邦学会了吹口琴，加入了学校口琴队，并成为队里的指挥。他经常把一些歌曲改编成口琴合奏，并指挥演出。

1939年，年轻的雷振邦踌躇满志地奔赴日本留学。谁知就在求学途中，他两次修正了自己的人生航向，学习了作曲。

那时，虽说音乐方面有了一些素养，但雷振邦的梦想是成为一名画家，而且凭他的才气和功底，中国必定会多一位杰出画家。但在日本投考美术学校的途中，他却考入了东京的日本高等音乐学校。进校以后，雷振邦学的是大提琴，可偏巧同专业有一位年龄最小但琴技很高的男孩，雷振邦感到自己不如那个男孩，在大提琴方面不一定会脱颖而出，于是改弦更张，进了作曲科。

在日本高等音乐学校作曲系预科，不到半年的时间，雷振邦便完成了预科专业。校长允许他跳级，转年他便成为作曲系的本科学生。

1942 年 9 月，雷振邦以作曲科第一名的优异成绩从日本高等音乐学校作曲科提前毕业，回到了祖国。

回国之后，雷振邦先后在北平女子中学和惠中女子中学担任音乐教员，还曾在一些大学里任教。抗日战争胜利以后，他在课余组织起一个 50 多人的业余交响乐团，自任指挥和作曲。其间，雷振邦曾把中国古曲《悲歌》改编成管弦乐曲，供业余交响乐团演出，这是公开演出的雷振邦的第一部作品。

在日本学习期间，雷振邦学的都是西洋音乐的创作理论和方法，但此时，他并没有一味地模仿和照搬西方模式，而是立足于民族文化去摸索和开拓创作道路，以形成自己的创作风格。尽管这是一条前途未卜、充满艰辛的路，但雷振邦还是勇敢、坚定地探索前行。这种勇气和意志，正是他后来成为伟大的民族作曲家的精神源泉。

二、作品众多，经久不衰

1949 年 6 月，雷振邦进入中国电影乐团（1953 年起在中央新闻纪录电影制片厂）担任作曲，从此踏入电影音乐领域。1955 年 5 月，他又调入长春电影制片厂担任作曲。

这段时期，正是中国社会的重大变革期，新生活、新风貌给作曲家带来了如火山喷发般的创作激情。雷振邦先后为《七一节在北平》《新中国诞生》《抗美援朝》等 17 部纪录片，《五朵金花》《刘三姐》《冰山上的来客》等 33 部故事片作曲，创作了百余首电影歌曲。

这里，不妨对雷振邦 1949 年以后的电影音乐作品列一个表。

纪录片——1949：《七一节在北平》《四野南下记》《新中国诞生》《军旗》《北平学生》；1950：《烟花儿女翻身记》《大西南凯歌》《胜利之路》《普天同庆》；1951：《部队生产》《朝鲜人民的胜利》《群英大会》

雷振邦在创作

《抗美援朝第一辑》；1952：《抗战的越南》《成渝铁路》《和平万岁》；1955：《深山探宝》。

故事片——1955：《董存瑞》；1956：《马兰花开》《国庆十点钟》；1957：《芦笙恋歌》；1958：《花好月圆》《水库上的歌声》《徐秋影案件》《女社长》；1959：《锡城的故事》《笑逐颜开》《五朵金花》《金玉姬》；1960：《鸿雁》《刘三姐》；1961：《达吉和她的父亲》《万木春》；1963：《冰山上的来客》《两家人》；1965：《景颇姑娘》；1966：《战洪图》；1973：《战洪图》（重拍）；1974：《平原游击队》《钢铁巨人》；1977：《暗礁》；1979：《吉鸿昌》《小字辈》；1980：《幽谷恋歌》；1981：《明天回答你》；1982：《精变》《赤橙黄绿青蓝紫》；1985：《爱珠》（与雷蕾合作）、《东方大魔王》（与雷蕾合作）

此外，还有众所周知的电视连续剧《四世同堂》（与雷蕾合作）的音乐。

1968年，雷振邦夫妇被发配到吉林东丰县"劳动改造"。"文革"的浩劫，使雷振邦的身心受到严重摧残，也被剥夺了创作的权利，其间有六七年没有作品。"文革"期间，尽管也有作品，但很少给人们留下印象。

"文革"结束后，雷振邦获得了新的创作丰收，《吉鸿昌》和《小字辈》的电影音乐是其代表。

雷振邦的电影音乐获得了许多荣誉，1960年，《五朵金花》在埃及开罗举办的第二届亚非国际电影节上获优秀影片奖；1960年，《刘三姐》获全国第二届"百花奖"最佳音乐奖；1964年，《冰山上的来客》获长影第一届"小百花"最佳音乐奖；1980年，《吉鸿昌》和《小字辈》均获长影第二届"小百花"最佳音乐奖。

更为关键的是，雷振邦的创作留给世人一大批优秀的影视歌曲，这些歌曲曾经风靡全国、广为传唱，而且时至今日仍然深受人们的喜爱、耳熟能详，诸如《高原之歌》《花儿为什么这样红》《冰山上的雪莲》《怀念战友》（均为《冰山上的来客》）、《只有山歌敬亲人》《世上哪见树缠藤》（均为《刘三姐》）、《恨不抗日死》（《吉鸿昌》）、《生活多美好》（《小字辈》）、《蝴蝶泉边》（《五朵金花》）、《重整山河待后生》（《四世同堂》）。

雷振邦的电影歌曲，早在 1959 年就有出版，那是在电影《五朵金花》上映的当年，中国电影出版社就推出了《电影（五朵金花）歌曲集》。1963 年，中国电影出版社又出版了《影片（刘三姐）歌曲集》。此后，还有《花儿为什么这样红　雷振邦电影歌曲选》（人民音乐出版社，1980）、《雷振邦创作电影歌曲选》（云南人民出版社，1981）等出版。

1997 年 9 月 20 日，雷振邦在北京去世，享年 81 岁。

2009 年 12 月 27 日，北京中山音乐堂举行了"感动中国：乔羽—雷振邦作品新年音乐会"。音乐会上半场，李谷一、姜嘉锵等演唱了雷振邦的经典作品。

三、民族风格，感人至深

雷振邦的音乐作品具有鲜明的民族民间色彩和浓郁的地域风情，形成了自己独特的艺术风格。而这种艺术成就的取得，与他数十年来坚持深入民族地区，广泛搜集民族民间音乐素材，并使其融合在自己的音乐创作中是分不开的。

《花儿为什么这样红
雷振邦电影歌曲选》书影

从 1955 年到 1980 年，雷振邦创作的40 余部影片音乐作品，涉及白族（《五朵金花》）、壮族（《刘三姐》）、景颇族（《景颇姑娘》）、彝族（《达吉和她的父亲》）、拉祜族（《芦笙恋歌》）、塔吉克族（《冰山上的来客》）、朝鲜族（《鸿雁》和《金玉姬》）等少数民族的风格。

雷振邦的电影音乐作品大都形象鲜明，优美抒情，具有强烈的民族地方色彩和地域风情。这些作品，聆听的时候，总会把人们带到相应的民族地方：一曲《蝴蝶泉边》，让人想起苍山下洱海畔山茶花般的五位白族少女；《花儿为什么这样红》，让人想起了冰山上雪莲般的古兰丹姆，听到了塔吉克族优美的心声；《刘三姐》中，漓江水和阳朔峰伴着三姐清亮婉转的壮族山歌；《达吉和她的父亲》里大凉山粗犷的山风中，唱响着彝族姑娘达吉的歌；还有《芦笙恋歌》中的拉祜族歌曲，《景颇姑娘》中的景颇族歌曲，《鸿雁》和《金玉姬》中的朝鲜族歌曲……

这些由 20 世纪 50~60 年代唱起来的具有鲜明的民族特色的歌曲，直

到今天仍萦绕在人们的心里，久唱不衰。雷振邦的音乐艺术之树因扎根于各民族人民生活的土壤里而蓬勃茁壮，所结的硕果凝聚了民族音乐艺术的精华，成为中国人民宝贵的精神财富。

雷振邦最为著名的电影音乐作品，当然要属《冰山上的来客》和《刘三姐》。

《冰山上的来客》电影海报

《刘三姐》电影海报

《刘三姐》是新中国第一部音乐风光艺术片，它的音乐荣获1960年第二届《大众电影》"百花奖"最佳音乐奖，并在国外上映过，还受到过周恩来总理的接见。它以如情似梦的漓江为背景，配上娓娓动听的民歌，使古老传说充满了独特的艺术魅力。影片浓郁的喜剧色彩和乡土气息，得到了国内外观众的热烈称赞。词作家乔羽精心创作的富有诗情画意、深刻哲理的歌词，雷振邦利用广西特有的民族民间音乐素材创作的音乐，使其中的许多歌曲至今唱起来还是那么精彩动人。

《冰山上的来客》的插曲《花儿为什么这样红》，是雷振邦的代表作。这首曲子以一首塔吉克族的舞曲为素材，适当放慢了速度，并根据歌词句式的需要而改编创作。这首抒情歌曲唱的是边防战士的爱情生活，旋律婉转动听。曲中歌词的重复，不仅加强了语气，而且使感情的抒发更为深切，是一首深受广大群众欢迎的一首歌。而那首《怀念战友》，人们任何时候听到都会热泪盈眶。所以有人评论说，如果雷振邦没有对战友浓厚的感情和那种撕心裂肺的经历，是不可能写出这样直逼心灵的作品的。

四、"重整河山待后生"

众所周知,雷振邦的女儿雷蕾也是杰出的作曲家,电视连续剧《四世同堂》的音乐就是他们父女合作的结晶。雷蕾对《四世同堂》音乐创作和演唱的回忆,可以让我们从一个侧面了解雷振邦及其他老艺术家对优秀艺术的执着追求和奉献精神。

1982 年时,雷振邦一家都在长春。那年,京韵大鼓艺术家骆玉笙在长春演出,雷振邦因身体欠佳而未能亲莅,便让女儿雷蕾带着录音机去现场将骆玉笙的演唱全部录下来给他听。听到骆玉笙的演唱后,雷振邦非常激动,反复听了很多遍,赞叹道:"骆老先生虽已年逾七旬,音色依然还是如此苍润、浑厚、开阔,尤其是骆先生在高音区的表现力度

雷振邦与女儿雷蕾

还是如此之强!"这次并未谋面的"接触",成为成就《四世同堂》主题歌的前缘。

1984 年,《四世同堂》正在紧张地拍摄、制作当中。总导演林汝为请雷振邦担任《四世同堂》的音乐总策划,负责电视剧所有音乐的创作。于是,雷振邦便指导中央歌剧舞剧院的温中甲和刚刚从沈阳音乐学院作曲系毕业的女儿雷蕾一起创作《四世同堂》的音乐。他提出,《四世同堂》是老舍先生的经典作品之一,最好选择最具老北京韵味的曲调,而京韵大鼓的韵律是最接近这一表现形式的。于是他们决定汲取京韵大鼓中的韵律精华作为主题曲的基本曲调。

确定创作思路后,雷蕾很快便完成了主题歌的初稿,并得到了剧组创作人员的首肯。但由谁来演唱呢?经过反复考虑,他们还是决定请一位造诣深厚的京韵大鼓演员来演唱这首主题歌。这时,雷振邦想起骆玉笙此前在长春演出的录音,表示一定要请骆玉笙演唱这首歌。然而,《重整河山待后生》虽然是汲取京韵大鼓的精华而创作的,但作为电视剧主题歌毕竟还是带有流行音的元素,骆玉笙作为年逾古稀、德高望重的艺术家,会不会演唱呢?于是,雷振邦口述,女婿易茗执笔,给骆玉笙写了一封长达千字的信,派雷蕾代自己专程来到天津敦请骆玉笙。

在天津市曲艺团,骆玉笙认真地看完雷振邦的信和《重整河山待后

生》的曲谱后，很爽快地就答应了演唱。录音在北京电影制片厂的录音棚进行，经过短暂的磨合，骆玉笙在管弦乐队的伴奏下，从头至尾一气呵成。乐曲结束后，整个录音棚静寂无声，几十秒后爆发出热烈的掌声。

随着《四世同堂》的播放，骆玉笙演唱的《重整河山待后生》迅速成为家喻户晓的经典歌曲，老先生的出色演绎使更多的人领略了京韵大鼓的艺术魅力。雷蕾说："骆玉笙先生对这首歌曲进行的二度创作不仅完全体现了我当时的创作意图，而且超越了我最初的创作高度，所以这首歌才会如此成功。"后来，骆玉笙演唱的《重整河山待后生》被评选为"建国40周年最令人难忘的歌曲"一等奖，永载史册。

雷蕾与父亲一样走上了音乐创作的道路，并且继承了父亲的敬业精神和艺术追求。2015年年底，根据同名电影改编的歌剧《冰山上的来客》，在北京国家大剧院首演六场。担任歌剧作曲的正是雷蕾，她表示，"传承经典，创作难度比原创歌剧更大"。然而，演出中，每当耳熟能详的歌曲响起，往往出现台上台下千人大合唱的场面，表明了人们对电影、歌剧这两部有着继承性的作品的热爱与肯定。

李志曙
——新中国第一位国际美声唱法获奖者

李志曙（1916～1994），男低音歌唱家、音乐教育家。原名李士强，广西贵港人，壮族。毕业于上海音乐专科学校。曾任上海大中华唱片厂（今中国唱片公司）文艺组副组长，并先后任教于上海音乐专科学校、广西艺术学院、中国音乐学院，还曾任中国音乐家协会常务理事、中国少数民族声乐学会顾问等。他是新中国早期少有的男低音歌唱家，是第一位在国际美声唱法比赛获奖的声乐家。演唱代表作有《老天爷》《我老汉》《正气歌》《嘎达梅林》《天下黄河十八湾》以及《伏尔加船夫曲》等，出版有《广西二重唱民歌30首》《匈牙利民间歌曲选》等。

一、《老天爷》一曲闻名

1916 年 10 月，李志曙出生在广西贵县（今贵港市）龙山区中里乡炉村的一个壮族家庭。李志曙的父母亲都是农民，他自己也从小就放过牛、务过农，断断续续读完了小学。

14 岁时，李志曙考入了贵县初中，族人变卖了村里最大的松树供他读书。从此，他离乡求学，走上了艰辛的人生道路。

1934 年夏，由于中学校长和启蒙老师的帮助，18 岁的李士强改名李志曙，进入桂林的广西师范专科学校学习社会科学，同时兼任仪器

李志曙

管理员，半工半读。不久，师专并入广西大学文法学院，他所在班归入社会学系。那时，出于对民族语言和民间音乐的爱好，李志曙试着写了一篇题为《龙山壮话及其他》的短文，岂料竟在《广西日报》发表了。从此，李志曙对文学艺术特别是歌唱艺术产生了浓厚的兴趣。

抗日战争爆发后，由于当时的广西军阀认为学生思想"赤化"，特令他们提前毕业，集体编入"广西学生军"，边学习边参加抗战宣传。因为这样的机缘，1937 年冬天驻扎武昌，期间，李志曙和同学们聆听过中共领导人周恩来、叶剑英的讲演；1938 年夏，在鄂豫皖边区抗日前线进行抗日宣传工作后调回广西，途经武汉时，李志曙参加了国共合作的"军事委员会政治部第三厅"举办的歌咏干部训练班的学习，而这个厅的领导正是周恩来，郭沫若、田汉、冼星海等都在那里工作。

回到广西后，李志曙开始正式学习歌唱艺术，并参加抗日组织南宁民团干校的工作。在干校开学庆典晚会上，他登台演唱了抗战歌曲《大丹河》。李志曙生平第一次当众演唱，展现出了一定的实力。不久，他所从事的工作由宣传完全转为教唱歌，先后在新成立的广西学生军、桂林中学生集训总队等处担任歌咏指导员。

20 世纪 40 年代初，李志曙转入教育界，担任过桂林中学教员，广西教育厅编审室资料员，桂林职业学校音乐教师，以及唱片播放员等。1944 年湘桂大撤退时，他离开了广西，来到重庆重新求学，并于 1945 年初考入国立音乐学院松林岗分院师范科，主攻声乐艺术，为后来走上职业道路打下了坚实的基础。

李志曙演唱
《国际歌》唱片

1946 年，国立音乐学院松林岗分院迁回上海，改名为上海音乐专科学校。李志曙随分院来到上海，继续完成学业，直至 1948 年夏毕业。学习期间，老师倾心教学，学生刻苦用功，加上天赋的好条件，李志曙很快就显示出了声乐艺术领域的独特才能。当时，作曲系主任谭小麟老师组织师生举办新作品演唱会、民歌改编曲演唱会等，经常邀请李志曙参加，使他得以接触更多的新作品、好作品，《老天爷》《正气歌》《彭浪矶》等，都是在谭老师指导下由他首唱介绍给上海听众的。

《老天爷》是一首明末民歌，内容的批判性十分尖锐。而当时国民党当局挑起全面内战，一方面大举进攻解放区，一方面对蒋管区实施残酷镇压，全国"反饥饿""反内战"运动蓬勃发展。在这种形势下，语言学家赵元任给这首民歌谱了曲。1947 年冬，李志曙在一次大专院校学生的集会上第一次演唱了这首歌曲。由于这首歌词意鲜明、尖锐，去掉通俗、自然，加上李志曙深沉有力的演唱，深得人心。尤其是其中雷鸣一般的怒吼："你不会做天，你不会做天，你塌了吧，你塌了吧！"唱出了亿万百姓反压迫、求解放的心声，引起了很大反响。这首歌，也成为李志曙歌唱生涯中第一首具有代表性的歌曲。

1948 年秋从上海音专毕业后，李志曙到上海震旦附中任教，从此开始了舞台声乐艺术和学校声乐教育的人生之路。

二、《我老汉》声震寰宇

1949 年上海解放后，李志曙调到军管的大中华唱片厂（今中国唱片公司前身），担任文艺组副组长。在唱片公司工作不久，李志曙又调回了上海音专（1956 年更名为上海音乐学院）声乐系任教。

新中国成立之初在上海的十年，是李志曙声乐事业的一个辉煌时期，除教学以外，他不仅频繁举办音乐会、经常出国演唱和比赛，还录制了不少唱片。

1950 年，李志曙参加了在南京举行的华东区全军文艺会演；1951 年，随同中国青年文工团参加在柏林举办的第三届世界青年与学生联欢节，并在访问东德、苏联、波兰、罗马尼亚、捷克斯洛伐克、匈牙利、保加利亚、奥地利等国时演出；1953 年，参加第四届世界青年与学生联欢节（布加勒斯特），同年冬天随中国人民赴朝鲜慰问团慰问演出，并在上海举办了独唱音乐会（与蔡绍序、高芝兰联合演出）；1956 年，随中国音乐家代表团访问芬兰、瑞典，并举行独唱音乐会；1957 年，参加上海音乐学院教师巡回音乐会，在西安、成都等地联合演出。李志曙的歌声传遍了国内外，受到了国内外观众的热烈欢迎。特别是在柏林联欢节的演出，还获得了二等奖，使他成为新中国成立后我国第一位在国际美声唱法比赛中获奖的声乐家。

20 世纪 50 年代，李志曙演唱的曲目，既有中国歌曲，也有外国歌曲，主要曲目如《我老汉》《天下黄河十八湾》《嘎达梅林》《大青松》（歌剧《刘胡兰》选曲）、《秋收》（电影《白毛女》插曲）、《我住长江头》《国际歌》《祖国进行曲》（苏联歌曲）、《娶怎样的新娘》（匈牙利民歌）、《保卫和平》（肖斯塔科维奇曲）等。

《我老汉》是李志曙继《老天爷》之后又一首获得巨大成功的演唱歌曲。这首歌的作曲是司徒汉，完成于解放区，是作曲家带到上海的新作

《我老汉》的作曲者司徒汉

品。歌曲唱的是一位老农在新中国成立后分得土地时的欢乐。作曲家委托李志曙首唱，结果获得好评，李志曙也由此成为上海新音乐舞台上演唱新艺术歌曲的开创者之一。

李志曙这一时期演唱的歌曲，大都录制了唱片。不仅在国内，在参加"布拉格之春音乐会"演出时，《我老汉》还在捷克斯洛伐克被录制成唱片。早期录制的《国际歌》《祖国进行曲》，是新中国成立后最早展示中国男低音歌唱家艺术魅力的音像制品之一，以至1954年苏联艺术家代表团访华，著名男低音歌唱家米哈依洛夫、小提琴演奏家奥伊斯特拉赫、舞蹈艺术家乌兰诺娃等人听到唱片时，仍然为东方有如此优秀的男低音歌唱家而赞叹不已。

三、为民歌竭诚奉献

1958年广西壮族自治区成立后，李志曙回到故乡，在广西艺术学院音乐系任教，先后担任声乐教研组组长、讲师、副教授。在这期间，他不仅为广西乐坛培养出许多优秀歌手，还做了大量的民歌收集、整理、加工、演出、宣传、研究工作，为家乡音乐事业的发展作出了杰出贡献。

广西是壮族"歌仙"刘三姐的故乡，素有"歌海"之称。李志曙热爱民歌艺术，他经常利用寒暑假深入民间采风，或参加民间文艺会演，向民间艺人记录、学唱民歌。他总是不顾冬寒夏暑、道路艰险，冬天身裹棉大衣，夏天头戴蚊帐罩，身背录音机、照相机，深入山乡、田野、工地，锲而不舍地追踪民歌手的足迹，精心记谱，亲口学唱。

对少数民族民歌，李志曙还亲自译词、配歌、编配，把民歌精心加工为教材和音乐会曲目。经他记谱编词或编曲编词的民歌，就有壮族民歌《摇篮曲》《落水天》《不怕风，不怕雨》《红水河有三十三道湾》《天上月亮伴星星》，仡佬族民歌《想北京》，广西客家民歌《走过一山又一山》等。他不仅自己演唱，还用于教学，热情地广为传播。这些歌曲还被录制成唱片出版发行。这些曲目的出版或演出，在广西乃至全国的民族音乐文化建设中，都产生了很好的影响；而李志曙对民歌的热爱与奉献以及忠实严谨的科学态度，也为当地广大音乐工作者树立了榜样。

1958～1962年的4年间，李志曙编辑出版了带钢琴伴奏的《广西壮族民歌十一首》（音乐出版社），汇集了壮、瑶、仫佬、毛南等族多声部民歌精华的《广西二重唱民歌二十九首》（上海文艺出版社，1962；1970年再版时改名为《广西二重唱民歌30首》）。李志曙在20世纪60年代和80年代先后推出的两批曲谱、唱片和音乐会曲目，无论在广西或全国，无论在声乐界或理论界，都具有很高的文献价值和研究价值。此外，他还翻译出版了柯达依的两本《匈牙利民间歌曲选》（上海文艺出社，1953），用以学习借鉴。

"文革"十年中，李志曙经历了人生和艺术的双重考验，他坚持了下来。"文革"之后，李志曙已年逾花甲，但他的声音仍然唱响在舞台和讲坛上。1978年春，他当选为第五届全国人大代表，同年冬晋升为教授。1979年，他当选为中国音乐家协会第三届常务理事（第四届连任）和广西分会副主席。他还是中国文联四、五届委员，中国少数民族文艺基金会理事、中国民族音乐委员会委员、中国少数民族声乐学会顾问等。

1981年，李志曙调任中国音乐学院声乐系教授，直至1988年离休。离休后，他仍然坚持教学和演唱，还坚持进行科研工作，为中国唱片公司、中央人民广播电台、广西人民广播电台录音、制片。此外，他还写了些回忆文字，用自己数十年的心得体会和学术见解，为中国声乐艺术事业不断奉献出自己的光和热。

1994年，李志曙在北京去世，享年78岁。

四、"国内少有的男低音"

李志曙是新中国早期为数不多的才华出众的男低音歌唱家。他的声音宏厚、宽大，低音特低、特浓，高音雄浑、优美，具有出色的艺术表现力。数十年来，经过曲折的探索，逐渐形成了自己独树一帜的演唱风格。

青年时代，李志曙很欣赏自己浓重的低音，甚至认为"意大利学派"追求声音流畅，"德意志学派"追求声音干净、吐词清楚等，都不如自己的声音带劲。后来，受"俄罗斯学派"的影响，追求声音过分的集中和过分的音量，造成吐词不清、声音造作。

演唱《老天爷》，李志曙改变了自己的观念，开始从中国语言和说唱音乐中吸取营养。《老天爷》的旋律带有明显的说唱韵味，内容又富有战斗性，这促使李志曙寻求改变自己的唱法。经过大家的帮助，他的歌唱果

《广西二重唱
民歌 30 首》书影

然出现了意想不到的效果。后来李志曙回忆说：“当年演唱《老天爷》，在声乐观点方面，在政治方面，对我都起了很大的教育作用。”“多次演唱的结果，大大出乎我的意料。当时人民大众憎恨国民党的反动统治，对《老天爷》的演唱反应十分强烈，也认为我唱得很亲切、真挚，激动人心。这是我在唱别的歌曲时所未曾有过的体验。由于我注意了吐词清楚，减少了发声上的桎梏，自己觉得歌曲感情的表达也真实、自然多了。这些体验，对我后来改正自己发声上的一些毛病，具有十分重要的意义。”这个转折，也正是李志曙开始走向成熟的标志。

1962 年，指挥家严良堃观赏了李志曙的一次独唱音乐会，随后他撰文指出：“李志曙的声音饱满、洪亮，就是在高音区也没有负担；在许多男低音歌唱者之中，他有难得的好本钱。而在音乐的表现上，贵在以朴实而激情感动人。形成这些特点的原因，一方面是他本人所具有的气质，更重要的是生活经历以及他对生活的观察。”

对于李志曙的演唱风格，音乐评论家李凌说：“李志曙不是排荡峭刻、剑拔弩张那一类的歌者，他也从来不去有意炫推他特有的优异歌喉，或卖弄技巧。他总是力求使深深埋藏在内心的激情，朴素地充分地放发出来。他的《老天爷》《嘎达梅林》《天下黄河十八湾》以及《伏尔加船夫曲》等艺术作品，是深深地在听众的心里长久回响的。”

思考与总结自己数十年的艺术实践，李志曙认为，建立中国的声乐学派，必须批判地继承传统唱法，灵活地借鉴西洋唱法，积极地发展歌剧与歌曲艺术的表现力。三者缺一不可。他曾说：“中国戏曲方面的声乐艺术是相当成熟的，但歌剧和歌曲的声乐还不能说是很理想的。我个人偏于这样认为：目前，学西洋唱法的，在唱法与教学方面都有些过度照搬，而学传统的则有点保守。可是，中华民族应该有自己风格的声乐艺术。”（给李凌的信）

王 苹
——巾帼导演第一人

王苹（1916～1990），表演艺术家，电影导演。原名王光珍，江苏南京人，回族。1934年毕业于江苏省立南京中学高中师范科。新中国成立后历任东北电影制片厂演员，总政文化部电影处导演，八一电影制片厂导演、副厂长。以清新、细腻、严谨的表演艺术，和朴实自然、含蓄细腻、富有浓郁抒情性的导演风格征服了观众，是新中国第一位女电影导演。表演代表作有话剧《娜拉》《雾重庆》等，电影《无限生涯》等；导演代表作有电影《柳堡的故事》《永不消逝的电波》《槐树庄》《霓虹灯下的哨兵》等，以及音乐舞蹈史诗《东方红》《中国革命之歌》。

一、从秦淮河畔走出的"娜拉"

1916年9月2日，王苹出生在江苏省南京市江宁县的一个回族家庭，是家里最小的孩子。小时候，她虽然在兄弟姐妹中排行第四，乳名却叫"毛五"。

江宁县（今江宁区）位于南京市中南部，风景秀丽，著名的秦淮河就在王苹家的窗下流过。小时候，每当卖汤圆或酒酿的小船划过，她便和姐姐打开窗户，用竹竿把放了钱的篮子递下去，然后再提上来一碗香甜可口的汤圆或酒酿。就这样，在秦淮河水的流淌声中，王苹度过了一个十分快乐的童年。

王 苹

1931年，王苹从初中毕业，考入江苏省立南京中学高中师范科。当时，她的哥哥是中央大学的学生，两个姐姐已经工作，一个是幼儿园的音乐老师，一个是小学的体育教员。受她们的影响，王苹在学校里文艺、体育皆有所长，尤其喜欢戏剧表演。

后来，王苹参加了学校业余剧团的活动，常常演出独幕剧。通过演出，她结识了许多进步青年，其中不乏后来在我国戏剧、电影史上的优秀人物，如瞿白音、张水华、王家乙等。

1934 年，王苹以优异的成绩顺利毕业，被学校推荐到南京市立兴中门小学当教师。工作之余，她背着家里和学校参加了瞿白音组织的"磨风剧社"，并加入了"左翼戏剧家联盟南京分盟"，成为其中唯一的女性成员。

当年年底，磨风剧社决定根据易卜生的名剧《玩偶之家》排演《娜拉》，让王苹出演剧中的女主角。为避人耳目，王苹将自己的原名"王光珍"改成了"王苹"。1935 年元旦，《娜拉》在南京市中心的"陶陶大剧院"公演，王苹因在剧中成功塑造了敢于反抗旧势力的外国女性艺术形象"娜拉"，获得观众一致好评。

公演虽然非常成功，却给王苹带来了接二连三的打击。公演当天，兴中门小学的校长也观看了演出，当他吃惊地发现舞台上的"娜拉"竟是自己学校的老师后，以有伤风化为由立即辞退了王苹。紧接着，南京市教育局也以"一个戏子岂能为人师表"的荒唐通令，切断了王苹在其他学校谋职的路。

王苹被社会逼迫，只好先回到了家里。然而，生性顽固、严守礼教的父亲自觉颜面大失，为了防止王苹再出去"闯祸"，竟将她锁在了小阁楼上。后来，父亲为尽快消除"家门之不幸"，又逼着才 19 岁的王苹嫁给一个商人。

面对社会和家庭的双重打击，王苹并没有屈服。她拼命哭喊，不吃不喝，还用头来撞墙，坚决抗争到底。几天后，消息传到外面，社会各界进步人士纷纷声援王苹，并在各大报纸上展开了"娜拉与妇女自学"的反封建大讨论。王苹被大家的支持所鼓舞，在《新民报》上发表了公开信，向社会宣告自己将加倍坚强起来，永远在戏剧及人生的舞台上学习。

在 1935 年农历新年到来之际，父亲把王苹从小阁楼里放了出来。大年初一，王苹趁着茫茫大雪逃出了家门，在朋友的帮助下前往几十里外的江宁县铜山镇小学教书。

二、时局动荡，辗转演出

1935 年 10 月，王苹经人介绍前往太原，到"西北影业公司"拍摄由宋之的创作的电影《无限生涯》，从此走上电影艺术之路。

影片拍摄期间，王苹还排演了宋之的编写的话剧《谁之罪》。结果，该剧因控诉煤矿资本家的罪恶触怒了当地反动势力，招致停演，电影也终止了拍摄。1936年春节，王苹和宋之的喜结连理，之后，两人一起离开太原，来到了上海。

1936年春，王苹参加了上海"明星影片公司"的电影拍摄工作。之后，她又加入"上海业余剧人协会"和"四十年代剧社"，参加了《生死恋》《大雷雨》《武则天》《太平天国》《田野》《罗密欧与朱丽叶》等多部话剧的演出。

1937年，"七七"事变爆发，为声讨日寇的野蛮行径，王苹参与赶排了《怒吼吧，中国》《保卫卢沟桥》等剧目。随后，她与宋之的参加了"救亡演剧队"，把才6个月大的儿子托付给保姆后，随队赴各地演出。不久，江南大片领土沦陷，王苹的儿子没了下落，直到新中国成立后回去苦苦寻找，也还是杳无音讯。

1938年春，演剧队巡回演出结束。受周恩来的指令，王苹夫妇前往重庆继续开展进步戏剧运动。

1941年1月，国民党反动派制造了"皖南事变"，开始大肆搜捕、迫害共产党人和进步人士。于是，王苹夫妇悄悄离开重庆，去了香港。在那里，他们与司徒慧敏、于伶等人成立了"旅港剧人协会"。其间，王苹演出了《雾重庆》《希特勒的杰作》《北京人》《马门教授》等进步剧目。在演出《雾重庆》时，观众一度达到"人潮如涌、水泄不通"的盛况。

1941年12月8日，太平洋战争爆发，日军占领了香港。王苹抱着一岁多的女儿，扶着重病的丈夫偷渡过海，辗转撤回了重庆。在重庆，王苹参加了"中国艺术剧社"，先后演出了巴金的《家》、老舍的《国家至上》、郭沫若的《信陵君》，以及茅盾的《清明前后》等著名剧目。

王苹在《关不住的春光》中的剧照

抗战胜利后，王苹又回到上海，加入"上海艺术社"，参演了郭沫若的《孔雀胆》、沈浮的《金玉满堂》、阳翰笙的《草莽英雄》等话剧。1946年，她加入"昆仑影业公司"，先后参拍了电影《八千里路云和月》《一江春水向东流》《天堂春梦》《万家灯火》《关不住的春光》《新闻怨》《丽人行》等。

在此期间，宋之的离开上海，去了解放区。为掩护自己和孩子，王苹在报纸上发表了与宋之的离婚的假声明，暗地里承担共产党的地下通讯宣传工作。然而，没过多久，她的活动还是引起了国民党特务的注意。

1948年冬，为免遭迫害，王苹带着一对女儿乔装打扮，穿过国民党的封锁线辗转到了石家庄，并在华北大学三部研究室工作。不久，随东北野战军到达天津的宋之的得到消息，立刻赶至石家庄，一家四口终于团聚。

三、执导电影，开创先河

新中国成立后，王苹加入了中国人民解放军。随后，她被分配到东北电影制片厂担任演员，后又调至中央军委总政治部文化部电影处工作。

1951年春，解放军军事学院要组织一个多兵种协同作战的演习，时任院长的刘伯承指示总政文化部将演习拍成电影，供部队训练和教学参考。于是，文化部将拍摄这部影片的任务交给了王苹。

要拍摄好千军万马的恢宏场面，对从未当过兵、上过战场的王苹来说是一个巨大的挑战，更何况这还是她第一次担任导演。她先是潜心学习了联合作战的指挥艺术和军事常识，之后又在制订拍摄计划时悉心听取了军事顾问的建议。

演习正式开始后，王苹指挥临时抽调来的20支摄影队，在山水河川间追逐记录演习的各个场景，最终圆满地完成了拍摄和制作任务，并将其命名为《河川进攻》。王苹晚年在提及这部"处女作"时，颇为感慨地说："那时我才30多岁，第一炮打响，还受到了表扬，这为我以后当导演树立了信心，奠定了基础。"

1952年，八一电影制片厂成立，王苹在拍摄完另一部军事教育片《祁建华速成识字法》后，被调到了厂里。不久，她导演拍摄了八一电影制片厂的第一部故事片——《冲破黎明前的黑暗》。一般情况下，拍一部影片需要2000多米胶片，由于缺乏经验，王苹一下子用了4万米胶片。面对问题，她向老一辈电影艺术家虚心求教，顺利完成了拍摄工作。

1956年4月的一天，正在外地赶拍影片的王苹突然得知丈夫宋之的病危的消息。当她赶回北京的医院时，宋之的早已停止了呼吸。丈夫的离世给王苹带来了沉重的打击，整整一个月，她要么把自己关在屋里，要么对着墓碑不停诉说。直到有一天，八一电影制片厂厂长陈播一声"你还是不是共产党员"的断喝，才把王苹又拉回了导演的位置。

1957年，王苹完成了她作为导演的成名作《柳堡的故事》。她将自己对江南水乡的情愫以及女性特有的柔情融入影片中，使这部军事题材的故事片印上了鲜明的水乡特色和浓郁的诗情画意。

《柳堡的故事》公映后轰动了全国，插曲《九九艳阳天》更是迅速传遍大江南北，成为家喻户晓的歌曲。评论家认为这部影片"是军事与爱情题材的完美结合，从内容到艺术形式上都做出了突破和创新，显示了王苹作为新中国第一位女电影导演的艺术胆识和追求，同时奠定了她朴实自然、含蓄细腻、富有浓郁抒情性的导演艺术风格"。

之后，王苹又拍摄了一系列优秀故事片，在《永不消逝的电波》《江山多娇》《勐垅沙》《霓虹灯下的哨兵》等影片中大显身手。1963年，她更是凭借电影《槐树庄》荣获第二届"大众电影百花奖"中的"最佳导演奖"。

《柳堡的故事》电影海报

四、为新中国银幕无私奉献

1965年，王苹和李恩杰执导了大型音乐舞蹈史诗《东方红》。参加拍摄的演职人员有3000多人，摄制组分成两部分，在人民大会堂和北京体育学院田径馆来回奔波，十分辛苦。当时，王苹已身患心脏病和高血压，是怀揣天麻粉度过日日夜夜的。拍摄完成后，她还向周总理建议这部影片一律不署个人的名字。

在完成了《东方红》的拍摄工作后，"文革"的风浪席卷而来。在那段黑暗的日子里，她顽强地抵抗住了种种磨难。

1974年，王苹回到北京，在"四人帮"的控制下以顾问的名义拍摄了电影《闪闪的红星》。最终，影片大获成功，可王苹的名字却被禁止出现在职员表中。对此，她毫不在意，从

王苹荣获"最佳导演奖"

未有过一丝抱怨。

王苹与周恩来总理

1976年，王苹将长征组歌《红军不怕远征难》搬上了银幕。之后，她又执导了电影《我们是八路军》。1978年，王苹升任八一电影制片厂的副厂长。

20世纪80年代后，已步入古稀之年的王苹逐渐退居二线。此后，她每天都忙着审查剧本，分镜头，看样片，并参加各种会议和评奖活动。她说："一个共产党员在这种位置上做点工作都是应该的。什么名利呀、地位呀，都是虚的，都要化成一缕青烟，只有给人们留下点什么才好。"

同时，王苹还尽心培养年轻导演，将自己积累的经验毫无保留地进行传授。1982年，八一厂准备拍摄故事片《布谷催春》，王苹手把手地教年轻导演贾士纮拍摄。最终，电影荣获文化部"优秀影片奖"，贾士纮在接受采访时动情地说："这部影片的真正导演是王苹老太太。"

1985年，王苹重操旧业，拍摄了大型音乐舞蹈史诗《中国革命之歌》。第二年，《中国革命之歌》荣获电影"金鸡奖"特别奖。

1988年，《霓虹灯下的哨兵》拍摄续集，王苹应邀去拍两场戏。当时，她的心脏已经出现了"房颤"，医生严肃地告诉她："上海坚决不能去，路上出了事，谁负责？"然而，王苹却说："不能让摄制组等我，耽误一天，摄制组要花多少钱？"第二天，她不顾医生的百般劝阻，坚持去了上海。

1990年12月1日，王苹因病在北京与世长辞，享年74岁。在12月28日举行的遗体告别仪式上，她被追授中国人民解放军二级红星功勋荣誉勋章。

几十年来，王苹把自己的满腔热情全部奉献给了表演艺术事业。这位从秦淮河畔毅然走出的"娜拉"，这位不屈不挠地奋斗在革命道路上的影剧演员和电影导演，把自己的辉煌成就都留给了银幕，印在了人们的心中。

侯宝林

——享誉世界的"东方平民喜神"

侯宝林（1917～1993），相声表演艺术家。天津人，满族。1929年开始演艺生涯，1937年正式登台表演。历任北京市曲艺工作团团长、中央广播文工团说唱团团长，北京大学等校客座教授。终生致力于相声艺术，表演风格清新洒脱，创作内容紧贴生活，理论研究全面细致。表演代表作有《戏剧杂谈》《改行》《关公战秦琼》《婚姻与迷信》《夜行记》等，还曾参与电影《方珍珠》《游园惊梦》的拍摄。有作品集《再生集》《侯宝林自选相声集》，学术著作《曲艺概论》《相声溯源》（均合著）以及《侯宝林自传》等。

一、谋生走上学戏路

1917年11月29日，侯宝林出生在天津的一户满族人家。4岁时，由于家境贫困，舅舅把他送到了北京地安门外一户姓侯的人家。

侯宝林的养父是警官学校庶务课的课员，后来不幸失业，到载涛的贝勒府当了一名厨师。但没过多久，他再次失业，一家人的生活因此变得拮据起来。为了维持生计，侯宝林只念了3个月的书，就辍学开始帮家里赚钱。他捡过煤核，卖过冰核和报纸，还做了一些小生意，最后却因经验不足折了本，只好到处要饭。

在那段日子里，侯宝林虽然吃尽了苦头，心态却依旧乐观。他常常忙里偷闲，或是听街

侯宝林

边盖房的人家唱"夯歌"，或是瞧冥衣铺里的纸人、纸马，或是看进出茶馆的形形色色的人。这些都在他的童年生活里留下了深刻的印象。

1929年，为给侯宝林寻一条生路，养父把他送到了街坊颜泽甫门下学

唱京剧，并立下一纸三年半的契约。那时，侯宝林天一亮就起床帮师傅家里干活，然后到天坛西北角喊嗓子，等师傅起床了就开始学戏。其间，他挨过不少打，总是忍饥挨饿，却咬牙坚持了下来。

侯宝林学戏很有天赋，不到3个月就开始在天桥的"平地茶园"登台演出，唱《落马湖》《萧何月下追韩信》等戏，还常常帮着拉胡琴、打锣，从中午一直唱到傍晚。吃过晚饭后，他又跟着师傅和师兄到各娱乐场所卖唱，直至深夜。当时，侯宝林没钱置办唱戏的行头，就学别人的样子用烟卷盒糊帽子，用染红了的面口袋缝戏装，就这样一连唱了近三年。

侯宝林和搭档
郭启儒在演出

1932年秋天，颜泽甫准备去太原，侯宝林学徒期未满便被打发回了家。由于师傅平日里把赚的钱都攒了下来，因此侯宝林到最后分文未得，回到家时，只有身上穿的一身裤褂、一件蓝布大褂、一双鞋、一双袜子。即便如此，他对师傅仍心怀感恩之心："应该感谢我的老师，是他把我带进了艺人圈儿。他教会了我做街头艺人，在学习方面给我打下了良好的基础，这对我以后改行表演相声有很大好处。"

二、转益多师说相声

过去艺人学艺，大多是师徒相承，拜师学艺是艺人成长中大多要经历的。侯宝林的艺术道路始于戏剧，并曾正式拜师；而他首次登台说相声，却是出于偶然的机会，后来才专门拜师学艺的。

被师傅送回家后，侯宝林依旧关注戏剧。一次，他去鼓楼市场看戏，当时演员正准备唱《捉放曹》，可打大锣的人却不见了，于是，他自告奋勇帮忙打起了大锣，从而被班主相中，留在戏班打锣、唱戏。其间，他新学了几十出戏，京剧行当样样都会，受到大家的称赞。

有一天，侯宝林结束演出之后到别的场子去听相声，见台上就一个演员，于是便帮忙说了一段《杂学》（后称《戏剧杂谈》）。虽然他从没有正式学过相声，却把这个段子圆满地说了下来。

这次偶然的补台圆满成功，可谓无师自通，也开启了侯宝林的相声艺术生涯。其实，传统戏曲曲艺原本就有许多相通之处，再加上侯宝林十分好学，"无师自通"也就是"转益多师"了。在相声艺术界，侯宝林的"学"，门类繁多，而且惟妙惟肖，这正源于他的"转益多师为我师"。

一年后，侯宝林离开鼓楼市场，开始到西单商场、东安市场、隆福寺、白塔寺等地搭班撂地唱戏、说相声，此时，相声已然成为他演出的重要门类。

1937年，侯宝林拜朱阔泉为师，开始正式登台表演相声。当时，他主要在西单商场的相声场子演出，逐渐有了一些名气。

后来，侯宝林在朱阔泉的介绍下到了沈阳，在"万泉"和"公余"两家茶社演出。为了能多赚些钱，他还经常到北市场的相声场子演出。3个月后，由于当地汉奸特务横行，还打死了一名艺人，侯宝林连行李都没拿就逃回了北平。

侯宝林和"五档相声"
之一的马三立

回北平后，侯宝林生了一场大病，等病情稍微有所好转，就又到西单商场继续说相声。其间，他没少受气，可为了讨生活，只能忍气吞声坚持扛下去。

三、开创相声"攒底"先河

1940年6月，侯宝林应邀来到天津，在"燕乐戏院"演出，为他捧哏的是郭启儒。演出的第一天，两人日场以《空城计》、夜场以《改行》打头炮，博得满堂彩："头天登台，我拿的这两个节目，都是经过修改的，和旧节目不同，我一拿出去，观众一叫'好'，又赶上电台实况转播，这头一炮就打响了。"除了在燕乐戏院说相声，侯宝林还到"小梨园"演出过一段时间，后来又被调到了"大观园"。

那时，相声演员的地位很低，只能演"末二"（倒数第二个节目），而"攒底"（也叫"大轴"，即压轴戏）的节目一般都是京韵大鼓。不仅如此，两者的酬劳也相差甚远，"末二"每月只挣200元左右，挣来的钱刚够吃饭，连做一件像样的演出服都很吃力，可"攒底"却能挣到600元

毛主席会见侯宝林（左三）
等曲艺界人士

上下。

侯宝林在"大观园"演出期间，负责"攒底"的京韵大鼓演员林红玉年事已高，每次演出还未过半观众就已经走了不少。无奈之下，在戏园管事的王十二只好叫来侯宝林商量，让他辞掉其他地方的演出，专门在"大观园"负责用相声"攒底"，但薪酬只加 100 元。侯宝林听后十分不满，据理力争。王十二起初并不买账，甚至开口骂道："说相声的要比唱京韵大鼓的挣得多？这简直是欺师灭祖！"无奈巧妇难为无米之炊，而侯宝林是"攒底"的最佳人选，他最后只好答应了侯宝林的要求。

几天后，侯宝林的"攒底"演出轰动了整个天津，其他戏园也纷纷效仿，让相声演员攒起了底。侯宝林通过努力，开相声节目"攒底"的先河，还为相声演员争取到了与其他演员一样的公正待遇，这在相声史上是史无前例的。因此，张寿臣等老一代相声演员都称赞他说："侯宝林对相声有功。"

侯宝林在京郊演出受到群众欢迎

后来，除了在戏园"攒底"，侯宝林还受邀到各大电台演出，并演过一段时间的话剧。曾有报纸称赞他是"后起之秀中最能叫座者……嗓音嘹亮，唱功为相声行第一人，学名伶皮黄最为神似，歌曲亦为拿手，学话剧对白必得满场彩声。头脑亦较他人新颖，每有新词句加入逗笑之中。精神力气，亦甚充沛"。当时，大家把侯宝林和张寿臣、常宝堃、戴少甫、马三立并称为天津有名的"五档相声"。

在天津，侯宝林一待就是 5 年："天津这 5 年，是我艺术上逐渐成长的过程。在北平，我只是个普通演员，来到天津，我才有了名气……我这个演员，就是在天津崭露头角的。"

1945 年 7 月，侯宝林回到北平，在"上海游艺社"演出，轰动了整个北平。这次演出是临时帮忙，1个月后，侯宝林准备返回天津，可"上海游艺社"硬把他留了下来。于是，侯宝林从此在北平扎下了根。

在"上海游艺社"演出一段时间后，侯宝林又先后辗转到"昇平游艺社""世界游艺社"演出，最后在"西单游艺社"落脚。当时，为了能多赚些钱，他一边说相声一边办起了广告社，还卖过药。到年关时，听相声的人逐渐变少，他就开始演反串戏，唱《捉放宿店》《四郎探母》《御碑亭》《审头刺汤》《玉堂春》等。

四、成为新中国的"文艺工作者"

旧中国的艺人，社会地位极为低下，生活也难以保障。进入新社会，艺人不仅生活有了保障，社会地位也提高了，而且承担了新的使命。从此，侯宝林也结束了20年的卖艺生涯，生活翻开了崭新的一页，成为新中国的"文艺工作者"。

早在北平和平解放不久，侯宝林就曾在东交民巷的一个大院里给中共中央领导演出。当时，他说了一段《戏剧杂谈》，毛泽东主席听后连连称赞。回到家后，侯宝林激动得彻夜未眠，他深切地感受到："我们艺人的政治地位改变了，我们和其他人一样，我们翻身当家做了主人。"

1949年底，侯宝林配合《婚姻法》的宣传创作了相声《婚姻与迷信》。不久，他又配合取缔"反动会道门"编写了《一贯道》，其中"买佛龛"的故事还发展成了单独小段，受到大家的好评。

《再生集》书影

在旧社会，相声艺人为博人一笑，常常拿自己、搭档以至双方亲属"开涮"，甚至表演格调低下的"荤相声"。这显然与新的时代精神不合拍。1950年1月，为了改进相声，净化相声的内容和语言，侯宝林和孙玉奎、罗荣寿等人成立了"北京相声改进小组"。老舍专门为改进小组编创了20多段相声，并撰文发表在《北京相声改进小组特刊》上，赞扬了侯宝林等人改革相声的举措。在老舍的带动下，许多业余作者也争相为改进小组创作新段子，《夜行记》《打百分》等脍炙人口的段子，都是业余作者写出来的。

带着大家写的新段子，改进小组在"长安戏院"和"吉祥戏院"举办了四场相声大会，每场都座无虚席。从此，新相声打开了局面，很多晚会都纷纷邀请改进小组说新段子。后来，侯宝林又建立了"新华游艺社"，把京城的相声艺人都团结在一起，并培养了一批年轻演员。

1951年末，相声改进小组和另一个曲艺团合并，成立了"北京市曲艺工作团"，侯宝林担任团长。1955年春，侯宝林加入中央广播文工团说唱团，后来一直在这里工作，还担任过团长。

侯宝林的表演总是惟妙惟肖

作为新中国的文艺工作者，侯宝林时刻不忘为工农兵服务。1951年3月，侯宝林参加赴朝慰问团的"曲艺服务大队"，赴朝鲜慰问志愿军。那段日子里，他白天和大家一起找地方暂住，夜里则开始行军演出，每到一处都受到大家的热烈欢迎。1954年，侯宝林赴西藏进行慰问演出。1964年，侯宝林随团到京郊密云县河南寨村劳动锻炼。在乡下，他从不以名角自居，抢着干农活，还拿钱给穷苦人家的孩子看病，闲下来的时候，就给大家说上一段相声，深受村民的爱戴。

在中央广播文工团说唱团，侯宝林的演出任务十分繁重，平均一年就要演出240场左右。为了让更多的观众听到相声，他乐此不疲，从不畏难。1962年，侯宝林随说唱团去外地演出。启程之前，医院突然打来电话，告诉他8岁的小女儿不幸夭折。当时，大家都劝侯宝林延后出发，可他却毅然登上火车，将失去爱女的悲痛埋在心底，为观众送去了精彩的相声表演。

五、把欢笑带给观众，留在人间

"文革"开始后，侯宝林被剥夺演出权利，下放到"五七干校"接受劳动改造。热爱侯宝林的观众看不到他的演出，就自发地编了许多笑话，其中一则是这样说的：一次，造反派批斗侯宝林，让他跪着，可他却趴下了。造反派问："你为什么趴下？"侯宝林说："斗跪下不彻底，斗趴下了才彻底！"造反派听了哈哈大笑："你起来吧，别趴着啦。"在那段日子里，大家就是以这种特殊的方式来表达不希望侯宝林受批斗的强烈愿望的。

"文革"后期，侯宝林离开"五七干校"，到大庆油田、登莱海角，以及珍宝岛和兴凯湖体验生活，还去医院观察了针刺麻醉的临床手术。当时还不能演出，于是他就把一路上的所见所闻都编写成了相声段子，以备日后演出。后来，他将这些作品结集出版，取名为《再生集》（山西人民出版社，1978）。

电影《游园惊梦》演员合影（于世猷、赵连甲、刘宝瑞、侯宝林、马季、郭全宝、张英）

1976年，侯宝林重回阔别10年的舞台，艺术生命得到复苏。当年，他到黑龙江生产建设兵团演出，不顾-30℃的低温，硬是把舞台从600人的小礼堂搬到了室外进行露天演出，场面十分动人。

1979年，侯宝林拍摄了纪录片《笑》。同年，他赴云南慰问演出，不料喉管破裂，声带出血。回北京后，侯宝林退出相声舞台，在家中静养。

1982年4月，侯宝林病后复出，随中国广播艺术说唱团到香港演出。在记者招待会上，有人问他："我们怎么用英文来解释相声？"侯宝林答道："有声的漫画。"记者又追问："那怎么解释漫画呢？"侯宝林不假思索地答道："无声的相声。"话音刚落，台下便响起了热烈的掌声。

也就在这一年，《侯宝林自传》由黑龙江人民出版社出版。在书中，侯宝林回顾了自己几十年的演艺生涯，并总结了自己相声表演、创作和研究的历程。

1990年，为帮助亚运会集资，73岁高龄的侯宝林赴各地进行了巡回演出。之后，他将自己1万元的收入全部捐给了组委会。

巡演结束后，侯宝林得了胃癌，做了胃全切手术，从此久卧病榻。其间，

侯宝林和搭档在创作相声段子

他通过《北京晚报》致信观众："观众是我的恩人、衣食父母，是我的老师，我总觉得再说几十年相声也报答不了养我、爱我、帮我的观众。现在我难以了却这个心愿了，我衷心希望我所酷爱、视为生命的相声艺术发扬光大，希望有更多的侯宝林献给人民更多的欢乐。我一生都是把欢笑带给观众，如果有一天我不得不永别观众，我也会微笑而去。"

1993 年 2 月 4 日，侯宝林在北京去世，享年 76 岁。两天后，有关部门在北京举行了"相声艺术大师侯宝林从艺 65 周年研讨会"。会上，大家总结了侯宝林对相声表演事业作出的贡献，对他在 65 年艺术生涯中取得的成就和高尚的艺德表达了敬佩之情。

2008 年 5 月，有关单位在北京举行了"纪念侯宝林大师 90 周年诞辰艺术研讨暨新书出版座谈会"，纪念和缅怀了这位深受人民爱戴的艺术家。

六、谁好学谁，总不知足

侯宝林是当之无愧的相声艺术大师，在表演、创作乃至研究几个方面，均取得了杰出成就，成为中国曲艺事业的一座高峰。

几十年来，侯宝林始终抱着"学到知羞处，方知艺不高"的谦虚态度，不断提高自己的水平。他对相声表演艺术的钻研有两大特点：谁好学谁，总不知足。

侯宝林在专心研究相声理论

《卖布头》之类的老段子，侯宝林从小就说，效果已经相当不错，可他总觉得"不够尺寸"。别的演员在表演，他总是边听边琢磨，见好就学，不断提高自己。

相声表演讲究"说、学、逗、唱"，侯宝林的这四点都十分全面。他的唱功突出，尤其是京剧，马连良、周信芳、梅兰芳……学谁像谁，连这些京剧大师自己也点头称赞。侯宝林不但会唱京剧，也能学各种鼓曲，甚至可以把其中的不同流派模仿得惟妙惟肖。此外，他还能唱太平歌词、河南坠子等。有人曾这样评价："侯宝林对国剧中生旦净丑，南昆、北弋、东柳、西梆，及各地杂曲，无所不工、无所不肖。"

相声原本是京津一带的地方艺术，以往相声学唱，从来没有人学过南方戏。1952 年，侯宝林应上海"北方曲艺团"之约，赴上海演出了近半年的时间。一开始，来听相声的大多都是北方观众，于是侯宝林灵机一动，把多年前曾经学过的越剧唱腔运用到相声表演之中，成功吸引了大批南方观众。

曲艺理论家薛宝琨也曾称侯宝林的相声"寓庄于谐、意高味浓，密切交流、默契共鸣，惟妙惟肖、神形兼备，本色自然、夸而不诬，留有余地、恰到好处，俗中见雅、雅俗共赏"。而观众则称侯宝林为"东方平民喜神"。

此外，侯宝林还参加了一些电影的拍摄，在其中扮演相声演员等角色。1951 年秋，应上海大光明电影制片厂邀请，侯宝林参加了电影《方珍珠》的拍摄，扮演相声演员"白二立"一角。1954 年，他又参与了北京电影制片厂喜剧片《游园惊梦》的拍摄。

七、兼收并蓄，编创作品

侯宝林几乎没有接受过正式的学校教育，但谁都不能否认他出色的文化素养，他自己编写相声作品就是突出体现。

侯宝林的文化知识，几乎都是自学得来的。他从小就十分好学，尽可能利用一切场合识字学文化。墙上贴着的戏报、电线杆上的"招租启事"以及其他各种广告，都曾是侯宝林的"识字课本"。字认得多了一些之后，他又开始看小报。后来，他渐渐地能阅读各类书籍，并从中汲取艺术营养、搜集创作材料。

早先时候，为了识字，侯宝林逢人便请教："师哥，请教个字……噢，怎么讲啊……搁在这句话里的意思是……"即便成名之后，他也保持着这股打破砂锅问到底的认真劲头。同行劝他：看个大概就行了，何必较真；成了名，就得端着点儿，否则叫人瞧不起。可侯宝林却说："认字少了才求师呢！我呀，可不想当那个看告示的！"——相声《看告示》，说的正是一个人假装识字闹出的笑话。

在打下良好的文化基础和储备丰富的创作素材之后，在老舍、罗常培、吴晓铃等人的支持、帮助下，侯宝林开始自己编创相声，推出了一系列新相声：宣传婚姻法的《婚姻与迷信》，揭露敌人内幕的《一贯道》，反映抗美援朝的《俘虏营》《狗腿子李承晚》，批评不良风气的《百分迷》《妙手成患》，歌颂劳动模范的《种子迷》，等等。这些新相声的诞生，为相声艺术开辟广阔前途。

《相声溯源》书影

侯宝林善于从各方面取材，寻找灵感，丰富创作。明代笑话书《笑赞》《博笑珠玑》和《谑浪》，阿里斯托芬、莫里哀、卓别林、莎士比亚、高尔基、契诃夫、马克·吐温等国外作家的喜剧和讽刺文学作品，都是他搜集材料、寻找灵感的宝库。他曾说："相声演员应兼收并蓄中外各种知识，才能丰富我们的相声艺术。"

在创作故事性的相声段子时，侯宝林在人物形象的塑造上煞费苦心。他深入生活，仔细观察生活中形形色色的人物，将他们写入相声当中。他说："是人民群众的活动丰富了我的写作和表演，也可以说，我的相声是人民创作的文学——民间文学。"

有人曾把侯宝林表演和创作的相声分为三类："第一类，直刺时弊，寓教于讽。如《夜行记》《服务态度》《歪批三国》《妙手成患》《阴阳五行》《相面》《离婚前奏曲》等，这些作品意含讽刺，用以匡正。第二类，斥旧颂今。如《买佛龛》《改行》《关公战秦琼》《卖包子》等，这些作品寓教于无形。第三类，反映民族文化。如《猜谜》《戏剧杂谈》《卖布头》《醉酒》《戏迷》《北京话》《戏剧与方言》《串调》等，这些作品以深邃的见地、精湛的语言与技艺，于不言之中使人认识民族，认识自己。"

八、相声研究，独树一帜

在长期艺术实践的基础上，侯宝林开始上升到学术层面，对相声艺术进行总结概括。

早在 1953 年，侯宝林就开始从事对相声的学术研究工作，他认为："相声缺乏理论指导是致命的弱点，是今后发展的巨大障碍。"当年，他先后发表了《谈相声的结构》《谈相声的语言》《谈相声的表演》三篇论文。后来，这三篇文章收入《相声论丛》一书，成为人们了解相声知识的读物。

1957 年，侯宝林受邀到无锡师范学院讲课。在课堂上，他根据自己之前的研究，为学生们讲授了相声的结构、语言和表演等知识。后来，请侯宝林讲课的学校越来越多，他先后到厦门大学、中央戏剧学院等高校讲课，并受聘成为北京大学和辽宁大学的客座教授，让更多学生领略了相声艺术的独特风采。

20世纪80年代退出相声舞台后，侯宝林几乎将全部经历都集中在了相声的学术研究上。1980年，他与汪景寿合写了《曲艺概论》（北京大学出版社）。1982年，他又与薛宝琨、汪景寿、李万鹏合著了《相声溯源》（人民文学出版社）。

《相声溯源》出版后，在文艺界引起了不小轰动。此前，相声界普遍认为张三禄是相声的第一代演员，其艺术活动主要集中在清咸丰、同治年间，后来又培养了朱绍文（艺名"穷不怕"）等第二代相声演员。侯宝林从清朝初年的"子弟书"中找到蛛丝马迹，继而顺藤摸瓜，将相声艺术回溯到了明末清初。后来，侯宝林又找到一幅名叫《眼药酸》的画。《眼药酸》是宋代杂剧，这幅画是这一杂剧的宣传画，描绘卖眼药的商人向眼疾患者兜售眼药酸的情景。其中眼疾患者肩上扛的东西，侯宝林认为正是早期相声演员惯用的道具"叩瓜"。于是，根据这一线索，侯宝林又将相声追溯到了宋代。直至今天，这本书仍被认为是探讨相声源流最全面、最权威的著作，对相声艺术史的研究有着重要意义。

侯宝林曾说："我爱'笑的艺术'简直到了'迷症'的程度，为了'笑'我愿奋斗一生。"这句话正是他一生的传神写照。如今，侯宝林的相声依然深受广大听众的喜爱，成为屹立在相声舞台上的不朽经典。

李德伦
——"他把一生托付给了音乐"

李德伦（1917~2001），指挥家，国家一级指挥。出生于北京，祖籍河北丰润，回族。曾在辅仁大学历史系学习，毕业于国立上海音专。历任中央乐团艺术指导、常任指挥，北京交响乐团、中国交响乐团顾问，中国音乐家协会副主席等职。一生主要从事指挥艺术，指挥首演多部中国音乐家的交响音乐作品，以及世界经典交响乐作品，并与多国交响乐团和多位世界级演奏家合作。此外，在推动各地音乐团体建立和音乐设施兴建、培养指挥人才以及推广普及交响乐方面，均作出了突出贡献。有"中国交响乐之父"之誉。

一、从少爷到革命者

李德伦

1917 年 6 月 6 日，李德伦出生在北京前门外的鹞儿胡同。李家是一个有钱有势的回族家族，祖籍在河北丰润。

李德伦父辈的兄弟三人，均是当时说得上显赫的人物。大伯父是个军阀，后来当了汉奸，曾帮助日本人转移末代皇帝溥仪。二伯父是冀东有名的大地主，人称"李二大人"。李德伦的父亲李宏春行三，少年时曾在外读书，后来在北京做官。他喜欢京剧，与京剧名角余叔岩、马连良、杨小楼、李少春都有交往，有的关系还非同一般。

李德伦的儿童时代是在北京度过的，由于优裕的家庭环境，他从小就受到了良好的教育。尤其是母亲擅长弹钢琴，李德伦的音乐艺术启蒙就源自母亲。

1923 年，李德伦随父母从北京回到故乡河北丰润县，进入小学五年级插班。这位大家族的子弟，被当地人称为"五少爷"。不过，这位少爷没有成为浪荡子弟，否则可能也不会有后来的指挥大师。

1930 年，李德伦考上了辅仁大学附属中学。中学读书期间，李德伦兴趣广泛，文学、美术、音乐，都有所涉猎。他钟情读书，尤其是文学名著，托尔斯泰、巴尔扎克、雨果的作品，鲁迅的文章，都是他的最爱。由此，他养成了受益一生的读书习惯。他还参加了美术小组，不停地写生作画，显示出了美术方面的才能。

自然，作为后来的杰出音乐家，李德伦在音乐领域的痴迷和投入，更是让人印象深刻。与父亲不同的是，他喜欢西洋音乐，尤其喜欢听贝多芬和柴可夫斯基的交响乐。当时北平帅府园附近有一个专为洋人办的"燕声"电台，每天播放几小时的西洋古典音乐，星期六晚上播放一部歌剧。李德伦听得上瘾，从不间断。此外，只要有外国音乐家的演出，他总要去看。观看音乐演出，使他不得不逃学，也使他对音乐指挥产生了浓厚兴趣。

在上海音乐专科学校
学大提琴时的李德伦

与此同时，中学时期的李德伦还是一位积极的学生运动参与者。当时社会的混乱不堪，百姓的颠沛流离，街头的饿殍乞丐，都给了他很大触动。这一切，都使他脱离了家庭原本的成长轨迹。1935 年 12 月，他参加了"一二·九"运动。12 月 16 日，他曾与同学们一起冲击警察的封锁线，并因此受了伤。1936 年春天，李德伦参加了中华民族解放先锋队。同年春天，他加入了中国共产党，成为党的地下工作者。

二、"孤岛"艺术生涯

1938 年，李德伦考入辅仁大学历史系。少年时代的李德伦学习过钢琴和小提琴，因此在辅仁读书期间，他曾参与师生组成的管弦乐团，并参加演奏。不过，读历史显然不是李德伦的追求，因此读了两年之后，他中止了在辅仁大学的学业，决定到上海进萧友梅主持的国立上海音乐专科学校（今上海音乐学院）读书。

到了上海，李德伦选择学习大提琴。他拉了一段《希伯来旋律》，顺利通过了入学考试，进入上海音专的管弦乐系。在上海音专，李德伦先后师从舍夫佐夫（I. Shevtzov）及杜克生（R. Duckson）学习大提琴，师从弗兰克尔（W. Frankel）学习音乐理论。李德伦学习十分用功，学校的各级课程，他都是提前完成的。此外，他还学习了作曲。这期间，李德伦保持了中学期间听音乐会的习惯，上海租界工部局乐队的音乐会，他几乎场场必到，有时还带着总谱去听排练，回学校后躺在床上背谱。

在上海音专读书期间，李德伦还参与了一些演出活动。他和同学组建了"中国青年交响团"，自己拉大提琴，韩中杰吹长笛，马思聪拉小提琴。对此，李德伦曾说："我们演奏古典音乐进行爱国主义宣传。"此外，他还指挥过话剧配音乐队。

1943年，由于家庭经济情况发生变化，经济来源断绝，李德伦不得不每天用三四个小时打工糊口。这以后，他的艺术活动不仅限于音乐，而且延伸到了戏剧领域，甚至还扮演过角色。由于"孤岛"时期外国电影进不到上海，国产电影数量不多，话剧很是走红，一出戏往往能演一两个月。为话剧做配音，给李德伦提供了谋生的机会。

李德伦一家1949年的合影

李德伦参与的第一个话剧配音是《杨贵妃》，由费穆组建的上海艺术剧团演出。扮演唐明皇的是刘琼，李德伦则在乐池正中担任大提琴手。戏演到唐明皇在马嵬坡的破庙中饥肠辘辘，太监送上一块面包，皇帝见是黑面包，大喝一声"这怎么能吃"，然后随手一扔。有一次演出，这一扔恰好扔在李德伦的谱架上，他见面包从天而降，喜出望外，赶忙捡进背包里。第二天，他叮嘱刘琼以后每次演出时，都要使劲对准他扔……

后来，李德伦又在黄佐临主持的"苦干剧团"配音。这个剧团有黄宗英、黄宗江、孙道临等人，大家相处融洽，有钱一起用，没钱一起饿肚皮，他们戏称这段日子是"波西米亚人的生活"。在这种气氛中，本来在台下的李德伦，有时候也便粉墨登台，在剧中扮演一些小角色，而且不无"彩头"。比如，在《梁上君子》中，李德伦扮演巡长，而这位巡长向律师夫人送冰淇淋献殷勤的戏，李德伦上场前总是把冰淇淋吃掉半拉，把剩下完整的半面面向观众，这种淘气行为令台上演员忍俊不禁。在《牛郎织女》中，他扮演"老牛"，先是在台上驮着牛郎一步步穿过舞台，一进后台就立刻把道具撂在一旁，然后快步走进乐池指挥演奏，一会儿又重新上台再扮"老牛"。在《林冲》中，他扮演杀手薛霸，当他向林冲喝道"阎王叫你三更死"时，要解腰带，却将怀中一大本美女封面的《万象》杂志撒落台口，引得哄堂大笑。

李德伦由演奏员而成指挥，其实缘于一个偶然的机会。那是1943年夏天，剧团乐队指挥患病遽然离世，一时又请不到人，李德伦便自告奋勇，当了指挥。那天演出的是《福尔摩斯》，乐曲基本选用世界名曲，如《天方夜谭》《威廉退尔序曲》之类。演奏员大都是从工部局乐队请来的，好手云集，首席小提琴是苏联人费德龙，还有马思宏、陈传熙、司徒海城兄弟。由于深厚的音乐素养和丰富的演出经验，初执指挥棒的李德伦颇为顺利，一举成功。在《福尔摩斯》之后，李德伦又指挥了《梁上君子》《乱世英雄》《麦克白斯》《钦差大臣》《机器人》等剧。不过，父亲到上海探望儿子，有一次去看话剧，那天正好是李德伦指挥乐队。谁知父亲看过戏后的反应是：没有你不也行吗？50年后，高莽给李德伦画了一幅漫画像，李德伦在画上题道："行家大师们云，夫指挥者，以不妨碍乐手们的演奏为首要任务。可见余当时已得指挥术之三昧矣。"

三、土八路出了洋乐团

1946年，李德伦进入上海广播电台工作，担任音乐编辑。不久之后，他来到延安，开始了新的生活。

从上海音专毕业不久，李德伦取得了与组织的联系，并恢复了党籍。然而，由于有关自传材料不慎遗失，可能遭到国民党当局迫害，李德伦向组织汇报了情况。党组织同意他迅速转移到香港，但李德伦则希望去延安。正在上海工作的周恩来同意了李德伦的请求，于是1946年11月，李德伦搭乘美国"军调处"的最后一班飞机飞抵延安。

在上海音专读书时，李德伦结识了李珏。这位姑娘比李德伦小6岁，却在高一级读小提琴专业。李珏的父亲是当时很有名的永利公司驻上海的总经理，因而李珏从小就有学习西洋音乐的良好条件。而且她思想进步，

李德伦留学苏联

有强烈的爱国热情。她被同学们推举为学生会主席，领导同学开展学生运动。有一次驱逐汉奸校长，当局查不出幕后指使人，就把李珏开除了。那段时间，李德伦常去她家看她，尽管李珏的父母反对她们来往，但他们却逐渐心心相印，走到了一起。

李德伦去延安时，李珏当时还有些顾虑，但表示一定会去延安找他。在李德伦到延安几个月后，李珏在周恩来的直接关怀下，随中共代表团最后一批工作人员撤离南京，到了延安。临走时，李珏给父母留下一封信，说："爸爸、妈妈，上海太黑暗了，我要去的地方是一个无比光明的世界。我走了，你们别为我担心……"1947 年 7 月 1 日，李德伦与李珏在延安结婚。

当后来有人问到怎样喜欢上李德伦的，李珏说："在当时的情况下，我喜欢李德伦是极其自然的。他热情、大方，又博学，语言表达也不错，业务也优秀，所以我们很自然地走到了一起，他给我借过书，托尔斯泰……""李德伦人特别好，许多人都喜欢他，愿意和他交往。"

就在李德伦到延安之前的那个夏天，中共中央决定组建自己的管弦乐团——中央管弦乐团。当时延安物资缺乏，乐器大多是从上海、北京筹集的，大致凑齐了乐团的配置；而乐团的成员，有许多则是没有什么音乐基础的战士。

乐团成立后，贺绿汀担任团长，李德伦担任指挥和教员——在当时的延安，李德伦几乎是唯一学习过西洋音乐，又能对乐团进行训练的人。李德伦因陋就简，边学边教，差不多成了个"万能教员"。而这段经历，对他后来的指挥生涯不无裨益，甚至可以说大有裨益——熟悉了各种乐器，察知了训练与指挥可能出现的种种问题。

延安的这支管弦乐团，在贺绿汀、李德伦等音乐家的精心培育之下，逐渐有了很大进步。民族交响乐曲、民族歌剧音乐、各类西洋乐曲，乐团的演绎逐渐游刃有余。那时，李德伦指挥的作品有贺绿汀的《森吉德玛》《晚会》，莫扎特的《小夜曲》等中外名曲，还指挥了歌剧《兰花花》的首演。

北平和平解放前夕，延安的交响乐队先是到了华北的石家庄，然后开进了北平的郊区。清华大学成了这些音乐家在北平的第一个落脚点，在那里，他们为清华师生举办了音乐晚会。当清华的教授和学子怀揣疑窦听到李德伦指挥的莫扎特《小夜曲》时，他们惊呆了，觉得颇有些不可思议："国民党在这里许多年，始终没建立起一支像样的乐团，而土八路里居然产生了洋乐队！"对此，李德伦后来曾谈道："在第一次联欢晚会结束之后，我们就扭转了清华人的印象。"

李德伦指挥中央乐团
合唱团演出《沙家浜》

四、在风雨如磐的日子里

新中国成立之初，李德伦任中央歌剧院指挥；1957 年起，任中央乐团交响乐队指挥。就任职经历而言，之前 30 年，说不上复杂；但就人生经历和艺术沉浮而言，却算得上是起伏跌宕、蔚为大观了。

在中央歌剧院做指挥 3 年多之后，1953 年，李德伦赴苏联，进入莫斯科音乐学院指挥系做研究生。这次深造是李德伦艺术生涯的一个新起点，在莫斯科的四年，他不仅全面系统地学习了指挥艺术，同时登台实践，先后指挥过苏联国家交响乐团、列宁格勒交响乐团等 20 多个交响乐团，在苏联各地演出。由于学业优秀，他被誉为莫斯科音乐学院成立百年内培养的四位最优秀指挥之一。

1957 年，李德伦出席了波兰华沙举办的第六届世界青年联欢节。随后回国，担任中央乐团交响乐队指挥。那时，"反右"已经开始，组织上也要求留学回国人员参加。但周恩来批示"留学生回国不参加运动，只进行正面教育"，李德伦暂时躲过了一劫。

紧接着，国内开始一场接着一场的运动，李德伦也不能不被卷入其中。但只要有机会，他都要指挥交响乐，"摁下葫芦漂起瓢"，葫芦和瓢他都做，一时葫芦一时瓢。为的都是交响乐，因为他深知交响乐对国家、民族的分量。

1958 年，"大跃进"开始，中央乐团被要求每年演出 1200 场。这一年，李德伦居然幸运地指挥了柴可夫斯基第六交响曲《悲怆交响曲》。对这次演出，作家白桦回忆道："1958 年初，我被宣判为资产阶级右派分子。在离开北京前，指挥家李德伦请我去听中央乐团演奏柴可夫斯基的《悲怆交响曲》。我是在绝望中去寻找'悲怆'的，但我得到的却不仅是'悲怆’。在慢板乐章停止之后，我哭了。哭泣着走上积雪的长安街，我真的意识到我是一个被紧紧拥抱的人世抛弃的孤儿，但我朦胧间觉得还有另一个永不舍弃我的世界……”

20世纪80年代的李德伦

1959年，为国庆十周年献礼，中央乐团排演了贝多芬《第九交响曲》。指挥台上的李德伦指挥着“欢乐”的乐章，心中应该也是充满欢乐的。不过，在接下来的“三年自然灾害”之后，“土洋”问题浮出水面，交响乐作为洋的资产阶级的音乐，自然受到了贬斥，交响乐队也就有了一番别样的演出。

无疑，中断训练、排演，意味着什么，不言而喻。在莫扎特、贝多芬不能碰的形势下，李德伦尝试别的方法。比如，搞革命歌曲大联奏，这不仅是“为工农兵服务”，总归还可以让演奏员的技巧不至于太过荒疏。后来，“样板戏”风行一时，经“旗手”的授意，李德伦指挥乐团排演了“交响乐沙家浜”。李德伦觉得这里的“交响乐”，实在是名不副实，就在他想请“旗手”改名的时候，“文革”开始了，他被关进了“牛棚”。

李德伦（右）和
谭利华（中）、韩中杰（左）

“牛棚”时期，李德伦干了不少粗活，扫地、倒垃圾、拾东西，什么都干过。他肩宽体壮，颇有一把子力气，又不惜力，再加人缘好，所以没挨过打。在那样的形势下，他仍旧乐观。想到余生的生计，他曾和同为乐团指挥的韩中杰商量，可以到街上摆小摊，或者修理自行车。

不过，事情并没有就这样发展下去，一则因为关乎国家形象，中国毕竟不能没有一点儿交响乐；二则还算懂行的“旗手”也需要杰出的音乐人才。对于后者，李德伦顺水推舟，对所谓“交响乐沙家浜”进行了修改，以至于后来“旗手”说过“李德伦同志不要让我上当了"的话。对于前者,李德伦当然更是尽心竭力。

1970年,法国总理访华。周恩来总理找李德伦,让他准备贝多芬的作品。最后,在"旗手"否定"宣传宿命论"的"贝五"(《命运》)和歌颂拿破仑的"贝三"(《英雄》)后,选定了"贝六"——《田园交响曲》。

20世纪70年代初基辛格秘密访华,李德伦也指挥乐团进行过秘密演出。但李德伦说,那次演出一塌糊涂。原因在于乐团缺乏训练,因而李德伦提出要练一些外国作品。谁知这个提议竟然被批准了,于是,李德伦开始指挥中央乐团排练,而且一下子练了十部交响乐。

五、迎来音乐的春天

1976年的中国,几乎可以说是在大悲大喜中度过的。随之,中国迎来的新一个春天,呈现出一番与以往不同的景象——真正的春天来了。

1977年3月26日是贝多芬逝世150周年纪念日,李德伦很早就计划排演这位乐圣的作品。他的建议经文化部上报,获得了政治局的批准。中央乐团的人们在亢奋的情绪中排练了一个多月,有时一天要工作十五六个小时。3月26日,北京民族文化宫礼堂奏响了贝多芬的第五交响曲——《命运交响曲》。

接下来的日子,一切重入正轨,音乐领域亦是如此。为了交响乐,李德伦上上下下、国内国外,马不停蹄地奔走着。

在自己的交响音乐生涯中,李德伦曾多次指挥重大演出活动,首演贺绿汀、马思聪、吴祖强等作曲家的数十首交响作品,在国外演出了《黄河大合唱》《山林之歌》等作品20余

李德伦与斯特恩合作演出

首,世界交响乐经典作品更是他经常指挥排演的曲目。他先后多次率中央乐团交响乐队赴外演出,日本、朝鲜、西班牙、苏联、芬兰、捷克斯洛伐克、古巴、葡萄牙、加拿大、美国等国家以及香港、澳门等地区,都留下了他们的足迹。

李德伦是具有国际声誉的指挥家,曾与国际知名演奏家梅纽因、奥依

斯特拉赫、斯特恩、尼古拉伊娃、斯塔克曼等合作演出，并曾应邀担任苏联、捷克、古巴、东德、加拿大、美国等国顶级乐团的客座指挥。他还多次参加国际性音乐比赛，如 1985 年任巴黎梅纽因小提琴比赛评委，1986年任莫斯科柴可夫斯基国际大提琴比赛评委等。

1980 年，李德伦荣获文化部授予的指挥荣誉奖。1997 年，他又获得了俄罗斯总统叶利钦颁发的友谊勋章。

在中央乐团，除指挥外，李德伦还担任过副团长、艺术指导。他还曾任全国文联委员，中国音协副主席，交响乐爱好者学会会长，是第四届全国人大代表。

六、"中国交响乐之父"

李德伦有"中国交响乐之父"和"中国的卡拉扬"的称号。对于后者，抛却两位的艺术成就不论，他们都是世界知名的指挥大师这一点，恐怕是不能否认的。对于前者，也许有些人就会颇有微词了：李德伦毕竟没有像自己喜爱的贝多芬、柴可夫斯基、肖斯塔科维奇等留下一部交响乐作品。然而，从另外一个角度来诠释"父亲"，则李德伦当之无愧，直到今天，我们也想不出谁比他为交响音乐在中国的推广普及付出过更多的心血和汗水。

作为指挥家的李德伦，指挥乐团排演交响音乐，那是理所当然的职分。作为前辈，他对青年指挥家的教导、提携，也属义不容辞。如今国内知名的指挥家谭利华、李心草等，都曾受到过李德伦的教诲，而那种教诲可谓无微不至。

谭利华是 1980 年在上海音乐学院读书时结识李德伦的，那时任客座教授的李德伦曾给毕业班上课。毕业后，谭利华在天津工作，但仍然跟随李德伦继续学习，并担任助理指挥。由于谭利华奔波于京津两地，还要跟随自己到各地演出，李德伦就在自己家里给谭利华安了一个"家"。1981 年，天津举行"海河之春"交响音乐会，李德伦推荐刚刚走出校门的谭利华担任指挥。后来的许多演出，都是谭利华指挥上半场，李德伦指挥下半场。1989 年谭利华准备赴英国学习和工作时，李德伦对谭利华说，出去学习是件很好的事情，但国内的指挥人才十分缺乏，需要坚守，需要雪中送炭……一席话，让谭利华改变了初衷。1991 年，中央乐团举行纪念柴可夫斯基 150 周年诞辰音乐会，李德伦将自己执棒的机会留给了谭利华。也就在这一年，谭利华出任北京交响乐团团长和首席指挥。

　　徐东晓是李德伦的最后一名学生，本来是中央乐团的首席长号，指挥是业余爱好。当他提出想学指挥时，李德伦在给他一部贝多芬《第一交响曲》总谱的同时，竟然还有一部长篇小说——茅盾的《子夜》。而有一次去上课，刚刚坐定，李德伦拿出朱光潜的《给青年的十二封信》，让他先把"序"读完再上课。徐晓东读完后，李德伦问了几个相关的问题，这才开始上课。

　　李德伦的夫人李珏说，有人找李德伦学指挥，他会先给人家开书单，其中好些书跟音乐没有直接关系。李德伦不仅要求阅读，还要提问，与学生交谈，把自己的体验传达给学生，让学生在学习音乐时有更内在、更深刻、更细腻的感受。这样的教学理念，源自李德伦自己和音乐大师们的经验总结，其中的道理不言自明。

　　李德伦在我国各地音乐机构、音乐设施的建设上，也付出了真诚的努力。他在北京、天津、广州等20多个城市组织乐队训练演出，促成一些地方如北京、山东、内蒙古乐团乐队的建立，以及北京音乐厅、广州音乐厅的兴建。尤为令人印象深刻的是，他不辞辛苦，到全国各地大学、工厂和机关团体举办"交响乐讲座"，普及交响乐知识，培养人们对交响乐的兴趣和素养。还记得20世纪80年代上半叶，李德伦到某省省会排演，有人提议请他到校讲座，李德伦慨然应允，而当时体育馆里讲座的情形，至今令人记忆犹新。

七、"他把一生托付给了音乐"

　　李德伦晚年因病卧床，但他对音乐的热爱没有丝毫的衰减。他不仅时刻沉浸在音乐之中，病床上在脑海里过总谱，还坐着轮椅登台指挥，留下了"世纪绝响"。

　　在因病卧床的日子里，李德伦虽是身不由己，但他躺在病床上，心却从未闲下来，脑海里总是一遍一遍地过总谱。有一天，李德伦回忆起贝多芬的《第三交响曲》，那是他在苏联时指挥过的作品，时间太久，有些地方已记不太清了，于是让妻子从家里拿来小总谱，仔细看过，模糊的印象渐渐清晰，心情也变得愉快起来。

　　1999年11月，第二届北京国际音乐节，闭幕音乐会由李德伦与小提琴大师艾萨克·斯特恩合作演出。11月15日、16日，李德伦躺在床上动不了。17日，李德伦下床坐在椅子上看总谱，开始准备莫扎特的G大调协奏曲，并打电话给斯特恩商量有关事项。18日下午，李德伦到世纪剧院排练，大家刚把他推到侧台，斯特恩便看见了，他一边拉着欢快的乐曲，一边迎向李德伦，然后和他紧紧拥抱在一起。

11 月 19 日，李德伦坐着轮椅被人推上舞台、扶上指挥台。斯特恩向李德伦轻轻点了一下头，李德伦举起了手中的指挥棒，莫扎特的音乐顿时回响在北京世纪剧院的音乐大厅。演出获得了前所未有的成功，台下观众与台上演奏人员都被感动得流下了眼泪。两位音乐老人——李德伦 82 岁，斯特恩 79 岁，他们的这次合作演出，被人们视为"世纪绝响"。

此次演出后，李德伦再也没有在舞台上出现。

2001 年 10 月 19 日，李德伦在北京逝世，享年 83 岁。

李德伦的墓志铭，可谓对他一生的概括："光阴如同音乐从指间淙淙流过。他把一生托付给了音乐，而音乐回报给他的，除了快乐和荣誉，还有痛苦和遗憾。他那双宽厚而有力的手是多么准确地把握着旋律，却常常无法掌握自己和音乐的命运。然而，只要举起那根纤细的指挥棒，音乐之外的一切喧嚣便归于寂静。"

郎筠玉

——羊城"仔姐"的粤剧人生

郎筠玉（1919～2010），粤剧表演艺术家，国家一级演员。原名郎紫峰，祖籍北京，生于广州，满族。1933年正式开始演艺生涯。新中国成立后历任新世界粤剧团、珠江粤剧团演员，广东粤剧院演员、艺术委员会副主任，中国戏剧家协会会员、广东戏剧家协会理事。擅唱"三喉"，唱功深厚、戏路宽广。表演代表作有《白毛女》《小二黑结婚》《花木兰》《仕林祭塔》《平贵别窑》等。

一、自幼学戏，苦练功底

1919年8月14日，郎筠玉出生在广东省广州市惠福西路仙邻巷的一户满族家庭，是家中的长女。郎家从祖辈开始就由北京迁至广州，靠卖艺为生。郎筠玉的父亲郎锐擅拉二胡，凭借不凡的实力成为广州曲艺界的掌板师傅；母亲关燕苏是一位瞽师，因唱粤剧《小青吊影》《仕林祭塔》成名。

小时候，受父母影响，郎筠玉十分喜爱粤剧艺术，从懂事起就跟着父亲念"锣鼓经"，每天早上天还没亮就起床吊嗓子，风雨无阻。再长大一些，她开始随父母到茶楼学戏。每次

郎筠玉

开场之前，她都会先练上一段，等演出开始后再坐到台下看父母表演。

演出结束回到家里，郎筠玉也不闲着，和当杂技演员的姑父一起练刀，练"鞠鱼""开一字"等基本功。她心里一直牢记父亲之前对她说过的话："百艺好防身，多学些东西有好处，还要扎扎实实地学，不要想一步登天。"

后来，郎筠玉跟着熊飞影学起了粤剧唱腔"大喉"。熊飞影是当时有

名的粤剧演员，人称"大喉泰斗"，郎筠玉在她的指点下学唱了《凤仪亭》《罗成写书》等传统粤剧。渐渐地，在熊飞影和父亲的指导下，郎筠玉的水平不断提高，粤剧天赋显露无遗。

8 岁那年，郎筠玉开始随父母到广州"莲香""惠如"等茶楼唱戏。演出刚开始时，茶客还没来齐，她就先垫场唱上一曲；等到演出接近尾声，茶客都往外走的时候，她又上台唱送行歌。当时，在演出中间献唱的都是包括熊飞影在内的名角儿，郎筠玉因此结识了"平喉四大名家"之一，人称"小明星"的邓曼薇，并通过听她唱戏学到了不少技艺。

1932 年，父亲为养家糊口，来到广州长堤先施公司天台游乐场的粤剧全女班当乐手，郎筠玉也跟着加入了进来。由于没钱拜师，她只能做自费学徒，在演出中"跑龙套"。其间，父亲常对郎筠玉说："做'手下''梅香'，能和老一辈同台演戏，这是偷师学艺的好机会。'手下''梅香'的戏份也是重要的，如果戏演到悲时，你还是一张笑脸，就会影响全台戏。"因此，郎筠玉无论担任什么角色都非常卖力，而且对待前辈毕恭毕敬，日子久了，前辈们都愿意对她指点一二。

半年后，郎筠玉转到长堤大新公司全女班担任日戏小生，主唱"平喉"。为吸引观众，全女班的班主在公司门口挂上了她的照片，并特书"新扎老倌，俏妙非常，仔细杀食"几个字。于是，郎筠玉便据此为自己起了第一个艺名——新肖仔。她成名以后，粤剧同行都尊称她为"仔姐"。

当时，由于姐妹众多，家里一度穷得揭不开锅。为养家糊口，郎筠玉拼命唱戏，妹妹郎美莉曾回忆说："当时一天人工仅 7 毛钱，她却每个月都能拿出 20 元交给奶奶。"

二、戏路坎坷，逐渐成名

20 世纪 30 年代中期，郎筠玉离开大新公司全女班，加入了"下四府班"。这是一个由贫苦艺人组成的小型戏班，衣箱行头较少，服装、布景也较差，主要靠演员的真功夫来吸引观众，上演的剧目是由当时最流行的古典粤剧编成的"江湖十八本"。戏班的演员工资低微，最差的时候甚至分文不得，只能勉强吃上一口饭。

在下四府班，郎筠玉开始了跋山涉水、四处演出的艰苦生活。她跟着大家一路辗转颠簸，走到哪里就唱到哪里，常常就地搭建舞台进行演出。那时，戏班为了赚钱，总会给地主乡绅演戏，他们常常要郎筠玉侍宴、陪酒，郎筠玉不肯，因此吃了不少苦头，有一次还差点被"浸猪笼"。

1938 年 10 月，广州沦陷，郎筠玉避走香港，加入了"镜花艳影"全女班，以原名"郎紫峰"进行演出，反串男角担任第二小生。其间，她先后与任剑辉、陈皮鸭等粤剧名家合作，受到她们的赏识。

在香港，郎筠玉的生活过得十分清苦。那时，香港的租金很贵，她只能与人合伙，7 个人共租一张"碌架床"。为了多赚钱，她有时候一个晚上要扮演好几个角色，即使角色的年龄跨度很大也照演不误。后来，郎筠玉还当掉自己唯一一件大衣，换钱买茶座票，看小明星、徐柳仙等名角演出，就这样学会了《夜半歌声》《秋坟》《再折长亭柳》等剧目。

郎筠玉饰演花木兰剧照

通过不断学习其他粤剧演员的演唱，郎筠玉的唱腔变得丰富起来，表演也更加自如。有一次，任剑辉准备演出《夜出虎狼关》，结果得了急病不能上场，于是，班主就让郎筠玉去临时顶角。任剑辉是名角，很多观众都慕名前来看她演出，如果换人顶角，演不好会闹出大乱子。然而，郎筠玉顶住压力，出色地完成了演出，观众的叫好声一浪高过一浪。

1941 年底，香港被日军占领，郎筠玉前往菲律宾，并改演花旦。她想，这次演的是女角，倘若再用之前的艺名，岂不是连一点女人味都没有了？于是，她就请人为自己想了一个新艺名——郎君玉。结果，负责印刷海报的排版工人搞错了字粒，把她的艺名排成了"郎筠玉"，于是，她将错就错，用起了"郎筠玉"这个陪伴她一生的艺名。

后来，郎筠玉又去越南海防，加入了同去越南演出的"胜寿年剧团"。在剧团里，她认识了粤剧名伶靓少佳。没过多久，郎筠玉的潜质就引起了靓少佳的注意，于是，靓少佳让她学起了千里驹的戏。

千里驹是粤剧"驹派"创始人，素有"花旦王"的美誉，以唱苦情戏著称，靓少佳把他的"苦喉"唱腔以及表演风格都悉数教给了郎筠玉。后来，郎筠玉演出了千里驹的首本戏《舍子奉姑》《烈女报父仇》等，在唱腔、台步、关目、做手、拭目、表情等方面，都表演得淋漓尽致，被观众誉为"翻生千里驹"。

值得一提的是，为了扶持郎筠玉，靓少佳甘愿退居二线为其配戏，令郎筠玉深受感动。后来，两人日久生情，喜结连理。

三、传统戏与现代戏并驾齐驱

抗日战争胜利后，郎筠玉夫妇结束了在海外漂泊的生活，回到了广州。他们本以为从此可以过上安稳的生活，可没想到战后的广州依然非常混乱，戏曲行业也萎靡不振。为了谋生，两人只能到处唱戏，就这样饥一顿、饱一顿地挨到了广州解放。

广州解放后，郎筠玉先后在新世界粤剧团和珠江粤剧团担纲演戏，与罗品超、文觉非、吕玉郎等人合作。

1951年，作家欧阳山把歌剧《白毛女》改编成了大型革命现代戏，并由郎筠玉担任主演，受到好评。不久，郎筠玉又主演了《祥林嫂》《小二黑结婚》《母亲》《槐树庄》等现代戏，在剧中塑造了风格各异的女性形象，在社会上引起了很大的反响。在粤剧舞台上表演现代戏是一个了不起的创举，这次脱胎换骨的尝试为粤剧开辟了一片崭新的天地，在粤剧的发展历史上具有里程碑式的意义。

当时正赶上抗美援朝，郎筠玉从自己的演出所得中拿出了2000元人民币带头捐献，成为粤剧界捐款最多的演员。此外，她还不顾身孕，通宵达旦在街头义唱募捐，最终因劳累过度不幸流产。

1952年，郎筠玉参加了第一届全国戏曲观摩演出大会，在传统短剧《平贵别窑》中饰演王宝钏，荣获表演艺术一等奖。在后来的演出中，她还曾多次反串薛平贵，文场戏唱"平喉"，武场戏唱"大喉"，生动体现了人物的鲜明个性。

1958年，广东的众多粤剧团合并为广东粤剧院，此后，郎筠玉成为剧院的主要演员，并先后担任艺术委员会委员、副主任，兼任艺术指导。其间，她排演了现代戏《刘胡兰》《芦荡火种》以及古装戏《梁山伯与祝英台》《烈女吊英魂》《望江亭》《凉亭会妻》等。此外，郎筠玉还与罗品超演出了根据朝鲜古典文学名著《春香传》改编的同名粤剧，广受好评。

在郎筠玉演出的几百部粤剧中，最能显示她艺术造诣的当属《花木兰》和《仕林祭塔》。粤剧《花木兰》是为郎筠玉量身定做的，全剧一共8场，唱念做打俱全。郎筠玉在总结自己这部剧中的表演时曾说："在演出《花木兰》时，我吸取名家所长，运用到角色创造之中。在'上路'一折

里，我吸取了熊飞影的'大喉'唱腔表
现人物的英雄气概；而在'巡营'一折
里，我又吸取了小明星、徐柳仙的唱腔，
更好地抒发了人物的内心感情。"

《仕林祭塔》是一部苦情戏，正符合
郎筠玉早年练就的"苦喉"。在剧中，她
饰演的白素贞"扮相端庄秀丽，做手柔
软优美，唱腔婉转动听"，给人留下了深
刻的印象。后来，《仕林祭塔》成了粤剧
青衣表演的代表作，被粤剧学校作为教
学剧目进行示范。

"文革"期间，郎筠玉曾一度息影。
1978 年重返舞台时，她虽已年至花甲，
仍坚持练嗓。同时，她开始培养青年粤
剧演员，将一身技艺悉数传授。后来，
这些青年演员都成了水平高超的名伶。

郎筠玉《仕林祭塔》剧照

四、"人生如戏，戏假情真"

1988 年 1 月 2 日，广东省第一届"民间艺术欢乐节"在广州市东方乐
园举行，广东粤剧院的众多粤剧名家一同助兴演出《六国大封相》，郎筠
玉也抱病参加了演出，担任压轴推车出场的正印花旦。

那时，郎筠玉已经 69 岁高龄，她的女儿谭玉筠回忆说："当时母亲已
经有高血压，可她并不知道。由于工作的劳累，演出的前几天她已经患有
感冒，但为了支持艺术节，她仍坚持出演。"

在一片锣鼓声中，郎筠玉双手推车准备上场。突然间，她的右手开始
发麻，变得不听使唤，车把跟着掉在了地上。她艰难地想俯身重新拾起道
具出场，结果就在亮相的一刹那，车把再次坠地，整个人晕倒在了舞
台上。

郎筠玉被送到医院后，医生诊断她"因突发性脑溢血而丧失语言能
力，右半身偏瘫"。从此，郎筠玉不得不遗憾地告别舞台，卧病在床。尽
管如此，她依旧忘不了心爱的粤剧艺术，每当保姆为她播放粤剧时，她都
会点头微笑。

2002 年元旦，郎筠玉与罗品超、林小群、罗家宝等粤剧名家一起，荣

获广东省人民政府授予的"粤剧艺术突出成就奖"。

2003 年 9 月 18 日，广东省戏剧家协会、广东粤剧院、广州市满族历史文化研究会、广州市民族团结进步协会联合举办了"庆祝郎筠玉从艺 70 周年暨《粤剧表演艺术家郎筠玉》专集首发式大会"。《粤剧表演艺术家郎筠玉》一书，由汪宗猷编著、中国戏剧出版社出版，书中详尽介绍了郎筠玉的生平和表演艺术。

《粤剧表演艺术家
郎筠玉》书影

2010 年 8 月初，郎筠玉的身体出现轻微不适，入院治疗。8 月 12 日，她在广州逝世，享年 91 岁。

8 月 22 日，郎筠玉的遗体告别仪式在广州市殡仪馆的仙鹤厅举行，她生前的好友、同事和戏迷纷纷前来送别。郎筠玉的子女们回想母亲坎坷的一生，写下了一副挽联，上联为"儿女情长贞娘困身雷峰塔"，下联为"巾帼精忠木兰跃马九重天"，横批"人生如戏，戏假情真"。

郎筠玉为粤剧事业鞠躬尽瘁，有人曾对她的表演艺术做出过这样的评价："她多才多艺、戏路宽广，唱功造诣深厚，子喉、平喉、大喉的运用均有独到之处。"

郎筠玉生前最常说的一句话就是："艺术家不是靠名气吃饭，更不可能侥幸成功。只有有信念、有真本领的人才能在任何环境下都立于不败之地。"这正是她一生的写照。

通 福
——《敖包相会》的作曲者

　　通福（1919～1989），作曲家。别名郭·布勒哈拉，昵称通谱，内蒙古呼伦贝尔人，达斡尔族。毕业于日本新宿师范学院。先后在呼伦贝尔文工团、内蒙古歌舞团、长春电影制片厂、内蒙古电影制片厂等单位担任演奏员、作曲、乐队指挥等，曾任中国音乐家协会内蒙古分会副主席。作品包括歌曲、舞曲等，尤以电影音乐最为突出。曾为故事片《草原上的人们》《鄂尔多斯风暴》《草原晨曲》等配乐，所作电影主题歌《敖包相会》《草原晨曲》脍炙人口。出版有《通福歌曲选》。

一、热爱引导的音乐之路

　　1919 年 2 月 20 日，通福出生在内蒙古鄂温克旗巴彦嵯岗苏木莫和尔图嘎查一个达斡尔族牧民家庭。

　　通福的家乡鄂温克旗，是一个蒙古、达斡尔、鄂伦春等多民族聚居区，各民族都有丰富多彩的民族民间歌舞艺术。在这样的环境里，通福从小就受到了音乐艺术的熏陶。

通 福

　　通福从小就对音乐有不同寻常的敏感和喜好。7 岁的时候，他开始学习笛子。从当时流行的唱片上，他学会了《空城计》《霸王别姬》等京剧唱段。同时，他在当地的莫和尔图国民优级学校完成了小学教育。

　　1935 年，通福考入扎兰屯高等师道学校（今齐齐哈尔市兴安师范学校）。由于学校的性质，除了学习文化课之外，通福还学习了小提琴等。入学的第二年，他首次开始音乐创作，写了歌曲《家乡美》，获得了学校的嘉奖。1940 年，通福从扎兰屯高等师道学校如期毕业。

1935 年，为了在音乐上进一步学习、深造，通福东渡日本，进入新宿师范学院音乐专业学习，主修小提琴和钢琴。

1945 年，通福由日本回国。次年，他带着小提琴到了蒙东地区的首府乌兰浩特（当时还叫"王爷庙"），参加了呼伦贝尔自卫军文工团。自卫军是由东北抗日民主联军改编的，文工团则是呼伦贝尔文工团的前身。由于通福是留过洋的专业人才，很受重视，在团里担任了副团长，兼任小提琴演奏员。也就是从那时开始，通福正式开始作曲。

通福和三个年轻人住一间土坯房，开始了半军旅生活。那段时间日子紧张而充实，他每天都和团员们一起到离土坯房不远的一片小树林里练声、练琴，然后到部队和牧区演出。虽然物质条件有些艰苦，但通福和年轻的文工团员们情绪饱满，浑身有着使不完的劲。除了练琴、演出，通福每天都琢磨着创作歌曲，希望把时代精神融入民族音乐之中。就这样，那个时期他创作了《团结之歌》《呼伦贝尔家乡》《沙漠之歌》和《内蒙古青年进行曲》等具有强烈时代特点的歌曲。

1947 年，通福参加在哈尔滨道里举办的万人"全东北解放庆祝大会"，并担任乐队指挥，演出了《没有共产党就没有新中国》等革命歌曲。

1948 年，通福调入内蒙古文工团（后来的内蒙古歌舞团），担任音乐班班长。由于当时创作人才十分缺乏，不久通福就开始从事专业作曲，他的音乐创作才华也由此显露无遗。

二、不平凡的作曲之旅

进入内蒙古文工团后，20 世纪 50 年代初，通福先后创作出《前进吧》《牧民之歌》《歌颂毛泽东》《雁舞》《猎人舞》《摔跤舞曲》《黄花鹿舞曲》等歌曲、舞曲。而他后来最为饮誉乐坛的，则是电影歌曲，那是他从进入长春电影制片厂开始创作的。

1952 年，通福调入东北电影制片厂（即今长春电影制片厂），从此开始 10 余年的电影音乐创作。他在长春电影制片厂工作 6 年后，1958 年又调入了内蒙古电影制片厂，直到 1964 年重回内蒙古歌舞团。

1952～1964 年，在长春电影制片厂和内蒙古制片厂从事电影音乐创作的 12 年间，是通福音乐创作最为辉煌的时期，其间，他曾为彩色纪录片《前进中的内蒙古》《飞跃的内蒙古》《今日内蒙古》《阳光普照鄂伦春》，彩色艺术片《彩虹》《木头姑娘》，戏曲片《卖碗》《走西口》《乌兰傲德》，故事片《草原上的人们》《牧人之子》《鄂尔多斯风暴》《草原晨曲》

等影片配乐作曲，其中《敖包相会》《草原晨曲》成为传世佳作，享誉中外。

1964 年，通福回到阔别 10 多年的内蒙古歌舞团，继续从事音乐创作。到 1969 年之前，他创作了《小黄马》《等着你》《乌珠穆沁的姑娘》《巴尔虎小伙子》等独唱合唱歌曲，《钢琴独奏曲》《琵琶三重奏》《金色的月亮》《小提琴奏鸣曲》器乐曲等。

电影《草原晨曲》海报

"文革"期间，通福受到了残酷对待。然而，却无法阻拦他脑海里音乐的奏响。1971 年，通福在内蒙古歌舞团锅炉房烧开水，一天要干十几个小时，但他脑子里想的还是音乐。他从工人师傅修锅炉和暖气管道发出的声响中找到了乐感，在锅炉房那吱嘎摇晃的床板上谱写成了《钢管进行曲》。这首乐曲节奏强劲、情调欢快，透露出音乐在那个黑暗时代无法扼杀的精神跃动。

1979 年以后，通福以极大的热情投入到音乐创作之中，谱写了《乌拉山之歌》《怀念周总理》《青城之歌》《新呼伦贝尔》等歌曲，以及《响铃儿》《花马驹》等儿童歌曲。

1982 年初，通福调入内蒙古文联音乐家协会工作。1985 年，通福光荣地加入了中国共产党。

1987 年，通福夫妇到北戴河旅游，创作了歌曲《日出》。它以大合唱的形式，体现了红日升腾的壮丽景色，大气磅礴，反映了作者对自然的热爱和对理想的追求。这也是他生前创作的最后一首歌曲。

1989 年初，通福开始创作歌剧《蒙古史诗》，但未能完成，即于当年 11 月 20 日因病在呼和浩特逝世，享年 70 岁。

三、饮誉世界的两首名曲

在通福创作的歌曲中，最为著名的无疑是《敖包相会》和《草原晨曲》。也许有些人不知道两首歌的作曲者是谁，但不知道这两首歌的人，恐怕不会太多。《敖包相会》，迄今不论是正规演出还是自娱自乐，都是国内"上演率"最高的歌曲之一。《草原晨曲》，也许年轻人不太熟悉，但它的旋律，不仅燃起过那些年人们的激情，今天的年轻人听了也会怦然心动。

通福在专心创作歌曲

《敖包相会》是电影《草原上的人们》主题歌曲。电影改编自蒙古族作家玛拉沁夫 1951 年完成的短篇小说《科尔沁草原的人们》，小说写一个在家坐月子的农村妇女与持枪逃犯斗智斗勇的故事，歌颂了新中国成立后涌现的新人物和时代精神。同年，小说由玛拉沁夫和海默一起改编成电影剧本《草原上的人们》，由长春电影制片厂开始拍摄。敖包相会是影片男女主人公战胜敌人后相会的一个情节，也是插曲《敖包相会》男女对唱的镜头。

电影拍摄顺利，但主题歌却没有落实。歌词写好后，拿给通福看，通福觉得太过直白，不够含蓄；而且既然是反映男女爱情，采用对唱的形式更好。在中秋节的晚上，海默在皎洁的月光下，回想着影片中男女主人公的精彩表演，灵感突现，歌词一挥而就。他马上找到通福，通福看后觉得那就是他想要的歌词，然而，他的曲子却又"板结"了，一连半个月都没有写出一节乐曲来。还是一个月夜，月下徘徊的通福看见丘陵上一个蒙古族姑娘唱着情歌，远处一个蒙古族小伙策马奔来……于是，在东蒙民歌《韩秀英》基础上加工而成的旋律喷涌而出。1953 年，电影《草原上的人们》在全国上映，《敖包相会》（蒙古族歌唱家敖登高娃演唱）也随之唱遍全国。

《草原晨曲》是同名电影《草原晨曲》的主题歌，1959 年由长春电影制片厂和内蒙古电影制片厂联合摄制。这部黑白故事片主要描写新中国成立初期蒙古族、汉族人民建设包头钢铁基地的故事。歌曲描写牧民们告别草原家乡，千里迢迢来到包头，为祖国建设贡献自己的力量。通福谱写的曲子节奏欢快、情绪高昂、优美动听，随着电影的放映，迅速在全国传唱开来。几十年来，这首歌曲在包头这座由不到 10 万人发展起来的工业城市的钢铁大街不断播放，2004 年在包钢建厂 50 周年之际，被确定为厂歌。

通福还曾为《上海牌的半导体》谱曲，这也是一首反映当时社会生活的歌曲，经蒙古族歌王哈扎布演唱，风行草原。

四、终身成就"萨日纳"

在 40 多年的音乐创作生涯中，通福为我国音乐事业，尤其是电影音乐作出了杰出的贡献，他的作品以其浓郁的民族特色而享誉世界。

通福是一位热爱祖国、热爱人民的音乐家。他的创作黄金期，正值新中国成立初期的社会主义建设高潮，因此它的作品有着鲜明的时代色彩。《草原晨曲》《上海牌的半导体》等，可谓这方面的代表作。这些作品歌颂了新中国建设中的新事物和新人物，始终洋溢着积极向上的朝气和激情，听来让人青春勃发。

在通福的作品中，民族特色可谓其最为突出的特征。他的作品不仅有许多反映的是北疆少数民族如蒙古族、达斡尔族、鄂伦春族等的生活，这一点，从作品的名称就可以窥见一斑；同时，也使用了众多民族音乐元素，《敖包相会》可谓典型代表。

通福以歌曲创作知名，而实际上他的创作领域相当广泛。仅就歌曲而言，就包括独唱合唱歌曲、电影主题歌和插曲以及儿童歌曲等。此外，他还创作有为数不少的舞曲和器乐曲。他的电影音乐，大多是整部电影的配乐，而不是仅仅几首歌曲，堪称大型作品。

20世纪80年代初期，通福着手整理过去创作和改编的100多首歌曲。1984年，内蒙古人民出版社出版了《通福歌曲选》（蒙古文歌词）。

通福的音乐作品，尤其是《敖包相会》《草原晨曲》等，受到了人民群众的热烈欢迎，他的音乐成就也获得了专业领域和政府的褒奖。1955年，在全区文艺演出中荣获二等奖。1957年，《草原上的人们》的电影音乐获全国三等奖；同年，为之作曲的《鄂伦春舞》获第6届世界青年联欢节（莫斯科）一等奖。1962年《草原晨曲》在内蒙古自治区成立15周年庆典演出中获一等奖。2007年，通福在内蒙古自治区第二届"萨日纳"评奖中获音乐创作的最高奖——

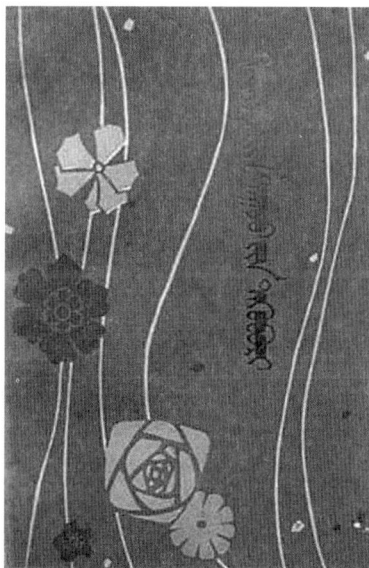

《通福歌曲选》书影

"金驼奖"。"萨日纳"与"索龙嘎"分别是内蒙古艺术、文学创作的最高奖项。

言 慧 珠

——独一无二的"京剧皇后"

言慧珠（1919～1966），京剧、昆曲表演艺术家。原名芝菜，北京人，蒙古族。1939 年加入春元社，正式登台演出。曾任中国戏剧家协会上海分会理事，上海戏曲学校副校长。创造性地继承"梅派"京剧艺术，开拓了"梅派"表演艺术的新领域，被公认为戏剧美的创造者。表演代表作有《扈家庄》《霸王别姬》《天女散花》《春香传》《墙头马上》等。

一、出身世家，立志学戏

言慧珠

1919 年秋，在北京宣武门外校场小六条的一座四合院里诞生了一名女婴，她就是言慧珠。言慧珠的父亲是京剧"言派"创始人、"四大须生"之一的言菊朋，母亲是早期电影演员高逸安。从小生活在梨园家庭的她耳濡目染，受到了父母艺术方面的熏陶。

1923 年，言菊朋和梅兰芳南下上海共同演出，言慧珠也跟着一起坐上了火车。当时，梅兰芳十分喜欢言慧珠，夸她聪明机灵，将来当京剧演员一定是块儿好料。然而，深知学戏艰苦的言菊朋却并不希望言慧珠吃"梨园饭"，一到适学年龄就把女儿送进了学校。

小时候，言慧珠读的是书，爱的是戏，刚刚 6 岁就学着青衣旦角哼起戏来。当时，程砚秋创办的"中华戏曲学校"常常在吉祥戏院演出，言慧珠几乎天天放学就去看戏，一边看一边高声吆喝、起劲鼓掌。一时间，娱乐小报上"言二小姐如痴如狂""小姐狂捧男角"的花边新闻层出不穷。别人把这些报道拿给言慧珠看，她却满不在乎，照旧我行我素。

12岁那年，言慧珠不顾父亲反对，一边读书，一边师从程玉菁、赵绮霞学"程派"青衣，随后又向阎岚秋和朱桂芳学演武旦，并常以票友的身份客串登台。在舞台上，言慧珠扮相美艳明丽，嗓音清亮圆润，既会演青衣，又能演武旦，深受大家喜爱。

在春明女子中学念书时，有一年学校校庆，言慧珠上台演出《女起解》，博得了全校师生的热烈掌声。有人对她说："都是你家老爷子死脑筋。如果让你当演员，准能一下子轰动北平城。"

17岁那年，言慧珠再也按捺不住学戏的高涨热情，坚持退学改入梨园。言菊朋见女儿对京剧如此痴迷，不得不依了她的意思，并针对她的条件让她学"梅派"艺术。起初，言慧珠每天都跟着留声机学戏，还常常到什刹海看杂耍、听京剧。

一年后，为了提高唱戏水平，言慧珠决定向与梅兰芳合作了20多年的琴师徐兰沅登门求教。徐兰沅考虑到言慧珠从小娇生惯养，且当时已小有名气，习艺未必虚心，故屡避不见。可言慧珠并不气馁，每天都跑去徐兰沅家帮他的妻子干活，还一口一声"师娘"，叫得十分亲热。

言慧珠与父亲
言菊朋同台演出

几天下来，徐兰沅经不住言慧珠的"死缠烂打"，于是便对她说："我今儿个教你两句《凤还巢》里的慢板。你明儿来要唱给我听，看你行不行。"徐兰沅本想以此让言慧珠知难而退，可没想到，第二天这个小姑娘一张口就让他大吃一惊。言慧珠不但唱得字正腔圆，而且颇具神韵，听得徐兰沅直拍手叫好，随即收下了她。

言慧珠学戏很有灵气，速度也非常惊人。不出一年，她就把徐兰沅的本事全学到了手，不光会唱《廉锦枫》《霸王别姬》《生死恨》等"梅派"经典剧目，还得到了梅兰芳在化装、音乐、台风、扮相方面的真髓，打下了扎实的功底。徐兰沅称赞她说："你学得这么好，真要变成小梅兰芳、女梅兰芳啦！"

二、初登舞台，色艺俱佳

1939 年，20 岁的言慧珠加入父亲言菊朋组建的春元社（又称"言家班"），前往上海正式登台演出。在舞台上，她以一出唱、念、做、打并重的刀马旦武戏《扈家庄》征服了所有观众，一炮而红。

之后，言慧珠又随春元社到各地演出，并与言菊朋同台表演了《贺后骂殿》《三娘教子》等剧目。到天津演出时，她在中国大戏院与金少山合演了《霸王别姬》，通过美艳明丽的扮相和清亮圆润的嗓音，生动地将戏中人物的思想感情表现得淋漓尽致，轰动了整个平津剧坛。此外，言慧珠还常搭别人的班，曾与李少春合演《四郎探母·坐宫》，与马连良合演《打渔杀家》。许多报刊都评价她："嗓子好、扮相美，表演亦佳，不愧为菊坛大青衣！"

1940 年 7 月，言慧珠另起炉灶，正式组班挂头牌。在演出中，她不光旦角演得好，反串"言派"老生也堪称一绝。在《贺后骂殿》中，她既能前演贺后，又能后演赵光义，就连唱腔繁重的《让徐州》《卧龙吊孝》唱起来也得心应手。此外，像《戏迷小姐》《戏迷家庭》《打面缸》等现代幽默戏的"九腔十八调"，她也能信手拈来，引得叫好声一片。

20 世纪 50 年代言慧珠在家中

一次，言菊朋、言慧珠父女同在北平演出，打起了擂台。言菊朋献演"言派"看家戏《让徐州》《卧龙吊孝》等剧目，言慧珠则推出《金山寺·断桥·祭塔》《游园惊梦》《抗金兵》等文武昆乱兼长的作品。一开始，父女二人上座率平分秋色，可当言慧珠公演《花木兰》《邓霞姑》《天女散花》《西施》等剧目后，就渐渐分出了高下。许多大学生冲着言慧珠而来，不仅看好她的戏，也为她的美丽所倾倒，因此场场爆满，卖座率很快超过了言菊朋。

在北平大获全胜后，言慧珠载誉南下上海，先是上演打炮戏——全本《玉堂春》，接着又演折子戏《霸王别姬》《贵妃醉酒》和武旦戏《扈家庄》《白蛇传·水斗》，或双出，或单出压轴，轰动了上海滩。当时，就连

"麒派"创始人周信芳、"盖派"创始人盖叫天等名家都前来捧场。后来，戏剧评论家郑过宜撰文刊于《申报》，写道："坤角中若论戏路最正而前途较有希望的，言慧珠确要数着一个了。"

在走上舞台的同时，言慧珠还涉足电影、话剧，全方位展示自己出色的表演才能。1940年，她和父亲言菊朋、弟弟言少朋一起合演了上海新华影业公司拍摄的戏曲艺术片《三娘教子》；后来又出演了电影《杨贵妃》《逃婚》《红楼二尤》，以及话剧《万世流芳》，吸引了大批观众前去观看。

三、"梅门弟子第一人"

短短几年内，言慧珠从一个客串演出的票友变成了能够独挑大梁的名角儿，表演事业风生水起。然而，虽然已经在菊坛有了一席之位，可她并没有停止对京剧艺术更高造诣的追求。1943年，她决定拜师梅兰芳，学习真正的"梅派"艺术。

为了能拜梅兰芳为师，言慧珠煞费苦心。首先，她结识了梅府的两位红人李释戡和许姬传，博得了两人对自己的好感。随后，她又设法与梅兰芳的爱女梅葆玥交朋友，这样一来，以后学戏能有梅家子女在侧，就成功地避免了外界的闲言碎语。

言慧珠（左三）和梅兰芳一家的合影

有了这样的基础，接下来就是找机会学戏了。那时，梅兰芳每天很晚才睡，第二天下午才醒。起床没多久，前来拜访的人就络绎不绝，直至深夜，一天下来安排得满满当当，根本挤不出时间教言慧珠学戏。

一天，言慧珠正愁眉苦脸地在梅府想办法，突然发现葆玥喜欢听故事，于是，她灵机一动，给葆玥讲了一个情节很长的故事。到了晚上，为了能听到结局，葆玥便央求父母让言姐姐留府过夜。就这样，言慧珠顺理成章地留在了梅府，等到晚上12点梅兰芳闲下来的时候，她就请梅兰芳给她说戏。梅兰芳见言慧珠态度如此诚恳，外加天赋极高，便答应了她。从此以后，无论烈日寒冬，言慧珠天天都赶到梅府，给葆玥讲故事，跟梅兰芳学戏。

抗日战争胜利后，梅兰芳复出登台唱戏，无论演出多少场，言慧珠都场场必到、风雨无阻。她仔细地瞧着梅兰芳的每个动作、身段、台步、水袖，不时用笔记录。

言慧珠扮梅兰芳极像，她的化装技术很高明，能够在眉宇之间画出梅兰芳的神韵。不仅如此，她还独具匠心，在演出"梅派"剧目时融入了西方的表演艺术，使表演更加时尚，深得梅兰芳喜爱。

以前，很少有人能够得到梅兰芳一招一式的悉心教授，可言慧珠却不同。这不仅因为她天赋异禀且刻苦用功，还因为她对老师十分尽心。当时，梅兰芳久居上海，非常想念北京小吃，尤其是豆汁。于是，言慧珠回北平后特意用几个 4 斤容量的大玻璃瓶装满"豆汁张"的上品豆汁拿到上海，梅兰芳深受感动。别说女子，就是男人带着几大玻璃瓶豆汁来回奔波也很辛苦，言慧珠是在用女人的心思、男人的力气来敬奉恩师。

在梅兰芳的倾囊相授下，言慧珠的表演水平突飞猛进。梅兰芳曾称赞她"有悟性、有灵气，嗓音圆润、中气充沛，是我最喜欢、最得意的女弟子。"外界也普遍称言慧珠是"女梅兰芳""梅门弟子第一人"。

四、继承"梅派"，推陈出新

新中国成立后，言慧珠积极投身于传统戏的整理加工，并结合自己喜爱昆曲、擅演武戏的长处，进行表演艺术上的新探索。她以《贵妃醉酒》《天女散花》《嫦娥奔月》《西施》《洛神》《太真外传》《木兰从军》《霸王别姬》等作为常演剧目，用各种典雅优美的舞蹈形式创造性地继承"梅派"剧艺，开拓了"梅派"表演艺术的新领域。

在《贵妃醉酒》中，言慧珠突破了杨贵妃的"贵而不醉"或"醉而不贵"的通例，创造了"贵而欲醉，醉而犹贵"的形象意境。在《龙凤呈祥》中，言慧珠在饰演孙尚香时，一改梅兰芳早年演出时只有唱工、台步，不动水袖的表演方式，增加了若干水袖动作，增强了这部戏的艺术表现力。在梅兰芳创演的《西施》中，言慧珠也把原先的上下两集合二为一，并加强了伍子胥的戏，使结构更加紧凑且突出主题。

除了对梅派传统戏的加工演出，言慧珠还编演了《梁山伯与祝英台》一剧，始创"梅派祝英台"的艺术形象。随上海代表团赴朝鲜慰问演出时，她又将朝鲜名剧《春香传》搬上了京剧舞台，以"梅派"为基调，塑造了不畏权贵、忠于爱情的美丽形象。在现代剧《松骨峰》里表现了抗美援朝战场上女英雄的精神面貌。

言慧珠的一系列革新，赋予了"梅派"剧目独特的艺术魅力，媒体纷纷称赞她"继承梅大师艺术出神入化"，"再现梅兰芳风采，其武功胜过乃师"。

之后，言慧珠组建了一个"言剧团"，带着自己改编的剧目到处巡演，风靡一时。前后两个多月，她一人就赚了好几万。于是，她置办了一处别墅，把房子装修得富丽堂皇。每天早晨起来，她都要在花园草坪上跑十来个圆场，从不间断。有人开玩笑说："言慧珠的圆场跑得好，都是买房的结果。"

1953 年，国内掀起了"公私合营"的热潮，言慧珠的剧团被迫解散。起初，她不愿"跟风"，一直观望，还公然表达了对国营不感兴趣的态度。然而，再好的角儿如果没有乐队、配角和龙套配合，也是徒劳。于是，她只好提出申请，临时受聘于华东戏曲研究院实验京剧团（1955 年并入上海京剧院）。后来，言慧珠去到北京，希望能加入中国京剧院，却被拒之门外。无奈之下，她只好又回到了上海京剧院。

在上海京剧院，言慧珠因为性格过于直爽，处处受到排挤。她不喜欢迎合别人，也瞧不上对自己溜须拍马的人，结下了不少冤家。整整一年的时间，她只演了 13 场戏，逢人便说："我进了京剧院，戏都唱不成啦！"

五、戏路坎坷，含冤自尽

1957 年，言慧珠调任上海市戏曲学校副校长，从此改唱昆曲，和校长俞振飞成了搭档。在学校，她常亲临课堂为学生说戏，教授京剧和昆曲的表演技艺。那时，学生们不仅佩服言校长的表演功力，也被她的明艳动人深深折服。

不久后，"反右"运动在国内展开。言慧珠因之前曾公开指摘戏曲领导中出现的问题，并直呼"我要演戏，让我演戏"而受到了严厉的批判，被认为是"发泄不满情绪""猖狂向党进攻"。为此，言慧珠不得不写检查深刻检讨，这才没有被打成"右派"。

言慧珠和俞振飞
演出《墙头马上》

1958 年，言慧珠随文化部组织的中国艺术代表团出国演出。在欧洲 7 国，她连演 80 余场《百花赠剑》，不仅没喊一声累，还坚持每天写日记在

国内发表。海外报刊都称赞她是"东方美人、京剧红伶"。

1959年，为庆祝新中国成立10周年，言慧珠和俞振飞在北京演出了昆曲《墙头马上》，取得了巨大成功。在排练中，言慧珠根据文学剧本反复琢磨设计人物造型和身段，还为自己扮演的角色配置了不同的服装、头面。她对待艺术严肃认真、细致周到、精益求精的态度，让大家深受感动，就连她的冤家对头也都表示"值得学习"。

1960年，刚离婚不久的言慧珠带着儿子嫁给了俞振飞。在舞台上，两人合作十分融洽，先后合演了《游园惊梦》《金山寺·断桥》《长生殿》等著名剧目。

1963年，《墙头马上》被改编为电影艺术片，言慧珠随剧组赴长春拍摄。其间，长春气温低至-30℃，每天清晨，当其他演员还窝在被子里养神时，言慧珠便一个人在场外练功，天天如此。

1966年，"文革"爆发，言慧珠和俞振飞受到了极大冲击。9月11日清晨，不堪被"造反派"继续折磨的言慧珠选择自尽。

1979年2月，上海文化宣传系统为言慧珠平反昭雪，并举行追悼大会。会上，已经80岁高龄的许姬传亲笔撰写了一副挽联："惊变埋玉，洛水神悲生死恨；还巢失凤，游园遥想牡丹亭。"

言慧珠一生在舞台上活跃了近30年，她塑造的众多古代妇女形象足以构成一道色彩斑斓的戏曲人物长廊，香港京昆艺术家杨明曾称赞她为"百年京昆艺坛独一无二的维纳斯女神"。正如杨明所说，言慧珠用"美若天仙的扮相、修长窈窕的身材、清亮甜润的歌喉、千姿百态的做功"征服了所有观众，不愧为大家眼中的"京剧皇后"。

傅雪漪

——给戏曲和古典诗词插上音乐的翅膀

傅雪漪（1922～2007），戏曲与古典诗词音乐家，昆曲表演艺术家。原名傅鼎梅，北京人，满族。1943年毕业于国立北平艺术专科学校。历任北方昆曲剧院演员、艺委会委员，中国艺术研究院研究员等。早年曾作昆曲表演，后主要从事戏曲及古典诗词作曲和研究工作。表演作品有昆曲《文成公主》《奇袭白虎团》等；作曲或音乐设计有昆曲《牡丹亭》《西厢记》，京剧《白蛇传》《人面桃花》，南戏《张协状元》，话剧《蔡文姬》《胆剑篇》等。著有《戏曲传统声乐艺术》《昆曲音乐欣赏漫谈》《中国古典诗词曲谱选释》《傅雪漪古典诗词配乐吟唱曲选》等。

一、丰富多彩的艺术生涯

1922年12月，傅雪漪出生在北京城的一个满族家庭。很小的时候，父母就把他送入私塾，进行传统的启蒙教育，这对于他后来的艺术和学术取向都深有影响。

傅雪漪在私塾读书期间，除了《三字经》之类的蒙书之外，经史诸子一类的经典著作自然必不可少，特别是背诵大量的古典诗文。每天下课回到家里，他还会在私塾先生的要求下学习琴棋书画。渐渐地，傅雪漪对昆曲艺术及古典诗词产生了浓厚的兴趣，多年后，在回忆

傅雪漪

自己所受的私塾教育时，他感慨地说："我晚年的一些艺术感悟及整理古典词曲的兴趣，并为古典诗词作曲、作画等，均受益于幼时私塾先生的教诲。"

1939年，17岁的傅雪漪正式拜师，先后跟随侯瑞春、高步云、沈盘

生、包丹庭等昆曲名角学演昆曲小生，打下了扎实的昆曲表演功底。一年后，他加入北平国剧学会昆曲研究会，之后又组织成立了北平昆曲学会，为自己的昆曲表演和研究提供了广阔的平台。

在学习昆曲的同时，傅雪漪还考入国立北平艺术专科学校国画系，在黄宾虹、于非闇等国画名家的指点下研修国画专业。1943年，他以优异成绩从北平艺专毕业。从此，他一边画画，一边表演昆曲，逐渐成长为观众喜爱的演员。

新中国成立后，北京市成立了大众文艺创作研究会，傅雪漪加入了研究会，成为戏曲组的一名研究员。从1951年起，他还先后在中央戏剧学院舞蹈研究组、中国戏曲研究院艺术处、中国京剧院艺术室音乐组，从事戏曲音乐创作和研究工作。

1957年6月，北方昆曲剧院成立，傅雪漪成为院里的艺术委员会委员、秘书，并兼任演员、艺术室音乐组组长和教师。同时，他还开始在中国戏曲学院、中国音乐学院、中央音乐学院、中央戏剧学院、解放军艺术学院、天津音乐学院讲授戏曲文学、诗词音乐、民族音乐、昆曲艺术等课程。

1973年，傅雪漪调入中国艺术研究院音乐研究所，在中国古代音乐史组任研究员。后来，他又转到戏曲研究所任研究员，并兼任文化部振兴昆剧指导委员会委员。同时，他还是中国戏剧家协会会员、中国戏曲学会理事、中国音乐家协会民族音乐委员会委员、中国少数民族声乐学会顾问。

1985年，傅雪漪根据多年研究成果出版了专著《戏曲传统声乐艺术》（人民音乐出版社）。此后，他还先后出版有《九宫大成南北词宫谱选译》（人民音乐出版社，1991）、《中国古典诗词曲谱选释》（中国戏剧出版社，1996）、《昆曲音乐欣赏漫谈》（人民音乐出版社，1996）、《傅雪漪古典诗词配乐吟唱曲选》（台湾书局，1998）等。

此外，傅雪漪还编写了《中国昆曲艺术》一书的第一章和第二章，并为《中国戏曲音乐集成·北京卷》撰稿。同时，他还发表了《昆曲舞台上声情形态的统一》《昆曲的起源和发展》《昆曲的语言音韵》《南昆与北昆》等多篇论文。

2007年9月21日，傅雪漪在北京逝世，享年85岁。

二、戏曲音乐创作和研究双获丰收

傅雪漪从小就十分热爱祖国戏曲艺术，数十年来，他不但表演昆曲，还在戏曲剧目的作曲和研究方面取得了丰厚的成果。

在自己的戏曲表演生涯中，傅雪漪先后表演了《牡丹亭》《千钟禄·搜山、打车》《寻亲记·饭店》《桃花扇·访翠》《长生殿·惊变、弹词》《文成公主》《师生之间》《奇袭白虎团》等昆曲剧目，在演出中均有上乘表现。

1956 年冬，傅雪漪加入北方昆曲代表团，赴上海参加了南北昆曲观摩汇报演出大会，并到杭州、苏州、南京巡回演出。这次巡演可以说是他表演生涯的顶峰，其间，他演出了多部昆曲剧目，受到观众的一致好评。

此后，傅雪漪开始专心从事戏曲创作和研究。1957 年，他在中国戏曲研究院搜集旧书谱时，找到了一部乾隆时期的戏曲音乐曲谱集——《九宫大成南北词宫谱》。随后，他开始与人合作，对其进行整理、翻译。"文革"开始后，部分翻译文稿丢失，傅雪漪从 20 世纪 70 年代起又开始独自重新整理和翻译，直到 1991 年才出版了《九宫大成南北词宫谱选译》。

1982 年，傅雪漪受中央人民广播电台的邀请作了有关《九宫大成南北词宫谱》的专题节目。在节目中，他对部分翻译完成的宫谱进行了讲解，并请昆曲演员张继青、蔡瑶铣、卢德武和戴学忱等人前来演唱。节目播出后受到听众的热烈欢迎。后来，在 20 世纪 90 年代初，傅雪漪作了第二次专题节目，介绍了自己翻译南北词宫谱的最新进展。

1982 年，傅雪漪受邀为马少波改编的昆曲《西厢记》作曲。在创作中，他独创"北曲南唱"的做法，用北曲曲牌的旋律作曲，行腔时则用南曲曲调，并在其中适当加入"海盐腔"和"弋阳腔"这两种古老的戏曲唱腔。1983 年，《西厢

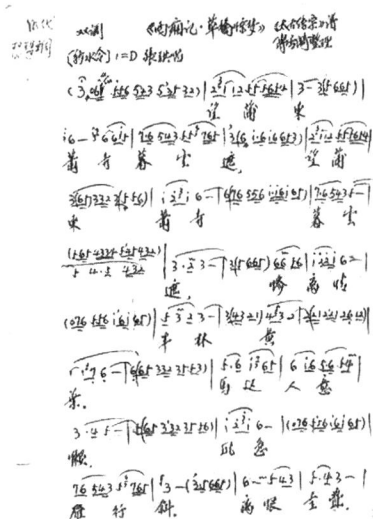

傅雪漪《西厢记》
谱曲手稿

记》荣获北京市音乐特别奖。后来，这部戏一度成为北方昆曲剧院的必演剧目。

此后，傅雪漪又为《牡丹亭》《琵琶记》《荆钗记》《晴雯》《红霞》《雷峰塔》《中山狼》《文成公主》《逼上梁山》《吕后篡国》等昆曲剧目进行了谱曲。其中，《牡丹亭》曾在 1982 年荣获北京市戏曲特别奖，在 1989 年获"十年来优秀戏曲唱段一等奖"；《琵琶记》获 1991～1993 年音

乐奖。

除了昆曲，傅雪漪还为南戏《张协状元》谱了曲。他从研究古典音乐入手，借鉴大量古老戏曲剧种中的音乐，为这部戏谱写了全部旋律及唱腔。此外，傅雪漪还为京剧《白蛇传》《人面桃花》，以及话剧《蔡文姬》《胆剑篇》等进行了作曲和音乐设计。

1996 年 6 月，傅雪漪赴芬兰进行文化交流。其间，他不顾 74 岁高龄，为当地观众表演了许多拿手的昆曲剧目，并向外国学者展示、介绍了自己多年来的戏曲谱曲成果，为弘扬我国戏曲艺术作出了重要贡献。

三、重现古典诗词的音乐风华

几十年来，傅雪漪不但为戏曲剧目谱曲，还为百余首古典诗词进行了配乐工作。他曾为屈原《楚辞·九歌》中的《山鬼》配乐，"乐曲采用山鬼内心独白的方式，塑造出一位美丽率真痴情的少女形象，并运用了倚音、顿腔技法，增强了古曲表现力"。

此外，傅雪漪还为唐代诗人于鹄的《巴女谣》谱了曲。他"采用轻松欢快、节奏跳跃的民歌手法，描绘天真活泼的小女孩在牛背上欢快玩耍的情景。当路旁好心人催牧牛姑娘早点回家时，她不以为然调皮地回答：'不愁日暮还家错，记得芭蕉出槿篱。'这一句用近似儿歌的俏皮旋律把小女孩的天真可爱表现得惟妙惟肖，在结尾更有意识地重复'芭蕉出槿篱'中'出槿篱'几个字，描绘出人物天真调皮的神态"。

经傅雪漪配乐的诗词还有上古歌谣《南风歌》，战国屈原《楚辞·九歌》中的《湘君》，唐代诗人李白的《长相思》和《秋浦歌》、王昌龄的《芙蓉楼送辛渐》、高适的《别董大》、杜甫的《江南逢李龟年》、张继的《枫桥夜泊》、白居易的《钱塘湖春行》、张志和的《渔歌子·西塞山前白鹭飞》，宋代词人李清照的《渔家傲》、陆游的《钗头凤》、辛弃疾的《西江月·夜行黄沙道中》、蒋捷的《一剪梅》，元末明初诗人高启的《销夏湾》，以及清代词人纳兰性德的《菩萨蛮》等。

除了给诗词配乐，傅雪漪还从 20 世纪 50 年代开始，精选数百首自宋代以来已有乐谱的诗词进行了选释，并于 1996 年出版了《中国古典诗词曲谱选释》。音乐理论家吕骥在这本书的序言中说："这对我们研究古典诗词的音乐是有益处的……古典诗词音乐的主要风貌，从所选的两百多首歌曲中大体可见。"

在诗词歌曲演唱技巧方面，傅雪漪也颇有研究。他提出了诗歌演唱值得注意的三点：把握诗词的审美意象，感于物而动；准确地把握情源；有效地把握气息的走向。他还总结了吟唱诗词的目的与方法："从有视像的词句中求得意像来启发吟唱者的情源，以音乐性的语调将诗句升华、润色，以自己的体会来抒发作者之情，动听者之心，呈现出'声诗'的艺术境界，获得文化和精神方面的滋养和愉悦。"

1998 年 12 月，傅雪漪不顾眼疾加重，为录制《中华百首古典诗词吟唱》专辑重新整理创作了曲谱。在录制过程中，他每天都到现场把关，对歌手进行逐句指导。专辑录制完成后，傅雪漪因疲劳过度导致双目失明，然而，他依旧保持乐观的心态说道："眼睛看不见还有耳朵能听，有什么不明白的赶紧问，趁我现在还不糊涂。"

《中国古典诗词
曲谱选释》书影

傅雪漪去世后，他的弟子、中国音乐学院教授王苏芬成立了"中国音乐学院古曲研究中心"，代替恩师继续为继承和发扬古典诗词歌曲演唱而努力奋斗。

哈扎布
——带青草味道的长调"歌王"

哈扎布（1922～2005），男高音歌唱家，国家一级演员。内蒙古阿巴嘎旗人，蒙古族。曾任锡林郭勒盟文工团、内蒙古歌舞团演员、中国音乐家协会理事、内蒙古音乐家协会副主席等。他从民间歌手成长为专业演员，在蒙古族民歌尤其是长调民歌的演唱方面传承、创新，取得了突出的艺术成就，被誉为草原"歌王"。演唱作品有《走马》《圣主成吉思汗》《旷野》《老雁》《黑骏马》《四季》《都门》《辽阔的草原》《步态稳健的枣红马》等，还有创作歌曲《阳光》等。

一、"天的恩赐"

哈扎布

1922 年 5 月 11 日，哈扎布出生在内蒙古锡林郭勒盟阿布罕纳尔旗（今阿巴嘎旗）达布希勒图苏木的一个蒙古族牧民家。族姓孛儿只斤，是成吉思汗黄金氏族的一支。

哈扎布是家里的独生子，他的名字"哈扎布"是藏语，意思是"天的恩赐"，由此可见父母对他的钟爱。

哈扎布的父亲名叫鄂温姆，既是牧民，又在王爷府里做轮值的文书。因此，哈扎布 6 岁时开始上私塾，在王爷府里读书，学习蒙古文和文化知识，后来还曾在旗里的小学读书。

父亲擅长骑马，善于弹奏三弦，母亲是位民间歌手。受家庭的熏陶，哈扎布自幼喜欢音乐，很小就学会了吹笛子和弹三弦，同时借参加那达慕大会和婚礼等场合，学习宴歌、酒歌和祝词。7 岁时，他参加当地的那达慕，就获得了赛马奖。到了 11 岁的时候，哈扎布开始在家乡参加各种小集会的演出。12 岁那年（1934），在旗里祭敖包之后的那达慕大会上，哈扎布同时得了赛马和唱歌的第一名。

1937 年 15 岁时，哈扎布正式拜锡林郭勒盟歌唱家色日格楞梅林为师，学习唱歌。几年之中，哈扎布学会了著名的长调《凯旋歌》《序歌》《潮尔》，以及低音和声《古式礼拜》《圣主成吉思汗》等曲目，并能演唱家乡一带的民歌近三百首，成为家乡有名的小歌手。

可是就在 15 岁那年，父母相继病逝，哈扎布成了草原上"孤独的小骆驼"。17 岁时，伯父不忍侄儿形单影只、孤苦度日，就为他娶了妻子。这位女子叫雍仁索，比哈扎布大 16 岁。她对哈扎布既像姐姐，又像母亲，体贴照顾。可是两年之后，她也因病离开了哈扎布。

18 岁时，哈扎布找到了"工作"，在当地的王爷府里当歌手。20 岁时，王爷又做主给他娶了一个名叫玛西的女子做妻子，哈扎布不愿意，便逃离了王爷府，直到 1946 年 5 月，共产党领导下的阿布哈纳尔旗新政府成立后，哈扎布才终于办了离婚手续。

1940 年，哈扎布又在本旗的那达慕上获得唱歌比赛第一名，得到奖品一匹马。1943 年，哈扎布在本旗那达慕上再次夺冠，这回奖品是三匹马。此时的哈扎布，已经是远近闻名的歌手，深受人们的喜爱。在后来的两次劫难中，哈扎布曾被莫须有地怀疑是奸细，而两次都主要是由于他感人的歌声而幸免于难。

1945 年，日本侵略者投降，内蒙古解放了。然而，当时反动势力还很猖獗。1947 年的一天夜里，哈扎布被锡林郭勒盟里的布里雅特旗乱兵掳为人质带走。当时解放军已进入草原，并在几天后赶上了乱兵。这使多疑的乱兵头领怀疑哈扎布是奸细，因为即使身为人质，他也总是快活地唱着歌。乱兵怀疑他是在利用歌声给解放军报信，于是将他绑在树上，打算处死。哈扎布心想：横竖也是一死，不如把自己喜欢唱的歌都再唱一遍，跟这黑暗的人世道别。哈扎布的歌声，不仅使人质听了落泪，连乱兵和他们的家属也因为第一次听到这样深情的

年轻时的哈扎布

歌声而感动。他们向首领求情："有这样美好歌声的年轻人不可能是奸细，饶他一死吧，这样他每天晚上都可以唱歌给我们听。"就这样，哈扎布因

为歌声招来杀身之祸，最终又用歌声救了自己的命。另一次逃过劫难，情形几乎与此如出一辙。

二、在专业舞台上成长

新中国成立前后，哈扎布在家乡当了几年小学教师。

1952年，锡林郭勒盟文艺工作队正式成立，30岁的哈扎布被调到文工队工作，成为专业文艺工作者。1953年，他又被调入内蒙古歌舞团，担任独唱演员。从此，他走上了专业文艺工作的舞台，并成长为国家一级演员。

草原上的民间歌手，世世代代都处于自发的学习传承状态，舞台就是那达慕大会、敖包和庙里的祭祀活动、婚嫁宴会等。新中国成立后，这一切都有所改变，走上了全面发展的道路。哈扎布进入专业团体后，他的艺术才华得到了充分发挥。在长期的实践中，他演唱了许多著名的蒙古族歌曲，如《走马》《鹿花背的白马》《小黄马》《阿尔古布其》《辽阔的草原上》《上海牌的半导体》等。许多古老的民歌，经他演唱后又焕发了青春，为各族听众所喜爱。

1953年，哈扎布参加新中国第一届民族民间声乐舞蹈会演，获得演唱优秀奖。1955年，在自治区专业文艺会演大会上，哈扎布演唱的《四季》《烟卷》等歌曲，获得了二等奖。1956年，他参加北京举行的全国职工文艺会演，哈扎布演唱的《步态稳健的枣红马》，获得了文艺界的好评。

1964年，哈扎布受到毛主席接见

也就是从1953年参加全国文艺会演获奖起，哈扎布开始在全国各地演出，并出国参加各种演出。1953年，哈扎布参加赴朝慰问演出队，为中国人民志愿军和朝鲜人民演出。1956年，哈扎布随团赴瑞典、丹麦、芬兰、挪威以及苏联演出。当时，苏联音乐家评论道：即使今晚所有的演出都被人们忘掉了，哈扎布的歌也永远忘不掉。1959年，哈扎布赴蒙古人民共和国访问演出。

20世纪50年代末，哈扎布第三次结婚。这一次，新娘是自己喜欢的姑娘，名叫伊德兴荷日勒。这次基于真爱的婚姻，终其一生，十分美满。

1964 年，哈扎布在大型音乐舞蹈史诗《东方红》中担任独唱演员，与胡松华为 A、B 角。胡松华所唱《赞歌》，原曲是锡林郭勒盟东乌旗民歌，原名为《萨如勒塔拉》，意思是"美丽的草原"。胡松华向哈扎布学习了这首歌曲，并填了新词，《赞歌》从此传遍大江南北。

哈扎布还深入到草原牧区，搜集整理了许多濒临失传的优美民歌。

三、重获新生，培育传人

"文革"期间，哈扎布也蒙受了巨大的打击。

面对巨大的打击，以及无尽的恐怖和椎心的绝望，倔强的哈扎布几次想到了死。许多年后，哈扎布对学生拉苏荣说："世界上最可怕的事，不是死亡，也不是受刑的折磨，即使骨头被打断了，也不过是肉体的痛苦而已；最可怕的是侮辱，把人心里最后仅存的那点尊严都拿出来放在地上践踏，真是不能容忍的恐怖与绝望啊！"

哈扎布决心自杀，好心人察觉到这一点，给他传来一张字条，上面写着："这些小丑的日子快结束了，不能去死，春天快来了。"这个字条，哈扎布至今也不知道是谁写的，但它确实让哈扎布感到自己并不孤单，并坚定地活了下来。

1976 年，"四人帮"被粉碎，"文革"结束。获得新生的哈扎布写了一首歌，歌名叫《阳光》。歌曲在内蒙古广播电台播出后，人们惊喜异常，辗转相告："哈扎布自由了，他又在歌唱了！"

1977 年，哈扎布获得平反，恢复了名誉，重返歌坛。此后，除了演出，哈扎布把更多的精力投入到培养传人，以及搜集蒙古族民间歌曲。

1979 年，哈扎布响应政府号召，开始搜集蒙古族民间歌曲。

1988 年，哈扎布应邀到日本演出，被誉为中华"国宝"。

哈扎布教学生演唱蒙古族长调

1989 年，哈扎布这位民间早已公认的"歌王"，获得了内蒙古自治区人民政府正式授予的"歌王"称号。

1991 年，哈扎布又获得了内蒙古艺术界最高奖"金驼奖"。这一年，哈扎布 69 岁。

在 1982 年的时候，60 岁的哈扎布办理了退休手续，回到了家乡锡林郭勒草原。1990 年，哈扎布自筹资金，在家乡开办了蒙古族长调训练班，招收 20 多个孩子，教他们学习蒙古族长调，致力于培养蒙古族长调传承人。后来，哈扎布还带他们去呼和浩特参加汇报演出。

2001 年，80 岁时哈扎布出席首届全国蒙古语长调大赛，不仅担任评委，还和获奖歌手同台演唱。

哈扎布的一生培养了不少优秀学生，著名歌唱家胡松华、拉苏荣、德德玛等人，都是他的得意门生。

哈扎布曾经担任中国音乐协会理事，内蒙古音乐协会副主席等社会职务。

2005 年 10 月 27 日，由于心脏病突发，哈扎布在内蒙古自治区锡林浩特市去世，享年 83 岁。

2007 年，在哈扎布逝世两周年之际，有关方面精心搜集了几乎所有哈扎布演唱的长短调民歌，用两首寓意深刻的蒙古族长调民歌的歌名组名，精心编排成《从走马到老雁——蒙古族长调歌王哈扎布特别纪念 CD（珍藏版）》，以飨喜爱蒙古族长调的国内外听众，表达对一代"歌王"哈扎布的深情纪念。

四、"内在感是歌的灵魂"

哈扎布是继承和发扬了蒙古族民歌艺术，取得了杰出的艺术成就，获得了极高的声誉，他的歌声受到了专业人士和普通百姓的广泛称赞和喜爱。

曾任全国人大常委会副委员长的蒙古族知名人士布赫曾评价道："哈扎布成为第一个将蒙古族长调牧歌，从草原、从蒙古包、从马背上和从王爷的大帐中，搬到了城市文艺舞台的艺术家，使之登上大雅之堂，得到国内外艺术界的公认和肯定。这是他对蒙古族声乐艺术，乃至对中国和世界音乐艺术的重大贡献。"

哈扎布演唱的主要代表有《赞马》《圣主成吉思汗》《旷野》《晴朗》《大地》《老雁》《黑骏马》《四季》《都门》《小花马》《微风》《小黄马》《走马》《辽阔的草原》《步态稳健的枣红马》等。他还创作了《阳光》等歌曲。

哈扎布对于演唱蒙古族长调和短调民歌进行了许多有益的尝试。他在传承传统基础上勇于创新，大胆借鉴西洋发声方法，探索出一套成功的经验，为丰富蒙古族传统唱法作出了杰出贡献。

《四季》是一首蒙古族民歌，是蒙古族民间音乐的精华。它是由五言唱词组成的一首宴歌，词意深刻，富有哲理。它的音乐特点是音域宽广，从低音到高音之间多达17度，而且节奏多样、转调变化，演唱难度很大。经过多年努力，哈扎布运用胸腔的阔声、狭声放声和假声全面的声乐技巧，成功地唱好了这首歌，并第一个把它介绍给国内外的听众。

《都门》是蒙古族长调歌曲，为了唱好这首歌，哈扎布不断地总结经验，利用加强胸腔的力度，获得了洪亮的音色；运用放声方法，获得了宽广的音域；结合假声，唱出了这首歌的最好效果。因此，很多人说："听哈扎布唱歌，即使你就在他的身旁，他也像在很远的地方唱歌一样。"

哈扎布纪念专辑

哈扎布善于总结自己的艺术经验。20世纪80年代初，他曾说："一个成熟的演员，必须具备气息宽展、节奏稳健、吐字清晰、曲折婉转、层次分明等条件并富有内在感。""内在感是歌的灵魂。"晚年的时候，有人问哈扎布如何才能唱好长调，他说："需要的是真心实意。把生活、家乡的原貌真实地表达出来，人民自然就接受你的歌了。""不要把蒙古族长调的青草的味道，唱成大肥肉的味道。"

哈扎布认为，他能够学会并且唱好蒙古族长调，主要有两个原因，一是他的老师特木丁、斯日古楞梅林都是了不起的蒙古族长调歌手，全身心投入，而且把自己摸索出来的经验悉心地传授给他；二是他自己在内心里特别愿意学。青年时期，他不断地从草原上的老艺人那里学习演唱方法，每一位艺人教给他的内容，都特别珍贵，这些老艺人的情感特别真挚。哈扎布说："我如果到学校，也许学不到这些歌声的民歌味道，还有内心。那些唱歌的人，从生活上就能看出他们的内心。每一首歌的歌声里，都包含着他们的生活。他们传授给我的那些东西，不是什么具体技巧，纯粹是如何从内心里面去处理。我后来唱的那些长调歌曲，都经过我自己内心的处理。"

蒙古族音乐理论研究专家乌兰杰认为，哈扎布"是蒙古族长调民歌的一个时代高峰，他是锡林郭勒、察哈尔、内蒙古中部草原的抒情派、华丽派的长调民歌的一个代表人物。他把长调民歌的艺术演唱提高到了一个前所未有的高度，为后人所景仰。他是长调民歌从旧时代发展到新时代的一座金桥。我们有了他，就缩短了时代和现实的距离、传统和创造的距离、人和自然的距离。没有他，我们很可能在草原上还要摸索很长时间。所以，他是一代宗师，是人民的歌唱家，是当之无愧的长调歌王"。

这里，我们不妨再节录几段有关哈扎布演唱艺术的评价。

蒙古族作家席慕蓉说："他的歌声横过草原，天上的云忘了移动，地上的风忘了呼吸；毡房里火炉旁的老人忽然间想起过去的时光，草地上挤牛奶的少女忽然间忘记置身何处；所有的心，所有的灵魂都跟随着他的歌声在旷野里上下回旋飞翔，久久不肯回来……"

哈扎布在家中指导青年歌手

满族作家端木蕻良说："哈扎布是有名的民间歌手，他不是在唱歌，他只是在和你像对一位老朋友似的说着话，多么没有拘束，多么亲切，多么细致的谈话呀！使你，终于，和他的歌声溶解在一起了。"

叶圣陶写诗赞赏："他的歌韵味醇厚，像新茶、像陈酒；他的歌节奏自然，像松风、像溪流，每个字都落在人心坎上，叫人默默颔首；高一点低一点就不成，快一点慢一点也不就，唯有他那样恰好刚够，才叫人心醉神怡、尽情享受；语言不通又有什么关系？但听歌声就能知情会意。无边的草原在歌声中涌现，草嫩花鲜仿佛嗅到芳春气息；静静的牧群，这儿是，那儿也是，共进美餐，昂头舔舌心欢喜；跨马的健儿在歌声中飞跑，独坐的姑娘在歌声中支颐，健儿姑娘虽然远别离，你心我心情如一，海枯石烂毋相忘，誓愿在天鸟比翼在地枝连理；这些个永远新鲜的歌啊，真够你回肠荡气……"

康巴尔汗

——"新疆第一舞人"

康巴尔汗·艾买提（1922～1994），舞蹈家、舞蹈教育家。新疆喀什人，维吾尔族。1941年毕业于莫斯科音乐舞蹈学院。曾任乌鲁木齐、塔城文艺团体舞蹈演员，西北艺术学院民族系主任、新疆学院艺术系主任、新疆艺术学校副校长，全国文学艺术界联合会副主席、舞蹈家协会副主席，新疆文学艺术界联合会副主席、舞蹈家协会主席。她借鉴芭蕾舞和现代舞，使维吾尔族民族舞蹈艺术获得新的表现力，赢得观众喜爱和世界声誉；她倾心舞蹈教育事业，培养了众多民族舞蹈艺术人才。编演代表作有《林帕黛》《乌夏克》《盘子舞》《打鼓舞》等。

一、民间与学院的双重滋养

1922年，康巴尔汗·艾买提出生于新疆喀什噶尔（今喀什市）郊区巴西克里木阿瓦提村一个维吾尔族家庭。他的父亲库尔班是一位打馕人，子女众多。因此，为了维持生计，康巴尔汗很小的时候就开始帮家里做些力所能及的事情。

喀什是著名的歌舞之乡，那里的人们"会说话就会唱歌，会走路就会跳舞"。康巴尔汗的父母都热爱民间歌舞，她小时候常听父母亲唱维吾尔族民歌。童年的康巴尔汗被民族民间艺术甘露滋养着，受到了深厚的艺术熏陶。

康巴尔汗

1927年，康巴尔汗5岁的时候，因生活困窘，他们全家迁居到了苏联的卡孜勒·宽孜城（今属乌兹别克斯坦），而且以后也经常搬家谋生。当时，我国新疆居民到邻近的苏联城镇上去打工，并非少见。行旅和异域生活，使康巴尔汗开阔了眼界，特别是苏联人民对于歌舞艺术的热爱，哈萨克舞蹈的奇妙舞姿，都使她得到了进一步的歌舞艺术的熏陶。

1935年，自幼能歌善舞的康巴尔汗考入了苏联塔玛勒哈侬舞蹈学校学习，那一年她13岁。这所舞蹈学校以著名舞蹈家的名字命名，学校老师有不少知名的舞蹈艺术家，诸如塔玛拉、杜金斯卡娅等，她们以风格纯正的示范、规范严格的训练闻名遐迩。在这里，康巴尔汗受到了严格的基础训练，学习了芭蕾舞和民族舞（哈萨克族、乌孜别克族舞蹈等）。

1937年，阿拉木图红旗歌舞团来学校招生，康巴尔汗成绩名列前茅，被顺利录取。在红旗歌舞团，康巴尔汗边学习、边演出，积极主动向前来歌舞团授课和同台演出的艺术家们学习、请教。在歌舞团排演的大型歌舞剧《阿娜尔汗》中，她担任独舞《划船曲》以及其他三人舞、集体舞的领舞，表演中所显露的特有气质和才华，博得了专家和观众的好评。通过学习和演出实践，她拓宽了视野，提高了舞蹈表演技巧，树立了献身舞蹈事业的坚定信念。

康巴尔汗扮演
抗日战士的剧照

1939年，康巴尔汗又考入莫斯科音乐舞蹈学院。在这里，她主要学习了乌克兰民间舞、俄罗斯古典舞和民间舞，以及阿塞拜疆的舞蹈。学习期间，她曾在克里姆林宫与苏联著名舞蹈家乌兰诺娃等同台，为斯大林等苏联国家领导人演出。她的表演使苏联观众第一次领略了维吾尔族精湛的舞蹈艺术，并留下了深刻印象。直到1956年她随中国艺术家代表团访问苏联时，一位苏联领导人竟然一眼就认出她是曾在克里姆林宫演出的姑娘。

1941年毕业后，康巴尔汗回到了塔什干红旗歌舞团。她在舞蹈艺术上的成就，至今在塔什干等地还有较大声望。

在苏联的那段日子，除了民族舞蹈的借鉴，芭蕾舞和现代舞的学习让康巴尔汗受益匪浅。她把芭蕾舞和现代舞融入新疆的民族舞蹈中，让新疆的民族舞蹈更美、更有艺术魅力。她编舞、演出的独舞《林帕黛》，1940年首演于莫斯科，在国际舞台上获得了很大声誉。

二、"新疆的梅兰芳"

1942年4月，康巴尔汗回到了祖国。5月。她参加了在迪化（今乌鲁木齐）举行的14个民族的歌舞比赛。她和妹妹古丽列然木表演的《林帕黛》和《乌夏克》等舞蹈，荣获第一名。据说，当时人们为了看她的演出，连卖票处的门窗都挤坏了，其舞蹈艺术的魅力可见一斑。

那时，祖国还在受日本侵略者的蹂躏，抗日战争如火如荼。康巴尔汗满怀爱国热情，虽不能沙场杀敌，但她依然以自己方式为抗战奔走。她把街头巷尾当成抗日宣传的阵地，排演了许多与抗战有关的节目，自发组织抗日募捐义演。一张《抗日游击队舞》演出的老照片，见证了康巴尔汗爱国热情，穿上军装的艺术家，俨然英姿飒爽的抗日战士。

抗日战争胜利后，国民政府委派张治中主持新疆政务。张治中为了加强边疆与内地的联系，经常派歌舞团赴江南和中原访问演出。1946年12月，"新疆青年歌舞团"赴南京、上海、杭州、台湾等地演出，康巴尔汗担任歌舞团的团长。访问演出在各地掀起了一股新疆民族歌舞旋风，康巴尔汗更是走到哪里都成为哪里的焦点人物，她以自己的舞蹈艺术征服了无数观众，也获得了政界要人和艺坛名流的青睐。

康巴尔汗（右一）与
梅兰芳（右二）等人合影

"新疆青年歌舞团"访问南京期间，蒋介石、宋美龄接见了全体团员并合影留念。观看演出后，蒋介石特别称赞康巴尔汗舞技超群，宋美龄还送给她一双镀金舞鞋。访问上海时，上海市政府曾安排知名影星胡蝶等人到车站迎接，尽管因担心人多出事而取消，胡蝶还是在歌舞团入驻的锦江饭店与康巴尔汗会了面。

"新疆青年歌舞团"的演出，尤其是康巴尔汗的表演，所到之处无不引起轰动，各地报刊争相登载康巴尔汗的演出剧照和评论，称她为"新疆第一舞人""新疆的梅兰芳""新疆之花"等。这次巡回演出，借助康巴尔汗等富有魅力的表演，使新疆维吾尔族歌舞艺术在全国范围内赢得了极高声誉。

南京、上海等地的巡回演出，康巴尔汗展示了新疆的民族歌舞艺术，与京剧表演艺术家梅兰芳、舞蹈家戴爱莲等进行了交流，获得了他们的赞许。康巴尔汗还与梅兰芳结下了友谊，梅兰芳对艺术孜孜不倦的精神，给了她很大的鼓舞和激励，使她坚定了自己献身新疆民族舞蹈的艺术追求。

三、新疆现代舞蹈开拓者

1949 年 9 月，新疆和平解放。11 月，在欢迎解放军进驻新疆的文艺晚会上，康巴尔汗演出了《打鼓舞》《盘子舞》，受到了观众的赞扬和鼓励。

康巴尔汗表演《盘子舞》

1950 年新中国成立 1 周年之际，康巴尔汗作为新疆国庆观礼代表团成员进京。9 月 30 日，在中南海怀仁堂，代表团受到了毛主席、周总理等国家领导人的接见，毛主席握着她的手说"我知道你的名字。"让她深受感动。10 月 1 日，康巴尔汗演出了《盘子舞》《打鼓舞》等，获得了热烈的掌声。演出结束后，毛主席上台接见了演员，并提议把《盘子舞》《打鼓舞》《解放了的时代》等歌舞节目拍摄成电影。后来，这三个节目都收入了纪录片《各族人民大团结万岁》。通过影片，更多的人领略了新疆歌舞的独特风采，康巴尔汗的名字不胫而走，传遍了祖国大地。

20 世纪 50 年代初，康巴尔汗又编演了《解放了的时代》《解放的姑娘》《解放军舞》《中朝人民有力量》《红旗舞》《游击队伍》《高音鼓舞》《植棉姑娘》《喀什赛乃姆》等。

在康巴尔汗编演的舞蹈节目中，《林帕黛》（亦称"凌帕黛""林帕特"）、《乌夏克》和《盘子舞》《打鼓舞》是代表作，这些作品被视为 20 世纪中国舞蹈艺术的经典。

《林帕黛》和《乌夏克》是姐妹篇作品，均脱胎于维吾尔族传统音乐舞蹈艺术。独舞《林帕黛》，是根据维吾尔族同名古典舞曲和民间自娱舞加工而成的。《乌夏克》是维吾尔族古典音乐套曲《十二木卡姆》中的一个部分，舞蹈就是据此编演的。此外，康巴尔汗表演的《尼木帕旦》（意为二分之一拍，即快节奏舞）、《地力哈拉吉》，也都是来自维吾尔族舞蹈传统。其中，《林帕黛》是跨越几个时代的常演不衰的作品，在不同时期都同样受到热烈欢迎和高度赞扬。

《盘子舞》（维语"其乃台合塞"，意为"碗盘舞"）被认为是康巴尔汗舞蹈艺术成就的最高代表，曾倾倒了无数观众。观众发现，在这个带有杂技色彩的舞蹈中，生活中常见的盘子、筷子居然作为道具焕发出强烈的艺术表现力。表演中艺术家修长婀娜的形体，典雅美丽的容貌，稳健柔韧的步伐，柔美多变的舞姿，胸腰间刹那间的闪动，边移步

康巴尔汗受到毛主席的接见

边移颈的纵横动态，头顶上纹丝不动的盘子，盘子里一滴不洒的水……美不胜收。而这个舞蹈，除了学院派的功底之外，也是康巴尔汗向民间艺人学习的结晶。早年间，她听说有位老太太会跳顶碗舞，就设法找到老人家里，把老人在都塔尔伴奏下的舞蹈动作全部学了下来，同时吸收了民间日常在桌子上表演的"盘子舞"素材，从而才有了这个经典节目。

康巴尔汗自幼受维吾尔族歌舞艺术的熏陶，善于从音乐中捕捉舞蹈形象。在表演中，她的每一个舞姿，都是表达一种感情的语言，并具有特定的意义，使音乐、舞蹈统一于诗的意蕴之中。专家学者概括康巴尔汗的舞蹈艺术称"康巴尔汗的表演素以韵味浓郁、动作柔美、脚步稳健、气质高雅而著称"；"她的舞蹈风格端庄高雅、潇洒俊逸、轻盈流畅，使人感受到一种和谐的美"；"她的舞蹈感情丰富，端庄高雅，轻盈流畅，音舞交融"，体现出"妩媚中见凝重的舞风"。还有人将这种舞蹈表演技艺和风格称为"康派"。

康巴尔汗被誉为"现代维吾尔族舞蹈的集大成者"，她率先将民间传衍的新疆维吾尔等各民族舞蹈，加工成精美的舞台艺术，以《盘子舞》《林帕黛》等倾倒天山内外、大江南北。对于维吾尔族传统舞蹈技法，她也进行了创造性的变革。比如女子目光只能俯视以收敛感情、手位不能高过眉际与头部，这些制约和规矩都被康巴尔汗突破和改变了。同时，她又创造了脚跟先着地、脚掌后着地的"垫步"，现在已经成为检验维吾尔舞步风格的一个标准。

四、倾心奉献舞蹈教育

康巴尔汗不仅是舞蹈表演艺术家，而且也是一位舞蹈教育家。新中国成立后，她曾先后担任西北地区几所艺术院校教师，致力于民族舞蹈艺术

人才的培养，造就了许多优秀的舞蹈人才。

早在刚从苏联回到新疆时，康巴尔汗就在塔城、迪化等城市举办了舞蹈艺术培训班，为提高全疆各民族舞蹈艺术水平起到积极促进作用，也把舞蹈艺术教育的种子撒向了天山南北。

康巴尔汗教授舞蹈课

1951年，康巴尔汗受命担任西北艺术学院（在西安）少数民族系主任。学院招收西北地区各民族学生，培养专门艺术人才。当时，舞蹈艺术教育在国内还是一门新兴学科，教材、训练体系、教学规划均是空白，从事舞蹈艺术教育的人也寥寥无几。尽管受过系统正规教育并已取得一定成就，但如何开展舞蹈教学，对康巴尔汗也是一个巨大的挑战。她克服种种困难，根据自己多年收集的民间素材和民族舞蹈资料，与同事们一起编写出了西北地区第一部中国民族民间舞蹈教材，培养了两届学生，使他们成为西北地区第一批受过正规专业教育的舞蹈艺术工作者。

1954年，康巴尔汗回到了新疆，在新疆学院（今新疆大学）艺术系任主任。在人才匮乏，设备简陋的条件下，康巴尔汗亲自参与编写教材，制定教学计划，指导组织教学，为新疆创办专门的包括舞蹈在内的艺术教育机构奠定了基础。

1958年，新疆近现代史上第一个政府举办的正规艺术教育机构——新疆艺术学校（今新疆艺术学院），康巴尔汗被任命为副校长。在任期间，她组织编写了3套教材，培养了7届舞蹈学生。这些，都为新疆的现当代舞蹈艺术教育打下了基础，为新疆民族舞蹈发展培养了专门人才——包括舞蹈教师和舞蹈演员。这些舞蹈教师后来都成了新疆舞蹈的传播者，优秀舞蹈演员都成了全疆各个文工团的骨干。

"文革"中，康巴尔汗受到冲击，她的许多同事也未能幸免，学生也受到了牵连。但她始终以平静态度面对变故，默默投入教学工作，并取得了很好的成绩。与她共过事的演员，无不为她健康、幽默的风格所感染。

1979年，在全国第四届文化艺术界代表大会上，康巴尔汗当选为全国文联副主席、中国舞蹈家协会副主席。第二年，她又当选了新疆维吾尔自治区文联副主席、舞蹈家协会主席。她还是第四至六届全国政协委员，新疆维吾尔自治区第四至六届政协副主席。

康巴尔汗几十年如一日，视舞蹈艺术为生命，舞台一直是她钟情的地方。1984年，在新疆文艺界组织的庆祝新中国成立35周年的联欢会上，年逾花甲的康巴尔汗身穿长裕祥，在多年合作的老艺术家阿布都古力的唢呐伴奏下，翩翩起舞，优美的舞姿一时间使现场气氛凝固，唢呐声一停止，随即爆发出雷鸣般的掌声。

1992年10月，以康巴尔汗命名的艺术基金会在新疆成立。

1994年3月，康巴尔汗在乌鲁木齐逝世，享年73岁。

2006年11月，康巴尔汗的塑像在新疆艺术学院揭幕，同时学院还举办了康巴尔汗舞蹈生涯图片展。

康巴尔汗塑像

贾作光
——为人民而舞的"东方舞神"

贾作光（1923～），舞蹈表演艺术家、编导艺术家，国家一级演员、一级编导。辽宁沈阳人，满族。1935年开始舞蹈生涯。历任内蒙古歌舞团副团长、内蒙古艺术剧院院长、内蒙古舞蹈家协会主席、中央民族歌舞团副团长、中国舞蹈家协会名誉主席，北京舞蹈学院副院长等。致力于创作富有民族特色的舞蹈，是中国现代民族民间舞的创始人，被誉为"东方舞神"。编演代表作有《渔光曲》《牧马舞》《雁舞》等；创作代表作有《马刀舞》《鄂尔多斯舞》《哈库麦舞》《鄂伦春舞》《海浪》等。另有《雁在说：贾作光自传》行世。

一、热爱艺术，如愿学舞

贾作光

1923年4月1日，贾作光出生在辽宁省沈阳市"贾家园子"的一户满族富贵人家。小时候，他在家人的关怀下茁壮成长，度过了一个十分快乐的童年。

在贾作光的家乡，每到逢年过节，艺人们都会到街上舞狮子、扭秧歌、耍龙灯、划旱船，还会表演"大头和尚戏柳翠"的舞蹈。3岁那年，贾作光被母亲抱到街上去看表演，一下子就喜欢上了这些市井舞蹈，拍着小手要跟人家学。

回家后，贾作光把写对联用的红纸沾湿，挤出红水抹在脸上，又往耳边挂了两个红辣椒，然后开始模仿起民间艺人的表演。他模仿得惟妙惟肖，逗得家里人乐个不停，可祖父却说："从小看大，三岁到老，长大了也没出息，顶多成个戏子。"

年龄稍大一些后，哥哥便带着贾作光偷偷溜出去看戏。遇到人多挤不进去的时候，贾作光就着急得咬别人的大腿，人家揪住他的耳朵骂他是小狗，他就摆出一副"哎哟哎哟"的可怜样求饶。就这样，他总能挤到人群最前面，如愿以偿地看到戏。

上学后，贾作光常常混在女孩儿堆里，和她们一起蹦蹦跳跳，并带头跳当时盛行的校园舞蹈《葡萄仙子》和《小小画家》。那时，每到夏天，贾作光的家里都会种许多花，还架了一些葡萄藤，放学后，他常带着女同学一起回家玩扑蝴蝶的游戏。回忆当时的情景，贾作光说："我那时挺可爱的，人见人爱。"

1931 年"九一八"事变后，随着沈阳的沦陷，贾作光的家庭也随之败落。后来，爷爷和父亲相继辞世，母亲被迫给人帮佣，哥哥也去当了童工。为了减轻家庭负担，贾作光从学校辍学，被寄养在叔叔家里。后来，他进了雪花膏厂当学徒，给老板捶背倒尿壶，还捡过煤渣挣钱，吃了不少苦头。

虽然日子过得很辛苦，但贾作光依然每天蹦蹦跳跳，心态非常乐观。那时，他唯一的乐趣就是看电影，为了逃票，他就钻电影院的狗洞进去，就这样看了许多国内外的优秀影片。15 岁时，贾作光偶然得知伪满洲国映画协会株式会社（长春电影制片厂的前身）的舞蹈演员训练班招收学员，于是便决定前去参加考试。

考试前几天，贾作光听说要先体检，想到自己视力不怎么好，他就背下了整个视力表，体检时顺利过关。接下来，正式考试的内容是随音乐表演"扑蝴蝶"。得知题目后，贾作光灵机一动，回忆起了小时候在家里扑蝴蝶的情景，于是便学着以前的样子"用双手扑，扑到了就高兴地拍手，然后假装蝴蝶又飞走了，再接着扑"。就这样，尽管没能跟上音乐节拍，他还是以生动的表演被培训班录取，师从日本舞蹈家、"亚洲现代舞之父"石井漠，开始正式学习舞蹈表演艺术。

二、苦练功底，初试牛刀

在映画协会株式会社，贾作光如饥似渴地学习舞蹈表演艺术。在石井漠及其助手吉村晨彦的指导下，他学习了芭蕾和现代舞的基础训练课，还上了民谣、日本古典音乐以及创作实习课。虽然训练和学习的过程十分严苛，但贾作光从中汲取了大量营养，为日后创作和表演舞蹈打下了扎实的基本功。

在上训练课时，由于起步较晚，贾作光不得不付出比其他人多百倍的努力。他的腿不够直，脚弓也很硬，为矫正体形，他干脆把双腿捆在一起，一捆就是好几个小时，等放开后已经不能走路。

"贾作光舞姿"简绘

在上理论课时，贾作光不仅学习了一般的表演理论知识，还在石井漠的指点下阅读了《世界美术全集》，从埃及古老的艺术雕刻、印度佛教塑像和壁画中寻找灵感。后来，为了培养想象力，他有时只用鼓来打节奏，在节奏中展开想象；有时又用音乐结合自然景物，在鸟飞、鱼游、风动、雪飘中展开想象。

学习期间，贾作光创作了第一部舞蹈作品《迷途的羔羊》。在作品中，他以羔羊拟人，表现了当时国人看不到前路的迷惘状态，虽然舞蹈语言尚未成熟，却已经显露出了紧扣时代脉搏的倾向。

一次，贾作光观看了电影《渔光曲》，深受感动，于是便创作了同名独舞。在表演时，他头上扎着绸子，身穿喇叭裤、赤脚，拖着一条用纸壳制成的破渔船，在《渔光曲》的歌声中缓缓起舞，引起了观众的强烈共鸣。这是我国舞蹈史上首个以现代舞形式表现人民生活的作品，贾作光"虽然没有见过渔民，服饰上欠缺渔民形象，但愿意表现渔民的受压迫"，体现了他深入生活，和人民同呼吸、共命运的创作风格。

紧接着，贾作光又创作了《狼与羊》。结果，映画协会株式会社的领导认为这部作品有用寓言影射日本侵略的嫌疑，下令禁演，还说贾作光"心坏了"。

1941年，日本开始在伪满洲国实行"征兵制"。为了不去战场上当"炮灰"，贾作光在体检中不再假装视力好，体检不合格成了"国兵漏"，留下当劳工修战壕。在此期间，他接触到了共产党的地下组织，明白自己很可能修完战壕就被杀死，于是便在1943年托人办了张"出国证"，前往北平。

在北平，贾作光接触到了一批进步学生，并组织了"作光舞蹈团"赴各地演出。其间，他创作演出了《苏武牧羊》《少年旗手》《魔》《西线无战事》等作品，体现了进步的艺术追求和崇高的爱国情怀。

三、深入牧区，激情创作

1947 年，贾作光在舞蹈大师吴晓邦的带领下前往内蒙古，加入了内蒙古文工团（今内蒙古歌舞团），从此与民族舞蹈结下了不解之缘。

同年，贾作光随文工团来到了乌兰浩特。刚到那里时，他很难适应那里的生活习惯。当地人穿的都是民族传统服装，而他却西装革履，走路还要扭一扭，显得很不协调；他本来不吃羊肉，看到牧民吃饭不洗手，直接拿起血淋淋的手扒肉大快朵颐，就更难以下咽，一连饿了三天。

一次，在联欢晚会上，大家让贾作光跳牧民的舞蹈，他就结合所学，即兴创作了《牧马舞》。由于不了解牧民的生活，他跳的实际上是西班牙舞，大家当场指指点点的。有人告诉他说："套马杆直冲着前面不对，那就杵在肚子上啦。"

第一次在草原上跳舞就闹出了笑话，贾作光心里十分懊恼，产生了"你们现在看不懂我的舞蹈，下个世纪就看懂了"的消极想法。看见贾作光无所适从的样子，吴晓邦就开导他说："你走得太快了，一定要适应，要先学习。不要嫌弃，要尊重人家的风俗习惯。"

渐渐地，贾作光被牧民们的勤劳勇敢所感染，开始慢慢转变。他先是习惯了不洗手吃饭，见到羊肉抓起来就啃，之后又学会了放羊、挤奶、拾粪。为了改编《牧马舞》，他仔细观察牧民如何套马，并学起了骑马，为此吃了不少苦："刚上马，烈马一溜烟奔向悬崖猛冲，要把我甩下悬崖，现今都留下了伤痕。"

贾作光表演《牧马舞》

在改编《牧马舞》时，贾作光用心摸索，把牧民勤劳勇敢的精神状态提炼为主题，并把他们挤奶时肩膀的前后抖动，以及骑马扬鞭、梳辫子等动作都融入了舞蹈中。在设计抖肩、套马等舞蹈动作时，他还细分了大、小"挽手腕"、软、硬"动肩"的不同姿势。最终，当改编过的《牧马舞》呈现在牧民面前时，大家都发自内心地鼓起了掌。

在这次实践后，贾作光的创作激情被充分激发。1948 年，他创作了展示军人阳刚外表和儒雅气质的男子群舞《马刀舞》。第二年，他又创作了达斡尔族女子群舞《哈库麦舞》，表现出了达斡尔族妇女豪爽的性格和嬉戏时的情态。1952年，《牧马舞》和《马刀舞》荣获内蒙古自治区舞蹈比赛一等奖，《哈库麦舞》获二等奖。

1949年，贾作光又自编自演了一部男子独舞《雁舞》，借助大雁的形象抒发了草原人民的思想感情。在舞蹈中，他用细腻的动作姿态、流畅的舞台调度、铿锵有力的音乐渲染，将草原人民豪放勇敢的精神风貌创造性地表现了出来，成为舞台上的又一部经典作品。后来，许多牧民在蒙古包里看到贾作光的舞蹈，都亲切地称他为"呼德音夫"（草原之子）、"玛奈贾作光"（我们的贾作光）。

四、为舞蹈事业倾情奉献

新中国成立后，贾作光随内蒙古歌舞团来到了鄂尔多斯高原。在那里，他根据当地十分流行的祭祀舞"查玛"，创作出了著名的群舞《鄂尔多斯舞》。在舞蹈中，贾作光把"查玛"舞中的动作加以变形、发展，创造了甩手下腰、单腿扳腰等动作，并融入了牧民骑马、挤奶、梳头等生活动作，展现了蒙古族人民新的面貌。

贾作光向少数民族
舞蹈演员传授舞艺

后来，《鄂尔多斯舞》成为全国各个文艺团体在慰问演出时的常演节目，受到了一致好评。舞蹈史学家王克芬曾这样评论这部作品："'查玛'原本的舞蹈在架势、造型、动律上有着粗犷豪放且威严的特点，而贾作光涤去其中的威严，保留粗犷豪放，让蒙古族的情感和特有的性格、气质自然显露无遗。"

1952年，贾作光编导了男子群舞《鄂伦春舞》，在内蒙古自治区舞蹈比赛上获二等奖。后来，他又创作了《挤奶员舞》《盅碗舞》和《敖包相会》等表现蒙古族人民生活的舞蹈作品。

"文革"开始后，贾作光被指为"反革命"进行批斗。然而，即使身处险境，他依然心系舞蹈，用舞台幽默来化解痛苦。当时，大家都高喊"打倒贾作光"，他就跟人家说："你甭打倒我了，我自己趴下。"结果他真的就趴下了，并想象这是自己的一个舞台动作，以此减轻内心的痛苦。后来，别人又说他是"反动学术权威"，是特务，他就想象着"我到过苏联，和当时苏联最有名的舞蹈家乌兰诺娃同台演出，这是只有我能执行的'特别任务'"。

一天，贾作光到大礼堂叠丝绒

贾作光在北京舞蹈学院授课

幕，不小心摔了下来，脚粉碎性骨折。在医院里，他醒来后唯一的念头就是："我还能跳舞吗？"当时妻子不在身边，贾作光就自己动手做拐杖，忍着疼痛坚持走路，直到完全康复。

"文革"后期，贾作光迎来了又一个创作高峰。1973年，他创作了反映邮递员奉献社会的《鸿雁高飞》，两年后又创作并表演了《牧民见到了毛主席》。

1977年，贾作光创作了鄂温克族女子群舞《彩虹》。《彩虹》是一支欢快悠扬的舞蹈，以自然界雨过天晴后出现的彩虹表达了"四人帮"倒台后鄂温克族人民欢快的心情。后来，在国庆30周年全国文艺会演上，这部作品荣获了二等奖。

1978年，贾作光创作了表现蒙古族妇女热爱家乡的女子独舞《喜悦》，在叙述性的动作语言中表现出了蒙古族妇女的时代精神。作品由舞蹈家敖德木勒表演，受到国内外观众的欢迎，有一次连续谢幕6回之多。后来，贾作光又编排了《海浪》《任重道远》《万马奔腾》《希望在瞬间》等舞蹈，广受赞誉。

1983年，国标舞传进中国，老一辈舞蹈家大都认为它"低级下流"，可贾作光坚持对其进行正确引导。后来，国标舞成为很多人喜爱的舞种之一，"现在中国国际标准舞协会有80多个团体会员，15万人参加。中国去参加国际标准舞大赛，其他国家都害怕呢"。

20世纪90年代后，贾作光逐渐退居二线，继续为我国舞蹈表演事业无私奉献。

五、永驻舞蹈青春

半个多世纪以来，贾作光集舞蹈表演、创作、教学于一身，为我国各民族舞蹈事业作出了极大贡献。

在贾作光的舞蹈表演中，人们总会发现两个耀眼之处——表演即兴、以情动人。谈到"表演即兴"，贾作光说："即兴时所产生的新的舞蹈动作和技巧，可以是精彩的、新颖的，那是连表演者自己事先也无从知道的精彩舞姿，那是心灵与肉体、情绪与动作相结合的一种完美创造。"提及"以情动人"，他说："舞蹈就要体现舞者的灵魂，灵魂不纯洁，不能很好地向人民学习，你的精神境界就无法高远，体现不出民族的情感。"

贾作光不仅在舞蹈表演中融入了对人民的深厚情感，在舞蹈的创作中更注重反映时代，反映人民的生活。几十年来，他共创作了150余部舞蹈作品，既有表现蒙古族豪放刚健的《牧马舞》《鄂尔多斯舞》，描绘达斡尔族妇女泼辣、憨实、热烈、奔放性格的《哈库麦舞》；也有再现鄂伦春族人民幸福生活的《鄂伦春舞》，提炼鄂温克族人生活习俗、抒发百姓"文革"后劫后余生心情的《彩虹》；以鱼为形象、表现傣族人民自由生活的《嘎巴》，以及无论在舞蹈形式或思想上都具有开拓意义的《海浪》《希望在瞬间》。

在上述作品中，《鄂尔多斯舞》曾在1955年波兰华沙举办的第五届世界青年与学生和平友谊联欢节上荣获金奖；《牧马舞》《鄂尔多斯舞》《海浪》曾在1994年"中华民族20世纪舞蹈经典"评比中获经典作品金像奖。

回顾自己的创作之路，贾作光说："我的作品没有一个是哀怨、悲观的，因为我在创作过程中总是充满热情，向往美好。"吴晓邦曾这样评价贾作光创作的舞蹈："他的作品具有鲜明的个性，形成风格独特的贾派舞蹈。贾派舞蹈不仅在中国舞蹈史上占有重要地位，在世界舞台上也十分出色。"

《雁在说：贾作光自传》书影

除了表演和创作舞蹈，贾作光还致力于培养新人，将舞蹈艺术发扬光大。他曾经在20世纪50年代参与创建北京舞蹈学校（今北京舞蹈学院），亲自指导学生们跳舞，并常常深入农村指导民间歌舞，在许多专业歌舞团体中担任艺术指导。此外，贾作光还先后出访过40多个国家和地区进行文化交流、表演与讲座，并多次担任国际舞蹈比赛评委。他的舞蹈不仅影响着中国，还影响着世界。

2002 年 4 月，"贾作光从艺 65 周年"座谈联欢会和贾作光铜像揭幕仪式在北京隆重举行。2003 年 12 月，贾作光荣获造型表演艺术创作研究基金会颁发的"表演艺术成就奖"。2006 年 6 月，他出席香港国际舞蹈节开幕式，并做了题为《中国舞蹈与当代创作》的学术演讲。之后，"贾作光舞蹈艺术观礼"活动在港举行，活动上展示了贾作光从艺近 70 年的艺术硕果，吸引了社会各界人士的目光。

2011 年，贾作光荣获文化部授予的"中华艺文奖·终身成就奖"。2014 年，他出版了《雁在说：贾作光自传》（上海音乐出版社），让更多人了解了他的艺术生涯。如今，虽已年逾九旬，贾作光仍惦念着舞蹈事业，对艺术的赤诚造就了他的大师风范，更使他的舞蹈青春得以永驻。

黄永玉

——"画坛鬼才""文学第一"

黄永玉（1924～），画家、作家。本名黄永裕，笔名黄牛、牛夫子等。出生于湖南常德，祖籍湖南凤凰，土家族。中学肄业。做过瓷场小工、中小学教员、群众教育馆员、剧团舞美、报社编辑、电影编剧等，历任中央美院教授、中国美术家协会副主席。他是文艺领域的多面手，美术方面涉足版画、漫画、国画、油画、雕塑等，成就斐然，代表性作品有版画《齐白石像》《阿诗玛》插图，国画《祖国大地》《九荷之祝》等；文学方面涉及诗歌、散文和小说创作，也都自具特色，作品有诗歌集《曾经有过那种时候》，散文、杂文集《永玉六记》《太阳下的风景》《沿着塞纳河到翡冷翠》，长篇小说《无愁河上的浪荡汉子·朱雀城》等。

一、在动荡年月自学成才

黄永玉

1924 年 7 月 9 日，黄永玉出生于父母客居的湖南省常德县。他的祖籍是湖南凤凰，老家在凤凰城的沱江镇。长到半岁后，他就随父母回到了凤凰老家。他的父亲是当地男子小学的校长，母亲是当地女子小学的校长。

湘西凤凰是个神奇的地方，那里山清水秀，民居古色古香，民风淳朴而有野性，生活恬静而又不乏波澜，有一种令人刻骨铭心的美。对黄永玉来说，故乡不只是记忆，不只是人到他乡之后的刻骨留恋，而是一种艺术上的必不可少的想象，一种不断地能够提供创造力的源泉。

湘西自古民风强悍，不少人从小习武。黄永玉从小也学过武、练过拳，在学校念书时也常与人打架斗殴。这也使他后来的人生经历多了几分顽皮和率真，使他的艺术创作多了几分激情和野性。

到了上学的年龄，黄永玉进入凤凰县岩脑坡县立模范小学读书。小学毕业后，他又独自来到福建厦门的集美中学读书。在那里，他总是因考试成绩不好而留级，多达 5 次，读了 3 年才念到初二。抗战爆发后，学校迁入安溪县。不久，由于时局动荡，黄永玉就辍学外出谋生。因此，黄永玉一生只接受过小学和不完整初级中学教育，用他自己的话说就是"拼拼凑凑上了八年半的学"。

不过，黄永玉在集美学校却并非一无所获。集美学校是爱国华侨陈嘉庚先生创办，学校很有规模，图书馆有六层楼。三年间，黄永玉基本上把图书馆的书从头到尾都翻了个遍。图书馆中午关门常把他锁在里头，吃不成饭，他索性就躺在过道的地毯上读书。正是如此广泛的阅读，让黄永玉终身受用不尽。

辍学之后，黄永玉几乎走遍了大半个福建，在码头上干过苦力，当过小学、中学教员，做过陶瓷作坊的小工（一说是福建德化瓷器场的绘图员），历尽了沧桑。这段近乎流浪的生活，给了黄永玉丰富的历练，掌握必要的生存技能。

1938 年，黄永玉参加了金华的野夫、金逢孙主持的中国东南木刻协会。1939年，他的木刻作品《下场》发表在福建永安宋秉恒主持的《大众木刻》月刊上，得到了有生以来的第一笔稿费。此后一段时间，黄永玉主攻木刻版画，并以此谋生。

20 世纪 40 年代的大部分时间，黄永玉辗转于福建、江西、上海，一方面教书，先后担任过福建长乐培青中学、福建南安芙蓉村国光中学、上海闵行县立

20 世纪 50 年代初，黄永玉在香港举办画展

中学等学校的教员；一方面从事木刻创作。此外，他还曾任国民政府教育部戏剧教育工作队美术员，江西信丰民众教育馆美术主任，《上饶报》美术编辑等。在这期间，他创作了不少木刻作品，还自印了数种木刻集，举办过小型的个人风景画展。

抗日战争时期，由于受到"左翼"文化的影响和熏陶，黄永玉也曾与热血青年一起发传单、游行，参与了一些轰轰烈烈的文化救国运动。1947年，经野夫、李桦等人介绍，黄永玉在上海参加了中华全国木刻协会，从

事木刻运动与创作活动，刻反饥饿、反内战的木刻传单及其他木刻。此后，他还先后在中华全国木刻协会担任理事、常务理事。

20世纪40年代末，黄永玉又辗转到了台湾和香港，从事木刻创作，做自由撰稿人，还担任过电影编导。1948年，他在香港大学冯平山图书馆举办了第一次正式的个人画展。

1949年新中国成立后，黄永玉留居香港，先后担任香港《大公报》美术记者，香港《新晚报》美术编辑，香港长城电影公司长城画报美术编辑；同时进行木刻创作。其间，在香港又举行了两次个人画展。

二、艰难岁月见真情

1953年2月，听从表叔沈从文的劝告，黄永玉与妻儿从香港回到内地，进入中央美术学院版画科（后来的版画系），先后担任讲师、副教授、教授。参加中国美术家协会后，他还先后任理事、常务理事、副主席、顾问。

黄永玉自称"湘西老刁民"，他特立独行、敢怒敢言、宁为玉碎、不求瓦全的倔强性格，在接下来的政治生态中，总是给他惹来不少麻烦。而在那些艰难的岁月，与他一起共患难的，是他的家人。

黄永玉和妻子张梅溪

黄永玉的妻子张梅溪，是他在江西一个县级的小艺术馆里结识的。这位天真纯朴、聪明伶俐的广东姑娘很快深深地吸引了他。张梅溪的父亲是一位很有钱的将军，她在家庭的熏陶下从小就酷爱艺术和文学。当时有好多人都在追求张梅溪，其中不乏潇洒青年。为了打败竞争对手，黄永玉选择定点吹奏小号，向姑娘展开了攻势。每次意中人出现的时候。黄永玉都在楼上吹起小号，虽然技术不怎么高明，但是定点吹奏很是奏效，终于打动了姑娘的芳心。

俩人相爱的事很快就传到了张梅溪的父亲耳里，女儿被狠狠地教训了一番，家里人也都反对，劝她不能跟一个流浪汉结婚。但张梅溪矢志不渝，后来只身一人从家里跑了出来。到了黄永玉当时所在的赣州，黄永玉不无担忧，试探着问张梅溪："如果有一个人爱你，你怎么办？"她故意说："要看是谁了。"黄永玉说："那就是我了。"她回答："好吧。"于是，黄永玉文学艺术界的朋友都撮合道："结婚吧，反正她不要回去了。"就这样，他们在一家小旅馆里举行了简单的婚礼。

1966年搞"四清"运动的时候，黄永玉因为《罐斋杂记》一文中的一句话遭到严厉批评。那段时间，他白天半天挨批斗，晚上回到家，半夜三更开始画画，有时一画就是一通宵。妻子总是及时替他拉上窗帘，一听到外面有响声，马上就要他把东西收起来。

20世纪70年代装修北京饭店，周恩来总理把李可染、李苦禅等当时一批"下放"的画家都请回来做装修、配画工作。当时黄永玉被安排负责18层的整体设计。到快过年的时候，黄永玉和吴冠中、袁运甫、祝大年四人到重庆旅行、写生、设计，听人说"北京不得了了，办黑画展批黑画了，有个人画了个猫头鹰，结果出大事了"。他不以为然地说："画个猫头鹰有什么了不起呢？我也画过。"大家也不知道就是在批他。后来，他自己跑去看展览，一看他的那只一眼睁、一眼闭的猫头鹰挂在中间，批得最大的一个就是他。

黄永玉的猫头鹰画作

很快，黄永玉被关了"牛棚"——一家人被赶进一间狭小的房子。那间房子紧挨人家的墙，光线很差。张梅溪身体本来就弱，加上这种打击，很快就病倒了。黄永玉心急如焚，请医生治了也不见好，便灵机一动，在房子墙上画了一个两米多宽的大窗子，窗外是绚丽的花草，还有明亮的太阳，顿时满屋生辉。后来，黄永玉下放到农场劳动了三年，在那段时间里，妻子张梅溪一直默默地承受着一切外来的打击。

黄永玉在"牛棚"中曾经偷偷地写下长诗《老婆呀，不要哭》，安慰妻子。在诗中，他对她说"一百年不变"。这首诗，也成了黄永玉的诗歌名作。

当然也还有很多好心人，在黄永玉身处逆境时给了他真诚的友谊。在所谓"黑画展"推出之后的一天清晨，有人将一只京城罕见的猫头鹰悄悄拴在了黄永玉家门口。这份表达着正义感的真情令黄永玉感动万分，日后他大画特画猫头鹰来作纪念。一位老花匠不惧引火烧身，坚持每天给他送来一束鲜花。正是这些普通群众发自内心的真情，成为黄永玉苦难中的精神支撑，他为此感到欣慰："一生充分享受友谊，感情没有受到污染。"

三、画坛"鬼才""多面手"

在中国美术界，黄永玉是自学成才者之一，不但有"画坛鬼才"之称，同时还是少有的"多面手"，版画、漫画、国画、油画、雕塑、工艺美术样样精通，并且在几个门类里同时取得了杰出的成就。

黄永玉木刻作品
《劳军图》局部

黄永玉的美术创作是从木刻开始的。1939 年，他发表了自己的第一幅木刻作品《下场》。1940 ～ 1941 年，他刊印了自己的第一部手印木刻集《烽火闽江》（入收作品 25 幅）。1942 ～ 1943 年，他又自印木刻集《春山春水》。之后，他为诗人彭燕郊等刻过插图，给儿童文学作家的作品《旋律的童话》作过木刻插图，还作了《失乐园》《拜伦像》《自刻像》《玛耶诃夫斯基像》等，并在寻乌县举办了个人风景画展。1947 年，经人介绍他在上海参加了中华全国木刻协会。

新中国成立之初，还在香港的黄永玉参加港九慰问解放军的"劳军画展"，创作木刻《劳军图》。到北京任教后，他先后创作的木刻作品有《齐白石像》（1954）、《雪峰寓言插图》《叶圣陶童话》插图、《森林组画》《阿诗玛》插图（1956）以及《南湖》《百合花》《齐白石》《人民总理爱人民》等，出版有《黄永玉木刻集》（1956）。其中《齐白石像》《阿诗玛》等是他的木刻代表作，《阿诗玛》还荣获莱比锡插图银质奖和意大利"司令荣誉勋章"。

与木刻版画齐头并进的是漫画，这也是黄永玉画作的大宗之一。他的一些杂文，往往是与漫画结合出版的。

1976 年，黄永玉开始研究和创作中国画，进入他创作的第三个阶段。他的国画创作不同于传统国画的人物画家或山水画家，题材没有局限，人物、山水、花卉均有，手法上结合了漫画方式。在意大利旅行写生之后，又在用中国笔墨表现西方风景上作了探索。1979 年，在北京举办《黄永玉画展》。此外，毛主席纪念堂北大厅的绒绣挂画《祖国大地》（山水）、第一轮生肖邮票中的猴票，都为他累积了盛名。

从 1989 年移居香港到 2004 年回到北京建造万荷堂，黄永玉的创作进入另一个重要时期，大幅面的创作越来越多，荷花成为他表现最多的题材。他的绘画渐入老境，笔墨也越来越成熟。这个时期，作品数量增多，尺寸加大，同时在雕塑中融入了绘画的专长。80 岁以后，黄永玉创作欲望并未消减，反而更加肆意挥洒，体现出与众不同的风格。

数十年来，黄永玉在国内外举办的个人画展几乎无以计数。在国内，他不仅在北京、广州等地办过个展，还在香港、台湾办过画展；在国外，亚太地区

《黄永玉和他的画》书影

的日本、东南亚各国及澳大利亚，欧洲的意大利、德国、挪威、法国，美洲的美国等国都举办过他的画展。

1980 年，香港美术家出版社出版了《黄永玉画集》。其后，国内多家出版社相继出版了黄永玉的《湘西写生》《永不回来的风景》《中国近现代名画家集·黄永玉》等多本画册。1988 年，外文出版社与湖南美术出版社还向海外推出了英文版的《黄永玉和他的画》。

1978 年，英国《泰晤士报》用 6 个版面，对黄永玉其人其画作了专题报道。之后，中央电视台《东方之子》栏目对他作了专题介绍，国内多家媒体也频频播放他的专题。

2003 年，黄永玉获得了全国美术家协会表彰的杰出艺术家"金彩奖"。

2006 年 10 月 8 日，在家乡湘西，黄永玉无偿捐赠的个人博物馆在湖南吉首大学落成，馆里陈列了黄永玉的近 200 件作品和收藏，并展示有他的大型青铜雕塑作品《山鬼》。

2008 年 8 月 24 日，黄永玉获得"奥林匹克艺术奖"。这个奖项旨在嘉奖那些推动人类艺术发展作出贡献的人。黄永玉是本届奥运会主办国唯一获此殊荣的艺术家，也是现代奥林匹克史上唯一获此奖项的中国人。8 月 31 日，黄永玉被聘为中国国家画院版画院院长。

2011 年，正值建党 90 周年，黄永玉创作了《九荷之祝》。同年，中国国家画院正式公布了首批 16 名中国国家画院院士名单，黄永玉名列其中。

2013年，湖南美术出版社出版了14册《黄永玉全集》，其中美术8册，文学6册。

黄永玉作品《九荷之祝》

对于黄永玉的绘画，评论界见仁见智。赞誉者固然有之，批评者也不乏其人。比如，对于他后期浓墨重彩的荷花，有人认为这种表达方式结合了传统水墨和西方色彩，更接近当代人的审美时尚，也与20世纪中后期趋向写实的美学风格吻合；有人则认为这些作品色彩粗野，画面凌乱，几近涂鸦。

有的学者则从文化地理的角度分析了沈从文与黄永玉形象，认为湘西、沈从文、黄永玉这三者在外人看来，是彼此紧密相连的关键词。他们的文字与画笔，为我们从不同的角度了解湘西文化提供了通道。甚至可以毫不夸张地说，他们都在成就"湘西神话"的同时，也最大地实现了自我的人生价值。一位美学专家说："人们不仅仅是喜欢黄永玉，可能还夹杂了其他的社会审美心理。"这似乎不无道理。

黄永玉也并非对自己缺乏清醒认识。比如，有专家认为在20世纪，湖南出了两大画家，一位是齐白石，另一位则是黄永玉，并创造了一个"齐黄"概念。黄永玉听说，十分恼火，大骂荒唐，说自己"怎么可能与齐白石相提并论呢"。有人指出，这并非意味着黄永玉很谦虚，但他求实求真，这本身就是很难得的。

四、四大爱好"第一"之文学

黄永玉被称为一代"鬼才"，他博学多能，不仅美术行当里版画、漫画、彩墨画、油画、雕塑均有所成就，在文学这个行当里，亦是诗歌、杂文、随笔、小说、剧本皆能，并有不凡的成绩。

在1999年的一次演讲中，黄永玉给自己的四大爱好排位：文学第一，雕塑第二，木刻第三，绘画第四。在黄永玉心里，文学最是与众不同的，他说："我有时候写到得意的时候自己会哈哈大笑，画画没有笑过，做雕塑也没什么好笑。"他把文学比作钢琴："它全面，表现什么都可以，小提琴也好听，但没有钢琴这么丰富。文学的形式这么多样，这么有意思，这么细致，就像跟好朋友聊天一样，像聊天最后秘密的话一样，多开心。"

谈到自己的文学写作，黄永玉说中学时的两位同学对他影响很大。那时，他不停地留级，这两个同班同学升到了高中，他还在初中二年级。这两个同学都是南洋的华侨子弟，外文很好，他们没有嫌弃黄永玉，还教他如何看外国名著：看外国作品应当学英文、看原著，这对写作有好处。他们还告诫他，看翻译作品，碰到中文、外文都不好的翻译家，看了

黄永玉（右一）和李可染（左三）
等朋友在家中小聚

他们翻译的东西，就等于是趴在地上吃母猪的奶一样。黄永玉说，这句话对他影响很大，所以在写作（尤其是小说）中他"注意千万不要让我的读者吃母猪奶"。

黄永玉的文学创作似乎是从诗歌开始的，17 岁时就有作品发表。他的诗歌作品有《老婆呀，不要哭》《一路唱回故乡》等。1982 年，他的诗集《曾经有过那种时候》还曾获得中国作家协会举办的"第一届全国优秀新诗（诗集）奖"。

比较而言，黄永玉的写作，最多产、最出色的是散文，包括杂文和随笔。30 年来，他写作出版的集子多达十几种，诸如《永玉六记》（《罐斋杂记》《力求严肃认真思考的札记》《芥末居杂记》《往日，故乡的情话》《汗珠里的沙漠》《斗室的散步》（均三联书店，1985、1997），《太阳下的风景》（百花文艺出版社，1984）、《黄永玉大画水浒》（作家出版社，2002）、《吴世茫论坛》（三联书店，1998）、《这些忧郁的碎屑》（三联书店，1998）、《火里凤凰》（文汇出版社，2002）、《比我老的老头》（作家出版社，2003）、《从万荷堂到玉氏山房》（卓娅摄影，上海文艺出版社，2004）、《永不回来的风景》（湖南美术出版社，2006）、《沿着塞纳河到翡冷翠》（作家出版社，2006；人民文学出版社，2014）等。

在黄永玉的一生中，意大利可谓他的第二故乡，儿子和女儿都生活在那里，他也在那里度过了接近一生中三分之一的美好时光。那里不仅有可供写生的美丽风景，更有意大利人无处不在的幽默感和快乐精神。黄永玉不仅在自己赠送意大利驻华使馆的画作《意大利随想》中，把意大利半岛

黄永玉收藏的烟斗

《沿着塞纳河
到翡冷翠》书影

画成了一位美丽的意大利女孩，而且写了随笔集《沿着塞纳河到翡翠冷》。这部随笔集写在 1991 年他 67 岁时，2014 年 4 月，人民文学出版社出版了重新校订装帧的中文本，意大利美术出版社则在当年 11 月出版了意大利文版。

2014 年，黄永玉出版了他的第一部长篇小说《无愁河上的浪荡汉子》的第一部《朱雀城》（80 多万字，人民文学出版社，2013）。这是一部自传体性质的作品，评论家们有人认为这部小说是"一部关于醒悟的小说"，其"文化的意义、文明的意义可以做更丰富和更复杂的解读"（杨庆祥）；有人认为"这部作品包含着一种拒绝经典化的因素，从某种程度上讲，这样一部作品放在中国当代史的脉络里，位置不是很清晰，其实正是这部作品的力量所在"（李敬泽）。

黄永玉则说，他写这部小说尽量用"故乡的思维"，以免读者趴在地上吃母猪奶："写文章一般都有作为、然而之类的连接词，但我记忆中家乡人却没有，所以，我努力在文中做到这点。"

如今，黄永玉这部长篇作品的后续部分，仍旧在文学期刊《收获》上连载着，人们也在期待着下一部的出版。

五、与"比我老的老头"及其他

2003 年，为了纪念故去的老朋友，黄永玉整理多年来写下的文章，出版了散文集《比我老的老头》。书中记述了钱钟书、张乐平、李可染、沈从文和好朋友黄苗子、郁风夫妇等人的故事。

黄永玉与弘一法师的奇缘，一直为人们津津称道。对此，黄永玉在他的长篇散文《蜜泪》里有过精彩的回忆：在开元寺里，捣蛋的黄永玉爬到玉兰树上去摘玉兰花，遇到一位"头顶秃了几十年""还留着稀疏胡子"的老和尚，问他："喂！你摘花干什么呀？"他答："老子高兴，要摘就摘！""你瞧，它在树上长得好好的……""老子摘下来也是长得好好的！""你已经来了两次了。""是的，老子还要来第三次。"老和尚不动声色，招呼他到房间里坐坐。后来，他看到房间里的桌子上摆有丰子恺、夏丏尊的信件，方才知道遇到了高人。相处时间不长，弘一法师跟他谈过一些美术知识，拉斐尔、达·芬奇、米开朗琪罗……圆寂前四天，法师还给他写过一张条幅："不为自己求安乐，但愿世人得离苦。"20 世纪 90 年代末黄永玉在北京通州修建万荷堂，主厅名"老子居"，就源于此，匾额是请吕正操将军题写的。

湘西同乡、表叔沈从文，自然是黄永玉最为亲密和心悦诚服的人。长文《太阳下的风景》里写到沈从文，文章最后一段写道："我们那个小小山城不知由于什么原因，常常令孩子们产生奔赴他乡献身的幻想。从历史角度看来，这既不协调且充满悲凉，以致表叔和我都是在十二三岁时背着小小包袱，顺着小河，穿过洞庭去翻阅另一本大书的。"这是他们的共同之处。他从事文学创作，也多少受了沈从文的影响。他对表叔的《长河》喜欢得不得了，曾说："我让《长河》深深地吸引住的是从文表叔文体中酝酿着新的变革。他写小说不再光是为了有教养的外省人和文字、文体行家甚至他聪明的学生了。我发现这是他与故乡父老子弟秉烛夜谈的第一本知心的书，一个重要的开端。"还说，"为什么浅尝辄止了呢？它应该是《战争与和平》那么厚的一部东西的啊！照湘西人本分的看法，这是一部最像湘西人的书，可惜太短。"

他们之间也有不同。黄永玉比沈从文更多漂泊，漂泊中不同的文学、艺术样式都曾吸引过他，有的成了谋生的手段；漂泊也让他看到了种种处世技巧，在错综复杂的人际关系面前，显然要比沈从文更为老练。相比沈从文的"文雅"，黄永玉则有一种"野气"。他自己就曾说："他（沈从文）不像我，我永远学不像他，我有时用很大的感情去咒骂、去痛恨一些混蛋。他是非分明，但更多的是容忍和原谅。所以他能写那么多的小说。我不行，忿怒起来，连稿纸也撕了，扔在地上践踏也不解气。"有评论家也注意到了他们文学创作的不同，认为，沈从文是"营造"一个世界，而黄永玉则是在"呈现"这个世界（王继军）。

黄永玉性格爽直，甚至颇有几分刁蛮，不免让一些人对他畏惧三分，同时也使不少人乐意成为他的至交。

有的学生出于敬仰老师的绘画造诣，建议成立"黄永玉派"，黄永玉斩钉截铁地回答说："狼才需要成群结党，狮子不用。"

六、"90后"老顽童

黄永玉从小就是个调皮鬼，老来仍旧是老顽童。年逾90的他称自己是"90后"，而熟知他的朋友则称他为"老顽童"。

众所公认，黄永玉本来就是个童心很重的人，老年时又"返老还童"。他的处事方式，他的文字表现，都体现了他的童心。因此，他经常可以玩出一些新鲜的花样来。他在北京的家，简直就是动物乐园。据说"万荷堂"没有人的时候，猫、狗、鸟可能便是这里的主人。

黄永玉爱讲玩笑，讲话风趣。面对"高深"的读者提问，诸如文艺复兴为何发生在佛罗伦萨，他说："这个你应该去问意大利专家，我不清楚，我很表面。"有的问题他会直接反问："你干吗要知道这个？"20多年过去了，心境有哪些变化？他回答："我老了，意大利没老，还是那样。"有人问他平时怎么养生？他抬了抬手上的烟斗，回答说："抽烟！"接着补充道，"还要晚睡、不吃水果、不运动、瞎聊天。"然后顿一顿说："危险动作，请勿模仿。"

黄永玉还是个"段子手"，他曾绘声绘色地讲自己在意大利的故事："有一天芬奇镇有一个市集，老百姓卖自己制作的工艺品和食品，一个摊子挨一个摊子，其中两个摊子是本地植物学家展览自己培养和野外挖掘的蘑菇。我从小对野蘑菇深感兴趣，就跟摊主聊天，旁边来了一位胖胖的中年意大利人，高声问这位植物学家：'请问有没有一种让老婆马上死掉的蘑菇？'话没有说完，跟在后面的胖夫人狠狠地在他屁股上拧了一下，大家笑成一团。"

黄永玉喜欢看足球，尤其喜欢意大利队。他自己在意大利居住的芬奇镇没有球队，他就喜欢佛罗伦萨队，因为离得最近。"翡冷翠离我们近，算是一块儿的，翡冷翠赢了比其他队赢了更重要。人就是这样，没有办法。"

曾有朋友给黄永玉画了一幅漫画，他看后很是喜欢，于是便将它设计成了一尊铜像，立于"万荷堂"里：铜像上黄永玉的秃头上支棱着两只煽风耳，两眼笑得眯成一条缝，一张大嘴乐得咧到了耳根，赤裸着身体，左手提着腰间的遮羞布，右手端着标志性的大烟斗。黄永玉很喜欢这尊铜像，这也许就是他的自我镜像吧？

2007 年，黄永玉登上了权威男性时尚杂志《时尚先生》6 月号的封面。由此，他成为有史以来最老的"时尚先生"。

2013 年 9 月 10 日，"黄永玉九十画展"在国家博物馆举办。展览展出了黄永玉 1949～2013 年创作的 300 多件作品，包括版画、国画、书法、油画、雕塑等。展厅里一幅长 3 米有余的书法作品，上写"世界长大了，我他妈也老了"，让所有人都感到了这位"老顽童"的幽默率真。

黄永玉与万荷堂铜像

岑 范

——"拍了大电影的小导演"

岑范（1926～2008），电影导演、演员、编剧。原名岑立范，原籍广西西林，壮族。中央大学肄业。早年曾在香港"南洋""大中华""永华""长城"电影公司任演员、编剧、副导演，1951年起先后任八一电影制片厂、北京电影制片厂、上海电影制片厂导演。执导的影片有越剧《红楼梦》《林则徐》（合导）、《牛郎织女》《祥林嫂》《阿Q正传》等。

一、小角色开启艺术生涯

岑 范

1926年1月11日岑范出生在上海。他的原籍是广西西林县。

岑范出身名门，祖上曾经极为显赫。他的叔曾祖父是清朝名将岑毓英，叔祖父是清末两广总督岑春煊。不过，尽管祖辈显赫，但岑范自己回忆说："我从来不靠这些，也没从他们身上得到任何好处。"

1926年出生时，岑家已经家道中落，岑范的父亲只是一名俸金微薄的小公务员。岑范到了上学的年龄，因为家境不好而不能按时入学，只好由母亲教他识字读书。母亲知书达理，对岑范又很是宠爱，因而少年时代的生活留给岑范的大都是温馨和甜蜜的回忆。

1939年，因为父亲被裁员，岑家举家从上海迁到了南京。

在南京，岑范进入一所男子中学读书。一次，高年级和毕业班准备举行联欢晚会，排练新剧《南归》，剧中有个小女孩的角色，让面目清秀的岑范来扮演。化装之后，岑范的形象更加俊美，以至去上男厕所时，许多家长以为他走错了。就这样，刚刚13岁的岑范算是迈开了自己艺术生涯的第一小步。

岑范不仅相貌清秀，而且身体素质出众。9岁的时候，还在读小学四年级的岑范去当时的上海田径队训练场地玩，跳远的成绩竟然达到了5米，田径队的教练赞赏说："小弟弟，你以后可以参加世界运动会。"后来在香港时，他还经常在篮球场上大显身手。

岑范还是一个京剧迷。他曾说，"我的外祖父在北京待过一阵，很喜欢京剧。我的母亲从小受影响，也爱京剧，经常带我们去听戏。高一时在南京读书，有一个同学跟京剧大师言菊朋的儿子言小朋很熟，经常带我去听言菊朋的戏。一来二去，我和言小朋也成了朋友，对言派更是着迷。言派的唱腔细腻，感情婉约，韵律也非常好。"这或许正是后来他导演《借东风》等戏剧电影的渊源吧。

在《南归》迈开第一步之后，接着，岑范又在李健吾的话剧《这不过是春天》扮演了主角，一些业余剧团也经常邀他去客串表演，于是岑范有了自己的一连串舞台角色，诸如在《三千金》中的风流公子，《楚霸王》中傻乎乎的马夫，《家》中的觉慧。

此时，演艺似乎已经成为岑范的人生选择。因此，他不仅参演了不少剧目，而且为了提高演技，他大量观摩当时上映的世界各国的电影，在演技之外，同时也感受到了电影的独特魅力，视野逐渐从舞台转移到了电影。

年轻时的岑范

1945年，岑范肄业于南京中央大学经济系。这时的他开始大量研读剧本，并练习写作，写成了第一个剧本《手足情深》。

二、人生路上的两位知己

岑范的一生算得上坎坷，也可以说不无传奇的成分，而这"传奇"，显然与两个人有关，一个是电影导演朱石麟，一个是电影演员夏梦。

岑范走入电影界——做演员、做导演，都与朱石麟有关，朱石麟是他的"伯乐"或者说"贵人"。

岑范写出自己平生的第一个电影剧本《手足情深》后，斗胆寄给了自己的偶像、电影导演朱石麟，并提出希望朱石麟送给自己一张签名照。谁知，朱石麟竟然给他回了信，信中说："你诚挚的态度和顽皮的笔调使我对你发生了兴趣。"还邀请岑范去拍戏现场观摩。岑范后来回忆那段往事时，说自己当时"幼稚"，但这却让他开始了电影艺术之旅。

1946 年，应香港南洋影业公司邀请，朱石麟要去香港拍摄《同病不相怜》，希望岑范能做自己的助手，并扮演角色。那一年，岑范 20 岁。

岑范在香港一待就是 6 年，一方面做朱石麟的助手——实质上也就是副导演，一方面扮演角色——大多数是重要配角甚至还有主角，此外有时他还要编写剧本。6 年中，他跟随朱石麟在数家电影公司拍摄了十多部影片，涉及的电影公司除了香港南洋，还有大中华、永华、长城等；担任副导演的有《春之梦》《玉人何处》《清宫秘史》《春风秋雨》等六部影片；扮演角色的有《血染孤城》《春之梦》《蝴蝶梦》《生与死》等十多部影片；编写的剧本有《血染孤城》《生与死》《琼楼恨》。在全面的艺术实践中，在朱石麟的关照下，岑范在编、导、演诸方面都获得了长足进步。

在香港的最后一年，岑范遇到了自己一生中唯一的女人——夏梦，那时他 26 岁，夏梦 17 岁。

岑范和夏梦是在长城电影公司拍摄的《禁婚记》中认识的。当时，岑范已经小有成就、颇有名气，而夏梦虽则年轻一些，却才貌俱佳、口碑极好。他们同在一家公司里，平时的接触让两个优秀的年轻人互生爱慕，但谁也没有说破，始终保持着兄妹般纯洁的友谊。

夏梦

新中国成立后，1951 年，岑范决定回到内地。当他跟夏梦说自己要回家了，夏梦不假思索地说她也要回家。夏梦是苏州人，而当时她全家都在香港。一个女孩如此勇敢爽快地做出决定，其中的深情让岑范感动不已。

那时，从香港回内地要有通行证，并非易事。岑范辗转从广州的亲戚处拿到一张通行证，有效期是"1951 年 9 月 4 日至 9 月 7 日"，夏梦说她的通行证公司答应会替她办妥。9 月 6 日，岑范如期踏上归程；夏梦承诺，等拿到通行证就启程。

谁知这一别，直到 1955 年，两人才在北京北海公园相见。原来，长城公司对夏梦的承诺只是搪塞。回国后，岑范陆续收到夏梦的 5 封信，岑范也回了 5 封，但因为有人做手脚，夏梦却一封都没有收到。4 年后重逢，夏梦已为人妇，在香港有了自己的幸福家庭。

夏梦的美貌自然是有口皆碑。香港导演李翰祥说："夏梦是中国电影有史以来最漂亮的女演员，气质不凡，令人沉醉。"作家金庸也说："西施怎样美丽，谁也没见过，我想她应该像夏梦才名不虚传。"而岑范同时也对夏梦的人品赞叹不已："夏梦的美貌还是其次，她的心地更美，非常善良。""有一回，我们几个人在海里游泳，我的脚被礁石上的寄生物割了一道大口，鲜血直流。有人打来一盆淡水，夏梦当即蹲下来要给我洗伤口，被我制止了。她一直说要来看望我母亲。1955年，她到北京后便到西直门看我妈。'三年自然灾害'时期，她好几次特意从香港专门给我吃素的母亲邮寄罐头花生油过来。"

岑范（右）在电影中
扮演角色，左为白光

此后，虽然有无数女性爱慕过岑范，但他却终身未娶；为防美女纠缠，拍片都带"男保姆"。岑范坦承，假如没有认识过夏梦，他也许会在人生的某个阶段跟某个女子结婚生子。"但是我认识了夏梦，别人就跟她没有可比性了。我们之间没有谁辜负谁，而且始终保持着兄妹般的纯洁。"他还说，"爱一个人，是要对方好。她现在家庭好，子女好，事业好，我觉得非常欣慰，甚至窃喜，幸亏没有拿到通行证，如果那时回到内地，以她的背景，'文革'浩劫中还不知会遭遇到什么灾难。我又保护不了她。"

三、艺术生涯的两部杰作

回到内地后，岑范主要是做电影导演工作：1952年，任八一电影制片厂编导；1954年，任北京电影制片厂副导演、导演；1957年，任上海海燕电影制片厂导演；1972年，任上海电影制片厂导演。

在自己的导演生涯中，岑范导演的影片约有10部，不乏优秀之作，其中尤以《红楼梦》和《阿Q正传》最为脍炙人口，堪称中国电影史上的杰作。

越剧电影《红楼梦》是岑范的第三部戏剧电影，徐玉兰和王文娟分别饰演宝玉、黛玉，1962年拍摄完成。影片上映后，全国轰动，人们竞相观看，有的甚至是连看七八遍乃至十几遍。据统计，

越剧电影《红楼梦》剧照

当年全国有36家电影院24小时连续放映这部影片，4年中，全国各地的票房总收入达到2亿多元。一部戏曲电影获得这样的票房，如今来看也令

人叹为观止。这部电影后来被誉为"最神奇的票房大片""越剧历史上难以跨越的里程碑之作"。

戏剧电影有其表演基础，所以有人认为电影导演拍摄时并无多少作为。其实不然，好的导演总是能够精准把握戏剧与电影的不同，并以自己的经验为其增光添彩。岑范在处理剧中"黛玉焚稿"一段，越剧"门外汉"岑范却对唱段作了专业性的修改。戏中，黛玉焚完诗笺，对紫娟说"妹妹，我不中用了。"然后用升调开始唱"多承你伴我……"岑范认为这不合情理，一个人都快要死了，哪还有那么大的力气唱。于是，岑范改成了气若游丝般的"轻起"，增加了悲怆的分量，果然感染力大增。

《阿Q正传》是岑范导演的另一部杰作，而这部作品的导演还不无波折。最初《阿Q正传》的主创阵容为编剧陈白尘，导演黄佐临，主演是赵丹，而且要分饰阿Q和鲁迅两个角色。因为赵丹突然去世，黄佐临也放弃了导演的念头。但是，作为纪念鲁迅100周年诞辰的影片，《阿Q正传》的拍摄势在必行。于是，上海电影制片厂把已经前往珠海拍摄另一部电影的岑范召了回来。

导演确定后，首要工作是选演员。岑范准备让严顺开演阿Q。对于让这个没有电影经验、只演过滑稽戏的演员出演《阿Q正传》，各方都有异议。严顺开后来回顾说："但岑范导演坚持我是最合适的演员，并且扬言如果不是我来扮演阿Q的话，他就辞去导演的工作。我知道导演是顶着很大的压力起用我的。这一点一直到今天我都很感激。"

后来的结果是尽人皆知的，严顺开的"阿Q"几乎是独一无二的，慧眼识珠的岑范成就了一个永恒角色、一位优秀演员、一部伟大影片。《阿Q正传》成为我国在国际上获奖较早的影片：1982年，《阿Q正传》获瑞士韦维国际喜剧电影艺术节"金拐杖"奖之后，岑范带着《阿Q正传》参加了第35届戛纳国际电影节，许多法国报纸在头版以大标题标出"第一个走进戛纳电影宫的中国人岑范"；1983年，《阿Q正传》获葡萄牙第12届菲格拉达福兹国际电影节评委奖。

严顺开因为在《阿Q正传》中的出色表演，获得了瑞士韦维国际电影节的最佳男主角。对于他，出演《阿Q正传》不仅是一次成名的经历，更是他在艺术道路上成长的重要经历，因而他总是忘不了导演岑范："《阿Q正传》在让观众满意的同时其实让我沾了三个人的光：原著作者鲁迅、编剧陈白尘和导演岑范。我的成功其实是在这三人的肩膀上取得的。其中岑范导演让我深刻理解了很多艺术的道理，也成为我艺术上的一个转折点。岑范导演正直、执着、敬业的精神也成为我艺术生涯中的重要部分。"

四、"拍了大电影的小导演"

岑范对于自己艺术生涯，曾屡屡用"拍了大电影的小导演"概括。"大电影"当然指《红楼梦》和《阿Q正传》，而"小导演"则含义复杂一些，自谦中恐怕不无自嘲。

电影《阿Q正传》剧照

岑范的表演作品，都出在新中国成立之前，统计有《同病不相怜》（1946）、《各有千秋》（1946）、《春之梦》（1947）、《玉人何处》（1947）、《山河泪》（1948）、《蝴蝶梦》（1948）、《生与死》（1949）、《女罗宾汉》（1949）、《女勇士》（1949）、《方帽子》（1950）、《狂风之夜》（1951）、《门》（1951）、《禁婚记》（1951）等。其中与他合作过的演员，有胡蝶、白光、夏梦等，仅此即可见其部分表演作品的分量。

岑范导演的作品，除了越剧电影《红楼梦》（1962）、《阿Q正传》（1981），还有《群英会》（1957）、《借东风》（1957）、《林则徐》（1958，与郑君里合作）、《牛郎织女》（1963）、《祥林嫂》（1978）、《闯江湖》（1984）、《碧水双魂》（1986）等。

《阿Q正传》主创人员等
在戛纳电影节（右二为岑范）

此外，岑范除早期操刀编写剧本外，还编导了电视剧《洒向人间都是爱》《曹雪芹》等。

岑范虽然生长在上海，但父亲从小就告诉他，他们的家乡在广西西林县那劳村；母亲教读诗"举头望明月，低头思故乡"时，也总说："我们的故乡在那劳。"1984年，岑范首次回到那劳村，在清廷赐建的岑氏祖屋"宫保府"住了一晚，离开时掬了一包"宫保府"泥土，带回上海用瓷瓶珍藏于案头。

岑范一生艰苦，晚年只能租住在一户二室一厅的普通住房里，连去影院看电影都感到拮据。长途外出，有时候他也是坐汽车而不是火车或飞机。自从母亲过世后，他便孑然一身。即使晚年，他也是自己照顾自己，病重时也只是请钟点工来帮助做些家务。

岑范喜好交友，生性开朗，乐于助人。因此，晚年时不少朋友常来走动，给他的生活带来了一些乐趣。2007 年，翻拍越剧电影《红楼梦》的制片人韦翔东，与岑范曾有过一段忘年之交。韦翔东回忆说，当时，岑范将拍摄老版《红楼梦》的成功经验倾囊而出，传授给了他和导演。"岑导年轻的时候很帅，那次我们合影，他还假装生气说：你这么年轻，跟你合影我很吃亏。要是回到 50 年前，我绝对把你比下去。"

岑范非常谦虚，生前谈到自己的艺术成就，总是说他自己是"拍了大电影的小导演"。而韦翔东认为，岑范是个学贯中西的导演。"他英文歌唱得很棒，而且还会唱京剧，越剧也很拿手。更重要的是，岑范导演一生不争名利。所以我说他是个默默无闻的大师。很多人说岑导脾气太冲，他开玩笑地说自己是小导演、大脾气。其实，跟我们聊天的时候，岑导就是个和蔼可亲的帅老头。"

2008 年 1 月 23 日，岑范在上海去世，享年 82 岁。26 日举行的追悼会，老艺术家秦怡等都前来送别。王文娟刚刚送走丈夫孙道临，本来不想出门的她也前来悼念，她说："我现在的心情真的很沉重，很难过，因为这么好的导演走了，他拍《红楼梦》时一直尽心尽力。"

李默然

——永生的"邓大人"、中国的"李尔王"

李默然（1927～2012），表演艺术家，国家一级演员。原名李绍诚，黑龙江珠河人，回族。1947年加入东北文艺家协会文工团，正式开始戏剧表演生涯。曾任中国文学艺术家联合会副主席，中国戏剧家协会主席、名誉主席，辽宁省文学艺术家联合会名誉主席，辽宁人民艺术剧院院长、名誉院长。一生致力于表演艺术事业，形成了长枪大戟、壮伟刚健的表演风格，是我国北派表演艺术的代表。表演代表作有话剧《日出》《李尔王》《报春花》，电影《甲午风云》《花园街五号》，以及电视剧《乔厂长上任记》等。著有《李默然论表演艺术》《戏剧人生》等。

一、生活坎坷，苦中"蹭戏"

1927年11月28日，李默然出生在黑龙江省珠河县（今尚志市）一面坡镇一户贫苦的回族家庭，是兄弟姐妹8人中最小的一个。4年后，日寇入侵东北，他的家乡就此沦陷，一家人处于水深火热之中，日子过得举步维艰。

1932年，白喉病肆虐，由于家庭困难无力医治，这场突如其来的灾难先后夺去了李默然二哥、三哥、三姐的性命。两年后，年仅7岁的李默然也不幸染上白喉，全身上下肿得像个馒头，生命危在旦夕。幸运的是，一位老中医恰巧来到镇上，治好了他的病。

李默然

1937年，李默然一家迁至牡丹江，10岁的他这才开始了自己的读书生涯。在小学里，李默然的成绩十分优秀，考试从来都是前三名，年年都得奖。然而，好景不长，1941年，开火车的大哥被日本人开除，家里的经济

支柱轰然倒塌。为了谋生，14岁的李默然不得不辍学，帮助养家。为了挣钱，他当过小贩、做过杂役，饱尝生活的艰辛。

起初，李默然靠卖烟卷挣钱。他每天早晨都去日本人的商店批发烟卷，一人一次只能买到两盒，他就学着别人的样子转圈排队买烟，直到把衣服里边的兜全部装满。卖一盒烟能挣1分钱，他每天平均能赚到两三毛钱，有时还会多赚一两毛，给家中拮据的生活带来了很大改观。然而，当时日本人四处打击倒卖烟卷的小贩，一次，李默然不幸被日本警察发现，结果挨了一顿拳打脚踢，被打掉两颗牙。"这两颗牙，我一直没有镶上，它时刻提醒我受过日本警察凌辱的事。这些经历对我今后的人生观和人生道路的确起了很大的作用。"日后，回想起当初受到的欺辱，李默然仍记忆犹新。

少年时期的颠沛流离，也让李默然得到了意外的收获。在卖烟卷的日子里，他所在的新安市场是牡丹江最热闹的地方，每天都有各种各样的演出。于是，在卖完烟卷后，李默然总会偷偷溜去"蹭戏"。"当时剧场不像现在这样一进门就收票，那时都是中间打票，所以我几乎都听遍了那些剧种，什么河北梆子、大鼓、单弦……卖票的人在这边卖，我就跑到那边听，他上那边卖，我又跑到这边来，实在四面围堵，我就藏在厕所里。后来我就慢慢感觉到，当演员挺好，在台上有哭有笑、有打有闹的，虽然当时我还没真正理解演员的含义。"

久而久之，"蹭"得多了，李默然便开始模仿起来。京剧《武家坡》《二进宫》《辕门斩子》等剧目的台词他都熟记于心，不但会表演生旦净末丑，还会唱念做打的基本功。一次，他为大姐一家演《武家坡》全剧，既演薛平贵，又演王宝钏，竟演得惟妙惟肖。后来，李默然又迷上了电影和话剧，沉浸在表演艺术的世界中，为日后的戏剧生涯打下了基础。

二、志坚行苦，初露头角

1945年，18岁的李默然来到牡丹江邮政局工作。那时，邮局有个业余剧团每天都在排戏，他一有空就趴在墙头偷看。

一天，李默然偷看时被导演发现。当时，剧团正在排话剧《保险箱》，刚好缺一个仆人的角色，于是导演就让他按剧本要求试演了几个动作。看到李默然的表现，导演十分吃惊，不住地称赞他是个天才。就这样，李默然出演了自己人生中的第一部话剧，从此走上了戏剧表演的道路。

1946年，李默然参加了青文演剧社，并在大型话剧《风雪之夜》中担任主演。在剧中，他成功地塑造了一个大资本家的形象，深受观众喜爱。

1947年，舒群、罗烽、白朗等人组织了东北文艺家协会文工团，面向社会招收演员。看到告示后，李默然兴冲冲地报名参加了选拔。一开始，他考的是自己最不擅长的音乐，考试中，考官拉的每一个音调他都唱成"5"，考官只好劝他去考戏剧。当时，李默然唱了几句《白毛女》中"杨白劳"的唱段，结果被意外选中，录用为正式演员。同年，他出演了在文工团的第一个剧目——歌剧《血泪仇》。

进入文工团后，每天早上大家都要轮流读报纸，这对只有小学四年级文化水平的李默然来说无疑是个大难题。一次读报时，他把"效率"的"率"读成了"shuai"，引得大家哄堂大笑；还有一次，他念错了台词，把"酗酒"的"酗"读成了"xiong"。深感自己的文化水平落后，李默然一头扎进图书馆开始苦读，一直读到了1953年。其间，他阅读了哲学、文学、历史等各类书籍，日复一日，从未间断。那时，团里的人都知道：要找李默然，就去图书馆。

在以后的演出中，大至一台戏、小至一个字的读音，李默然总要反复推敲。他还严格要求自己，每天早晨五点钟就起床练形体和声音。长期的学习和训练使他受益匪浅，他的表演水平也变得日益精湛。

1948年，李默然在苏联话剧《俄罗斯问题》中扮演一号人物"麦克菲森"，成为具有较大艺术影响的话剧演员。之后，他陆续演出了歌剧《纪念碑》、话剧《在新事物面前》等。

1951年，东北人民艺术剧院成立，李默然成为剧院的首批演员。同年，他主演了剧院的第一部话剧《曙光照耀莫斯科》。该剧在全国巡演时引起了巨大反响，李默然的名字也引起全国观众和戏剧界的注意，并逐渐跻身于全国著名表演艺术家的行列。

此后，李默然在东北人民艺术剧院和辽宁人民艺术剧院先后主演了《是谁在进攻》《在那一边》《妇女代表》《尤利乌斯·伏契克》《李闯王》《日出》《前进再前进》《娜拉》《明朗的天》《同甘共苦》《渔人之家》《智取威虎山》《烈火红心》《青春》《秋瑾传》《在建设的行列里》《第一次打击》等多部剧目。

1959年，李默然创作了话剧《海边青松》，由辽宁人民艺术剧院进行排演，并成为保留剧目。这也是他一生中创作的唯一一部话剧剧本。

三、转战影视，出演"甲午"

1960 年，李默然来到长春电影制片厂，进入了电影《甲午风云》的剧组。刚进剧组，李默然就遇见了导演林农和摄影师王启民。一见到李默然，王启民立刻向林农大喊道："你还找什么'邓世昌'啊，这不就是吗?"原来，电影开拍在即，出演"邓世昌"的演员金山却因故不能出演。王启民的一句话，让李默然由饰演"李鸿章"变成了饰演"邓世昌"。

得知自己扮演"邓世昌"的消息后，李默然怀着忐忑不安的心情悄悄问林农："我一个满脸长疙瘩的人演民族英雄合适吗?"林农毫不犹豫地答道："脸上没长疙瘩的人才不是英雄!"这句话给李默然带来了极大信心。

李默然在《甲午风云》中
饰演邓世昌

李默然出演"邓世昌"的消息很快就传遍了剧组，大家都认为，让一个从未演过电影的话剧演员出演如此重要的角色，实在不是明智之举。面对其他人的质疑，李默然没有退缩，顶住压力开始了电影的试拍。

试拍的第一场戏是"闯宴"。拍摄开始后，李默然很快进入了角色：面对污蔑北洋舰队先开炮打伤日舰的罗皮尔，他双眼喷出愤怒的火焰，毫不客气地痛斥了这个日本特务。样片出来后，人们这才发现，这位外表粗犷的话剧演员演起戏来竟十分细腻，把民族英雄邓世昌演绎得淋漓尽致、栩栩如生。从此，剧组上下再也没人质疑李默然的演技，都对他精彩的表演赞不绝口。

《甲午风云》一拍就是两年，在当时的条件下，关于邓世昌的资料十分稀少，要想演好这个角色并不容易。然而，李默然却一点也不紧张。"我完全被这个人物的感情和行为震慑了，用北京人艺的演技学派来讲，一个演员塑造一个人物的形象在我心中已经形成了，这个人物应该是什么样的，对待某些人是什么样的，我这个脑子里头就像演电影似的一幕一幕的都有了。"李默然对自己少年时期所经历的种种磨难仍记忆犹新，日本人侵略家乡的情景还历历在目，这些都为他演绎邓世昌这位民族英雄奠定了基础，使他举手投足间自然而然地流露出浓浓的爱国主义和民族主义情怀。

　　1963 年，《甲午风云》上映，引起了一阵轰动。在电影中，李默然把邓世昌这一角色生动地呈现出来，成为中国银幕上别具一格的"硬汉"标本。他把辫子一甩紧紧缠在脖子上，手握舵把、二目喷火，驾驶"致远号"向敌舰撞去的画面，让人热血沸腾；他说的那句"撞沉吉野"，至今听起来仍荡气回肠。

　　后来，人们纷纷称李默然为"永生的'邓大人'"。对此，他谦虚地说："我所塑造的'邓大人'形象之所以获得广大观众的认可，不是因为我的表演有什么独特的功力，有什么了不起的创作，很重要的一点就是因为民族气节在邓世昌身上有集中表现，与中华民族不畏强暴的精神吻合，从而打动了观众。"

　　《甲午风云》的成功，带给了李默然如雪片般的来信，同时也给他带来了当年的电影"百花奖"。后来，由于"文革"的原因，当年的奖项被取消。此后，李默然又先后参演了《熊迹》《走在战争前面》等电影，以及《公诉人》《银行家》《铁市长》《乔厂长上任记》《光荣街十号》等电视连续剧。

四、弘扬"北派"，心系观众

　　虽然大多数人知道李默然，都是通过他饰演的"邓世昌"这一角色，可他自己却说："我是一个戏剧人。在我从事的艺术生涯中，我只拍过 6 部电影和很少数的电视剧，我主要是从事舞台话剧艺术。我经常跟大家讲，我在电影上是一个业余演员，我说的是真话，不是谦虚，当然我在话剧上也不是什么专家，这两者比较起来，我的精力更多在话剧舞台上。"

　　从长春电影制片厂回到辽宁人民艺术剧院后，李默然连续演了《八一风暴》《胆剑篇》《第二个春天》《叶尔绍夫兄弟》《红石钟声》《故乡》等剧目。

　　后来，在"文革"中，李默然被打成反动艺术权威，下放到盘锦劳动改造。直到 1973 年，46 岁的他才随着辽宁省话剧团的成立，从盘锦回到沈阳，重返阔别 8 年的话剧舞台，并参演话剧《为革命修路》。

　　1976 年，在粉碎"四人帮"后，我国的话剧迎来了黄金时代，李默然的表演事业也走上顶峰。1978 年，他出演了话剧《市委书记》。第二年，他出演了自己艺术生涯中最具代表性的作品《报春花》。

　　在《报春花》中，李默然通过饰演党委书记"李健"一角，把自己压抑了 10 年的艺术热情都倾注其中，受到各界人士的一致好评。著名戏剧艺术家黄宗江在看完演出后评价："中国话剧有北派艺术，李默然就是北派艺术的杰出代表。"还有人说："剧中的女主人公'白洁'是作家写出来的，而'李健'是李默然演出来的。剧本中原本不很出色的人物通过李默然的二度创作变得生动丰满、光彩照人。"

此后，李默然的表演热情被充分激发，先后主演了话剧《彼岸》《短夜长歌》《人生在世》《红玫瑰》等剧目。

《花园街五号》海报

1985年，电影《花园街五号》公映。李默然在街上看到广告：《花园街五号》编导、演员来本市与观众见面，在放映前有摄制组明星们的精彩节目，下面是票价和首映式地点。看到这样的宣传，李默然非常生气，他对电影发行处的处长说道："咱们这些小节目是临时凑起来的，是咱们与观众见面的形式，根本就不够售票水平，让观众花钱看这样的节目，这不是欺骗吗？请他们把海报揭下来，把钱退给观众，不然的话，我拒绝演出。"

在李默然的坚持下，发行处几经商量，决定加演一部新片。这样，加上原定要放映的《花园街五号》，正好符合广告上写的票价款数，而小节目就变成了义务奉献，李默然这才安下心来。

《花园街五号》公映这天，李默然盛装登台，为观众朗诵了《观众，我们心中的星》一诗。李默然平时就十分喜欢朗诵，功底非常深厚，因此他在舞台上朗诵时庄重大方、嗓音宽厚、声情并茂，极具个人魅力。朗诵结束后，有人向他请教朗诵的诀窍，他淡然一笑，答道："诀窍倒说不上，只不过年轻时练过几年气功。气是声的座，有气才能有声。"

五、不顾年岁，为戏"痴狂"

1986年，我国"首届莎士比亚戏剧节"在上海举行，时任辽宁人民艺术剧院院长的李默然决定排演《李尔王》，并亲自出演李尔王一角。《李尔王》的剧情大起大落、情感跌宕起伏，是国际话剧界公认的莎士比亚四大悲剧中最难演的剧目。当时，年事已高的李默然虽患有高血压和心脏病，却仍义无反顾地向这一角色发起了冲击。

4月18日晚，辽宁人民艺术剧院在上海戏剧学院实验剧院首演《李尔王》。演出中，李默然把莎翁笔下这位专横暴虐、自私昏聩的独裁者演绎得栩栩如生。在这部剧中，李默然大量运用了中国戏曲的表现技巧。其中，他用"四跪"将人物的情感历程充分展现：一跪大女儿是愤怒，二跪二女儿是怨恨，三跪人民是觉醒，四跪小女儿是认罪，由此形成了李尔独特的个性。一场戏下来，李默然的脉搏已经高达每分钟130次。

演出结束后，国际莎士比亚学会主席菲力浦·布罗克班克冲上舞台，紧紧抱住李默然说："你是中国的活李尔！"《人民日报》《光明日报》等媒体也发表

李默然饰演的李尔王

了大量评论文章，对李默然的表演艺术给予高度评价。

1993年，66岁的李默然退居二线，担任辽宁人民艺术剧院的名誉院长。不久后，他排演了话剧《父亲》。

当时，剧院的同事们都觉得《父亲》这一表现下岗职工自强不息精神的题材非常好，但恰逢建国45周年，担心这部剧排演的不是时候。于是，在当年的元宵晚会上，李默然向朱镕基介绍了《父亲》的基本情况，得到了副总理的肯定："一定要把这部戏排好，中国工人不自强，我这个总理没法当。"后来，《父亲》作为向国庆献礼的话剧在北京演出，朱镕基看戏时几次落泪。

排演完《父亲》后，李默然又看中了《夕照》的剧本，爱不释手，希望能扮演剧中行为怪诞、个性独特的老艺术家，并以此作为自己的封台演出。

1993年初冬，《夕照》在北京中国青年艺术剧院小剧场上演，只演3场。没想到，这部剧虽然从未做过宣传，演出时却人满为患。在首场演出中，剧场的门硬是被挤破，玻璃碎了一地。在观众的强烈呼声中，《夕照》进行了加演。最终，李默然的这场封台演出变成了全国巡演，一直演到1998年，足足演了100多场。

1998年，李默然当选中国戏剧家协会主席。其间，他创立了"辽宁戏

剧玫瑰奖"，先后组织了多届"中国戏剧梅花奖"评选活动，举办了多届中国戏剧节，并开展了各类戏剧演出、培训、理论研讨活动。

2007年，李默然卸任中国戏剧家协会主席，担任中国戏剧家协会名誉主席。

几十年来，李默然坚守自己的岗位，始终奋斗在一线。在辛勤耕耘的同时，他也收获了累累硕果。1956年，李默然荣获全国话剧会演二等奖；1960年获"全国劳动模范"称号；1981年获文化部颁发的中国话剧终身荣誉奖；1986年获中国戏剧家协会授予的"话剧表演艺术家"称号和话剧终身荣誉奖；1994年，曹禺先生撰文，称李默然为"人民的艺术家"；1995年，他获国务院授予的"全国先进工作者"称号；1996年，中共辽宁省委、省政府为李默然举行了"李默然艺术生涯五十年"纪念活动，授予他"人民表演艺术家"光荣称号；2007年，他荣获国家人事部、文化部授予的"有突出贡献话剧艺术家"荣誉称号，并在同年获得第十七届白玉兰戏剧艺术奖"终身成就奖"。

六、永葆艺术青春

2012年11月8日，李默然因心脏病突发医治无效，在北京逝世，享年85岁。11月20日，由中国文联、中国剧协、中国影协主办的"李默然同志艺术人生追思会"在中国文联举行。在会上，李默然的儿子李龙吟发言，深情说道："是戏剧给我父亲带来了欢乐，带来了幸福，带给他晚年生活的充实。"

李默然一生共参演了46台话剧、7部电影和5部电视剧。他在表演创作上主张"无禁区""无偶像""无顶峰"，并逐渐形成了"气势磅礴、场面阔大、框架雄浑、激情澎湃"的独特风格。

辽宁人民艺术剧院院长宋国锋曾说："李默然对话剧艺术最杰出的贡献，在于他创造了长枪大戟、壮伟刚健的李派表演艺术。"而剧作家曹禺曾这样说过："李默然的表演艺术，既有斯坦尼斯拉夫斯基体系的精华，更有民族戏曲艺术的深刻影响；既有深刻的内心体验，又有丰富的技术手段。因而，他的表演艺术既有中国民族文化深厚、博大的内在美，又有中国北方文化质朴、刚健、凝重、峭拔的力度美。前者造就了他的表演艺术丰富、广博的内在蕴含，后者赋予他以独特的精神气质。"

除了演戏，李默然生前还十分重视戏剧人才的培养以及戏剧艺术的普及。在培养戏剧人才方面，除了指导辽宁人民艺术剧院的学生，他还曾应邀担任中央戏剧学院客座教授、中央民族大学客座教授，使一大批青年脱颖而出。为普及戏剧艺术，他发表了数百篇关于戏剧表演、艺术探索、创作体会等方面的文章，并著有《李默然论表演艺术》（中国戏剧出版社，1989）、《戏剧人生》（春风文艺出版社，1996）等。

此外，在国际文化交流工作中，李默然通过在外讲学等多种方式，逐步推动我国戏剧走向世界，极大地加强了我国戏剧界与各国戏剧界的交往。

作为一代戏剧大师，李默然还具有强烈的社会责任感。他曾说："话剧特质之一是关注时代、关注社会、关注群众。中国话剧走过百年，征途艰辛，有三点

《李默然论表演艺术》书影

尤为重要的经验值得继承：与民族同心、与时代同步、与观众同创作。"他还说，"我从艺超过 60 年，最大的经验之一就是演员要想真正受到群众欢迎，必须要让观众'有所得，有所获'。与其让观众前仰后合地笑完后一无所获，不如让观众在微微一笑之后，心灵感受到细微的震颤……艺术要关心国家的前途和人民的命运，要爱祖国爱人民，这才是艺术的灵魂。还是要强调责任，要有大义精神。无知的娱乐没有价值，深沉大爱才是艺术的灵魂。"

李默然将自己的一生都奉献给了我国的戏剧事业，为后人留下了弥足珍贵的精神财富，他创造的一系列人物形象，将永远镌刻在我国戏剧文化的史册上。

英若诚

——老一辈演员中的"国际明星"

英若诚（1929～2003），表演艺术家、翻译家、话剧导演。北京人，满族。毕业于清华大学外文系。历任北京人民艺术剧院艺委会副主任、剧本室主任，中国戏剧家协会常务理事、北京戏剧家协会理事，以及文化部副部长等。以话剧表演为主，兼及影视，还协作导演了一些剧作，并积极推进中外戏剧艺术交流。他在戏剧艺术领域的成就蜚声中外，是中国老一辈演员中唯一堪称"国际明星"的艺术家。表演代表作有话剧《骆驼祥子》《茶馆》《请君入瓮》《推销员之死》，电影《马可·波罗》，电视剧《围城》等。译作有《奥赛罗导演计划》《茶馆》《王昭君》《推销员之死》《芭芭拉少校》《哗变》等，还著有口述自传《水流云在》。

一、名门后裔，清华才子

英若诚

1929 年 6 月 21 日，英若诚出生在北京一个满族知识分子的家庭里。英家是一个门第显赫的家族，姓赫奢礼，隶正红旗籍，英若诚的祖父英敛曾参加过戊戌变法，是天津《大公报》及辅仁公学（辅仁大学前身）的创办人；祖母淑仲（爱新觉罗氏）是清朝皇族。英若诚的父亲英千里是一位有影响的学者，12 岁时即赴英国剑桥大学留学，曾任辅仁大学外文系主任兼校秘书长；英若诚之母蔡葆真出身宦门，其父蔡儒楷 20 世纪 30 年代曾任山东省省长，新中国成立后蔡葆真曾任北京儿童图书馆馆长。

在这样一个书香世家，英若诚得到了良好的启蒙教养。小时候，他就酷爱艺术。上小学时，他常去看京剧戏班"富连成"学员的娃娃戏，还与哥哥、弟弟及小朋友们依样葫芦地排演。

1940 年，英若诚考入辅仁大学附中。当时北平已经沦陷，日本人对沦陷区实行奴化统治。有一次，在课堂上，英若诚竟然和讲"中日亲善"的训导主任顶撞起来，被罚站一节课。课后，气愤的英若诚用弹弓射了那个主任的额头。事情因此而闹得不可收拾，他只好转到天津的教会学校圣路易中学读书。

那时的教会学校一般用英语授课，圣路易中学也是如此，这是个不小的考验。英若诚狠下功夫，不到一年时间就突破了语言关。在后来的几年里，英若诚的功课几乎门门优秀。课余时间，英若诚喜欢看电影，好影片要看上三四遍，而且还想着将来能当上电影导演。不过，性格倔强的英若诚在这所学校也差点闹出事来：有一次在学校餐厅吃饭，他和一个外国孩子发生争执，神甫不问情由就横加指责，还不让吃饭。英若诚理直气壮地说："我付了饭费，凭什么不许吃饭！"随即狼吞虎咽地吃起来。这所学校又要开除他，还是父亲托人讲情才算了结。

1946 年，英若诚高中毕业，以全优成绩获得保送英国剑桥大学资格，自愿放弃后旋即考入清华大学外语系。清华的 4 年学习，英若诚刻苦勤奋，打下了坚实的知识基础。4 年中，泛读了西方文学理论和世界文学名著；尤其是戏剧方面，从戏剧作家莎士比亚、易卜生、萧伯纳、奥尼尔，到戏剧导演斯坦尼斯拉夫斯基、爱森斯坦，他都曾或者精读，或者泛览。由于外文基础好，他还经常给同学进行辅导。也就是在自己的同学中，英若诚找到了自己的终身伴侣吴世良，因为出色的英语水平，吴世良女士后来曾担任过曹禺的秘书并为周恩来总理做过翻译。

在清华读书期间，英若诚也积极参与了戏剧实践活动。那时，清华有一个名为"骆驼"的业余剧团，是地下党领导的，英若诚是剧团的骨干。剧团演出的《地窖之门》《保罗·莫奈尔》都受到欢迎，尤其是在与各大学联合演出的《春风化雨》中，英若诚扮演的青年矿工颇得好评。1948 年底，北平即将和平解放，此时清华园已属解

英若诚、吴世良夫妇

放区，为配合入城宣传，"骆驼"剧团赶排了宣传党的工商业政策的话剧《开市大吉》，英若诚扮演男主角，而扮演女主角的是他日后的夫人吴

世良。

二、"最主要的专业和成就在表演上"

1950 年夏，英若诚与吴世良双双考入北京人民艺术剧院。在此后的大半生中，虽然还曾在别的单位工作，但在人艺从事舞台表演艺术始终是他工作的中心。

不过，英若诚走上表演艺术道路之初，还是经历了一些曲折。从清华毕业后，英若诚与恋人吴世良同时被分配到中国对外友协。然而，他们出于对戏剧艺术的热爱，竟不顾岳父吴保丰（时任上海交通大学校长）的强烈反对，双双考入了刚刚成立的北京人民艺术剧院，成了专业演员。

刚进人艺的时候，英若诚的工作遇到了一些挫折。那时，他被分配在一出宣传抗美援朝的小戏中扮演志愿军战士。由于缺乏战士生活，又不适应正规剧院的严格排练，他颇有些手足无措。人艺院长李伯钊曾风趣地说："哪来的洋学生，连话都不会说。"随后，他扮演的几个角色也都不算成功。

英若诚遭遇挫折，艺术才华一时未能展现，因而有人认为他缺乏表演才能。幸好人艺总导演焦菊隐对他的潜力有所了解，让他先去资料室工作，等到有合适角色的时候再来演戏。在新的岗位上，英若诚把资料工作干得非常出色，并利用资料室的便利开始翻译《奥赛罗导演计划》（即《演员的自我修养》），此后又陆续翻译出《咖啡店的政客》《甘蔗田》《有这么回事》《星星红了》等剧本。

1954 年，英若诚在《明朗的天》中扮演眼科大夫陈洪友，演出成功，获得了全国第一次话剧会演表演三等奖。次年，他在高尔基名剧《耶戈尔·布雷乔夫和其他的人们》中扮演巴扶林神甫，又获得了不俗的成绩。紧接着，他在《骆驼祥子》中成功扮演了刘四爷，由此扭转了人们的偏见，并出演了一批中外名剧的主要角色。

1958 年排演《茶馆》时，英若诚塑造的老、小刘麻子，得到老舍先生和观众的一致肯定。这时在观众心目中，英若诚已成为北京人艺的主要演员了。此后，他不仅演戏、译剧本，还改编和创作剧本。20 世纪 60 年代前后，他改编、创作了《刚果风雷》《像他那样生活》等剧本，还在影片《白求恩》中出色地扮演了童翻译。

"文革"之后，1980 年，北京人艺排演莎士比亚名剧《请君入瓮》，英若诚给英国导演托比·罗伯逊当助手，"扮演"的是导演的"角色"。

1983 年，人艺排演阿瑟·米勒的名作《推销员之死》，英若诚不仅辅助排演，更扮演了剧中主角威利·洛曼，成功地塑造了这一形象。

1990 年，英若诚在电视剧《围城》中饰演了三闾大学校长"高松年"一角。他把这个虚伪、专制的旧知识分子形象刻画得入木三分，很大程度上得益于他成长在学者家庭。英若诚儿时熟悉的邻居很多是大学者、大教授，很容易看到他们自私渺小的另一面，这使他塑造此类形象颇为得心应手。

英若诚演出的代表性作品，包括话剧《地窖之门》《保罗·莫莱尔》《春风化雨》《龙须沟》《骆驼祥子》《明朗的天》《悭吝人》《茶馆》《智者千虑必有一失》《请君入瓮》《推销员之死》等，电影《白求恩》《知音》《小活佛》《末代皇帝》等，电视剧《围城》《马可·波罗》《我爱我家》等，既有中国名作，又有外国经典；其中塑造了一批成功的艺术形象，从第一

英若诚在《茶馆》中饰演刘麻子

个角色《龙须沟》的刘掌柜，到《茶馆》中的刘麻子、《骆驼祥子》中的刘四爷、《推销员之死》中的威利·洛曼等话剧角色，再到《马可·波罗》中的忽必烈、《围城》中高松年等影视角色，既有中国形象，也有外国形象。这一系列艺术形象，有血有肉，光彩照人，得到焦菊隐、老舍等艺术大家的盛赞，在中国舞台艺术长廊中占有一席之地。

北京人艺老艺术家蓝天野说："他最主要的专业和成就还是在表演上。""最早是《龙须沟》里小茶馆的一场戏，之后是《骆驼祥子》《茶馆》，一步步成熟了。后来《推销员之死》他演男一号威利·洛曼，用他一生的积累达到了一个高度，也达到了他在舞台表演上的巅峰。"

英若诚的表演艺术成就获得了世界性的认可。1983 年 6 月，在西西里岛举行的第二届意大利电视"银猫奖"发奖大会，英若诚因在《马可·波罗》中成功扮演元世祖忽必烈而荣获最佳男演员奖。1997 年，他被香港特区政府命名为世界十大最杰出的中国艺术家之一。

三、狱中三年与副部长三年

在英若诚的一生中，有两个特别的三年，一是"文革"期间在狱中的

三年，一个是 20 世纪 80 年代担任文化部副部长的三年。这两个三年，不管是他的人生的必然还是偶然，我们知道的是，它们对诠释英若诚之为英若诚都极具解释力。

1968 年，英若诚夫妇被关进了监狱，一关就是三年多。至于罪名是美帝苏修双料特务还是什么别的原因，狱中的英若诚似乎并不挂怀。

狱中的英若诚，"表演"还是那么出色。用英若诚自传合作者、美国戏剧教授康开丽（Claire Conceison）的话说，是"在最没有幽默感、没有尊严的情况下找到幽默感和尊严"。用吴霜的话说："如果没有这段被关押的日子，也许还不能足以体现英若成的独特个性，正是由于这一段极其特殊的命运，英若成乐天、开朗、通达的天性得到了一次充分展现的机会。生命力并没有因为恶劣的命运而消沉泯灭，反而像石板下面的竹笋越长越带劲儿。"

虽然身陷囹圄，但英若诚对自由生活中的种种日常事物抱有浓厚的兴趣，向牢里的各色人等学习，从做豆瓣酱到辨认雌雄小鸡再到和水泥，听来方法后，就用密密麻麻的小字抄写在自制的笔记本上。"烧羊肉：先红烧，汤快干时取出，去水汽，素油炸之。"满纸都是此类生活诀窍。英若诚在传记里说："我做这类笔记的目的很简单，为出狱后我和家人准备一条生活的途径。另外我也有信心，世道总有一天会变。"

三年当中，英若诚动手改良蜂窝煤炉子，制作折叠书柜，发明土暖气，裱糊天棚，样样出色当行。最能耐的是，他竟然在里边做出一本《毛主席诗词》来。纸是监狱下发用来交代罪行的；笔是自制的：从其他狱友的羊皮外套上取出山羊毛，再从旧尼龙袜子里抽出线来，扎在筷子上；墨是劳动染布时藏的一点黑墨粉，加水调兑成的；装订的胶则是用窝头嚼碎做成的。这本《毛主席诗词》和狱中笔记，后来成了美国耶鲁大学博物馆的藏品。

18 年之后的 1986 年，英若诚突然接到任命，从演员一下子成了文化部的副部长，而同时就任文化部长的则是作家王蒙。

此前，英若诚几乎从未担任过行政职务，曾经担任的人艺资料室主任、创作组组长，也不过相当于"股"级，而且是业务干部，算不上纯粹的行政干部。组织部门的这一决策，除了时代因素，恐怕与英若诚在对外文化交流中的作用不无关系。对此，英若诚的人艺同事，同为表演艺术家的蓝天野回忆说："我个人认为，一来是 20 世纪 80 年代后期，政府开始找一些真正在文化领域有成就的人担任官员，这是那个时期的特殊选择；二来过去外语人才真的很少，常常连驻外使馆的人都没几个会外语的。英若诚的特长就是外语，能胜任很多对外交流的事务。"

英若诚担任文化部副部长三年，而在他自传中却只占了短短的一小节。他介绍自己当时的职责主要有三部分：主管所有表演艺术团体，监管各大艺术院校，发展文化市场。他说："我决定大力发展第三部分，因为我认为可以通过改革让艺术产品走向市场化，借用市场手段来积累资金。"今天看来，这个思路是对头的，在当时则是超前的。

副部长任上的英若诚，为人熟知的事情还是离不开"戏"。比如，1987 年意大利导演贝托鲁奇要拍摄电影《末代皇帝》，看中英若诚的表演功底和外语能力。让一个副部级官员抽出大段时间拍戏，而且是到一个国外剧组里充当男二号，颇有些不可思议。但贝托鲁奇表示一定要促成此事，"我当时没明白他的意思，没想到他走的是上层路线。胡耀邦总书记有一天突然通知我，说特批允许我参加贝托鲁奇电影的拍摄。"英若诚在书中说。

又如，1988 年，北京人艺《茶馆》等五台大戏赴上海演出，人艺请回了很多已经退休的原班人马，唯独顾虑请副部长英若诚出演"刘麻子"实在不成"体统"。谁知英若诚不但欣然同意参演，而且一演就是 18 场，成为上海市民街头巷尾热议的话题。以现任部级官员身份在公开演出中出演丑角，中外政坛可能仅此一人，也可见他对表演艺术的挚爱。而这之前从1958 年到 1979 年，他参加了《茶馆》自首演开始的所有演出。1990 年，他还参加了《茶馆》剧组在北京的告别演出，谢幕时，他意味深长地说："感谢大家宽容。"这是他的最后一次话剧表演。

四、在国际戏剧艺术交流中

学生时代教会学校的英文基础，清华外文系的进一步深造，使英若诚具备了出色的英语阅读和表达能力，而且中英互译兼擅。这不仅为他的翻译提供了扎实的工具，也为他参与国际戏剧艺术交流插上了翅膀。

1976 年，英若诚曾在外文出版局工作两年。1978 年，他重返舞台。随着我国对外文化交流日益频繁，他的才华得到充分施展。

1980 年，北京人艺老舍代表作《茶馆》赴西德、法国、瑞士访问演出，英若诚事先把剧本译成英文，演出时又以流畅的英语同声传译，同时通过学术座谈和媒体发表了对戏剧艺术的精到见解，引起国外戏剧界人士的重视。这一年，他还随曹禺赴英国进行戏剧交流。英国导演托比·罗伯逊为北京人艺排演莎士比亚名剧《请君入瓮》时，邀请英若诚做助手。该剧首演获得极大成功，托比感慨地说："如果没有英先生的帮助，我在北京会无法工作。我不知道英先生中文如何，但我敢肯定他的英语程度比我强！"

英若诚在《推销员之死》
中成功地塑造了威利·
洛曼的形象

《推销员之死》是美国剧作家阿瑟·米勒的经典剧作，数十年来屡演不衰。1983年春，北京人艺排演这部作品，英若诚起到了举足轻重的作用。从翻译剧本到扮演主角，到辅助排演，乃至和米勒一起主持中外记者招待会，英若诚处处显示出自己在戏剧艺术的理论和实践才干。米勒也曾同样感慨地说："在北京，离开英先生，我会一筹莫展。"

1981年英若诚在故事影片《知音》中扮演袁世凯后，又应邀在中意美合拍、意大利导演贝纳尔多·贝托鲁奇执导的电视连续剧《马可·波罗》中饰演元世祖忽必烈。起初制片人拉贝拉对中方推荐的这位演员不太放心，当英若诚用熟练的英语谈出自己对历史人物忽必烈的见解后，拉贝拉兴奋地说："就是你了！"当在忽必烈大帐中的一个长镜头拍过后，摄制组全体人员都为他精彩的表演鼓起掌来。该片在国外播映后，英若诚成为轰动一时的新闻人物。一位美国观众给英若诚写信说："通过你扮演的忽必烈，你把你们国家伟大的精神传给了我们！"

《末代皇帝》首映式上
英若诚与戴安娜王妃

1982年，美国密苏里大学与斯诺基金会、富布莱特基金会和美国中部、西部各大学向英若诚发出联合邀请，聘他作为斯诺戏剧教授为密苏里大学戏剧系学生讲授表演课。在美国，英若诚结合教学实践为学生们排演了曹禺根据巴金小说改编的话剧《家》，演出引起轰动，录成电视片在美国全国播放。后来又被译配中文，由中国中央电视台播出。1984年，英若诚作为密苏里大学客座教授再次赴美讲学，为学生们排演了昆曲《十五贯》改编的话剧，对中国传统戏曲与现代话剧的结合做了有益的尝试，同时让美国演员通过排演了解中国戏曲的美学法则，再次获得成功。

在 1982 年美国出版的《世界名人录》中，英若诚是唯一被载入的中国艺术家。

1998 年，由于在中外文化交流和戏剧事业上的杰出贡献，英若诚荣获菲律宾"麦格塞塞新闻文化奖"。

从进入美国权威的《世界名人录》，到获得意大利电视"银猫奖"最佳男演员奖，再到获得菲律宾"麦格塞塞新闻文化奖"，以及众多双向合作排演和高端学术交流，充分说明英若诚不愧为中国老一辈演员中堪称"国际明星"的艺术家。

五、翻译家英若诚

英若诚的英文之出色是众所周知的，听说读写样样皆能，英汉互易兼擅。这样出色的英文，就是专业人士也很少能够比肩，遑论一般非专业领域的人了。

英若诚的外文天赋似乎有些家族渊源可寻。他的父亲英千里 12 岁时即赴英国剑桥大学留学，回国后曾任辅仁大学外文系主任。钱钟书曾回忆说："蒋介石曾说要找两个国内英文讲得最好的人给他做翻译，一个是我，一个就是英千里。"可见英千里英文水准之高。

"学外语是我们家族的宝贵传统。"英若诚之子英达回忆，父亲喜欢讲这样的比喻：假设翻过墙头是人生的目标，一个人徒手翻上光溜溜的一堵墙很难，但如果有两堵墙，这个人可以在中间互相借力左右攀爬，就容易多了。外语就是这第二堵墙。

在读大学的时候，英若诚的英文在同学中就是出类拔萃的。其间，他广泛阅读了原文版的世界文学名著，还在当时正在清华任教的英国著名诗人燕卜逊的指导下系统学习了莎士比亚的剧作和十四行诗。而且那时他就初试翻译，着手外国书籍及论文的译介。18 岁那年，他把爱森斯坦写的《电影感》译成了中文，译文得到了当时在清华任教的外国文学专家王佐良的赞赏。

英若诚后来进一步捉刀翻译，可以说是在他"走麦城"的时候。初进北京人艺，由于扮演角色不成功，他被安排在资料室做资料工作。这给他提供了机会，于是，在完成日常资料工作的同时，他开始翻译西方戏剧论著。在短短两年的时间里，他把斯坦尼斯拉夫斯基的理论巨著《奥德赛导演计划》（《演员的自我修养》）译成了中文，后在来巴金的关怀下出版。这部书对中国舞台表演艺术的发展影响至巨，直到今天仍然是演员必读的经典教科书。

英若诚的译作以剧本为多，包括《咖啡店的政客》（菲尔丁）、《甘蔗田》（古巴，巴格·阿尔丰）、《报纸主笔》《有这一回事》《星星变红了》《请君入瓮》（莎士比亚）、《芭芭拉上校》（萧伯纳）、《推销员之死》（阿瑟·米勒）、《哗变》（奥尼尔），以及《茶馆》（老舍）、《王昭君》（曹禺）、《家》（曹禺）等。而且他的翻译是双向的，既有外国剧作的中译，也有中国剧作的英译。生前病重时，他还在病房里翻译莎士比亚最受争议的作品《科利奥兰纳斯》，即 2007 年由林兆华导演、濮存昕主演的《大将军寇流兰》。

六、"生活即使是悲剧，也要当作喜剧去演"

1990 年，英若诚从文化部副部长任上退了下来。三年前妻子吴世良去世，一年前母亲蔡葆真去世，给他带来了很大的打击。退休后不久，他的身体开始转差，吐了几次血。

英若诚在《马可·波罗》
中的剧照

1993 年，英若诚在父亲原来的学生马英九帮助下去了台湾，后者当时在台湾"行政院"陆委会任职。英千里 1948 年去台湾，1969 年在台北去世，此后二十几年里英若诚一直没办法去祭奠。英若诚曾说："这次行程促使我回忆思考父亲一生的业绩。我的病也让自己有时间对自己的一生进行回顾。我一直在思考我们家族的历史以及我对家族历史应有的责任。"

在牢狱中，英若诚过得充实有趣；晚年患病，他更是等闲视之。病情加重了，他也不以为意。一次大出血抢救时，护士向医生报告："他的脸太黄了。"躺在抢救床上的英若诚听到这句话，马上接了一句："防冷涂的蜡。"

英若诚生性幽默，往往就如同那句"防冷涂的蜡"，妙语解颐。在担任文化部副部长时，官场中的他仍旧个性十足。曾有外国记者当众提问：如何看待演员当官？对这个颇有些敏感的问题，英若诚从容作答："我想演员要当官就应做大官，比如里根！"不卑不亢，睿智机敏，令人叫绝。

小时候的英若诚很有些顽皮，有时还颇为促狭，不时搞出一些恶作剧来。比如，他曾出高额赏金诱骗大家庭里的弟弟们喝凉水，等弟弟们喝完数斤后，他又想赖账，终遭兄弟们群起"追杀"。

长大了的英若诚也不消停。20世纪60年代初，他在旧货市场看中一辆老式摩托车，买回来修理后，虽然尾拖黑烟、噪音震耳，但在当时总算是一件不可多得的"电驴子"。修车师傅崔牛说："这车玩命跑能超过50迈。"于是英若诚以此为目标，摩托车开到30迈时已是左摇右摆，40迈时则上蹿下跳；再加油门时，车子基本上就要散掉了，人也像炮弹般被射了出去。英若诚肋骨断了两根，脑震荡昏迷了3天，醒来时还不忘这事儿："同志们，我飞出去时，速度绝对达到50迈了！"

1997年新年之际，在北京音乐厅举办的除夕夜"唐宋名篇朗诵会"上，病中的英若诚参加了他最后的一次舞台表演。他一身笔挺的西服，步履缓慢，但却不让人搀扶，坚持自己走上舞台。他一上台，台下立刻鸦雀无声。他朗诵的是李叔同的《送别》，篇幅不长，可中途却停顿了一段时间。他在舞台为自己毕生为之奉献的表演艺术画上了一个竭尽全力的句号。

英若诚在家中翻译剧本

2003年12月27日，英若诚走完了自己的戏剧人生，在北京协和医院辞世，享年74岁。

在生命的最后三年里，研究中国戏剧史的塔夫茨大学戏剧学教授康开丽与重病在床的英若诚交谈，由他口述人生经历，康开丽录音整理。此后，康开丽用7年时间完成了这本两人合作的《水流云在——英若诚自传》。此书2008年首先在美国出版英文版，2009年在中国出版中文版（中信出版社）。

对于出版自传，英若诚在书的最后说："我不希望我与这个世界这段历史的告别像是灰飞烟灭。我要走得有风格，有气派。历史上有那么多人一生碌碌无为，我不想成为那样的人。我希望自己是这个时代的人，代表了我这个时代，同时也不辜负家族的传统。"而在英若诚80周年诞辰之际，美国汉学家、史学家史景迁则评论此书说："英若诚是满族人、天主教徒、演员、翻译、政治犯、文化部副部长。同时他又很机智、敏感、有分寸。这本自传让我们从一个全新的角度来看20世纪的中国。"

水流云在 | 英若诚自传

《水流云在——英若诚
自传》书影

人艺演员濮存昕这样回忆英若诚："他有知识分子的真诚，也有他自己的冷静。英若诚从来没有被扭曲，无论何时，他都能让自己保持这种冷静。""我能回忆起来印象最深的，是在他重病的1997年，他参加了'千古绝唱，名家名篇'的诗朗诵节目，当时他全身不停地颤抖，但是一句'长亭外，古道边'20秒的静止，你能感觉到一个艺术家的那种气场。他眼睛看到的是终点线，就像是站得很高，回头一望。"

一位晚辈这样回忆英若诚："伯伯总是说：'生活即使是悲剧，也要当作喜剧去演！'这一信念伴着他渡过了一个又一个难关，留给大家的是一串又一串欢乐。无论外面风云如何变幻，他依然飘逸洒脱，骨秀神清。这也是英伯伯留给我最深刻、最宝贵的东西，因为世界在他眼中永远是明亮的。"

胡松华

——"马背上的歌唱家"

胡松华（1931～），男高音歌唱家，国家一级演员。北京人，祖籍山东潍坊，满族。1949 年毕业于华北大学。历任华北大学第三部文工团演员，中央民族歌舞团独唱演员、艺术工作委员会副主任兼合唱队长，中央乐团独唱演员，中国交响乐团一级演员，中国民族声乐协会副会长。在注重声乐技巧的同时，不断发掘我国多民族歌唱艺术的特点，通过长期实践逐渐形成了独特的演唱风格，被誉为"马背上的歌唱家"。歌唱代表作有《赞歌》《上去高山望平川》《高唱酒歌》《马背上的祝愿》《努尔哈赤的骏马》等；表演代表作有歌剧《阿依古丽》。

一、与少数民族歌舞结缘

1931 年 2 月，胡松华出生在北平城的一个满族家庭，是家中的老大。他的父亲是当时有名的书画家，也是一位医术高明的中医。胡松华小时候，父亲对他报以极大期望，亲自指导书法和绘画，希望他日后能有所成就。

6 岁时，胡松华念了私塾。4 年里，他通读《百家姓》《千字文》《弟子规》，又读了《论语》《大学》《中庸》，每天还要描红、临帖。后来上了洋学堂，胡松华每天放学回家"照样至少写 100 个字"，并跟着父亲为他请的中、西三位画师学习绘画。

胡松华

当时，父亲告诉胡松华，练字时必须气沉丹田，然后才能发力于手腕、行气于笔尖，这种气息训练方法让他的书法越来越沉稳有力。然而，让胡松华意想不到的是，这种呼吸方法竟然为他日后的歌唱事业奠定了坚实基础。多年后，提起当年练习书画时的感受，胡松华说："父亲对我很严厉，他让我记住了6个字——沉气、凝神、入境。"

中学毕业后，胡松华考上了位于河北省正定县的华北大学（今中国人民大学）。在大学里，他背着画箱加入了文工队。当时，抗日战争刚刚结束，文工队经常排演抗日话剧，指导员对胡松华说："松华同志，有空你就画画，可是独幕话剧《粮食》《打得好》等都是抗日打鬼子的好戏，一个比一个感动乡亲，感动我们演员本人。"于是，胡松华就跟着大家演起了话剧。

渐渐地，胡松华发现"在舞台上演一个革命戏和在台下画一张革命画，观众比例不是10倍，而是百倍的差距"。在这种感人至深的气氛下，他被舞台表演艺术深深地吸引，从话剧又演到了载歌载舞的秧歌剧。就这样，胡松华开启了自己的艺术生涯，书画变成了他的业余爱好。

没过多久，胡松华就成了文工队数一数二的演员。他在舞台上从不怯场，经常上半场扭秧歌，下半场又演话剧；一会儿唱农民开荒，一会儿演革命战士；前两天还是八路军连长，后三天又变成了日军小队长。在休息时，他还常为当地的乡亲们画画，大家都夸他"比年画画得好得多！"后来，每当提起这段"练全活"的日子，胡松华都万分感慨，同时也感到十分骄傲。

1949年，胡松华从华北大学毕业，被分配到学校里的第三部文工团担任演员。第二年，国家组织了中央民族访问团，胡松华参加了其中的一个分团，随团远赴云南。

在云南一年多的时间里，胡松华接触了26个少数民族的文化艺术，和乡亲们同吃、同住、同劳动，并向民间艺人学习歌舞技艺，对少数民族产生了深厚的感情。"从思想感情一直到特殊的技艺，这一年多打下了很深的烙印，跟多民族的心结了缘，跟多民族的舞蹈歌声结了缘。"

二、扎根边疆，拜师学艺

在随访问团赴云南的日子里，胡松华遇到了自己的第一位声乐老师——女高音歌唱家郭淑珍。在她的引领下，胡松华步入了西洋声乐的艺术殿堂。

1952年，国家成立了中央民族歌舞团，胡松华成了团里的独唱演员。此后，他又跟着男低音歌唱家杨比德、男高音歌唱家楼乾贵继续学习声乐，并赴上海声乐研究所，师从林俊卿学习意大利美声技法。

除了正规的声乐技法，胡松华还学习了各民族的民间演唱技艺。他曾向彝族歌手白素珍学习"海菜腔"，向西北"花儿王"朱仲禄学习回族"花儿"，向维吾尔族歌手阿依木尼莎、尤拉瓦斯汗学习"木卡姆"，向藏族歌手苏纳尼玛学习藏族民歌，向"藏戏之王"扎

胡松华（右三）与哈扎布（右二）放歌草原

西顿珠学习"真固"，向朝鲜族"歌王"金声民学习古典民歌，还学习了苗族的"飞歌"和撒拉族的"拉伊"。

1956年，胡松华到西藏演出。在那里，他听到了悠扬动听的蒙古族长调，深深地爱上了它。演出结束后，胡松华前往内蒙古，随长调歌王哈扎布来到锡林郭勒草原，一边感受当地人民的生活，一边学习蒙古族长调。

"我刚去的时候穿'二尺半'，因为没有蒙古族人的味道，所以被狗追。后来，为了不被狗追，我穿了一件旧的蒙古袍，因为旧袍子有蒙古族人的味道。此后，我就和哈扎布一起放牧，一起唱歌。如果哈扎布出去探访，我就跟当地的牧民一起放牧。"

一次，胡松华和哈扎布在草原上边骑马边唱歌，不知不觉间来到了一座蒙古包前。当时，一位双目失明的老额吉正静静地盘腿坐在草地上，哈扎布对胡松华说："这位老额吉是我的老师。"于是，胡松华立刻下马，用蒙古语为她唱起了蒙古族长调《小黄马》。

胡松华刚唱了一半，老额吉的眼里就涌出了泪水，摸索着走过来，拉着胡松华的手激动地说："你这个从北京来的娃不怕脏、不怕累来到我家，我已经很高兴了。你还像我儿子一样用蒙古语为我唱歌，我的心就像滚烫的奶茶。"

多年后，回想起当年在草原上学习长调的经历，胡松华说："我要克服各种困难才能真正感受和领略它的美，要过语言关、饮食关、生活关。当时没有录音机，只能反复地唱。那时没有几个蒙古族人能像我那样痴迷啊！"

20世纪50年代末，胡松华改编了蒙古族民歌《森吉德玛》。这首歌原本是短调，开头无词的部分缺少起伏，胡松华经过多次修改将其改为长调，并设置了三次跌宕，把勤劳青年对森吉德玛的思念和对封建王公的愤

懑表达得更加强烈。

随后，胡松华又改编了另一首带有蒙古族风格的歌曲《牢记血泪仇，紧握手中枪》，在演唱的开始部分运用"高弱音"达到了很好的艺术效果。"高弱音"是一种难度较大的歌唱技巧，当时，胡松华每天都在夜幕笼罩的草原上踱步练唱，最终成功掌握了这一技巧。

三、"中国式的美声唱法"

1962 年，胡松华回到中央民族歌舞团，当上了团里艺术工作委员会的副主席，并兼任合唱队队长。其间，他先后改编并演唱了《千年农奴唱新歌》《丰收之歌》等具有民族风格的歌曲，广受好评。

1964 年，在大型音乐舞蹈史诗《东方红》演出前夕，当周恩来总理看到在"伟大节日"一场中，只有一位藏族女歌手独唱，而其他各民族演员都在跳"哑巴舞"时，立即把导演找来说："这不符合民族生活的真实，应在藏族女声独唱的前面，加一个蒙古族的男声独唱。"当时，专职词曲作家已经完成任务回原单位了，情急之下，导演找到了胡松华，让他连夜创作一首歌。

深夜里，胡松华坐在窗前，回忆着自己几年前的草原生活。他想起了那位在他唱《小黄马》时热泪盈眶的老额吉，又从老额吉想到了人民翻身后的草原，于是挥笔写下了："从草原来到天安门广场，高举金杯把赞歌唱，各民族兄弟欢聚一堂，庆贺我们的翻身解放……"

歌词写好后，胡松华把科尔沁民歌《正月马》的旋律进行改编，并加入了自己创作的蒙古族长调，完成了整首歌曲，并把它定名为《赞歌》。演出那天，胡松华演唱的这首《赞歌》在观众心中引起强烈的感情共鸣，获得了热烈的掌声。多年后，当胡松华为草原上的老朋友再度唱起这首歌时，大家都激动地说："通过他演唱的《赞歌》，全国人民更了解，也更喜欢长调民歌了。我们蒙古族人民永远都感谢他！"

1964 年，胡松华还为新中国第一部彩色音乐故事片《阿诗玛》配唱，录制了片中男主角"阿黑哥"的全部唱段。后来，每当他去云南石林，那里的人们都会热情地欢呼："我们的阿黑哥回来了！"

1965 年，胡松华受邀到中央歌剧院排演民族歌剧《阿依古丽》，担任男一号——哈萨克族青年牧民阿斯哈尔，演出后在全国引起轰动，好评如潮。在演唱剧中的重要唱段《愿做一匹奔驰的骏马》时，他将这首情感波动很大的咏叹调表达得既抒情，又富戏剧感。在表现人物时，他将阿斯哈尔内心复杂的情感表现得非常细腻，感人肺腑。为此，导演李稻川给予胡松华很高的评价："他太全面了，声音好、唱得好、技术好、表演好。还有，他的形体怎么能那么好？好得没人能比得上他！"

之后，胡松华随中央民族歌舞团出国访问并举行演出，在瑞典皇家歌剧院、罗马尼亚歌剧院、苏联大剧院以及保加利亚、匈牙利、南斯拉夫等十几个国家放声高歌。每到一个国家，他都会与那里的歌唱家进行交流。

在长期的演出和学习中，胡松华逐渐摸索出了适合自己的美声发声技法，并设定了歌唱艺术"四标准"，即"浓郁的民族风格、精湛的发声技法、宽广的演绎领域、鲜明的时代气息"，被老一代音乐家时乐濛誉为"中国式的美声唱法"。

四、万里长歌万里情

1979年，胡松华为大型历史剧《王昭君》录唱了多首歌曲。1980年，他和夫人张曼茹举办了"胡松华、张曼茹独唱独舞晚会"，得到了全国20多家报刊的好评。第二年，他为中央电视台录制了这台晚会的专题节目《并马高歌》。

1981年，中央人民广播电台录制了专题节目《浓郁的风格、感人的歌声》，对胡松华和他演唱的歌曲进行了全面的介绍。1983年，胡松华应作曲家施光南的邀请，为音乐故事影片《神奇的绿宝石》中的男主人公"达嘎"录制了全部唱段。1986年，他又参加了"中国民歌大汇唱""世界名曲大汇唱"等大型演出，演唱了《草原上升起

胡松华的书房"养气斋"

不落的太阳》《马儿哟快快跑》《上去高山望平川》《咱编的歌儿用车拉》《满江红》等歌曲。

1987年，胡松华在中央电视台春节联欢晚会上演唱了自己创作的《高唱酒歌》，受到了观众好评。此后，他又创作了《马背上的祝愿》《努尔哈赤的骏马》等新歌。

1990年，胡松华参加了"中国当代十位男高音歌唱家荟萃音乐会"。在音乐会上，他为观众送上了自己改编和创作的民族歌曲，并演唱了多首

世界名曲。经胡松华演唱介绍到我国的歌曲有《莫尔多瓦的玫瑰》（罗马尼亚）、《三套车》（俄罗斯）、《桑塔·露琪亚》（意大利）、《我的太阳》（意大利）、《船员之歌》（美国）、《牧场上的家》（美国）、《拉网小调》（日本）等。在演唱时，这些歌曲都经过了他在民族气质、语言情趣、演唱风格等方面的精心推敲，得到了大家的喜爱。

1992年，已过花甲之年的胡松华和夫人发起了一次"自我挑战"，自筹资金，自组摄制组，用"走十万里路、唱十万里歌、谢十万里情"的艺术构想，历经3年的时间，走访了各少数民族聚居地区，拍摄了12集多民族音乐电视艺术片《长歌万里情》。其间，为了弥补经费的不足，胡松华还变卖了北京的祖宅。

胡松华向藏族学员
讲授声乐技巧

在《长歌万里情》中，胡松华录唱了近百首歌曲，许多都是他多年来的心血之作，如《猎鹰》《祝福故乡吉祥》《天涯海角系我心》《欢腾的山》《我家墙上挂满刀》《心留石林》《版纳情思》《重归阿佤山》等。在将它们拍摄成音乐电视艺术片时，胡松华为每一首歌曲都设计了分镜头文本，煞费苦心。有一次，在3000多米的高原上，他边吸氧边拍摄，病倒了就晚上住院，白天坚持拍摄，让大家深受感动。

1994年10月，《长歌万里情》在北京电视台首播，引起全国轰动，被观众誉为"贴近大众的多民族艺术精品"。影视音乐界称赞胡松华此举是"壮行边疆十万里，高唱民族百首歌的壮举加创举"；曹禺特地为他题字"豪杰壮心，老骥万里"；作曲家瞿希贤也题写了"赞歌一曲留史册，长歌万里壮山河"。

五、用歌声促进民族团结

几十年来，胡松华在艺术生涯中始终坚持从事多民族的声乐艺术创作和演唱，据统计，他接触过的少数民族约有48个，各民族人民的生活是他的艺术之根。"可以说，是众多少数民族用生活和艺术的乳汁哺育了我，各民族母亲扶着我走进艺术殿堂，乃至走向世界。""我认为，至高无上的荣誉是做多民族的儿子，这个比任何职称都高贵，都能引起自豪。"

胡松华的启蒙老师郭淑珍曾这样评价他："在中国歌唱家里，他是卓尔不群、独一无二的成功特例。"哈扎布也曾说："胡松华能用我们蒙古族的嗓子，唱好连蒙古族人都难唱好的古典牧歌，能让蒙古族人喊出'赛罕'（真棒）、'玛奈胡松华'（我们的胡松华），真不容易！"

与此同时，国外友人也对胡松华给予了赞美。小提琴家梅纽因曾说："胡松华给我留下了极为美妙的印象和经久难忘的歌声。"意大利男中音歌唱家吉诺·贝基则评价："他的歌唱技巧是具有世界水平的、高难度的男高音演唱技巧，他在这方面取得了难能可贵的成就。"在罗马尼亚、瑞典，一些歌剧演员也曾对胡松华表达敬佩之意，说他演唱的颤音特技"像是从喉咙里飞出了一只银铃般啁啾的小鸟"。

除了唱歌，胡松华闲暇时经常题字作画，他曾说自己是在用"书画之气补歌唱之气"。胡松华最喜欢画的是鹰、马、松、石，还亲自书写诗作。启功曾为他的书房题写斋号"养气斋"，迟浩田将军也书赠条幅"书画歌并茂，德才艺同辉"。

2000年，为了培养各少数民族的歌唱人才，胡松华南下珠海，成立了"胡松华艺术研究室"。他通过到贫困边疆义务讲学，免费培训了来自8个少数民族的10位学员。

在教学中，胡松华提出了"因族施教"的培养方法，依据不同的民族特质、文化传统背景及语言习惯，为不同民族的学员设置了独特的教学方略。他还常常提醒学生"要学习古今中外各种技法，同时一定固守住自己民族的元真品质和心神状态"。

2003年，"胡松华艺术研究室"在广州举办了"雏燕飞鸣"多民族弟子毕业音乐会，在社会上引起热烈反响。如今，这些学生有的成了专业演员，有的则回到家乡，继续寻找本民族的歌唱人才。

2007年，76岁高龄的胡松华参加了中央电视台和文化部举办的两台春节晚会。2008年，他又为北京奥运会高歌《再举金杯》。

2013年，胡松华历时两年，汇集62首民族歌曲，推出了专辑《环抱大天地》。他说："《环抱大天地》是感恩我从艺60多年来40多个民族母亲的哺育深情。"同年，胡松华荣膺中国音乐金钟奖"终身成就奖"。

如今，胡松华这棵"歌坛常青树"依旧心系民族母亲，依旧用歌声促进着各民族之间的团结。

詹建俊

——"画了一辈子，还像画第一张一样"

詹建俊（1931～），油画家，美术教育家。辽宁盖县人，满族。1953年毕业于中央美术学院，1955年获硕士学位。历任中央美术学院教授，中国油画学会主席，中国美术家协会顾问、油画艺术委员会主任。艺术风格爽健豪壮，用笔洒脱，色彩浓烈，充满丰富的寓意和诗情。油画代表作有《起家》《狼牙山五壮士》《高原的歌》《回望》《潮》《沙丘上的胡杨林》等。出版有《詹建俊画集》及同名画册《詹建俊》。

一、从国画开始的艺术之路

詹建俊

1931年1月12日，詹建俊出生在辽宁省沈阳市的一户满族家庭，祖籍辽宁盖县。他是家里最小的孩子，但哥哥姐姐们都先后因病夭折，只剩下他一人独自长大。

詹建俊的父亲詹恩轩原先是一名小学教师，后来在张学良的部队里当过一段时间的军需官，东北军解散后带着家人来到北平经商，最后又成了一名职员。詹恩轩酷爱诗词曲艺和字画，常以书法自娱，后来又开始收集齐白石、张大千等名家的作品。受父亲影响，詹建俊从小就十分喜欢艺术，到北平后，他经常和父亲一起参观书画展览，久而久之对绘画产生了浓厚的兴趣。

上小学后，除了学习功课，詹建俊把余下的时间都用在了画画上，不论是家里收藏的名画，还是报纸刊物上的图像，都成了他模仿的对象。从那时起，詹建俊的绘画天赋便逐渐显露，对画画几乎到了一种痴迷的程度。

11岁时，父亲把詹建俊送进了离家不远的"雪庐画社"正式学画。这间画社是钟质夫、晏少翔两位画家创办的，在北平小有名气，在那里，詹建俊跟着两位老师学起了国画，打下了良好的绘画基础。

1948年，高中即将毕业的詹建俊萌生了报考国立北平艺术专科学校西画系的想法。报考西画系必须能画素描石膏写生，这对只有国画基础的他来说是个难题。为了通过考试，詹建俊买来徐悲鸿和蒋兆和的画册临摹，父亲还为他请来一位北平艺专的毕业生指导他画石膏素描头像。

短短一个月的时间里，詹建俊从如何使用木炭条开始学起，学习了画石膏素描头像的构图方法等一系列知识。最终，他以第三名的成绩顺利考入北平艺专西画系。

在北平艺专学习期间，詹建俊得到了许多名师的指导。他跟戴泽和韦启美两位老师学习素描，跟萧淑芳和李可染学水彩，跟吴作人和艾中信学油画，跟滑田友学雕塑。此外，詹建俊还拜齐白石和黄宾虹为师，继续学习国画，从各方面提高了自己的绘画水平。

在学画的同时，詹建俊也大量接触了中外文学和西方艺术。他开始阅读鲁迅、老舍、巴金以及莎士比亚、罗曼·罗兰等人的小说，浏览达·芬奇、伦勃朗的画册，并培养自己对西洋音乐的兴趣。

1949年，北平艺专合并组建为国立美术学院（1950年定名为中央美术学院）。第二年，学校组织了"红五月"创作竞赛，詹建俊凭借小幅油画《新中国的旗帜升起来了》获奖。在这幅画中，他生动描绘了开国大典之夜人们在天安门前提灯游行的场面，得到了老师的称赞。那时，詹建俊的习作经常被老师挂在走廊展览，他毕业前夕的素描习作

詹建俊在敦煌临摹壁画

《男人体》后来还作为范本，收入我国高等美术院校的素描教材。

二、在油画领域大显身手

1953年，詹建俊完成了毕业创作——水粉画《好庄稼》，以优异的成绩从中央美术学院毕业。紧接着，他转入学校的彩墨系继续攻读研究生，在蒋兆和、李苦禅、叶浅予等人的指导下学习中国水墨画。

一年后，詹建俊随叶浅予组织的"敦煌艺术考察团"到莫高窟临摹壁

画，并赴甘南藏族自治州写生。在那里，他"第一次见识了戈壁滩，领略到石窟的壮美；第一次见到黄河，船夫自己坐在羊皮筏子上一路顺流而下，唱起当地的民歌'花儿'……"这些前所未有的体验给詹建俊的心灵带来了极大震撼，为他提供了源源不断的艺术养分。多年后，他在回忆当时的情景时说道："这样的感受，恐怕光是'宅'在家里，靠沉溺在自己的梦境和幻觉中，是没法想象出的。"

回北京后，中央美术学院把詹建俊和其他同学考察期间的画作集中起来，举办了一次观摩展览活动，受到师生的广泛好评。

1957 年，詹建俊从北大荒
回京后开始创作《起家》

1955 年，詹建俊研究生毕业，被选入文化部在中央美术学院成立的"油画训练班"继续深造。当时，训练班请来了莫斯科苏里科夫美术学院油画系的教授康斯坦丁·麦法琪叶维奇·马克西莫夫教授油画。在他的指导下，詹建俊系统学习了油画的造型、色彩、外光等技法。从此，他专攻油画艺术，再也没有离开过油画领域。

1957 年，詹建俊与同学前往北大荒体验生活。回北京后，他以垦荒青年为主题，创作了毕业作品——油画《起家》，描绘了初到荒地的青年在暴风雨即将袭来的原野上安营扎寨的景象。画面中最为醒目的是被劲风吹得摇摆晃动的白色帐篷，它将整个场景有力地带动起来，展现出垦荒青年即将在这片广阔天地间放手拼搏的壮丽前景。

詹建俊作品《起家》

随后，詹建俊带着《起家》参加了"第六届世界青年联欢节国际美术竞赛"，荣获铜质奖章。艾中信在看了这幅作品后评价说："作品的主题思想是用感人的形象和优美的艺术形式来打动人心，而不是用枯燥乏味的说教硬塞进观众的头脑里去的。"

1957 年，詹建俊从"油画训练班"毕业。在 10 多年的习画生涯中，他曾两次学习国画，他说："在专业上这样由中到西、由西到中的进进出出，可以说是我在学习绘画过程中的一个特色了。我想从少年时期开始的这一状况，对我自身在精神气质上以及在艺术观念上的形成和影响应当会有着不小的作用。"正如詹建俊自己所说，这两段经历为他日后潜心创作油画，在绘画手法、技巧上追求油画民族化提供了极大帮助。

毕业后，詹建俊留在中央美术学院任教。此后的几十年里，他从一名普通的教员，逐渐成长为教授、博士生导师，还担任了中国油画学会主席，中国美协顾问、油画艺术委员会主任，以及欧洲人文艺术科学院客座院士，在油画领域展现了不凡的实力。

三、深入狼牙山，创作好作品

1958 年，詹建俊接到通知，准备为中国革命历史博物馆（今中国国家博物馆）创作一幅表现我国革命军事历史题材的作品《狼牙山五壮士》。

为了画好这幅作品，詹建俊到狼牙山地区体验生活，和正在修建"狼牙山五壮士"纪念碑的民工同住一间工棚。"那年正值困难期，条件很差，盖的被子生了蛆虫，吃的是红薯、野菜等代用食品。在体验生活、寻找先烈足迹的过程中，我常常沉浸在五壮士的感人故事中，并被他们的英勇事迹深深地感动着。"

其间，詹建俊结识了狼牙山五壮士中两名幸存者之一的葛振林，并为他画了像。通过与葛振林交谈，詹建俊决定抛弃五壮士与敌人斗争的烦琐情节，用"群像式"的表现手法描绘五壮士跳崖前一刹那的景象，以表现他们宁死不屈的英勇气概。

起初，上级领导并不同意詹建俊的这一构想，认为只有画五壮士战斗的场面才能体现他们大无畏的革命精神。詹建俊坚持自己的想法，最终得到了大家的支持，在 1959 年完成了作品的创作。

时至今日，《狼牙山五壮士》仍被视为主题绘画的典范，是表现重大历史题材的经典之作。在回顾当年的创作历程时，詹建俊说："我有意识把人和山结合起来，强调了人物组合像山一样的总体外形，使人的身影犹如一座山峰，在山峰与人物外形的线条起伏变化上，注意构成激昂紧张的表情，并把这线条节奏的发展高峰引向壮士的峰顶。在这人与山构成的峰顶之后，是乌云即将远去的天空，预示他们为之献身的事业将取得最后的胜利。"

1961 年，詹建俊创作了又一幅主题性绘画——《毛主席在农民运动讲习所》。之后，他来到董希文的工作室担任助教。其间，他研究了委拉斯开兹、德拉克洛瓦、弗鲁贝尔等人的油画艺术，还涉足在当时被视为禁区的西方现代艺术领域，观摩了印象派、后印象派、野兽派、表现主义的绘画，对塞尚、马蒂斯、莫迪利亚尼等人的作品产生了浓厚的兴趣。

后来，詹建俊把马蒂斯的单纯化造型和表现性色彩以及莫迪利亚尼的夸张变形手法与国画的写意笔法结合起来，进行大胆尝试，以身为芭蕾舞演员的妻子王槠为模特创作了《自画像》《兰花》《舞蹈演

詹建俊画作
《狼牙山五壮士》

员》等油画。这些作品受到了董希文等人的赞赏，只可惜在"文革"期间遭到批判，不幸散失。

1975 年，詹建俊为中国革命历史博物馆创作了历史画《好得很》。第二年，他前往内蒙古锡林郭勒盟写生，之后又沿红军长征路写生，创作出不少风景与人像画的佳作。

四、杰作频出，屡获殊荣

"文革"结束后，詹建俊进入了油画创作的旺盛时期。与先前主画人物有所不同，他将更多精力用在了创作风景画上。1978 年，詹建俊到黑龙江农垦区及长江三峡沿岸旅行写生，创作了《寂静的石林湖》《海风》两幅作品，受到好评。

1979 年，詹建俊根据在四川阿坝地区体验生活时的所见所闻创作了油画《高原的歌》。在这幅画中，他用大片的红色进行涂抹，展现出藏族姑娘骑着牦牛在晚霞中漫步草原的动人景象，让原本凄冷的雪域高原洋溢着浓浓的暖意。当年，《高原的歌》荣获北京市美术展览一等奖，第五届全国美术展览二等奖。评论家称其为"群雄中的佼佼者，以其独具的抒情风格叩动观众的心扉"。

不久，詹建俊又创作了《回望》，在作品中呈现了万里长城的雄伟气魄。范迪安评价这幅画说："烽燧似点，有古代画论常谓'高峰坠石'之重；城垣逶迤，如同古代画论所称'潺潺一线'之灵。"

1981 年，詹建俊赴新疆写生，创作了油画《帕米尔的冰山》，在全国少数民族美术作品展览上获佳作奖，同时荣获北京市少数民族美术作品荣誉奖。同年，他随中国美术家代表团到尼日利亚、塞拉利昂、马里三国访问，创作了非洲题材作品《黑非鼓手》《舞》《母亲》。

1984 年，詹建俊创作了表现农民形象的《潮》，在第六届全国美展中荣获金奖，被誉为"中国改革开放的缩影"。1987 年，他将自己的画作结集出版了《詹建俊画集》（河北美术出版社）。

后来，詹建俊又先后创作了以石为题材的《岩松》，以山为题材的《长虹》，以水为题材的《潭》《瀑》《泉》《白浪》，以及以树为题材的《秋野》《沙丘上的胡杨林》《红枫》《大漠胡杨》等作品。

詹建俊和学生共同创作
《黄河大合唱》

跨入新世纪，詹建俊的艺术风格日渐豪放，作品的寓意也更加深刻。他先后创作了《奋飞》《夕照》《石和藤》《旭日》《雪松》《雪域高原》等，作品多使用红、蓝、黑、紫、绿等浓重的色彩，意境更为深沉。

2004 年，詹建俊荣获中国文联颁发的"造型艺术成就奖"。2007 年 5 月 23 日，"詹建俊艺术展"在中国美术馆开幕。同年，广西美术出版社出版了大型画册《詹建俊》，展示了詹建俊的油画艺术。

在绘画的同时，詹建俊还着意培养优秀的年轻画家。2009 年，他和学生叶南合作了巨幅油画《黄河大合唱——流亡·奋起·抗争》，被誉为"国家重大历史题材美术创作工程"的成功之作。

五、用油画启迪心灵

几十年来，詹建俊通过对油画艺术的不断探索，把自己的油画作品归纳出"意、气、情、韵"的艺术特点，这 4 个特点是他多年来从事绘画创作和美术教学所追求的目标。

詹建俊曾说："'意'，首先是指创作构思立意。从早期的《起家》《狼牙山五壮士》等作品在酝酿构图的同时，逐渐形成一个突出的主题，在此基础上的'意'又是特定审美意境的形成。精神、思想上的主题与审美、艺术上的意境，决定画面形式结构和绘画语言的选择与运用。'气'是绘画内容和绘画形式共同构成的气势、气概和气韵。谢赫'六法'以'气韵生动'为绘画第一要义。'情'是指作品所表达、蕴含的情感。若以抒情与叙事相比，我更倾向于抒情。'韵'指作品的韵味，在作品中，指由画面形式、结构等因素构成的韵律感、音乐感。"

在詹建俊的作品中，"韵"这一特点体现得尤为突出。他不但喜欢画画，对音乐也非常迷恋。年轻的时候，即便一天三顿饭都只啃馒头、就咸菜，他也要用生活费的三分之一去买来细纹唱片欣赏。在当年创作《起家》时，詹建俊就一直在听柴可夫斯基的《降 b 小调第一钢琴协奏曲》，他觉得这支乐曲中有自己追求的精神力量。

此后，詹建俊在绘画时经常以音乐相伴，手中的画笔就像是他的指挥棒："如果说《起家》是用钢琴烘托出的青春朝气，那么《狼牙山五壮士》则是用定音鼓的捶打带起整个乐队的极大悲鸣。面对生与死的抉择，英雄们毅然纵身一跃。他们临危不惧、气壮山河，这种极端的生命体验，要用贝多芬的第三和第五交响曲才足以表达。"他还说，"我希望我的作品像音乐，以动人心弦的旋律震撼人们的感情。我要用我颤抖的笔，把热情滚滚的节奏和潺潺流动的音韵，永远地凝固在画面中。"

除了音乐，詹建俊还喜欢读诗，他曾这样描述自己心中理想的绘画境界："它应当像一首诗，蕴含着生活所给予的灵感和思想。它赞颂人间至美的一切，并使潜藏于平凡中的伟大和隐没在暗淡中的光明，都在有限的篇幅内呈现出来，以它美好的精神力量启迪人们的心灵。"

20 世纪 90 年代后期，詹建俊提出了"走中国油画艺术的创新之路""自觉建立中国油画学派"等艺术主张，以探求本民族独立的油画艺术语言，得到全国油画艺术家的积极响应。

2013 年，詹建俊荣获中国美术奖"终身成就奖"。在接受采访时，他说："我只有一点自满之处，那就是这辈子我选择了绘画，成为一名美术工作者。82 岁得了终身成就奖，这只是艺术追求的开始，因为我知道自己永远站在起点上，这个起点始终触动我，让我倾尽所有去为之努力。""我要让自己永远站在起点上，画了一辈子，还像画第一张一样。"

贺耶尔·春英
——多才多艺的锡伯族舞蹈家

贺（何）耶尔·春英（1932～），舞蹈表演艺术家。新疆伊犁人，锡伯族。曾任中央民族歌舞团舞蹈队副队长、舞蹈编导，中国舞蹈家协会会员、新疆舞蹈家协会理事。一生致力于各民族舞蹈的表演、编导及教学，显示出不懈的奋斗精神和多方面的才华。编演代表作有舞蹈《送烟袋》《姑娘追》《手鼓舞》《欢乐的麦西来甫》，以及小舞剧《懒汉》、木偶小歌舞《唱支歌儿上北京》等，还曾参加音乐舞蹈史诗《东方红》和歌剧《阿依古丽》的舞蹈编排工作。

一、为民族舞蹈不懈奋斗

1932 年 3 月，贺耶尔·春英出生在新疆伊犁的一户锡伯族家庭。她的祖辈原来居住在伊犁锡伯营（今察布查尔锡伯自治县），是三牛录（正白旗）人，后来搬到了与锡伯营隔伊犁河相望的伊宁市。

锡伯族人能歌善舞，每当逢年过节，人们都会欢聚在一起，随着"东布尔"（锡伯族弹拨弦鸣乐器）悠扬的乐声翩翩起舞。小时候，贺耶尔·春英常常和大家一起跳舞，逐渐喜欢上了舞蹈艺术。

贺耶尔·春英

1945 年，13 岁的贺耶尔·春英来到伊犁俄罗斯中学学习，在 5 年的读书生涯中，她熟练地掌握了俄罗斯语，并利用课余时间多次参加舞蹈比赛。1947～1949 年，贺耶尔·春英连续 3 年参加了"伊犁地区锡伯族文艺比赛"，凭借锡伯族舞蹈《我们是锡伯人》以及俄罗斯舞蹈《马铃薯舞》《瓦利斯年》等，荣获 4 次一等奖。

1950 年，贺耶尔·春英从伊犁俄罗斯中学毕业。第二年，她被选送到中央戏剧学院"舞蹈运动干部训练班"学习，成为新疆第一位研修舞蹈专业的学生。在那里，贺耶尔·春英跟着我国著名舞蹈家吴晓邦系统学习了舞蹈理论知识，并苦练基本功，学习各民族舞蹈，为日后的舞蹈表演生涯打下了基础。当时，学校还邀请俄罗斯舞蹈专家来校授课，贺耶尔·春英又学跳了许多俄罗斯舞。

1952 年 7 月，贺耶尔·春英顺利毕业。随后，中央民族学院成立了民族文工团，她加入进去，随团长吴晓邦组建的西南工作队赴西南地区宣传、学习。其间，贺耶尔·春英先后到四川、云南、贵州等地，为当地百姓表演了新疆和俄罗斯舞蹈，受到大家的热烈欢迎。此外，她还借机学习了西南地区各少数民族的民间舞蹈艺术，从中汲取了不少舞蹈养分。

1953 年 6 月，贺耶尔·春英接到吴晓邦的通知，前往西北艺术学校，帮助维吾尔族著名舞蹈家康巴尔汗整理舞蹈教材。第二年 1 月，她和康巴尔汗共同整理出第一部维吾尔族舞蹈教材，为进一步发展维吾尔族舞蹈艺术提供了宝贵的资料。

1954 年 2 月，贺耶尔·春英回到北京。当时，北京舞蹈学校（今北京舞蹈学院）成立在即，由于缺少舞蹈教员，特地在东城区香饵胡同的一个四合院内开办了"教员训练班"。贺耶尔·春英得知后，前去参加了选拔考试，并顺利通过，开始接受苏联专家的系统舞蹈训练。9 月 6 日，北京舞蹈学校正式成立，贺耶尔·春英成为新中国舞蹈教育的第一批教员。

这一年年底，贺耶尔·春英因出色的表现被调入中央民族歌舞团，成为团里的舞蹈演员。此后，她先后担任民族歌舞团舞蹈队副队长、舞蹈编导等职，一直工作至 20 世纪 90 年代退休。

二、创作与演出各民族舞蹈

1955 年 10 月，为庆祝新疆维吾尔自治区成立，贺耶尔·春英随中央民族歌舞团赴自治区举行了演出。其间，她除了表演舞蹈之外，还担任了报幕员，用汉语、维吾尔语和俄罗斯语报幕，受到新疆各族人民的热烈欢迎。这是我国文艺舞台上第一次尝试用多种语言进行报幕，前来观看演出的领导以及苏联的艺术家们对此给予了高度赞赏。

1956 年，贺耶尔·春英随民族歌舞团到西藏举行了演出。第二年，她创作了哈萨克族的第一支男女集体舞《姑娘追》，并代表中央民族歌舞团参加了全国舞蹈会演，得到大家的一致好评。随后，在新疆军区民族第五军文工团担任演员的克里木带着其他演员一起学习了《姑娘追》，并带回新疆演出，受到大家的热力追捧。

1958 年，贺耶尔·春英参加了青年代表团，出访埃及、叙利亚、捷克斯洛伐克等国。回国后，她编导了维吾尔族小舞剧《懒汉》，公演后获得了非常高的评价，《人民日报》和《北京日报》还专门刊发了评论文章。

1959 年，贺耶尔·春英随民族歌舞团到宁夏举行演出，庆祝宁夏回族自治区的成立。在演出中，她表演了独舞，并带领其他演员一起表演了小舞剧《懒汉》。后来，这一舞剧还在 1992 年的中国艺术界名人作品展示会上获奖。

1960 年，贺耶尔·春英随民族歌舞团赴苏联等国访问演出。其间，她为苏联人民送上了精彩的演出，并学习了当地的舞蹈"小水桶"和"林中空地舞"。

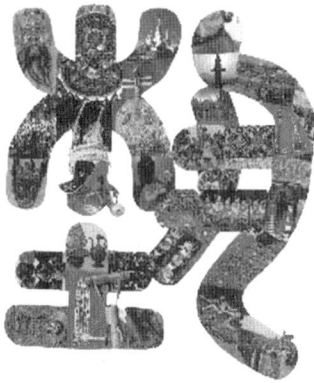

《中国少数民族
艺术词典》书影

回国后，国务院在中南海紫光阁举行了一次联欢舞会，贺耶尔·春英作为负责人，带领歌舞团舞蹈队的部分演员前去参加了舞会。在舞会上，周恩来总理和贺耶尔·春英亲切地交谈了近一个小时，向她了解了锡伯族的情况，并鼓励她在民族歌舞团继续努力。那天晚上，贺耶尔·春英脸上始终洋溢着幸福的笑容，回家后久久不能入睡，她说："这次幸福的会见，尤其是总理的亲切教诲，我将终生难以忘怀，它成为我前进的动力，时刻推动着我前进。"

过了几天，中央民族歌舞团在人民大会堂的小礼堂举行了汇报演出，贺耶尔·春英又一次见到了周总理，并在演出结束后和其他演员一起，与周总理及文化部的有关领导进行了座谈。

1961 年，贺耶尔·春英回到家乡，深入生活寻找灵感。其间，她自编自演了哈萨克族独舞《纺织姑娘》，深受家乡人民的欢迎。回北京后，贺耶尔·春英为中国青年艺术剧院的话剧《火焰山脚下》编排了舞蹈片段，还为中国歌剧舞剧院的歌剧《阿依古丽》创作了哈萨克族舞蹈。

1964 年，贺耶尔·春英为大型音乐舞蹈史诗《东方红》排演了维吾尔族集体舞《手鼓舞》，并负责第六场"中国人民站起来"的后台工作。第二年，她随民族歌舞团前去新疆，举行了庆祝新疆维吾尔自治区成立 10 周年的演出活动。

三、让锡伯族艺术走向国际舞台

20 世纪 70 年代初，贺耶尔·春英来到唐山部队接受再教育。其间，她创作了舞蹈《葡萄熟了的时候》，并与人合作编排了朝鲜族舞蹈《打谷场上喜丰收》。

1974 年，贺耶尔·春英回到新疆，为察布查尔锡伯自治县成立 20 周年的庆祝活动编排了集体舞《选种新歌》和《各族人民欢庆》。此外，她还整理出 10 套锡伯族舞蹈组合，教给了当地文工团的舞蹈演员。20 世纪 80 年代初，她又整理出了另外 12 套锡伯族舞蹈组合。

1982 年，贺耶尔·春英又回到察布查尔锡伯自治县，帮文工团的演员编排了一台晚会。同年，新疆人民广播电台对她为新疆各民族舞蹈事业发展所作的贡献给予了高度评价。

1985 年，贺耶尔·春英荣获新疆维吾尔自治区颁发的荣誉证书和奖章。1987 年，她又获得中央民族歌舞团为她颁发的荣誉证书。

1988 年，贺耶尔·春英参加了中国少数民族舞蹈学会年会，并宣读论文《锡伯族舞蹈的继承和发展》。

20 世纪 90 年代后，贺耶尔·春英从中央民族歌舞团退休。1991 年，民族出

贺耶尔·春英为排演东布尔弹唱节目查阅资料

版社出版了《中国少数民族艺术词典》，贺耶尔·春英是词典的撰稿人之一。

2000 年，贺耶尔·春英受邀去大连艺术学校教课，为学生编排了哈萨克族独舞《雪莲颂》、俄罗斯舞蹈《欢跳》等。

几十年来，贺耶尔·春英在舞蹈表演艺术的道路上不断前行，创作、表演了许多锡伯族舞蹈，除上文提到的之外，还包括《送烟袋》《猎人的欢乐》《新婚喜悦》《婚礼》《镯铃舞》《扇舞》《手绢舞》《吉祥的铃声》《欢庆歌舞》等。其中，《送烟袋》是她的处女作，也是锡伯族的第一个舞台舞蹈作品。

此外，贺耶尔·春英还曾向察布查尔锡伯自治县的一位老萨满学习萨满舞蹈，并结合现代舞蹈元素创作了锡伯族萨满舞和伊木琴鼓舞。

同时，贺耶尔·春英也善于创作、表演新疆其他少数民族的舞蹈，如维吾尔族舞蹈《揭面纱》《欢乐的麦西来甫》、木偶小歌舞《唱支歌儿上北京》，塔吉克族舞蹈《帕米尔雄鹰》，塔塔尔族舞蹈《蜂场情歌》等。其中，《欢乐的麦西来甫》被收入优秀电视片《民族团结赞歌》，《唱支歌儿上北京》曾荣获华北地区木偶歌舞会演优秀节目奖，其他许多舞蹈也曾在国家级、省级、地州级舞蹈比赛中获得过奖项。

除了从事舞蹈创作、表演和教学工作，贺耶尔·春英也因通晓汉语、锡伯语、维吾尔语、哈萨克语、俄罗斯语，长期为文化部、文联、舞协、教科文组织学术讨论会担任翻译工作。

2014年7月，针对锡伯族还没有纯粹的东布尔弹唱节目的情况，已经82岁高龄的贺耶尔·春英准备组建一个东布尔乐队，排演东布尔弹唱节目。在接受采访时，她说："我这么大年纪了，既不为名，也不为利，只是想把我身上最大的财富、我的艺术成就留给锡伯族群众。有一天，锡伯族艺术能走向国际舞台，被更多的人熟知和喜爱，就是我最大的满足。"

斯琴塔日哈
——"痛并快乐着"的舞蹈之路

斯琴塔日哈（1932~），舞蹈家、民族舞蹈教育家，国家一级演员。吉林镇赉人，蒙古族。1948年开始艺术生涯，先后就读于中央戏剧学院"崔承喜舞蹈研究班"、北京舞蹈学校"干部班"。历任内蒙古歌舞团舞蹈演员兼教员、编导、副团长，中国舞蹈家协会副主席，内蒙古舞蹈家协会主席。从事舞蹈表演和教学活动，创立了独特的舞蹈表演艺术流派，对蒙古族女性舞蹈艺术风格的形成和发展作出了重要贡献。表演代表作有舞蹈《希望》《鄂尔多斯舞》《挤奶员舞》等，舞剧《猎人与金丝鸟》等；编舞代表作有《盅碗舞》《心中的歌儿》《春天来了》等。主编有《蒙古族舞蹈基本训练教程》，并结集有《斯琴塔日哈蒙古舞文集》。

一、辗转求学，与舞结缘

斯琴塔日哈

1932年，斯琴塔日哈出生在吉林省镇赉县大茨勒营子屯（蒙古族称为阿巴干西坡村）的一户蒙古族家庭，是家里的长女。她的祖父巴拉珠尔是阿巴干西坡村的首富，父亲道布丹通晓蒙古、汉两种语言，母亲洁吉嘎出身名门望族。

斯琴塔日哈的家乡阿巴干西坡村是鱼米之乡，东临嫩江，风景十分秀丽。当地的百姓能歌善舞，每到夏天的傍晚，大家就会围坐在院子中吹笛、唱歌。到了冬天，就聚在家里，一边喝着红茶，一边听胡尔奇（科尔沁传统说唱艺人）说唱"乌力格尔"。

斯琴塔日哈的祖父会拉四胡，能唱许多民歌，母亲更是唱民歌的高手，村里有人办喜事都会请她唱上几首。这样的环境培养了斯琴塔日哈的艺术细胞，她很小的时候就开始跟着大家一起唱歌，艺术天赋逐渐显露。

1939 年，斯琴塔日哈来到兴安盟扎赉特旗的音德尔镇，就读于当地的国民优级学校。在学校开设的音乐课和舞蹈课上，她接触到了现代音乐和舞蹈知识。跳舞时，她的观察力十分敏锐，模仿能力也很强，老师教什么都学得很快，常常受到夸奖。斯琴塔日哈常常代表学校参加歌舞表演活动，为日后的专业舞蹈生涯打下了基础。

1945 年 8 月，国民优级学校因战乱停课，斯琴塔日哈回到了家乡。两年后，得知堂姐要到内蒙古索伦青年学校学习，她再也按捺不住求学的迫切心情，向母亲吐露了自己的心迹。当时，斯琴塔日哈的父亲去了外地，家里的一切都由母亲做主。考虑到时局动荡、战乱不断，母亲一口回绝了她的请求。

为了达成自己的心愿，斯琴塔日哈绞尽了脑汁。在采取各种方法都无济于事后，她毅然绝食。这一次，母亲终于答应了下来，斯琴塔日哈如愿以偿，来到了内蒙古索伦青年学校。

内蒙古索伦青年学校位于乌兰浩特西北部的索伦镇，镇周围群山环抱、人烟稀少。学校的教室都是砖房，用土墩架着长条木板充当桌椅，食堂的伙食也比较差，有时做饭的燃料短缺，同学们还要上山打柴。即便如此，斯琴塔日哈依然觉得很快乐，生活过得非常充实。遗憾的是，没过几个月，学校便因物资供应困难放起了长假。

1948 年初，斯琴塔日哈转入内蒙古军政大学，继续自己的学业。在校期间，多才多艺的她加入了校文工队。不久，内蒙古文工团（1951 年更名为内蒙古歌舞团）到学校选拔演职人员，她被选中，成了文工团的舞蹈演员。从此，舞蹈和斯琴塔日哈紧密联系在了一起，再也没有分开。

在内蒙古文工团，斯琴塔日哈一边跳舞，一边继续深造。在吴晓邦和贾作光的指导下，她学习了欧

年轻时的斯琴塔日哈

美和日本的舞蹈艺术理论，并跳起了现代舞。

二、勤学苦练，为舞痴狂

1949 年秋，斯琴塔日哈代表内蒙古文工团，随中国青年代表团赴匈牙利参加了第二届世界青年联欢节。在联欢节上，她和另一位演员表演了由吴晓邦创作的双人舞《希望》，以优美的舞姿赢得了热烈的掌声。

《希望》是蒙古族的第一支现代舞，也是新中国在国际舞台上展示的第一支舞蹈，不论对斯琴塔日哈本人，还是对蒙古族，甚至是对刚刚成立的新中国，都具有特殊的纪念意义。

1950 年，内蒙古文工团准备排演一部小舞剧《黄花鹿》，并让斯琴塔日哈担任女主角"黄花鹿"。于是，斯琴塔日哈全身心地投入了对这一角色的创作。演出时，她将活泼机灵、顽皮可爱的黄花鹿形象塑造得十分成功，获得了观众的好评。从此，斯琴塔日哈脱颖而出，成了内蒙古文工团的主要演员之一。

同年，在庆祝新中国成立一周年的演出中，斯琴塔日哈担任了开场舞《鲜花舞》的领舞，赢得了大家的交口称赞。

1951 年，内蒙古歌舞团派斯琴塔日哈和其他几位演员，进入中央戏剧学院"崔承喜舞蹈研究班"学习。崔承喜是朝鲜著名的女舞蹈家，在她的指导下，斯琴塔日哈系统地学习了专业舞蹈知识，接受了芭蕾舞、现代舞及各种民族舞的基本训练。

一次，斯琴塔日哈表演了崔承喜创作的男女双人舞《柴郎与村女》，获得了老师的称赞。崔承喜说："斯琴塔日哈作为一名蒙古族学生，能把朝鲜族的舞蹈风格掌握得这么好，十分难得。"

在日复一日的刻苦学习、练功中，斯琴塔日哈的舞蹈天分被充分激发，能够出色驾驭不同民族风格的舞蹈。然而，高强度的运动超过了双腿的承受能力，她的膝盖半月板撕裂，不得不做手术。

手术后，很多人都劝斯琴塔日哈放弃跳舞，可她却坚持从事舞蹈事业，只休息了一个月就又回到了研究班。由于失去了半月板的保护，双腿的股骨和胫骨直接摩擦，斯琴塔日哈在每次训练时都疼得汗流浃背。到了夜里，红肿的膝盖持续发热，阵阵刺痛，根本无法入睡。后来，她想出了一个土办法，用布带将两条腿高高吊起，这才缓解了一些疼痛。

1954 年，22 岁的斯琴塔日哈考上了北京舞蹈学校的"干部班"。当时，北京舞蹈学校是我国最高的舞蹈学府，有不少知名教师任教。在他们的指导下，斯琴塔日哈学习了古典舞和各民族传统民间舞，并观摩了国内外艺术团体和知名舞蹈家的精彩表演。

在学习期间，学校还专门聘请了苏联舞蹈家伊利娜教大家芭蕾舞。对于斯琴塔日哈来说，这是一次极为难得的机会。在伊利娜的教授下，斯琴塔日哈学习了苏联先进的舞蹈训练方法，提高了自己的舞蹈水平。

临近毕业时，中央民族歌舞团的有关领导曾几次劝说斯琴塔日哈留在北京，可她却不假思索地婉言谢绝了。在日记中，她写道："我生长在草原，内蒙古歌舞团又培养了我，我将来死也要把骨头埋在内蒙古的土地里。"

三、形成"斯琴塔日哈表演艺术流派"

1955 年夏天，斯琴塔日哈参加了在波兰华沙举行的第五届世界青年联欢节，和贾作光一起为《鄂尔多斯舞》领舞。在舞蹈中，斯琴塔日哈以柔美的身姿演绎了蒙古族女性的勤劳与美丽，表现出了少数民族人民在新生活中乐观向上的精神面貌。

当年，《鄂尔多斯舞》在世界青年联欢节上一举荣获民族民间舞蹈金奖。斯琴塔日哈用舞蹈让世界领略了草原文化的独特魅力。

回到内蒙古歌舞团后，斯琴塔日哈饰演了小舞剧《猎人与金丝鸟》中的"金丝鸟"。之后，她又在群舞《挤奶员舞》中担任领舞，再现了蒙古族少女挤牛奶的劳动情景和快乐心境。随着表演机会的增多，她的表演风格也日臻成熟。

1956 年，蒙古人民共和国的舞蹈家道丽格尔苏荣应邀来到内蒙古歌舞团讲学，斯琴塔日哈从她那里学到了不少蒙古国的民间舞蹈，并将其融入自己的蒙古族舞蹈中。

斯琴塔日哈在演出
《鄂尔多斯舞》

后来，为学习蒙古族民间舞蹈，斯琴塔日哈开始利用一切机会，深入草原牧区拜访民间艺人，采集民间舞蹈样本。她曾和贾作光一起到鄂尔多斯地区，向成吉思汗陵的守护者——达尔扈特人学习古典舞蹈，那里的老艺人将祖传的《酒盅舞》《顶灯舞》

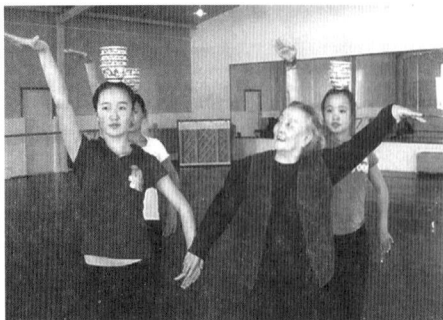
斯琴塔日哈指导学生
跳《盅碗舞》

《筷子舞》毫无保留地传授给了她。她还多次深入哲里木盟（今通辽市）的库伦旗，向民间艺人学习"安代"歌舞。

多年后，谈及民族民间舞蹈，斯琴塔日哈这样说道："艺术的灵魂来自生活，来自民间。而给我的舞蹈赋予生命、注入灵魂的，是各地的民间艺人。"

1959 年，斯琴塔日哈出任内蒙古歌舞团副团长，主管舞蹈队。当时，贾作光根据之前去鄂尔多斯收集的《顶灯舞》素材编创了同名独舞，并由青年演员莫德格玛演出。然而，这一作品的舞台效果并不理想，观众反应比较冷淡。于是，斯琴塔日哈决定对其进行改编。

首先，斯琴塔日哈将原舞蹈中的顶灯换成了顶碗；其次，她又将鄂尔多斯民间舞蹈《酒盅舞》大胆吸收进来，让舞者手持酒盅随舞蹈节奏轻轻叩击，使整个舞蹈富有生活情趣；随后，斯琴塔日哈又在舞蹈中加入了横向展臂、背后摆动双臂、叉腰揉肩、抖动碎肩等动作。其中许多动作都是她的独创。

最终，斯琴塔日哈将这支舞蹈改名为《盅碗舞》。1961 年，莫德格玛在呼和浩特乌兰恰特剧场首演《盅碗舞》，获得巨大成功。后来，她带着这支舞赴荷兰参加第七届世界青年联欢节，荣获金奖。有人评论说："通过《盅碗舞》的修改和表演，斯琴塔日哈成功地塑造了蒙古族女性热情豪爽、深沉内在、高贵典雅的形象，丰富了蒙古舞女性舞蹈语汇，使女性舞蹈风格走向成熟和定型，形成了独特的'斯琴塔日哈表演艺术流派'，为民族舞蹈事业作出了应有贡献。"

如今，斯琴塔日哈改编的《盅碗舞》已成为蒙古族女性舞蹈的经典之作，许多新创作的蒙古族舞蹈作品都对其进行了借鉴。不仅如此，国内其他地区的艺术团体也纷纷学跳《盅碗舞》，将其推向了全国，受到各族人民的欢迎。

四、内蒙古舞蹈事业的丰碑

"文革"开始后，斯琴塔日哈暂时告别了舞台。1976 年，她重返舞台，在中央电视台春节联欢晚会上表演了《盅碗舞》。

1977年，斯琴塔日哈自编自演了独舞《心中的歌儿》。后来，她又创作了女子群舞《春天来了》和《布谷鸟》。其中，《心中的歌儿》获1980年"全国独舞、双人舞、三人舞比赛"优秀表演奖；《春天来了》获"中华人民共和国建国30周年献礼演出创作"二等奖；《布谷鸟》获"内蒙古自治区歌舞评奖"二等奖。

从20世纪80年代起，斯琴塔日哈开始应邀赴各地讲学，教授蒙古族舞蹈。1982年，她出席了亚洲地区舞蹈保护与发展专家会议。

1988年，斯琴塔日哈与人合作出版了《蒙古族舞蹈基本训练教程》（内蒙古人民出版社）。教程"以专业的语言记录、体现了蒙古族舞蹈基本动作及其发展变化，由浅入深地对蒙古舞的历史作了回顾，并对其动作的类型、韵律的形成和风格特点给予了归纳，使蒙古族舞蹈教材真正走上了规范化、系统化和实用化，呈现出文化的特性和艺术的价值"。

2007年9月，斯琴塔日哈和内蒙古大学艺术学院的老师合作，出版发行了《蒙古族舞蹈精品课教程》光碟。2008年，她撰写的《斯琴塔日哈蒙古舞文集》（内蒙古人民出版社）问世。

内蒙古自治区舞蹈家协会秘书长曼德尔娃曾说："谈及内蒙古的舞蹈家，斯琴塔日哈是绕不过去的一座丰碑。"几十年来，斯琴塔日哈一直坚守在舞蹈岗位上，"在舞蹈表演中，她为蒙古族女性艺术形象的确立奠定了基础；在舞蹈编创中，她以对民族文化的展示和综合艺术的融入，提升了舞蹈作品的观赏性和艺术性；在舞蹈教学中，她以对蒙古舞蹈动作的发展和提炼，编创出风格浓郁、韵味十足的舞蹈组合，展示了蒙古族的历史与风俗"。

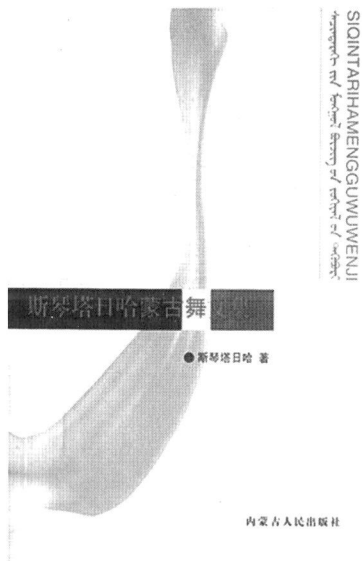

《斯琴塔日哈蒙古舞
文集》书影

为了表彰斯琴塔日哈对蒙古族舞蹈事业作出的贡献，2010年7月15日，中共内蒙古自治区党委、自治区政府向她颁发了"内蒙古自治区文学艺术杰出贡献奖"荣誉证书和金质奖章。同年12月16日，在全国文联举办的第九届造型表演艺术成就奖颁奖典礼上，斯琴塔日哈荣获"表演艺术成就奖"。

2012 年，斯琴塔日哈获得了第二届中国舞蹈艺术"终身成就奖"。在颁奖典礼上，她深情地说："我的名字——斯琴塔日哈，汉语的意思是'聪明的脑子'。其实，我这个人既不聪明，也不灵活，一辈子死死地坚守了一条做人的尊严：正直和踏实，死心塌地地为民族舞蹈事业的发展奉献自己的全部。"

"当双腿做手术，险些断送艺术生命的时候；当在各种政治运动中受到冲击，险些断送政治生命的时候，在一种信念的支撑下，我挺过来了。双腿的疼痛虽然伴随了我一生，但在各级组织和同志们的帮助下，我没有掉队，我没有落伍，紧紧地跟着时代的步伐，随着祖国的繁荣昌盛，与民族舞蹈事业的发展同步，跌跌撞撞地走过了 64 年的舞蹈人生，走到今天。今年我才 40'公岁'，还可以跟着大家一起，继续往前走！"

如今，斯琴塔日哈依旧为舞蹈事业辛勤耕耘。无论面对怎样的困境，她都没有放弃自己的事业，始终站在意志的舞台上翩翩起舞。

妥木斯

——特立独行的"草原派"画家

妥木斯（1932～），油画家，美术教育家。原名云瑞冲，内蒙古土默特左旗人，蒙古族。1958年毕业于中央美术学院油画系，1963年毕业于中央美院油画研究班。历任内蒙古师范大学美术系教授、民族艺术学院名誉院长，内蒙古文学艺术界联合会副主席、美术家协会主席，中国美术家协会理事，中国油画学会常务理事。教学之余进行油画创作，始终坚持探索研究油画的民族化与现代感，促进了"草原画派"的形成。油画代表作有《查干湖》《珠草的妇女》《蒙古女人与马系列》《东乌珠穆沁妇女》等。著有《妥木斯油画技法——民族风情油画探索》。

一、找到属于自己的艺术语言

1932年一个寒冷的冬日，妥木斯出生在土默特左旗的此老村。他的父亲是村里第一位读书人，母亲有着极高的剪纸水平。受父母影响，妥木斯从小就知道学习文化知识的重要性。

妥木斯的家乡此老村，是一个位于大青山脚下的小村落。在那里，他度过了一个无忧无虑的童年："当我还是个小男孩时，就常常跑到村后的山顶上，站在草丛间，用我的眼睛感受着那块没有鲜花的草地。在每个季节，草地的色彩都在一片苍茫里神奇地变幻着。这些细微的观察和感受对我后来画画起了很大的作用。"

妥木斯

8岁那年，妥木斯来到归绥（今呼和浩特市）土默特学校，开始了自己的求学生涯。1947年，15岁的他前去北平，在蒙藏学校继续自己的学业，并给自己取名"妥木斯"。在蒙古语中，"妥木斯"意为"土豆"，土豆是他家乡离不开的蔬菜。

在蒙藏学校，妥木斯的绘画天赋逐渐显露。后来他回忆自己第一次拿起画笔时的情景，说："当我将第一笔颜色画在纸上时，我的心为之颤抖。我已隐约感到，我找到了自己的语言。老师从我的痴迷中看到了希望，他耐心地辅导我，教我怎样用自己的方式绘画。"

1951年，妥木斯师从陈氏太极拳传人陈照奎开始习武。每当找不到绘画灵感时，他就去练武，在其中慢慢捕捉到了武术与艺术之间玄妙的联系。两者之间的糅合与交融，造就了他坦荡、坚韧的个性。

1953年，妥木斯以绘画第一的成绩考入中央美术学院油画系，开始接受正规的绘画训练。在王式廓和吴作人等老师的指导下，他进步神速，在1956年创作了油画《黎明》，并在第一届全国青年美术作品展览中展出。

在5年的油画学习中，妥木斯打下了坚实的基础。"到毕业时，我不但已熟练地掌握现代油画技法，而且从构图到色彩都蕴藏了自己的东西。至于主题，当然是草原，因为草原永远是那么恬静、安详，充满祥和。"从那时起，妥木斯就开始在画中倾诉自己对草原深厚的情谊。

妥木斯（右）和罗工柳

1960年，妥木斯考入中央美术学院油画研究班，师从油画家罗工柳继续深造。在教学中，罗工柳十分重视学生的基础训练，他把色彩问题放在突出地位，要求学生掌握以色彩造型、用色彩完成画面结构的油画技巧。同时，他还积极倡导中国油画民族化，强调作品要有中国气质、民族特色，并鼓励学生将油画写生与中国画写意相结合。受老师的启发，妥木斯逐渐形成了自己的艺术观，并开始追求油画民族风格。

1961年，中央美术学院油画研究班举办了新疆写生展览，并展出了妥木斯的11幅写生作品。这些作品充分展示了他用色彩把握风景题材的能力。

二、让"妥木斯风"吹遍全国

1963年，妥木斯从中央美术学院油画研究班毕业，他放弃了留校任教的机会，回到内蒙古师范大学美术系任教，从此开启了自己的艺术生涯。

步入工作岗位后，妥木斯一边教学，一边继续创作。在"文革"之前，他创作了《毛主席在北戴河》《炉前工》《守场》《送奶车》等多部作品。此时，妥木斯重视人物形象刻画和表现技法的特点已经有所显现。

在"文革"中，妥木斯被关入"牛棚"批斗，一只耳朵失聪，从此心灰意冷，放下了心爱的画笔。直到一天早晨，妻子将事先准备好的画箱递给妥木斯，他这才拎着画箱来到郊外写生。从那天起，妥木斯每天清晨都早早来到郊外，抓住由天亮到日出的半个小时画风景。他钟情于这个时间里大自然的色调，用心捕捉着每一处细微的变化，不断锤炼着自己的艺术语言。

1971年，妥木斯为中国历史博物馆创作了历史画《中朝联合抗倭》。1978年，他在北京紫竹院举办了首次个人展览，展示了70幅油画风景写生作品。1979年，妥木斯发表了一篇名为《油画风景写生简谈》的短文，将自己对色彩语言的探索作了精彩概述。

1980年，罗工柳鼓励妥木斯继续在北京办画展，于是，妥木斯前往锡林郭勒大草原寻找创作灵感。回北京后，妥木斯的创作欲望犹如洪水决堤般一发不可收，两个多月里，他以几乎每天一幅的惊人速度，创作了包括《倚》《宵》《春风》《九月》在内的80多幅油画作品。

1981年，妥木斯在中央美术学院陈列馆、民族文化宫先后举办画展，用灰色调展现了草原清新的格调和优美的意境。有人曾这样评价他的草原作品："妥木斯运笔粗犷、豪放，但一幅幅草原风情画却如一首首悠扬的小夜曲，婉约动人。这对于看惯了大红大绿的主题性宣传画的中国人来说，无疑似一缕清泉沁入心脾。"

此后，我国画坛掀起了一股"妥木斯风"：越来越多的画家开始用画笔描绘自己熟悉的生活，并来到内蒙古采风；一些画家则随妥木斯一起，去鄂尔多斯体验游牧民族的真实生活，去敦煌领略古壁画的辉煌，去阿拉善汲取岩画的精髓。

在这次西北之旅中，近百名画家逐渐成长起来，创作出了一幅幅风格各异的草原风情画，美术界称这一群体为"草原画派"，而妥木斯则是这一画派的领军人物。

三、在油画民族化道路上不断探索

20世纪80年代末，妥木斯曾多次出国考察并举办画展，充分开阔了艺术视野。回国后，他尝试性地将色彩用刮刀刮在画布上，创作了《站立》《雨中》《细雨》3幅作品。然而，他并没有像其他画家一样醉心于这种西方油画技法，而是将目光投向了我国传统艺术及蒙古族民间美术，开始从中寻找自己独特的绘画语言。

《妥木斯油画技法》书影

自 1990 年起，妥木斯的油画在不断探索中变得更加自由和成熟，逐步实现了油画的民族风格。起初，他较多地借鉴了岩画、壁画、画像石、画像砖等我国传统的艺术元素，创作了《启》《午后的风》《备》《蒙古女人与马系列》《驼语》《点烟的老人》《回顾》《休息》《年轮》等。这些作品着重强调了拓片效果及水墨画韵味，使画面具有一种深厚的文化底蕴。

之后，妥木斯又以马为题材创作了《白马红鬃》《秋韵》《双马》《长嘶》《依》《蓝鬃马》《兄弟俩》《母子》等。在这些作品中，他以简洁的形象、单纯而凝重的背景，表现出了油画语言的独特魅力。刘大为曾这样评价他画马的作品："妥木斯画的马很少有四蹄飞奔的，总是静静地处在风中，悠闲地徜徉在草原，而不是张扬狂奔在旷野，驰骋嘶鸣于苍茫，那些马体现的恰好就是他自身的品格，在一个坚定的背景下诚恳而坚定地呼吸着。"

20 世纪 90 年代中后期，妥木斯创作了《暝色》《中年》《年轮》《青春》《布里亚特》《姑娘》《妇女头像》等人像作品。在这些作品中，他对"形"的处理更加主观化，间接传达出了自己独特的审美感受。

进入 21 世纪，妥木斯在形式语言方面做了更多推敲，加强了人物的造型感。其间，他的主要作品有《老人》《笼头》《带》《相濡》《东乌珠穆沁妇女》《两匹白马》《沙风》《老姬》《秋声》《蒙古马系列》《瞩》《妇女头像》等。2000 年，他还出版了专著《妥木斯油画技法——民族风情油画探索》（天津人民美术出版社）。

2014 年 11 月，妥木斯在呼和浩特成吉思汗美术馆举办了为期一个月的"妥木斯先生油画新作展"。这次展览展出了他的 53 幅新作，是他在国内举办的首次新作展览，得到了美术界的广泛关注。

在绘画的同时，妥木斯仍不忘在教学岗位上辛勤耕耘。他非常注重培养学生的全面素质，引导学生艺术个性的发展，反对学生一味模仿自己。同时，他还要求学生挖掘自己内心深处的不同感受，不允许任何人在绘画上弄虚作假。有些学生为了让画面更好看，选择一个漂亮的城市女孩穿上蒙古袍来充当画面中的主人公，妥木斯严厉指责这种肤浅的拼凑，他说："画家所要表现的是事物内在的美，是作者由这种美而产生出来的感情，光靠一个漂亮的脸蛋是无法让人产生共鸣的。"

在妥木斯的指导下，内蒙古油画家的队伍日益壮大，新人新作不断涌现，在风格上呈现出多元、多样的态势。在第一届中国油画展中，妥木斯直接指导过的学生有 3 人获奖。如今，他的学生更是遍布全国，活跃在我国的美术界。他对艺术的不懈探索、对油画民族化的执着信念，都在他的学生中得以延伸。

四、当之无愧的艺术大师

综观妥木斯的艺术生涯，他的创作道路可以大体分为四个时期：写实绘画时期、写意绘画时期、自由绘画时期、精神绘画时期。

妥木斯的早期油画大多比较写实，在这一时期中，他追求油画民族风格的思想逐渐生根发芽，并在油画民族化方面进行了有益探索。

1981 年，妥木斯的作品《查干湖》被选送参加法国沙龙展，这幅作品便是他从写实转向写意的初期作品。此后，他开始注重对油画的形式化探索，并把西方的特殊技法（如刮、罩、擦等）与我国传统绘画技法相结合，加强了作品的中国特色。

1990 年起，妥木斯进入了自由绘画时期。在这一时期中，他的作品风格趋于成熟，虽仍以草原常见的马与人、马与马和人物肖像为主题，但对作品的画面处理更为主观，既蕴含着新鲜的变化，又保持着自己的特色。

21 世纪，妥木斯迈向了精神绘画时期。随着年龄的增长，在运用综合技法的同时，他开始更加注重探索画面的精神内核，将思考的维度由广变深，作品的意境也随之得到升华。

除了潜心绘画，妥木斯还将兴趣充分扩展，对我国古典诗词、医药、武术、音乐、书法等进行了研究。正因为深谙中国文化内核，熟知蒙古族生活，他才能把中华文化的精髓与游牧民族的气质，游刃有余地融入画作之中。

妥木斯在艺术领域的辛勤耕耘收获了许多辉煌。他的作品《垛草的妇女》曾获第六届全国美术作品展览银质奖，《查干湖》获内蒙古文艺创作一等奖，《马球》获全国体育美术展览铜奖、内蒙古文艺创作特别奖。在教育领域中，妥木斯在 1989 年被评为内蒙古自治区优秀教师，1990 年获吴作人国际美术基金会"美术教育奖"。

油画《垛草的妇女》

几十年来，妥木斯在油画创作和美术教育的道路上不断前行，付出了大量心血，美术界人士给了他很高的评价。

刘淳在《中国油画名作 100 讲》中写道："妥木斯是一位深深植根于自己民族土地的画家，他的作品充分显示了朴素、单纯、抒情的特色。画风自然、亲切，没有生硬造作之感。用色也别开生面，善于在单纯中寻找丰富，在大的色块对比中取得色调微妙的变化。作品中常常洋溢着含蓄、和谐、淡雅统一的情调。"邵大箴曾评价说："在当代中国油画界，蒙古族画家妥木斯是一位在艺术上卓有成就的特立独行者。"

妥木斯的得意门生刘大为也曾评价："妥木斯不事张扬与不善交际的个性使他成为伟大的都市隐居者，而这种隐居造就了他在艺术上攀爬高峰的可能性。妥木斯是一位卓有成就的油画艺术家，同时也是一位民族的、个性面貌强烈的、个性鲜明的、始终坚定自己探索目标的艺术家。他是热爱生活，有强烈的意识去表现艺术语言、民族生活的艺术大家。他影响了几代青年画家，在今天，他的艺术地位是举足轻重的。"

正如人们所说，妥木斯对我国油画艺术的贡献是不可估量的。他"以独有的画风开创了'草原画派'的先范，饮誉国内外"，是当之无愧的油画艺术大师。

乌斯满江

——热瓦甫奏响《天山的春天》

乌斯满江（1932～1990），作曲家、器乐演奏家。新疆伊宁人，维吾尔族。他从小受民族艺术熏陶，由民间小乐手成长为演奏家，历任伊犁文工团、中央民族歌舞团演奏员；同时从事作曲，创作了大量歌曲、器乐曲及电影和歌剧音乐。主要作品有歌曲《女拖拉机手》《弹起我的冬不拉》《民族团结之歌》，器乐曲《天山的春天》《美丽的果园》《帕米尔脚下的欢乐》等，以及歌剧《阿依古丽》的音乐（合作），电影《天山骏马图》的音乐（合作）等。出版有《天山的春天——乌斯满江器乐曲选》

一、从小乐手到演奏家

1932 年，乌斯满江出生于新疆伊宁的一个普通农家。他的父亲是以赶大车为生的脚夫，也是优秀的民间艺人。幼年的时候，乌斯满江经常听父亲弹唱维吾尔族古老的乐曲和民歌，耳濡目染，他也学会了不少乐曲和歌曲，并成了一名出色的小乐手，能演奏都塔尔、弹拨尔。

乌斯满江

伊宁地处祖国西陲，维吾尔族人民称它"古丽斯坦"，意为"花城"。伊宁城里居住着维吾尔、哈萨克、汉、回、锡伯、蒙古、柯尔克孜、俄罗斯、塔塔尔、乌孜别克等十多个民族的人民，各民族的民间音乐在这里群芳竞艳。乌斯满江正是在这歌舞之乡受到了各民族音乐艺术的熏陶，逐渐成长起来的。乌斯满江后来回顾说："是民族民间的乳汁，给了我音乐的才能和智慧。"

1946 年，乌斯满江刚刚 14 岁，便参加了当时新疆三区革命民主政府主持的伊犁文工团，成为一名演奏员。当时，维吾尔族作曲家肉孜·弹拨尔、演奏家于三江·加米和歌唱家阿布都瓦力都在这个团，乌斯满江孜孜不倦地向他们学习。在老一辈的热心教导和扶植下，乌斯满江迅速成长起来，在音乐艺术的诸多方面都有了不小的收获：音乐知识大为丰富，熟悉了大量民族民间乐曲；会弹热瓦甫、弹拨尔、冬不拉，以及演奏手鼓等多种民族乐器，尤其精于弹奏热瓦甫。

新疆和平解放，乌斯满江参加了电影放映队的工作，接触到许多电影音乐。优美多姿的电影音乐，不仅使乌斯满江在当地民族民间音乐之外，增进了其他方面的音乐素养；而且每每触动他的心灵，使他渐渐萌生了作曲的愿望。

1952 年 9 月，中央民族歌舞团在北京成立。此时，刚满 20 岁的乌斯满江已经是一位优秀的热瓦甫演奏员，因而调入了这个团，担任演奏员。为适应工作的需要，乌斯满江首先突破了语言关，同时学会了简谱、五线谱以及专业音乐工作者所需要的其他音乐知识。在短短的几年里，他不仅学会了流利的汉语，而且认识了许多汉字，为阅读各种音乐书籍和谱写汉文歌曲打下了基础，方便了演出、交流。

就这样，乌斯满江从边城的小乐手，成长为国家顶级文艺团体的演奏家。

二、热瓦甫奏响《天山的春天》

乌斯满江能够演奏多种民族乐器，尤以热瓦甫演奏最为擅长。他不仅继承传统，但从不墨守成规，对热瓦甫的形制和演奏技法上都进行了改革、发展和创新，并取得了良好效果。

热瓦甫（也作"热瓦普"）是一种古老的民间乐器，早在一千多年前，它的雏形就出现在了克孜尔千佛洞的壁画上。然而，在旧社会，它被看成是不登大雅之堂的乞讨乐器。在人民当家做主的新中国，热瓦甫登上了艺术的舞台，而适应新时代、新局面的改革也就势在必行。在一位苏联演奏家的启发下，乌斯满江决心改进、发展它。

传统的热瓦甫用丝弦，音箱蒙羊皮或驴皮、马皮，手指执拨弹弦，演奏技法有单弹、双弹等。为了增强热瓦甫的表现力以及与其他乐器的配合，乌斯满江首先对其形制进行了改革。经过无数次试验，他的改革取得了良好成效。为增强乐器本身的音量，他把原来的丝弦改成了钢弦；为了改变热瓦甫的音色，使它能与其他民族乐器的音色统一，他率先使用了共鸣箱蒙蟒皮的热瓦甫。

在演奏方法上，乌斯满江不拘泥于传统的演奏方法，也不受高难度演奏技巧的限制，大胆地进行了一些新的探索和创造。他甚至选用蒙古族三弦"轮"的弹奏法，来替代单一的"拨"法。凡是有利于作品和器乐表现力的，他都愿意去借鉴、尝试。由此，他的演奏获得超越前人的效果。20世纪50年代初，他与人合作的热瓦甫独奏曲《天山的春天》，不仅乐曲本身有许多独创，而且在热瓦甫的演奏方法上做了许多新的尝试，受到了各族观众的欢迎。直到现在，这首乐曲仍被许多专业文艺团体选作自己的保留节目。

古老的维吾尔族民间乐器热瓦甫

经过乌斯满江的不懈努力，热瓦甫这件古老的民族乐器焕发了青春，受到了广泛的欢迎。

作为民族乐器演奏员，乌斯满江经常随团到祖国各地巡回演出，并先后访问过朝鲜、缅甸、尼泊尔、印度、苏联、巴基斯坦等国家。他富有民族风格的娴熟的演奏技巧，给国内外听众留下了深刻的印象。

三、从不懈怠的作曲家

乌斯满江不仅是一位杰出的演奏家，还是一位有着丰富作品的作曲家。在30多年的艺术生涯中，他创作的各种歌曲、器乐曲、歌剧音乐、电影音乐、话剧配音达300首，而且其中不乏经典名曲。这使他立于优秀作曲家的行列而毫不逊色。

进入中央歌舞团之后，在不断提高热瓦甫演奏技巧的同时，乌斯满江的音乐创作也逐步开展起来。尽管没有受过专业训练，甚至是刚刚学会简谱，但乌斯满江有着充分的民族民间音乐与歌曲储备，加上不畏困难的进取精神和敏锐的音乐灵感，因而很快就有作品问世。

1952年，乌斯满江就写出了他的第一首歌曲《女拖拉机手》（也译作《拖拉机手姑娘》）。这首维吾尔族风格的女高音歌曲，经当时著名的维吾尔族歌唱家阿依木尼莎演唱，很快轰动了整个北京舞台，并且一直是中央人民广播电台的保留节目。他还率先谱写了一首《民族团结之歌》，歌曲演唱之后，很快在群众中广为流传，有一段时间，它还被中央人民广播电台选作民族节目的前奏曲。

20 世纪 50～60 代是乌斯满江音乐创作的高峰期，他不仅创作本民族风格的歌曲，还创作了兄弟民族如哈萨克、塔吉克、柯尔克孜和锡伯等民族的歌曲；不仅谱写维吾尔文歌词，还谱写汉文歌词。这一时期的歌曲，代表性的有《我的祖国》《歌唱敬爱的党》《白金子》《歌唱北京》《向解放军致敬》《骏马奔驰保边疆》《前进吧，祖国》《祖国，我为你歌唱》《弹起我的冬不拉》《亚非拉人民为解放》等。

独唱曲《弹起我的冬不拉》是一首哈萨克族民歌风格的歌曲，创作于1962 年。歌曲歌唱了草原的大丰收，歌唱了各族人民的新生活和民族大团结。歌曲为主、副歌式的二部曲式，主歌部分旋律以典型的哈萨克族民歌音调开始，副歌采用主歌的音调素材，在节奏上做了新的处理，全部用衬字"唻唻唻……"充分抒发了欢畅自豪的情感。

《弹起我的冬不拉》曲谱

作为出色的民族乐器演奏家，乌斯满江自然钟情于民族器乐曲的创作，写出许多出色的民族器乐作品。如维吾尔族风格的器乐曲《天山的春天》（又名《天山之春》）、《田间》《美丽的果园》《伊犁河畔》《给母亲的歌》，哈萨克族器乐曲《美丽的草原》《收割》，塔吉克族器乐曲《帕米尔脚下的欢乐》等。其中，1961 年创作的热瓦甫独奏曲《天山的春天》，是乌斯满江创作、演奏的经典作品，影响广远。

除了歌曲、器乐曲等小型作品外，乌斯满江也创作了一些规模较大的作品，如电影《歌唱北京》《天山骏马图》的音乐（与俞礼纯合作），歌剧《阿依古丽》的音乐（与石夫合作）。歌剧《阿依古丽》是一部八场大型歌剧，1964 年底开始创作，1965 年完成，1966 年元旦由中央歌舞剧团在北京首演，引起文艺界的广泛关注。但不久就被打入"冷宫"，直到粉碎"四人帮"后才得以重新上演。《阿依古丽》全剧音乐在保持民族音乐风格的同时，也将西洋歌剧的表现手法穿插其中，在探索"洋为中用"的歌剧发展道路方面做出了成功的尝试。

在自己的艺术生涯中，乌斯满江几乎平均每一个月就有一首作品问世。如此多产，缘于他的勤奋不懈，更缘于对音乐艺术，尤其是民族音乐的热爱。

四、英年早逝，令人惋惜

在内蒙古参加"四清"工作时，乌斯满江在一次劳动中不幸负伤。"文革"开始后的1969年，他被当作"老、弱、病、残"遣散回乡，回到伊犁养病。在将近10年的养病期间，仍坚持音乐创作，并辅导了伊犁市区和郊区的十几个群众业余文艺组织。

在那段日子里，乌斯满江坐着小驴车下乡，热情地为各族乡亲们弹唱，并收集、学习民间音乐。其间，他又创作了《祖国，我为你歌唱》《歌唱北京》《歌唱吧，我的都塔尔》《美丽的伊犁果园》等歌曲，表达了他对祖国、对家乡的挚爱。

粉碎"四人帮"后，在中央领导同志的关怀下，乌斯满江于1979年回到北京，重返中央民族歌舞团，参加演出及创作。此后，他更以满腔的热情，创作了一批独奏曲、合奏曲和独唱歌曲，献给各族人民，如歌曲《月儿明》《美丽的伊宁》《雪莲赞》等。他创作的弹拨乐独奏《献给母亲的歌》参加全国器乐作品比赛，获得了二等奖。

乌斯满江为人真诚坦率、谦虚谨慎，是民族团结的典范。他经常随国家领导人出国访问参加演出，为增进我国各族人民与世界各国人民的友谊作出了贡献。

1987年，人民音乐出版社出版了《天山的春天——乌斯满江器乐曲选》。歌唱家蒋大为在该书前言中写道："乌斯满江是少数民族音乐艺术领域的一位成绩卓著的民族乐器演奏家。早在20世纪50年代，人们便开始熟悉他的名字，许多人不仅听过他热情奔放的演奏，而且还传唱过他写的一些歌曲。因此，可以说他在演奏上的成就和他表现在音乐创作上的才能是齐名的。"

1990年6月5日，乌斯满江因病在北京去世，年仅58岁。

《天山的春天——
乌斯满江器乐曲选》书影

1991 年 6 月 6 日，为纪念乌斯满江逝世一周年，国家民委、中国音协、中央民族歌舞团、中国广播交响乐团等 13 家单位，在北京民族文化宫剧院举办了乌斯满江创作乐音乐会。

方初善

——"金嗓子皇后"的艺术人生

方初善（1933～），女高音歌唱家，国家一级演员。出生于朝鲜，后加入中国籍，朝鲜族。1962年毕业于中央音乐学院。历任解放军吉东军分区文工团独唱、舞蹈演员，延边歌舞团独唱演员，中国广播艺术团独唱演员、声乐教员，中国音乐家协会会员、中国少数民族声乐学会理事。嗓音淳厚优美，在长期的音乐实践中形成了独特的演唱风格，被誉为"金嗓子皇后"。演唱代表作有《闺女之歌》《延边人民热爱毛主席》《红太阳照边疆》《摘苹果的姑娘》《故乡的金达莱》等，发行有专辑《闺女之歌》《欢乐的婚礼》等。

一、热爱音乐，立志歌唱

1933年4月，方初善出生在朝鲜咸镜北道金策市的一户朝鲜族家庭。在她很小的时候，为躲避战乱，父亲带着一家人逃到了我国吉林省汪清县的柳树河村。

方初善的父亲早年曾留学日本，对音乐有所研究。受父亲影响，方初善非常热爱音乐艺术，从幼儿园到小学一直积极参加文艺活动，唱歌、跳舞、表演样样在行。那时，每当过节，当地的朝鲜族人民就会换上美丽的传统民族服饰，欢聚在一起纵情歌舞，年幼的方初善也不例外。她随着音乐或翩翩起舞，或放声歌唱，

方初善

虽然年纪很小，但无论走到哪里都是人群中最耀眼的一个。

小学五年级时，方初善参加了当地的歌咏比赛，并且获了奖。第一次参加比赛就取得好成绩，让她信心倍增。从此，方初善对歌唱艺术的兴趣日益浓厚，跟着父亲学唱了许多国内外著名歌曲。

1947 年，中国人民解放军吉东军分区文工团来到柳树河村，举办了军民同乐晚会。在晚会上，方初善演唱了几首朝鲜族民歌，以及意大利作曲家托塞利的《悲叹小夜曲》和爱尔兰民谣《伦敦小调》，赢得了热烈的掌声。

文工团的领导和演员看到眼前这个农村小姑娘不仅能唱民歌，还把外国歌曲演唱得优美动听，就连肢体语言也十分到位，都非常惊讶。于是，在众人的推荐下，年仅 14 岁的方初善成了吉东军分区文工团的一名演员。在文工团，她的艺术才华得到充分施展，无论是唱歌、跳舞还是表演话剧，都是演出的主角。

1948 年 9 月，辽沈战役打响，文工团随部队参加了攻打长春的战斗。为鼓舞大家的士气，方初善和战友们一边打仗，一边高唱《中国人民解放军进行曲》。一个多月后，长春在嘹亮的歌声中和平解放。从那时起，方初善便体会到了歌声给人带来的巨大鼓舞力量，此后，她更加努力，决心在歌唱的道路上一直走下去。

新中国成立后，方初善转至延边歌舞团担任独唱演员。在此期间，她刻苦钻研声乐艺术，积极跟随民间艺人学习各民族歌曲，还跟着音乐唱片模仿外国歌曲，打下了扎实的功底。

1950 年，为庆祝新中国成立一周年，延边歌舞团受邀前往北京，与全国各少数民族歌舞团一起参加在中南海怀仁堂举办的文艺晚会。在晚会上，方初善演唱了朝鲜族歌曲《纺织谣》，受到一致好评。

1955 年，方初善参加了东北三省文艺会演。在文艺会演举办的比赛中，她载歌载舞，声乐、舞蹈双双荣获一等奖。会演结束后，方初善的名声逐渐变得响亮起来，她的名字连同悦耳的歌声，飞进了千家万户。

二、在歌唱的道路上不断成长

1956 年 4 月，方初善代表延边歌舞团参加了中央代表团远赴西藏的慰问演出，在拉萨、日喀则等地留下了动人的歌声。在演出中，她演唱了国内外许多著名歌曲，并首唱朝鲜族民歌《闺女之歌》。每到一地，台下的藏族同胞听了她的歌声，都会情不自禁地跟着舞动起来。由于西藏的海拔过高，方初善一度产生强烈的高原反应，常常唱着唱着就喘不过气来。即便如此，她依然坚持到了最后。

当年 8 月，第一届全国音乐周在北京拉开帷幕，中央和各省市自治区的 30 个代表团前来参加，演出和观摩人次达 3500 多人。在音乐周上，方初善载歌载舞地演唱了《闺女之歌》，引起了音乐界专家和多家媒体的注意。《人民日报》的记者称赞她唱的这首歌是"声音好、跳得好、表演好、台风好、形象好，五个好"。后来，音乐周的负责人专门组织了来自各地的几十位声乐演员，跟着方初善学唱《闺女之歌》，还学跳了她在演唱时表演的舞蹈。

1957 年 7 月，方初善随我国代表团赴苏联莫斯科，参加第六届世界青年与学生和平友谊联欢节。这次联欢节规模空前，有 131 个国家的 34 000 多名青年和学生参加。在随后举办的声乐比赛中，方初善再次唱响《闺女之歌》，一举荣获银质奖。

方初善（左一）与外国
艺术家在联欢节上

1958 年，方初善被吸收为中国音乐家协会会员。同年 3 月，她随中央代表团赴广西南宁，参加了广西壮族自治区成立的庆祝演出。

1959 年 11 月，中共中央在杭州召开工作会议。会议期间，方初善和其他 3 位演员代表延边歌舞团前去参加了文艺演出。毛泽东主席听了她的歌声拍手叫好，还让她加唱了一首歌。演出结束后，毛主席上台和方初善握手交谈。时至今日，每当回忆起那天的情景，方初善心中都洋溢着喜悦之情。

同年，方初善来到北京，在中央音乐学院声乐系干部研修班进修。其间，她师从女高音歌唱家郭淑珍系统学习声乐理论和技巧，演唱水平和艺术修养都得到了大幅度提高，成长为一名优秀的歌唱家。

1962 年 9 月，方初善从中央音乐学院声乐系干部研修班毕业。随后，中国音协举办了她的个人独唱音乐会，受到广泛好评。

同年，方初善参加了在北京饭店举行的一场晚会。在晚会上，周恩来总理发现方初善不仅歌唱得好，舞蹈跳得也很出色，于是就推荐她去东方歌舞团当演员。不过，方初善一心想帮助家乡培养音乐人才，没过多久就回到了延边歌舞团。

回到延边歌舞团后，方初善多次随团赴各地参加慰问演出。有一次，她一天连演五六场，唱了近 50 首歌。还有一次，她发着 39 度的高烧，依然参加演出，一口气唱了 10 首歌。歌舞团的其他演员都为方初善执着的精神而深深感动。

三、让歌声传遍世界

1975 年，方初善调入中国广播艺术团，任独唱演员和声乐教员。此后，她一面唱歌，一面教学，培养了许多优秀的歌手。

1979～1980 年，方初善在丈夫王凯平的陪伴下，先后在北京、上海、南京等地举行了 30 多场音乐会，广受赞誉。此后，两人开始在国内外进行巡演。

1985 年，方初善在北京民族文化宫举办了独唱音乐会。第二年，她应加拿大报社邀请，赴加举行了 3 场独唱音乐会。有一位观众听了她的演唱后，特意为她刻了一块"歌咏言其声永生"的木刻。

"方初善独唱音乐会"
节目单

1988 年，方初善和王凯平到美国、韩国、加拿大等国进行演出。1993 年，在毛主席 100 周年诞辰之际，她前往湖南韶山，为当地人民演唱了由朝鲜族作曲家金凤浩创作的《延边人民热爱毛主席》和《红太阳照边疆》两首歌曲，得到了大家的称赞。

1994 年 5 月，方初善在北京民族文化宫礼堂举办了独唱音乐会。第二年，她又在北京音乐厅举办了音乐会，并由中央电视台录制成专题节目进行播放。

1996 年起，方初善先后多次担任中央电视台全国青年歌手电视大奖赛评委，并积极参加各类大型义演。同年，受日本青少年文化艺术中心邀请，她和王凯平在日本的东京、横滨、九州等地演出了 11 场。

2003 年，方初善和王凯平在加拿大多伦多市政音乐厅举行了第 80 场音乐会。至此，两人的音乐巡演之旅完美收官。

在几十年的歌唱生涯中，方初善演唱了许多不同风格、不同形式的中外歌曲，并发行了《闺女之歌》《欢乐的婚礼》等 9 张个人专辑。

其中，她演唱的朝鲜族歌曲有《闺女之歌》《延边人民热爱毛主席》

《红太阳照边疆》《摘苹果的姑娘》《故乡的金达莱》等；此外，她还改编了《鸟打铃联曲》和《阿里郎》。在演唱这些歌曲时，她经常随着每一个节拍加入朝鲜族舞蹈动作，令表演热情奔放、妙趣横生。

方初善演唱的其他少数民族歌曲，还有新疆民歌《送我一枝玫瑰花》、塔吉克民歌《花儿为什么这样红》、陕北民歌《阿里山的姑娘》等。此外，她还演唱了具有云南民歌风格的《岩口滴水》和冼星海创作的《黄河怨》。无论演唱何种类型的曲目，她都能准确把握作品的风格，声音淳厚优美。

方初善还曾演唱过普契尼歌剧《蝴蝶夫人》中的咏叹调《当晴朗的一天》、古诺歌剧《浮士德》中的咏叹调《珠宝之歌》以及德国歌曲《妈妈，我有个愿望》、俄罗斯民歌《莫斯科郊外的晚上》、意大利民歌《美丽的西班牙女郎》、日本歌曲《北国之春》等歌曲。在演唱时，她会根据作品的不同背景对歌曲进行细腻的处理。

2007年12月，在庆祝郭淑珍从艺从教60周年的音乐会上，方初善再度唱起了自己的成名曲《闺女之歌》。虽然已经75岁高龄，可她的唱功依旧不减当年，被大家誉为"金嗓子皇后"。

如今，方初善虽然已淡出舞台多年，但仍然继续关注着音乐艺术，为年轻歌唱演员指点迷津。

马　泰
——用马氏唱腔演绎评剧经典

马泰（1935～2004），评剧表演艺术家，国家一级演员。北京人，回族。1954年考入中国评剧院，正式开始评剧表演艺术生涯。历任中国评剧院演员、副院长、艺术委员会副主任，中国戏剧家协会理事，民族民间艺术研究会副会长。继承发展男声唱腔，以浑厚圆润的嗓音，在评剧舞台上塑造了众多个性鲜明的人物形象，表演艺术被誉为"马派"。表演代表作有《金沙江畔》《野火春风斗古城》《钟离剑》《孙庞斗智》《夺印》《向阳商店》《评剧皇后》等。

一、初涉评剧，迎难而上

马　泰

1935年3月，马泰出生在北平的一户回族家庭。小时候，他非常喜欢曲艺和戏曲艺术，是个十足的戏迷。

马泰的童年时光，几乎全部是在京剧大师侯喜瑞的家里度过的。那时，侯喜瑞知道马泰非常喜欢京剧，便经常把他叫到家里给他说戏。在侯喜瑞的指导下，聪明又好学的马泰逐渐练就了一副高亢洪亮、甜润优美的好嗓子，深得侯喜瑞喜爱。后来，马泰经常形影不离地待在侯喜瑞身边，只要侯喜瑞有演出，他都会坐在台下认真观看、潜心揣摩。

7岁那年，马泰决定正式坐科学习京剧表演艺术，却遭到了家人的极力反对。无奈之下，他只好步入学堂，到立达中学读小学和中学。

在上学期间，马泰仍经常偷偷跑到戏院看侯喜瑞演出，并经侯喜瑞介绍，认识了京剧旦角演员尚小云。尚小云也十分喜爱马泰，经常对马泰进行指导，他的鼓师侯常青还送给了马泰一整套有关锣鼓经知识的书籍。

新中国成立初期，马泰有幸结识了京剧净角演员裘盛戎。裘盛戎见马泰十分痴迷京剧艺术，便当场给他说了一出著名京剧《连环套》。从此，马泰深深爱上了"裘派艺术"，成了裘盛戎的忠实观众。他的发声方法、共鸣位置的选择，以及气息的运用，都给马泰日后表演评剧带来了深远的影响。

1950 年，马泰从立达中学毕业。后来，他来到北京少数民族干部训练班学习。其间，马泰经常参与各种文艺活动，受到老师和学生们的热烈欢迎，他的表演才华很快就被训练班的负责人发现了。

1952 年，训练班的负责人把马泰送进了中央文化部电影局电影学校（1953 年更名为北京电影学校，今北京电影学院）学习。在学校里，马泰认识了谢添、蓝马等优秀演员，对话剧和电影艺术产生了浓厚的兴趣，学习了不少话剧、电影的表演技巧。他经常在各类文艺活动中出演话剧，还不时为大家唱上几段京剧，受到大家的好评。

后来，马泰又喜欢上了评剧，开始刻苦钻研评剧艺术。1954 年，他顺利考入隶属于中国戏曲研究院的中国评剧团（翌年成立中国评剧院），从此开始了自己的评剧表演生涯。

在评剧团，马泰师从张润时开始学习评剧艺术。张润时是评剧的老前辈，在他的悉心指导下，马泰逐渐打下了扎实的评剧表演功底，不断汲取着评剧艺术的精华。

有一次，马泰向张润时学习评剧《回杯记》，剧中有一段难度很大的唱段，唱词多达一百余句。在评剧界，素有"男怕《回杯》，女怕《开店》（《马寡妇开店》）"之说，很多学员都对《回杯记》敬而远之。然而，马泰却将其演唱得十分到位，令张润时赞不绝口。

二、主演《金沙》，一举成名

1955 年，马泰加入中国评剧院组建的评剧院三队，跟着评剧"四大名旦"之一的喜彩莲，深入农村和工矿巡演。

在巡演中，除了演出自己的拿手剧目《回杯记》，马泰还与喜彩莲合作演出了传统评剧《马寡妇开店》和《怀乡梦》，之后又与喜彩莲、小白玉霜共同合演了《小借年》。在巡演期间，每到一地，他的表演都会引起热烈的掌声，大家都称赞他功底扎实、唱腔圆润。

巡演结束后，马泰回到评剧院继续学习。在几位前辈的精心指教下，他逐渐脱颖而出，成为众多青年演员中的佼佼者。他学评剧时虚心、刻苦的态度赢得了前辈的交口称赞。

1959 年，为庆祝新中国成立 10 周年，中国评剧院的院长薛恩厚集中剧院的精英力量，与作家安西一起创作了大型现代评剧《金沙江畔》。《金沙江畔》是根据作家陈靖的同名小说改编而来的，描写了红军长征途中渡过金沙江进入藏族同胞聚居地，却遭到国民党陷害，被误以为是掠走格桑土司女儿珠玛的罪魁祸首，后经艰苦努力戳穿阴谋、继续北上的故事。

与之前的传统评剧相比，这部现代评剧人物众多，有红军卫生队队长童秀、连长金明、炊事班班长金万德，格桑土司和他的女儿珠玛等，表演起来难度之大可想而知。在剧中，新凤霞、小白玉霜、魏荣元、张德福等演员分别饰演了上述角色，而饰演红军的高级指挥员——师政委谭文苏的任务则落在了马泰的身上。

马泰在《金沙江畔》
中饰演谭文苏

当年 10 月，《金沙江畔》作为国庆 10 周年的献礼剧目在北京公演。在剧中，马泰通过演唱"红军的激流永远向前"和"高原风景极目望"这两个唱段，把谭文苏这一形象塑造得淋漓尽致。其中，"红军的激流永远向前"是作曲家贺飞根据进行曲的节奏编创出来的，在演唱时，马泰将歌剧的发声方法融入进来，唱出了恢宏磅礴的气势。"高原风景极目望"是根据女声"三眼慢板"创作而成的男声"三眼慢板"，马泰将这段唱词演唱得雄壮有力，深刻表达出谭文苏热爱祖国的豪迈情怀以及革命斗争的坚定信念。

《金沙江畔》的公演结束后，马泰获得了广大观众和文艺界人士的好评。这部现代评剧不仅让马泰一举成名，更突破先前评剧舞台上以女旦为主的"半班戏"的局面，拓宽了男演员的表演领域，同时进一步发展了男声唱腔，在评剧的改革进程中具有里程碑式的意义。

20 世纪 60 年代初，马泰又主演了一部现代题材的评剧《野火春风斗古城》。在剧中，他准确把握了抗日英雄杨晓冬的人物性格，将"骂宴"和"杨母跳楼"两场戏表演得十分精彩，显示出不凡的演唱功底。此后，评剧中以男演员为主演的剧目不断增多，马泰的评剧演艺之路越走越辉煌。

三、纵横艺坛，新作频出

1961 年，马泰出演了新编历史戏《钟离剑》，饰演越王勾践。在这出戏中，他演唱的"吴越盟逼得我山穷水尽"是核心唱段，难度极大。有一天，京剧名家谭富英看完马泰的表演后，把他叫到家里说："你有段唱，最后那个唱腔应该挑上去。"说完还亲自示范了一遍。在接下来的演出中，马泰按照谭富英的指点进行演唱，大获成功。多年后，回忆当初的情景，马泰感慨地说："谭先生作为前辈，能当面指出我一个后生的唱腔问题，完全是从热爱评剧艺术出发，这才是知心的朋友。"

1962 年，马泰在新编历史剧《孙庞斗智》中扮演了孙膑。第二年，他又主演了现代剧《夺印》，饰演基层干部——小陈庄的支部书记何文进。在剧中，他演唱的"水乡三月"和"劝广清"成为家喻户晓的唱段，在大街小巷广为传唱。此后，马泰和相声演员马季、京剧演员马长礼、话剧演员马群一起，被大家誉为京城艺坛"四马"。

随后，马泰在《向阳商店》中饰演商店经理刘宝忠，与扮演党支部书记王永祥的魏荣元对唱了"兄弟忆旧"。这段唱腔是现代评剧中的经典对唱，马泰和魏荣元一个唱得潇洒飘逸，一个唱得深沉浑厚，在舞台上深情诉说着往事，将大家拉进了他们的回忆中。1963 年，马泰在参加华北调演时演出了《向阳商店》以及新编的《会计姑娘》，以出色的表现荣获了表演奖。

1965 年，中国评剧院根据越南报告文学《像他那样生活》改编了评剧《阮文追》，由马泰、新凤霞、李忆兰联袂主演。第二年，《阮文追》在北京展览馆剧场公演，马泰不负众望，把越南爱国英雄阮文追塑造得生动形象、个性鲜明，周恩来总理还称赞这部剧是"评剧革新的高峰"。

"文革"开始后，马泰受到迫害，一度中止了评剧表演。直到 1975 年，他才凭借样板戏《智取威虎山》重新登上了舞台。

1978 年，马泰受邀客串了电影《甜蜜的事业》中的角色。此后，他陆续排演了评剧《第二次握手》《野马》《成兆才》《米酒歌》《评剧皇后》等。其中，《成兆才》《米酒歌》《评剧皇后》获得了北京市表演奖。随后，他演出的评剧故事片《红白喜事》荣获首届全国戏曲电视剧"鹰象奖"。

后来，马泰担任了中国评剧院的副院长。除了表演评剧和处理日常事务，他经常为报纸杂志和各大电台撰写文章。此外，马泰还利用休息时间练起了书法，艺术界都称他的字"妙趣横生"。

1984 年，由中国艺术研究院戏曲研究所主编、中国唱片公司出版的系列磁带《中国戏曲艺术家唱腔选》正式发行，马泰演唱的许多评剧唱段被收录其中。1993 年，中国广播音像出版社又发行了磁带《马泰评剧唱腔艺术精选》，让更多人领略到了马泰的评剧演唱风采。

四、谱写评剧辉煌

1995 年，马泰从中国评剧院退休。虽然已经离开了工作岗位，他依然牵挂着评剧事业，热心扶植评剧新人，多次参加慰问演出，并全程参与了"中国评剧音配像工程"的录制工作，不遗余力地推广普及评剧艺术。

《评剧皇后》剧照

2003 年，马泰参加了中国评剧院举办的"评剧流派艺术演唱会"。虽然已经 68 岁高龄，可他的嗓音丝毫不减当年，一段《金沙江畔》中的"高原风景极目望"博得了满堂彩。

2004 年春节，马泰不畏严寒，在"城外诚"家居广场的露天舞台上连演了好几场评剧，之后又在昌平影剧院举行了慰问演出。不久后，他因肝部突然剧烈疼痛住进了医院，经检查已是肝癌晚期。他的儿子马小波回忆说："住院期间，父亲很坚强，虽然肝病将他折磨得骨瘦如柴，但我们从没有听他叫过痛，开心时他还给病友哼几句《夺印》《钟离剑》等经典剧目中的唱词。"

这一年的 3 月 6 日，马泰因肝癌医治无效，在北京辞世，享年 69 岁。第二天，文艺界的近百名人士及喜爱马泰的观众纷纷前去清真寺吊唁。3 月 8 日上午，马泰的遗体安葬在北京回族公墓。

有人曾这样评价马泰的评剧表演艺术："马泰的大量艺术实践丰富了评剧的'越调'，改变了评剧男声唱腔的面貌，使它能够和表现力丰富的女声唱腔争奇斗妍、相映生辉。"

还有人说："马泰在唱法上强调韵浓、板稳、字清、气匀、腔准、情真，善于抓住人物特征，找出每段唱腔的重点。他在长期实践中，摸索出一套根据剧中人物的思想感情以及唱词中字韵收放规律，去进行装饰、喷腔、拖腔、收腔的声腔艺术处理手法。"

也有人这样评价马泰的嗓音："音域宽，高、中、低音俱全，能上能下、变化自如。他的高音区行腔激越昂扬，中音区浑厚委婉，低音区抒情舒展；他的音质纯净，既宽厚洪亮又圆润甜美，并善于通过各种唱腔真挚细腻地表现不同人物的思想感情，满足了观众的艺术要求。"

献 给

中国评剧大师马泰先生

马泰声腔伴奏大典

出品人：黄兆龙　　　李明倩
总策划：王路敏　　　马惠氏
策　划：费宏宇　　　钱　明
　　　　孙　民　　　陈素英
指挥编曲：黄兆龙
剧照摄影：祁　建
录　音：龚　胜
板　鼓：张创冰
胡　琴：杨　清
伴　奏：中国评剧院乐队
总监制：黄兆龙　费宏宇
制　作：马泰艺术研究会
网络独家代理：www.yypj.com

《马泰声腔伴奏大典》
专辑

正如人们所说，几十年来，马泰在评剧表演艺术的道路上不断前行，为观众带来了一部部精彩的作品。他通过生动的表演，引领观众回顾了许多经典的历史事件，并塑造了许多社会主义新人的艺术形象，不仅拓宽了评剧的表现题材，还使评剧男演员登上了主角地位，把评剧推向了一个前所未有的新时期，大家都称他的表演艺术为"马派"艺术。

2011 年，九州音像出版公司发行了 VCD《马泰声腔伴奏大典》。这部伴奏大典共收录了马泰的 21 出戏、53 段唱腔伴奏，带领大家重温了马泰的评剧经典之作，缅怀了这位德高望重的评剧表演艺术家。

阿 旺

——苗家金嗓子唱"飞歌"

阿旺（1937～），女高音歌唱家，国家一级演员。贵州台江人，苗族。毕业于上海音乐学院。历任贵州歌舞团独唱演员、副团长，中国音乐家协会会员、中国少数民族声乐学会理事、贵州省音乐家协会副主席等。她在自己的艺术生涯中致力于演唱、整理、编创苗族民歌，为苗族和祖国的音乐事业作出了贡献。编创及演唱代表作有《假如你是一朵花》《清水江啊，我美丽的家乡》《春暖花开》《歌唱美丽的好家乡》等，有歌曲专辑《歌唱美丽的好家乡》等，出版有《阿旺创作演唱歌曲精选》。

一、山歌伴随她成长

阿 旺

1937年12月，阿旺出生在贵州省台江县一个苗族家庭。阿旺的父母亲务农为生，生活过得很是贫苦。更为不幸的是，在阿旺9岁和10岁的时候，父母亲先后撒手人寰。这样，年幼的阿旺只得拖带着两个妹妹，给地主放牛、打猪草维持生计。有时候，阿旺不得不靠乞讨度日。

没有父母的呵护、家庭的温暖，生活缺乏起码的保障，阿旺与两个妹妹相依为命，艰难度日。在那些艰苦异常的日子里，阿旺靠山歌来分担和疏泄心中的愁苦，抚慰两个妹妹幼小的心灵。

苗家山歌漫山遍野，苗家妹子爱唱山歌。那时候，无论是上山砍柴还是下地放牛，阿旺都山歌不离口。就是在山歌声中，她送走了自己不幸的童年，迎来了解放。

1950 年，贵州解放，阿旺结束了苦难的生活，妹妹上了小学，她也进了夜校。此时，她的歌儿不再是疏泄愁苦、慰藉心灵的独自歌唱，而是怀着满腔喜悦，参加苗族乡亲们的对歌，放开喉咙，尽情欢歌。由于嗓子好，又会唱好多歌，阿旺在对歌中常常担任歌头。

贵州苗族人民自古就有"男不吹笙难结伴，女不唱歌无知音"的俗谚，苗乡音乐传统源远流长、氛围浓郁。每逢对歌或踩鼓的时候，阿旺总是凭着自己的歌唱实力在小伙子和姑娘中间大显身手。由于这种丰富多彩的民族民间音乐的熏陶和相关活动的锻炼，阿旺学会了很多古歌、飞歌和情歌。

1952 年秋天，阿旺参加县里召开的农代会，在一次联欢会上，能歌善舞的阿旺的演唱给人们留下了深刻印象。恰好贵州省民族事务委员会为筹建省民族歌舞团深入基层选拔民族演员，阿旺很快脱颖而出，不久就成了省民族歌舞团的第一批舞蹈演员。

后来贵州省民族歌舞团与省歌舞团合并，在一个偶然的场合，阿旺唱了一首飞歌，歌声高亢、流畅、优美，一下子就吸引住了在场的每一个人。这时，团里的同事才发现，阿旺的音乐天赋远远超出她的舞蹈技能，因此两个团合并后，她改学声乐。

苗族飞歌，是苗族歌曲的一种，流行于贵州台江、剑河、凯里一带。飞歌的音调高亢嘹亮，豪迈奔放，歌唱时声振山谷，有强烈的感染力。飞歌多用在喜庆、迎送等大众场合，见物即兴，现编现唱。歌词内容以颂扬、感谢、鼓动一类为主，过苗年、划龙舟等节日喜庆活动，一般要唱飞歌。阿旺编词编

《歌唱美丽的好家乡》唱片

曲的歌曲《歌唱美丽的好家乡》就是一首苗族飞歌，歌词为："在高高的苗岭上，眼望家乡好地方，清江两岸花似锦，江水长流幸福长。小伙芦笙阵阵响，声声催我踩歌堂，姑娘我把飞歌唱，歌唱美丽的好家乡。"

二、勤学苦练，不断提高

改学声乐之后，阿旺勤学苦练，很快就作为民歌独唱演员和观众见面了，成了团里的骨干。演出中，她经常演唱《苗家地方花一样》《清水江

啊，我美丽的家乡》《歌唱美丽的好家乡》等。从此，她的歌声飞过苗岭，飞过清水江，传遍了山乡苗寨，传遍了云贵高原，传遍了全国。

1956年，阿旺到北京参加了全国音乐周会演。此后，她多次到北京参加文艺会演，1959年还参加了国庆10周年歌舞会演。在这些活动中，阿旺多次见到了毛主席、周总理等党和国家领导人。尤其是周恩来总理，十分关心阿旺等少数民族文艺人才的成长。1960年5月，周总理到贵州视察工作，五一劳动节那天，阿旺在花溪为总理独唱苗族民歌，周总理随着她的歌声轻轻地打着拍子，还鼓励她好好地为人民唱歌。1976年周总理逝世后，阿旺创作并演唱了《周总理在听我唱歌》，寄托了对总理的深情怀念。

与此同时，阿旺在政治上也迅速成长。1957年，她光荣地加入了中国共产党。1964年，她还到北京参加了共青团第九次全国代表大会。

1962年2月，阿旺考入上海音乐学院声乐系，师从声乐教育家胡靖舫教授，得到了系统的专业训练。在胡靖舫的精细教诲下，阿旺逐渐学会了科学发声方法，演唱技巧和艺术表现力得到很大提高，使歌唱更为自然、优美。此外，她还学习了视唱、歌曲创作理论以及钢琴等课程。

在上海学习期间，阿旺连续四年受邀参加"上海之春"音乐会，受到了观众的喜爱和专家的好评。她演唱的《假如你是一朵花》《幸福来自共产党》等歌曲，经"上海之春"音乐会推荐，均被灌成了唱片，畅销全国。

1966年，阿旺毕业回到了贵州省歌舞团。在以后的演出中，她不断实践、提高，同时加强自己的艺术修养。此时，她的演唱艺术上升到了一个新的高度。比如演唱《站在高高的苗岭》一歌时，她运用高腔，高亢有力，声音仿佛穿透了云层，把听众带到了高高的苗岭……

"文革"期间，阿旺也被戴上了"黑线人物"的帽子，长期不准参加业务活动。不过，阿旺没有因此而虚度年华，她利用可以利用的时间，坚持不懈地练习基本功，并整理和改编了许多民歌。

三、多彩的艺术生涯

粉碎"四人帮"后，由于"文革"期间阿旺从未间断基本功训练，始终保持着旺盛的艺术生命力，所以很快重返舞台，焕发出新的艺术生命力。

1978年，阿旺应邀参加了全国民族民间唱法独唱、二重唱会演。她自己编曲并演唱的《李子歌》《朋友，请来喝杯丰收酒》等还被选为优秀选目。

1979年，阿旺再次赴上海音乐学院进修，仍旧由胡靖舫教授指导。这次进修中，阿旺进一步系统学习了科学发声方法，根据自己的声音特点和演唱实践，对美声唱法进行了探索，扩大了音域，丰富了技巧。经过这次进修，她的气息运用更加自如，演唱技巧更加娴熟。民族歌曲和外国歌曲均能演绎得十分精彩。

1980年，阿旺随贵州代表团到北京参加全国少数民族文艺会演，受到了各省代表团的好评。她自己演唱的《春暖花开》《朋友，请来喝杯丰收酒》，获表演优秀奖和歌曲优秀奖。1982年，阿旺参加由上海音乐学院贺绿汀院长特邀的演出，又一次得到同行专家的称赞。

1983年，国家民委、文化部、中国音协等单位联合举办"全国民族音乐家演出团"，赴北京、内蒙古、宁夏、甘肃、广州、深圳等地演出。阿旺参加了这次巡演，她的演唱受到了各地群众的欢迎。各地媒体不仅对她演唱的苗族民歌和苗族音乐风格的歌曲赞赏有加，而且对她演唱的别的民族的歌曲也给予了高度评价。比如在宁夏演出时，她演唱了宁夏民歌《上去高山望平川》，获得全场观众的热烈掌声。

在自己的艺术生涯中，阿旺还多次出国演出，把自己的歌声和苗族音乐带给了各国人民。1984年，她参加中泰人民友好代表团访问泰国，16天演出了15场，优美的苗族民歌令听众陶醉。泰中友好协会的一位友人听了阿旺的演唱，激动地说："美妙的歌声可以绕梁三日，阿旺的歌声绕梁三年，一直绕到阿旺再来泰国。"1989年，阿旺以艺术指导和歌唱家的身份赴美国、加拿大参加民族艺术节的演出，受到普遍好评。

1992年，阿旺参加在法国、波兰举行的国际民族艺术节，并在波兰举行的第25届国际声乐比赛中获得独唱金奖——"金杯奖"第一名，由她担任独唱的大型苗族舞蹈也获得了团体"金山奖"。

在长期的艺术实践中，阿旺感到不仅需要演唱原始的民歌，还需要把大量流传在民间的苗族歌曲收集整理出来，并且加以创编、提高，然后把它们再现于舞台，从而让更多的人了解并喜爱苗族音乐艺术。为此，阿旺致力于苗族民歌的整理改编，《假如你是一朵花》《歌唱美丽的好家乡》《春暖花开》等歌曲，都是她写词编曲并演唱的。

四、艺术成就获得广泛认可

在数十年的艺术生涯中，阿旺演出的场次难以计数，发行了个人歌曲专辑，出版了编创歌曲集。

在上海学习期间，中国唱片厂上海分社以"上海之春"的歌曲为基础，为阿旺灌制了歌曲专辑《歌唱美丽的好家乡》（密纹唱片）。专辑收录了阿旺自编自唱的11首歌曲，并附有生平介绍和英文翻译，面向国内外发行。此外，阿旺演唱歌曲专辑还有《贵州苗寨情歌——阿旺》（盒式录音带）等。

《阿旺创作演唱歌曲精选》书影

阿旺改编创作的苗族歌曲，很早就被一些音乐刊物刊载，还被收入各种歌曲集（如《中国少数民族歌曲集》《中国民歌集》），并被选入高等院校的声乐教材（《民族声乐教材独唱歌曲》第一集、《民族声乐教材》）用于教学。

1997年，贵州人民出版社出版了《阿旺创作演唱歌曲精选》。书中收录歌曲22首，均为阿旺的代表作：《歌唱美丽的好家乡》《幸福来自共产党》《党给苗家金嗓子》《苗家祝酒歌》《假如你是一朵花》《春暖花开》《周总理在听我唱歌》《毛主席从我家门过》《春之歌》《夜歌》《黄平酒歌》《朋友，请来喝杯丰收酒》《相聚在北京》《喜相逢》《施洞飞歌》《游方歌》《太阳出来照白岩》《久不唱歌，忘记歌》《歌唱民族区域自治》《花开满树枝》《清水江啊，我可爱的家乡》《我在贵州贵阳城》。

阿旺的艺术成就获得了社会的广泛认可，大众媒体和专业刊物等对她的艺术生涯和艺术成就进行了众多宣传报道。相关报刊如《音乐报》《民族画报》以及世界语版的《中国报道》等，电台如北京电台、贵州电台以及"海峡之声"等。尤其是电视媒体，有关阿旺的专题片多达数部，如山东电视台拍摄的《阿旺和她的家乡》，贵州电视台拍摄的《阿旺和她的歌》，中央电视台拍摄的《苗族歌唱家阿旺》。《阿旺和她的歌》，1984年还获得了全国电视节目比赛二等奖。

阿旺历任中国音乐家协会会员、中国少数民族声乐学会理事、中国少数民族文化艺术基金会理事，贵州省民族文化学会常务理事、贵州省音协副主席、贵州省歌舞团副团长，她还是共青团第九届全国代表，贵州省第

七、八、九届人大常委会教科文卫委员会委员，贵州省第三、五、六届政协委员等。

　　阿旺的演唱自然、优美，声音高亢、清亮，被誉为"苗家的金嗓子"。她为自己能够把苗族民歌带给全国听众、带给外国友人而自豪。如今，她依旧用新的方式致力于培养年轻一代，让苗族民歌唱响世界，让苗族音乐大放异彩。

才旦卓玛

——雪域高原上的"金嗓子"

才旦卓玛（1937～），女高音歌唱家，国家一级演员。西藏日喀则人，藏族。1964 年毕业于上海音乐学院民族班。历任西藏自治区歌舞团演员、团长，西藏文学艺术界联合会主席，全国文学艺术界联合会副主席，中国音乐家协会顾问等。多年来从事演唱事业，在表演风格、演唱技巧以及艺术特色等方面形成了一套较为完整的、具有藏族风格特色的民族声乐演唱体系，是藏族声乐艺术的开拓者，被誉为"来自世界屋脊的歌唱家"。演唱代表作有《翻身农奴把歌唱》《唱支山歌给党听》《北京的金山上》《年轻的朋友》《美丽的西藏，可爱的家乡》等。

一、高原上飞出的小百灵鸟

1937 年，才旦卓玛出生在西藏日喀则的一户农奴家庭。父亲是位银匠，靠给农奴主种地养家糊口。在藏语中，"才旦"和"卓玛"分别是"长寿"和"仙女"的意思，父母希望用这样一个名字来表达他们对女儿人生的美好希冀。

在才旦卓玛的家乡，流传着这样一首歌："高山即使变成酥油，也是贵族们享受；大河就是流着奶子，我们也喝不上一口。"正如歌里唱的那样，受西藏农奴制的压迫，小时候她和家人的生活十分凄苦，既没有地也没有房，社会地位十分卑微。

在那个年代，能读书的基本上都是贵族子女，像才旦卓玛这样的农奴子女是没有条件上学的："我们小的时候，一般就是放羊、放牛。白天去

才旦卓玛

放羊的时候，我们大家都会互相唱歌。记得小时候，爸爸常带我去和朋友聚会，大家酒喝得差不多后，也要唱歌。那时我大概十二三岁，很喜欢跟着他们一起唱，听会了以后便自己唱，就这样慢慢地唱了起来。"

正如才旦卓玛所说，她从小就十分喜欢唱歌："只要一来到草原，看到蓝蓝的天、青青的草，就情不自禁地想放声歌唱。虽然那个时候农奴的生活很苦，但只要唱起歌跳起舞，就把所有的烦恼都忘记了。这种大环境对人一生的影响是很大的。"

当时，每逢藏族传统节日，父亲和二姐都会演出藏戏。在他们的熏陶下，才旦卓玛也学会了藏戏。

1951年，人民解放军进驻西藏，日喀则实现了和平解放。从此，才旦卓玛的命运发生了翻天覆地的变化。

1956年，日喀则成立了文工团。文工团离才旦卓玛家很近，她只要一有空就跑到团里练功房的大门前，从门缝里悄悄地看演员们唱歌、练舞。邻居家的一位老奶奶看到了，就鼓励她参加文工团的活动，于是她便鼓起勇气加入了他们的队伍。

在文工团，才旦卓玛优美的嗓音很快得到了大家的赏识，在民间艺人穷布珍的指导下，她还学会了唱藏族民歌和古典歌舞曲"囊玛"。后来，才旦卓玛作为日喀则地区的青联代表到拉萨出席西藏全区青联代表大会。在大会的文艺演出上，她悠扬清亮的歌声打动了所有人。

会后，才旦卓玛被选中，随西藏青年参观团到北京参观学习。一路上，他们首先乘坐汽车途经格尔木抵达西宁，随后又坐火车从西宁来到了北京。

到北京后，中央给代表团的每一位成员都做了新衣服，穿着它，才旦卓玛见到了毛泽东主席和周恩来总理，并参观了北京城。之后的一年里，他们还到了东北和上海、南京、武汉等地，一路上受到热烈欢迎："参观团在全国参观了好多地方，自己感觉眼界更开阔了，感觉自己有那么好的祖国，对未来也充满着信心。"

二、感遇良师，刻苦练声

1958年，才旦卓玛被选派到位于陕西咸阳的西藏公学（今西藏民族学院）学习，从未受过教育的她走进了课堂。

在西藏公学，才旦卓玛首先学习了藏文拼音和汉语拼音等文化课，然后进入了声乐班。半年后，为培养西藏的音乐人才，上海音乐学院声乐系开办了一个民族班，并来到学校挑选优秀的学生。"我当时没有文化，唱了《牧歌》和《献给毛主席》这两首歌，就考上了。"就这样，才旦卓玛顺利考入了上海音乐学院。

到上海后，初来乍到的才旦卓玛很不适应。对之前一直生活在雪域高原的她来说，刚来到黄浦江畔，不但语言不通，气候、水土和饮食也很不习惯。很长一段时间里，她几乎很少出门："一个人，汉话不会说，路也不知道怎么走，不可能让人家天天帮我，所以我就规规矩矩地待在学校里，有课就上课，上完了以后，老师给的功课就练一练。"那时，才旦卓玛经常偷偷哭泣，也产生过回家的念头。

周恩来总理与
才旦卓玛亲切握手

其实，如果严格按照专业要求来考核，才旦卓玛是没有机会进学校学习的。她没有文化，又不懂乐理知识，连简谱和五线谱都分不清，刚开始上课时闹出了很多笑话。所幸，学校对藏族学生非常照顾，校园里的学习氛围也很好，才旦卓玛这才渐渐从大家给她的温暖中树立起信心："学校里大部分都是汉族学生，但是他们也没有对少数民族看不起，我就好像是和自己家乡的人在一起一样。"

尤其幸运的是，才旦卓玛在学校遇到了几位耐心的好老师，一位是当时声乐系的主任周小燕，而另一位就是对她关爱有加的系支部书记王品素。

起初，王品素教才旦卓玛时非常困难。"练声时，我连传统的'咿、呀、噢'都唱不出来。王老师就干脆随形而变，让我用藏语练声，让我对着太阳、月亮，用藏语呼喊它们，那种感觉仿佛回到了草原。起初，我和老师的教与学几乎是哑语式的，连比带划，我盯着老师的嘴巴，感受着那温柔的声音；我看着老师的微笑，感受着她的心意。老师非常耐心，一遍遍地做示范，直到我表示明白了。"

后来，王品素又把才旦卓玛领到音乐教室听唱片。"我听着那些婉转如流水的花腔女高音，听得入迷，禁不住模仿起来。老师惊讶极了，因为她竟然在钢琴上找不到我的高音区。老师当即决定不让我走传统路数，让我尽量保留藏族民歌的传统特点，指导我通过科学的方法把自然状态发挥到极致。现在想来，老师做的是一个了不起的决定。正因为这样，我才没有丢失自己的嗓音特质；也正是这样，我练就了优美圆润、清亮委婉，具有浓厚藏歌韵味的好音质。"几十年过去了，回想起当初老师教学的情景，才旦卓玛仍历历在目。

三、翻身农奴把歌唱，唱支山歌给党听

1959 年，中央新闻纪录电影制片厂拍摄了一部大型纪录片《今日西藏》，其中的主题曲《翻身农奴把歌唱》，邀请才旦卓玛到北京录音。

一开始，才旦卓玛非常担心，怕自己唱不好这首全是汉语的歌。于是，王品素老师就一句一句地教，直到她能熟练演唱整首歌曲。到北京后，才旦卓玛成功录制了这首描绘西藏新生活的歌，把家乡人民对党的深厚感情体现得淋漓尽致。之后，她又在国庆 10 周年庆典演出上献唱，在全国观众面前展示了她的音乐才华。

1963 年，全国掀起了学习雷锋的热潮。在雷锋的日记中，有一首名叫《唱支山歌给党听》的诗，受到人们的大力追捧。后来，作曲家朱践耳把它谱成了歌，并由任桂珍演唱。

一天早晨，才旦卓玛走在校园的路上，广播里正在放《唱支山歌给党听》。她一下子就被这首歌优美的旋律和饱含深情的歌词深深吸引："唱支山歌给党听，我把党来比母亲。母亲只生了我的身，党的光辉照我心。"于是，她马上找到王品素，表达了想唱这首歌的意愿："这首歌的歌词就像是在说我的身世，表达出了我对党的感情。"

才旦卓玛年轻时演唱
《献给毛主席》

王品素被才旦卓玛的这份深情感动，于是便费尽周折为她找到曲谱，一字一句地教她。不久后，在给学院做汇报演出时，才旦卓玛的演唱一鸣惊人，朱践耳听后激动地评价道："这就是我所要表达的声音！"系主任周小燕也说："虽然才旦卓玛的汉语发音还需要加强，但她在演唱时流露出的真情实感，是这首歌的最动人之处。"

后来，在"上海之春音乐节"上，才旦卓玛凭借这首"抢"来的歌，获得了雷鸣般的掌声。随着上海人民广播电台的录制和播放，这首歌与才旦卓玛的名字一起，一夜之间风靡大江南北，家喻户晓。

时至今日，才旦卓玛在提起《唱支山歌给党听》时依旧激动万分："歌词里所表现的内容都是映在我眼里和心里的真实的事情。我曾亲眼看见过农奴们的苦难生活，也亲身经历了解放带给人们的变化，所以当我第

才旦卓玛为恩师
王品素献花

一次听到这首歌曲时，就觉得曲中的每句歌词仿佛都是为自己而写的。"她还特意用这首歌来做自己的手机彩铃，以表达对歌曲的喜爱之情。

才旦卓玛出名后，王品素对她说："你没有理由骄傲，因为一切都是党给的，党为了培养你这样一个藏族学生付出了多大代价？荣誉是观众给的，不为观众歌唱，不更加努力，就对不起观众对你的爱。"老师的教导让才旦卓玛更加谦虚努力，日后，每当回想起老师的话，她都感慨万分："王老师不但给了我艺术生命，教会我如何做人，更让我有了自己的信念。没有她这样的帮助，我不可能有今天。"

四、扎根西藏，倾情献唱

才旦卓玛参与《东方红》演出

1964 年，才旦卓玛作为从西藏走出来的第一代歌手，被选中参加大型音乐舞蹈史诗《东方红》的演出。当时，才旦卓玛因扁桃体发炎正准备动手术，听到自己能够参演后，她想都没想，带上药就去了北京。

10 月 2 日，《东方红》在人民大会堂上演，才旦卓玛以一曲《毛主席的光辉》唱出了西藏儿女对毛主席的热爱，打动了所有人的心。演出结束后，陈毅称赞才旦卓玛"唱得不错"，周恩来则说："你应该回西藏看看，回去歌唱，不要离开你自己的土壤。你如果要是不回去啊，你这个酥油糌粑的味道就没有了。"

其实在《东方红》排练时，学校就通知才旦卓玛准备毕业了。演出结束后，有不少来自各地的优秀演员留在了北京文艺团体工作。当时，东方歌舞团恰好缺一名藏族演员，特意提出要才旦卓玛留下。虽然对此也曾有过美好的憧憬，可一想到家乡的经济、文化还很落后，而自己是藏族，又是共产党员，才旦卓玛便谢绝了东方歌舞团的好意，回到了西藏，成为西藏歌舞团的一员。她说："作为一名艺术工作者，特别是少数民族的歌唱演员，就更加应该在自己的家乡扎根，这样会更好地为家乡人民服务、为全国人民服务。"

在西藏这片沃土上，才旦卓玛的才华得到了最大程度的发挥。她骑马走遍了藏区各地，除了将历史悠久的藏族民歌发扬光大，还把汉族文化介绍给了西藏人民。

在西藏人民眼中，"才旦卓玛"已经成为一个十分重要的符号："当时我们下去演出的时候，老百姓可喜欢了。有的时候走着走着遇见老百姓，他们认出我来了，然后就叫我：'阿佳（大姐），来，给我们唱一首歌吧。'"那时下乡演出并没有麦克风这些舞台音响设备，即便如此，才旦卓玛的歌声依旧高亢嘹亮。在她看来，只要能给大家唱歌就是最幸福的。

1966 年，"文革"波及西藏，才旦卓玛也被贴了大字报。好在她出身好，根红苗正，并没有遭到太大的冲击。

1967 年 7 月，才旦卓玛和西藏歌舞团的演员们来到了海拔 4700 多米的定日县古措兵站。在那里，他们举行了一场当地少有的文艺盛会，吸引了包括边防战士、公路养护工人和当地藏族群众在内的 1000 多人。那天，才旦卓玛不顾旅途疲劳以及高山缺氧带来的困难，一连唱了 5 支歌。演出结束后，她想起兵站炊事班的 8 位同志因为做饭没来，又立即赶到厨房去为他们演唱。

此后，才旦卓玛开始到处举行慰问演出，即使生病也从未耽搁。有时到了没有演出条件的边陲哨所，她就给驻扎在兵站的战士们清唱，她说："只要工农兵需要，我就唱！"

五、用歌声回馈祖国

1974 年起，才旦卓玛先后担任了西藏自治区文化局副局长、自治区政协副主席、中国文联副主席等职务。走上领导岗位后的她并没有因此而放松自己的演唱事业，她说："我愿意唱歌，我愿意搞我的艺术，要我放弃我是舍不得的。"

有一次在甘肃演出，才旦卓玛被一位当地的基层干部拉住激动地说："才旦同志，我要谢谢你，因为你的歌声救了我的命！"原来，这位干部在"文革"当中受到迫害，万念俱灰，想在"牛棚"里结束自己的生命。这时，广播中传来了才旦卓玛的歌声，那好像是被雪山的圣水洗涤过的歌声

才旦卓玛深入部队
慰问演出

唤回了他对生命的眷恋，让他最终走出了"牛棚"。听了这位干部的诉说，才旦卓玛与他紧紧相拥，当场又为他唱起了那首"救命歌"——《唱支山歌给党听》。

从 1980 年开始，才旦卓玛录制了许多独唱专辑磁带和唱片，并在 1985 年举办了《才旦卓玛演唱音乐会》。除了《翻身农奴把歌唱》《唱支山歌给党听》这两首经典老歌，她演唱的《北京的金山上》也深受大家喜爱，很多中小学校都曾用这首歌作为各种演出的舞蹈音乐。后来，才旦卓玛又演唱了荣获"五个一工程奖"的《一个妈妈的女儿》，以及《吉祥颂》《天路》等新歌，并与著名的英国乐队 EINGEMA 合作，极受青年乐迷推崇。

1994 年，才旦卓玛在西藏设立了"才旦卓玛艺术基金"，用来鼓励新人新作。为了培养接班人，她经常和年轻歌手们一起交流，帮助他们提升演唱水平。在 2002 年的"第十届全国青年歌手电视大奖赛"上，才旦卓玛和西藏年轻的歌唱选手索朗旺姆同台表演，最终，索朗旺姆凭借《唱支山歌给党听》获得了业余组民族唱法第一名。

2005 年 12 月 21 日，"才旦卓玛从艺 50 周年系列纪念活动"在拉萨拉开序幕，社会各界以多种方式表达了对才旦卓玛这棵"民族声乐常青树"的尊敬和热爱。

2007 年中央电视台春节联欢晚会上，70 岁的才旦卓玛和藏族新一代歌手共同演唱了《雪莲献北京》。2008 年央视春节歌舞晚会上，她再次现身舞台，与索朗旺姆合唱了《再唱山歌给党听》。

几十年来，才旦卓玛的足迹不仅踏遍青藏高原、走遍大江南北，最后还迈出国门，走向了世界。她曾先后出访 30 多个国家和地区，很多外国友人听了她的歌后都说："听你的歌，就好像是到了喜马拉雅山了。"通过自己的出色演唱，才旦卓玛让越来越多的人认识了西藏，让世界各地把目光聚集在了这块古老而又蓬勃向上的地方。

如今，年近 80 岁高龄的才旦卓玛依旧热爱舞台、热爱歌唱，她挂在嘴边的还是："我的成长，离不开革命老前辈的关怀和人民的支持，所以我要用我的歌声回馈大家。人退休了歌不能退休，我的生活里不能没有歌声。只要我的身体允许，我会不停地唱下去。"

金凤浩
——用音乐之梭编织美丽生活

金凤浩（1937～），国家一级作曲家。出生于朝鲜，后加入中国籍，朝鲜族。1957年考入和龙县文工团。历任和龙县文工团演员、副团长，吉林省文化局副局长、音乐家协会副主席，武警政治部文工团艺术指导、创作员。在创作中注重揭示作品内涵，以丰富多彩的音乐语言表现了人民群众的多彩生活。创作代表作有《延边人民热爱毛主席》《红太阳照边疆》《美丽的心灵》《金梭和银梭》《长鼓敲起来》等。作品收录在《党的光辉照延边——金凤浩歌曲选》《金凤浩作曲集》《金凤浩声乐作品集》中。

一、走上音乐创作之路

1937年，金凤浩出生在朝鲜咸镜南道咸兴市的一户朝鲜族农民家庭。4岁那年，他随父母来到了我国吉林省和龙县（后改为和龙市）的农村定居。

和龙县的老百姓多为能歌善舞的朝鲜族，因此素有"歌舞之乡""金达莱故乡"的美誉。小时候，金凤浩常常跟着乡亲们一起唱歌跳舞，还有模有样地学大人们的样子摆弄着朝鲜族的传统乐器，一会儿敲长鼓，一会儿弹伽倻琴。久而久之，在家乡浓厚的艺术氛围熏陶下，他的音乐天赋开始显露。

金凤浩

1945年，随着抗日战争的胜利，和龙县解放。第二年，还在上小学的金凤浩参加了学校组织的合唱队。当时，合唱队排练了许多歌颂毛泽东主席的曲目，金凤浩在随队登台演出时，歌声总是最嘹亮的。

上中学后，金凤浩成了学校文艺宣传队的骨干，课余时经常带领队员们到周边演出，得到了大家的热烈欢迎。从那时起，成为一名音乐家的想法在他心中逐渐生根发芽。

1954 年，金凤浩中学毕业，因家境贫困就此辍学。之后，他开始参加农业生产劳动，成为一名初级农业生产合作社的社员，第二年又当上了高级社社员。

在农业生产合作社参加劳动的日子里，金凤浩每天早上 5 点就要起床到田间劳作，十分辛苦。然而，他并没有忘记自己的梦想，无论白天的劳动多么辛苦，晚上依旧雷打不动地自学音乐和表演艺术。其间，他不但学会了吹长号、拉手风琴、跳舞、表演朝鲜语相声和话剧，还想方设法找来有关和声学以及作曲方面的书籍进行阅读。

1957 年，和龙县文工团来到农村选拔演员，得知这一消息的金凤浩十分激动，立刻跑去报了名。选拔当天，他以出色的表现顺利通过考试，正式成为和龙县文工团的一名演员，走上了艺术之路。

在文工团，金凤浩既能表演，又会演奏乐器，被大家称为"多面手"。当时，文工团的演员们每年都要下乡 8 个月，白天干农活，晚上搭台演出。每次下乡时，大家的行李都要靠牛车拉，金凤浩怕弄坏乐器，就自己背着走，有时候一天就要走近 50 里路。

1959 年，金凤浩开始了音乐创作，为农村业余文艺活动谱写歌曲及舞蹈伴奏。从小在农村长大的他对农民有着十分深厚的情谊，谱写的第一支歌就是歌颂农民百姓的《贫下中农多壮志》。

1960 年，金凤浩买了一台收音机，开始广泛收听各民族乐曲，感受不同的音乐风格。这一年，他创作了歌曲《双套马车在奔驰》。后来，这首歌和《贫下中农多壮志》一起，在县里举办的文艺会演中荣获优秀奖。

二、让"红太阳"照亮边疆

1965 年，金凤浩创作了歌曲《延边人民热爱毛主席》。"那会儿全国少数民族地区都先后推出了歌颂毛主席的歌，而我们延边州还缺少这类作品。延边州歌舞团的团长郑镇玉鼓励我们进行创作。有一天，我在和龙县文工团的同事韩允浩拿着一首题为《红太阳，毛主席》的朝鲜文歌词找到我，我当时就很激动，回家立马找来伽倻琴试音，不一会儿就弹拨出一组很有节奏感的音阶——拉梭米拉梭米来梭。咦，这串音阶很新鲜，还有典型朝鲜族'安当'的节奏。我就用伽倻琴反复弹这几段旋律，然后顺着灵感，也就 20 分钟吧，就写出来了。"

在随后举行的全州农村群众业余文化活动经验交流会上，一位18岁的女孩首唱了《延边人民热爱毛主席》，赢得了众人的交口称赞。1966年2月，朝鲜文杂志《延边》还将这首歌刊登在了封底。

金凤浩为《延边人民热爱毛主席》
拉手风琴伴奏

1967年12月，金凤浩和延边其他几位优秀的词作者合作，在保留《延边人民热爱毛主席》原有曲调的基础上，为其重新编写了汉语歌词。没想到，这首朝鲜族旋律与汉语歌词相结合的歌曲，一经传唱就迅速红遍了大江南北。

20世纪70年代初，延边歌舞团根据《延边人民热爱毛主席》排练了舞蹈，直到21世纪仍作为团里的保留节目进行演出，受到观众欢迎。有音乐评论家曾说："《延边人民热爱毛主席》之所以能够在众多歌颂领袖的歌曲中占有一席之位，那是因为它独特的艺术光辉使它保持了永恒的艺术光彩。"

在成功创作《延边人民热爱毛主席》后，1966年，金凤浩又为韩允浩写的《红太阳照边疆》谱了曲，最初的歌词还是朝鲜文，两年后被翻译成了汉文。这首歌反映了延边地区人民的精神风貌，开头采用了朝鲜族特有的"安当"节奏，充满民族风情，得到大家的好评。1969年，这首歌作为中国共产党第九次全国代表大会的献礼，在首都北京演唱，成为当时传唱率最高的歌曲。2006年，和龙市经过层层筛选，将《红太阳照边疆》定为市歌。

1972年，人民文学出版社出版了《战地新歌——无产阶级文化大革命以来创作歌曲选集》，将金凤浩谱曲的《延边人民热爱毛主席》和《红太阳照边疆》两首歌收录其中。多年后，在回忆这两首歌时，金凤浩说："《延边人民热爱毛主席》和《红太阳照边疆》，都是产生于那个红旗飘扬的特殊年代。很多人跟我说，他们是听到《延边人民热爱毛主席》这首歌后才知道延边的，特别想去看看'长白山下果树成行，海兰江畔稻花香'。"

三、用旋律歌颂"美丽的心灵"

1972 年，金凤浩升任和龙县文工团副团长。此后，他逐渐增加与汉族优秀作词者的合作，把朝鲜族的音乐风格和汉语歌词做了完美的结合。1972 年，创作的《我为革命放木排》，和之后的《党的光辉照延边》《伟大祖国百花吐艳》，就是典型的朝鲜族音乐与汉语歌词相融合的作品。

正专心创作歌曲的金凤浩

1974 年，金凤浩出任吉林省文化局副局长，后来又当上了吉林省音乐家协会副主席。十一届三中全会后，他创作了《党啊，中华民族的希望》《党啊，我的好妈妈》等歌曲，抒发了对党和祖国的热爱之情。

1979 年 10 月，金凤浩参加了"第四次全国文学艺术工作者代表大会"。在会上，他遇见了歌唱家朱逢博，朱逢博对他说："老金，有什么好歌给我啊？我没歌唱啦。"回长春后，金凤浩开始到处搜罗歌词，寻找灵感。有一天，他读到了陈雪帆写的歌词《美丽的心灵》，爱不释手："我头脑里浮现出年轻的清洁工人形象。特别是那些年轻的姑娘，她们那种不怕苦、不怕累的精神感染着我，总想为她们写一首歌。这首歌词正符合我的想法，我要用美的旋律塑造她们美的心灵。"于是，金凤浩很快就为歌词谱了曲。

第二年 4 月，《美丽的心灵》经过朱逢博的演唱，传遍了大街小巷，深受大家喜爱。一位清洁工曾来信对金凤浩说："这首歌写得好，它提高了我们清洁工人的地位。"1980 年，《美丽的心灵》荣获"1980 年优秀群众歌曲奖"，并被联合国教科文组织亚洲文化中心选入《亚洲太平洋地区音乐教材》。之后的很长一段时间，这首歌成了每年五一劳动节音乐会上的必唱曲目。

1980 年，金凤浩为李幼容写的《金梭和银梭》谱了曲。"当时我觉得这首词很新颖，它鼓励年轻人奋发向上，把 10 年'文革'耽误的时间夺回来，很有时代特点。于是，我就以年轻人那种朝气蓬勃、积极向上的形象，谱写出了整首旋律，也展现了新一代人对未来的憧憬。"创作完成后，这首歌通过中央电视台春节联欢晚会的舞台家喻户晓，"太阳太阳像一把金梭，月亮月亮像一把银梭"的优美旋律飞进了千家万户。

1982 年，金凤浩根据葛洲坝水利工程的建设创作了《沸腾的葛洲坝》。同年，他出版了《党的光辉照延边——金凤浩歌曲选》（人民音乐出版社）。1984 年，金凤浩调入中国人民武装警察部队政治部文工团，任艺术指导和创作员。此后，他继续在工作岗位上谱写动听的歌曲。

四、坚持创作，笔耕不辍

1989 年，金凤浩出版了朝鲜语的《金凤浩作曲集》（延边人民出版社）。1995 年，在"北京之歌"征集评选活动中，金凤浩创作的歌曲《东方的神韵》荣获金曲奖。后来，他为北京电视台摄制的 10 集音乐电视片《孔繁森》创作了歌曲《一盏酥油灯》。

1995 年年底，中共北京市委组织一批词曲作家联合创作了大型音乐作品《北京组歌》，金凤浩应邀谱写了《黎明浪漫曲》和《长城畅想曲》。

1996 年，金凤浩荣获"中国歌坛辉煌 20 年"作曲成就奖。第二年，他出版了《金凤浩声乐作品集》（长春出版社），中国音乐家协会主席李焕之特地在书中的扉页上题写了"发扬朝鲜族歌乐艺术，讴歌新中国大家庭之绮丽风采"。

1997 年，金凤浩退休。此后，走下工作岗位的他仍笔耕不辍，在五线谱上书写着一个个跳动的音符。

几十年来，金凤浩谱写了 1500 首歌曲，其中获奖的就有百首。在创作过程中，他始终紧跟时代的步伐，注重揭示作品的内在思想情感，以丰富多彩的音乐语言表现了人民群众的多彩生活。谈及创作体会，他曾说："作品的曲调，是我多年的生活体验形成的感情积累的爆发。"

纵览金凤浩的创作历程，改革开放之前，他谱写的歌曲多以歌颂祖国为主。改革开放之后，他开始更多地关注劳动工人和青年儿童，谱写了歌颂清洁工人的《美丽的心灵》、歌颂石油工人的《石油工人男子汉》、歌颂森林工人的《山谷巡逻》、歌颂纺织工人的《织女赞》、歌颂制糖工人的《甜姑娘》、歌颂铁路工人的《列车员之歌》、歌颂医务工作者的《皎皎的白玉兰》、歌颂送电工人的《帐篷，我的家》、歌颂消防队员的《消防队员的心愿》、歌颂科学工作者的《夜》、歌颂武警的《武警战士神奇的兵》等。还有写给广大青年的《金梭和银梭》以及写给儿童的《我们像快乐的小鸟》。

在创作时，金凤浩既发展和继承了本民族的音乐艺术，同时也不断向

《党的光辉照延边——
金凤浩歌曲选》书影

各少数民族学习，先后谱写了带有苗族民歌特色的《清清的小河》、带有蒙古族民歌特色的《这里是我生长的地方》，以及采用部分壮族曲调创作的《壮家妹》。

2001年，为庆祝延边朝鲜族自治州成立50周年，金凤浩创作了歌曲《长鼓敲起来》，"在保留朝鲜族音乐节奏和音型的基础上，融入了现代通俗音乐的元素"。2012年，他创作了黎族和朝鲜族曲调相结合的《春满天涯三月三》，后来又为藏族作家丹珠昂奔写的歌词《我们共同的家》谱了曲。

2013年12月5日，中共延边朝鲜族自治州委宣传部举办了《红太阳照边疆——金凤浩作品音乐会》，演唱了《延边人民热爱毛主席》等金凤浩创作的歌曲。

如今，这位年近八旬的老人仍在以极高的热情关注着音乐艺术，他谱写的歌曲也依然响彻祖国上空。

赵履珠

——唱响《五朵金花》的歌唱家

赵履珠（1937～），女高音歌唱家，国家一级演员。云南大理喜洲人，白族。曾任云南大理白族自治州歌舞团、云南歌舞团、东方歌舞团独唱演员，中国音乐家协会会员、云南省音乐家协会理事。因配唱电影《五朵金花》一举成名，还为电影《雷锋》、电视片《名城大理》及《五朵金花的儿女们》等配唱插曲和主题歌。演唱作品有《蝴蝶泉边》《西山调》《大理坝子好风景》《苍山高，洱海深》《洱海边上机器闹》等。

一、苍山洱海孕育声乐天赋

1937 年 11 月 7 日，赵履珠出生在云南大理喜洲镇的一个白族家庭。

喜洲位于大理古城以北 18 公里处，东临洱海，西枕苍山。喜洲古镇是白族第一镇，有着一千多年历史，这里保存有最多、最好的白族民居建筑群；近现代以来，它又是电影《五朵金花》的故乡，云南省的重点侨乡之一。

喜洲人在外经商的较多，很多人家把商号开到了很远的地方。赵家也是一个生意人家，赵履珠的父亲常年在外面帮人做生意，很少在家里。在赵履珠的记忆中，父亲生意闲暇时回到家来，经常坐在门前吹笛子。赵履珠对父亲

赵履珠

的笛子曲十分喜欢，总是搬个小木凳，坐在一旁静静地听。父亲的笛音，早早就在赵履珠的心中埋下了音乐的种子。

喜洲的白族乡村，民间音乐非常丰富。在白族民间音乐的熏陶下，赵履珠和其他白族姑娘一样，从小就喜爱唱歌。每年农历六月二十四，洱海

沿岸的白族人都要举办一次传统的耍海盛会，人们吹起唢呐，唱着《大本曲》，对着调子，舞着霸王鞭，跳起仙鹤舞。每年这天，赵履珠都会和伙伴们步行好几里路，到洱海边听人唱调子。渐渐地，赵履珠发现自己有一副天生的好嗓子。

环境的熏陶，天赋的条件，成为赵履珠后来在声乐事业上的基础。

中学毕业后，赵履珠进入大理师范读书。1956 年初，在学校举办的歌咏比赛上，赵履珠的独唱《弥渡山歌》获得了一等奖。赵履珠的声乐才华进一步体现，老师和同学鼓励她，她自己也决心把声乐作为自己一生的事业。

1957 年，赵履珠考入了成立不久的大理白族自治州歌舞团，担任独唱演员。进入歌舞团后，赵履珠一方面拜杨汉、张明德等白族老艺人、老歌手为师，一方面深入乡间，向群众学习演唱白族民歌小调。经过几年的时间，赵履珠学会了洱源西山调、凤羽调、大理麻雀调、剑川泥鳅调、巍山彝族调、鹤庆甸南甸北调、马厂民歌、兰坪后山曲、邓川双廊调、周城白族调、宾川民歌等，基本掌握了《大本曲》的 9 板 3 腔 18 调，成为深受群众欢迎的歌手。

1959 年 3 月，在昆明举行的全省文艺会演中，赵履珠参加了独唱、对唱、小合唱等，取得了一定成功。

二、为《五朵金花》配唱一举成名

1959 年夏天，赵履珠为电影《五朵金花》配唱，她演唱的《蝴蝶泉边》等歌曲引起了巨大的轰动，从而一举成名。

《五朵金花》是我国第一部反映白族人民生活的电影，由长春电影制片厂摄制。这是一部爱情电影，由赵季康、王公浦编剧，王家乙导演，雷振邦作曲。故事讲述白族青年阿鹏与副社长金花在大理三月街相遇时一见钟情，次年阿鹏走遍苍山洱海找金花，在一次次误会之后，有情人终成眷属。影片以阿鹏找金花为线索，在苍山洱海、三月街、蝴蝶泉等奇山丽水以及浓郁民族风情的背景下，展现了活跃在不同岗位的五位金花积极向上的精神风貌，反映了新中国边疆地区少数民族幸福、欢乐的生活，是中国电影史上不可多得的一部具有抒情色彩和民族特色的影片。这部影片一经问世，便受到了观众的喜爱，红遍了全国。

《五朵金花》拍摄完毕，进入录音制作阶段，但影片女主角、副社长金花的那段女声独唱，以及主要男女声对唱的插曲，配唱人选却还迟迟定不下来。作曲家雷振邦到云南搜集音乐素材，顺便到省歌舞团观看表演。雷振邦刚好看到了赵履珠的表演，他慧眼识珠，选定了赵履珠等人为《五朵金花》的配唱。

接下配唱录制任务后，赵履珠千里辗转，来到长春电影制片厂。进入录音棚试录数次，由于缺乏气声的运用、共鸣腔的打开等演唱技巧，起初都未能达到满意的效果。

赵履珠和丈夫晓雪

后来，雷振邦和指挥家尹升山等启发她，唱歌要像对待热恋中的情人一样，用心去唱，要把金花内心的情感唱出来。在老师和同仁的指导和帮助下，赵履珠最终圆满完成了录制任务。电影上映后，影片中的主题曲和插曲也随之流行全国。

《五朵金花》热映之后不久，赵履珠就被调到了云南省歌舞团，担任独唱演员。

在赵履珠的声乐生涯中，为《五朵金花》配唱，无疑是一个里程碑式的转折点。50 多年以后，谈及当年为《五朵金花》配唱，赵履珠仍然非常动情，她说："可以说，没有《五朵金花》就没有我赵履珠的今天，是这部电影给我带来了好运！"而赵履珠的丈夫、白族作家晓雪则说："《五朵金花》一部电影，使大理举世闻名！"

不过，《五朵金花》也给赵履珠以及和这部影片有关的人员带来了灾难。"文革"期间，《五朵金花》被打成"反对三面红旗的大毒草"，赵履珠也遭到了迫害，直到 1978 年才重新登上了舞台。

1990 年，云南电视台拍摄了电视剧《五朵金花的儿女》。这部电视剧意在展现当年电影《五朵金花》中"五朵金花"后来的故事。该剧以轻喜剧的形式，反映了新老金花两代人在改革开放年代里的美好生活，同时延续了电影景美、歌美，富于风情的特色。赵履珠再续"五朵金花"之缘，为电视剧演唱了主题曲。

三、在周总理的关怀下成长

在赵履珠的艺术生涯中，周恩来总理的教诲和关怀，一直是她精益求精的动力。

周总理接见赵履珠

在担任云南省歌舞团独唱演员期间，赵履珠曾作为中国文化艺术代表团成员，随周恩来总理赴缅甸访问并演出。

1961年9月，经周恩来总理亲自提名，赵履珠调到正在筹建中的东方歌舞团任独唱演员。1962年2月，赵履珠参加了东方歌舞团建团演出。此后每当观看赵履珠的演出时，周总理都要在演出之余询问她的生活、工作情况，并在业务上给她鼓励。

1962年秋至1964年，在周总理的关心下，赵履珠被选送到中央音乐学院和中国音乐学院干部进修班学习声乐。这段时间的进修学习，以及相应的演出，使她的演唱水平和演唱技巧有了大幅度的提升。

1965年7月1日，赵履珠回昆明结婚。年底，经周恩来总理同意，她调回了云南省歌舞团。有一次出国访问路过昆明，在一次联欢晚会上，周总理一眼就认出了赵履珠。询问生活、工作情况后，周总理鼓励赵履珠更多深入本民族和其他边疆民族的生活，从民族民间的文艺遗产和丰富多彩的民族民间歌舞中汲取营养，充实提高自己。周总理叮嘱她："不管在哪里，都要为各族人民歌唱！"

赵履珠遵照周总理的教导，一直扎根民族民间，几乎走遍了苍山洱海的每一个白族村寨，在学习中不断汲取民族民间艺术的养分，提高和丰富自己的声乐表演艺术，从而成为各族人民喜爱的优秀的歌唱艺术家。

1978年9月，赵履珠又重新登上了首都的舞台，赴京参加全国部分省市自治区民族民间唱法会演。从此，她迎来了自己艺术生涯中的第二个春天。

四、用歌声回报家乡父老

新时期以来，赵履珠的歌声在《蝴蝶泉边》之后，又一次大放异彩，她的歌声飞遍了大江南北。她演唱的《麻雀调》《螃蟹调》《泥鳅调》《洱海边上机器闹》和《洱源西山调》等，脍炙人口，久唱不衰，是我国少数民族乐坛上的传世名曲。

在自己的声乐生涯中，赵履珠参加了上百场为党和国家领导人以及外国贵宾的演出，以及数千场基层演出。

赵履珠曾随周恩来总理出访缅甸演出，三次赴老挝慰问筑路部队，1993 年赴新加坡参加"春到河畔"的演出活动。

除《五朵金花》外，赵履珠还为电影《雷锋》、电视片《名城大理》《五朵金花的儿女们》等配唱了插曲和主题歌。

赵履珠演唱的歌曲，多数已灌制成唱片，录制成磁带的有《洱海情歌》《蝴蝶泉边》。

在省和全国的声乐比赛和演唱活动中，赵履珠多次获奖。如：1980 年，荣获全国少数民族文艺会演特别奖；1989 年，再获"云南省首届民歌独唱及少数民族器乐独奏电视大奖赛"特别奖；1992 年，获全国第三届少数民族声乐大

赵履珠《蝴蝶泉边》专辑

奖赛特别奖，1993 年 10 月，因"为发展我国文化艺术事业作出的突出贡献"而享受政府特殊津贴，同时被评为"国家一级演员"。2000 年 9 月，在云南日报社和省文联组织的读书评选活动中，赵履珠被评为当今云南最具有知名度的作家、艺术家 46 个入围者之一。1978 年以来，赵履珠还担任各种声乐大奖赛的评委 80 余次。

为了记录赵履珠的艺术生涯，云南电视台还拍摄过专题艺术片《金花的歌——记白族歌唱家赵履珠》。

赵履珠的歌唱带有鲜明的民族特色，其中倾注着她对故乡山水的深深怀念之情。曲调悠扬明亮，情感深挚动人。赵履珠的艺术成就，主要得益于白族民间演唱艺术，同时她也学习了云南花灯、滇剧以及其他民族的歌曲和外国名曲。她不仅向著名白族老歌手张明德、老艺人杨汉学习过白族民歌和大本曲，也曾得到歌唱家王昆、孟于和汤雪耕教授的精心指点。所有这些，共同铸就了赵履珠演唱艺术的基石。

赵履珠对自己的家乡和民族有着深厚的感情，她说："苍山洱海是我的家，白族人民是我的母亲，母亲抚育了我，教会了我歌唱，我要用我的歌声去回报我的家乡父老！"

云南德钦的藏族歌手宗庸卓玛说："我和赵老师经常同台演出，无论在国内、国外、下乡演出中，我看到赵老师对艺术总是那样精益求精、一

丝不苟。无论演出条件多么艰苦，她从不讲条件、摆架子，总是满腔热情地满足广大观众的需求。"

宗庸卓玛赞誉赵履珠是"云岭高原的一颗璀璨明珠，是云南各族人民的骄傲"，可谓恰如其分。

阿旺克村
——一生与舞蹈结缘的 "大忙人"

　　阿旺克村（1938～），舞蹈家、舞蹈教育家。西藏拉萨人，藏族。曾在中央歌舞团学习。历任西藏歌舞团演员、西藏艺术学校副校长、西藏文学艺术界联合会副主席，还曾任中国舞蹈家协会常务理事、西藏舞蹈家协会主席，中国少数民族舞蹈学会理事等。前期从事舞蹈表演和编创，后期主要从事舞蹈教育和学术研究，是西藏自治区的第一代舞蹈家。主要表演作品有音乐舞蹈史诗《翻身农奴向太阳》、歌舞剧《红旗卷起农奴戟》，编创作品有《扎根雪山下》《弦子舞》《高原苹果香》（合编）等，著有《西藏舞蹈通史》等。

一、翻身解放，读书学舞

　　1938 年 4 月 2 日，阿旺克村出生在拉萨一个贫民家庭。那个时候，西藏在农奴制的统治之下，贫苦农牧民社会地位低下、生活困苦。阿旺克村从小饱尝了贫寒生活的艰辛，少年时代的他，做过牧童、伙夫、木匠、裁缝。

　　藏族是一个天性乐观的民族，又有着悠久的歌舞艺术传统。因而，贫苦的生活并没有泯灭阿旺克村对于生活的热爱，对于艺术的追求。阿旺克村从小就喜爱舞蹈，而他最早受到的舞蹈熏陶来自古老的藏戏。回顾起这段往事，阿旺克村说："那时候只能在藏历的一些重大节日里，到贵族大院才能看到藏戏艺人的演出。每年的雪顿节，各

阿旺克村

地藏戏班子都要到罗布林卡演出。之后，这些艺人会到拉萨的寺庙、贵族大院演出以获得布施。每当听到艺人演出的锣鼓声，小孩子们就会马上跑出来。这些演出有的是开放的，我们可以观看，但有的演出我们只能扒着

贵族大院的门缝看。"

1951年，西藏和平解放，贫苦藏民获得新生，拉萨也办起了新中国的第一所学校——拉萨第一小学。那时，阿旺克村还在拉萨河边放牧，而他放牧的河滩驻扎有解放军，他认识了一名放马的解放军战士。解放军战士教他学汉语、写汉字，并对他说："你这么年轻，应该去上学。"于是，解放军战士把阿旺克村送到了拉萨第一小学。就这样，阿旺克村在14岁的时候开始接受正规的学校教育。

1954年，新中国成立5周年，各地派出代表到北京参加国庆观礼和演出。由于有着出色的嗓音条件和演唱热情，阿旺克村被推荐为西藏参观团歌舞团的一员。在北京，他在国庆观礼台上观看了国庆庆典，还受到毛泽东主席的接见。北京参观结束后，歌舞团还到内地各大城市进行了演出，阿旺克村为各族人民献上了自己的歌舞。

整个活动结束后，阿旺克村和小伙伴留在了中央民族歌舞团，系统学习舞蹈和文化知识。对其间的学习、见闻，阿旺克村回忆说："那时我们的专业课老师都是全国有名的专家，文化课是在中央民族学院学习，在那里，我们有机会观看了全国各少数民族名家的表演，增长了知识，开阔了视野。我很幸运地成了新西藏首批到北京学习的舞蹈学员。"

在中央民族歌舞团学习时，阿旺克村被安排学习舞蹈。实际上，当年入选参观团，是因为他歌唱得好。在北京学习舞蹈时，阿旺克村与蒙古族歌唱家胡松华是同学，胡松华说他嗓音条件好，劝他学唱歌，每次上声乐课总是拉他同去旁听。尽管老师坚持让他学舞蹈，但那时在北京常能欣赏到一些著名歌剧，阿旺克村说自己"虽没认真学，但在环境的熏陶下，我的歌还是唱得很好"。我国少数民族能歌善舞，歌舞本来不分家，而阿旺克村同时具备歌舞两方面的素养，为他后来演出、编导提供了良好条件。

二、能歌善舞的"大忙人"

1956年，结束在中央民族歌舞团的学习，阿旺克村回到拉萨，在西藏歌舞团担任舞蹈演员。在接下来的日子里，他担任了许多大型舞蹈节目的主演，而且还在舞蹈编创方面取得了突出成就。

能歌善舞的阿旺克村，是歌舞团的"大忙人"。一方面，他接连不断地参加演出，1957～1960年，他每年都要深入高原牧区和边防哨卡演出；另一方面，由于他的身型在观感上比实际身材魁梧，适合性强，因而每次演出至少会有五个他的节目，有时候甚至要演七八个。

那段日子相当艰苦，他和伙伴们徒步，跟着驮着道具、帐篷、糌粑的马和毛驴，走遍了西藏。除了献上精彩的文艺节目之外，他还学会了理发、打针，只要能给农牧民送去一点温暖，他就得到一丝安慰。在下乡的日子里，他接触到了各种各样的民间艺术，为日后的独创打下了扎实的基础。

《花仙——卓瓦桑姆》剧照

1959 年，在新中国成立 10 周年之际，阿旺克村与舞伴们应邀来到北京，为首都观众献上了舞蹈《丰收之夜》，赢得了观众的热烈喝彩。他和同伴还与苏联舞蹈家乌兰诺娃等一起在人民大会堂受到了毛泽东、周恩来等中央领导人的接见。

1960 年，作为西藏文艺界的代表，阿旺克村与藏族歌唱家才旦卓玛出席了全国第三次文学艺术界代表大会，还在人民大会堂作了《昔日的奴隶，今日的主人》的专题发言。

20 世纪 60 年代，随着西藏社会历史的变革和西藏人民的当家做主，阿旺克村的表演生涯也随着时代巨变迈向了巅峰。大型音乐舞蹈史诗《翻身农奴向太阳》、大型歌舞剧《红旗卷起农奴戟》，就是他这一时期主演的重要作品，也是西藏乃至新中国艺术史上的经典之作。他独具风格的舞姿、淋漓透彻的形体语言以及充满激情的神形，诠释了西藏翻天覆地的历史巨变，抒发了西藏人民迎接新时代的欢欣之情，从而使他作为新中国培养的第一代舞蹈家而留下了不可磨灭的舞台形象。

阿旺克村表演的舞蹈作品还有：独幕歌舞剧《热巴人的新生》，男子双人舞《觉醒》，集体舞《珞巴刀舞》《送别》，歌舞《颂家乡》，表演唱《模范家庭》，哑剧《为了学习而斗争》等。此外，他还在大型民族舞剧《花仙——卓瓦桑姆》中扮演大臣格拉旺波，这部舞剧在 1984 年被拍摄成了彩色宽银幕艺术片。

三、编舞作品屡获殊荣

阿旺克村不仅是出色的舞蹈表演者，还是成就突出的舞蹈编创者。在他的舞蹈艺术生涯中，编舞占有重要地位，作品屡获殊荣。

经过在中央歌舞团的学习，阿旺克村打下了扎实的舞蹈知识和技艺功底。回到西藏后的第二年，也就是 1975 年秋天，他参加了文化部在昆明举办的全国舞蹈编导班。在编导班的系统学习，为他以后的编导工作打下了坚实的基础。

在编导班学习结束回到西藏歌舞团，阿旺克村基本上是表演、编舞两方面同时发展。从 20 世纪 60 年代开始，他编创的舞蹈节目有男子独舞《草原新笛》，集体舞《扎根雪山下》，双人舞《背水姑娘》，女子抒情舞《弦子舞》，以及《雪山红花》《大雁向着太阳飞》《雪山民兵》等；还和同事合作编创了《高原苹果香》《吉祥的小鹿》。其中，《扎根雪山下》参加了全国舞蹈会演；《吉祥的小鹿》在西藏自治区文艺调演中获奖；《弦子舞》1973 年获西藏自治区文艺调演一等奖，1978 年还随西藏歌舞团出访北欧五国及罗马尼亚进行了演出。北京举办亚运会时，阿旺克村还根据亚运会圣火采集的题材，编排了独幕舞剧《雪域圣火之歌》。

《高原苹果香》从某种角度来说，与阿旺克村少年时代的生活密切相关，可以说是那个时候他与解放军结下的深情厚谊的艺术反映：解放军把苹果树苗种下后，狂风暴雨摧残着小树苗。有个小牧童为保护小树苗，脱下衣服包住树苗，当成自己生命一样地爱护。一位首长看到牧童如此爱护小树苗，非常感动，于是把自己的上衣脱下来，披在了牧童的身上。最后，在牧童的努力下，小树苗受到很好的照料，都长大成材了。

《弦子舞》剧照

对于这部作品，阿旺克村这样诠释："通过这样一个小的生活细节，就把一股浓浓的军民之情表达得淋漓尽致。透过小树苗的成长，也反映出了西藏人民对甜蜜新生活的爱护和珍惜。我的这些创作不是凭空想象，里面饱含了我对生活的体验和对人民解放军的亲人情结。"

在西藏艺术学校工作期间，学校推出的几乎每一台舞蹈节目，都是阿旺克村具体组织、编导的。1988 年，在首届羊城国际艺术节和香港第三届国际舞蹈节上，西藏艺术学校应届毕业生表演了阿旺克村编导的热巴舞《欢腾》、果卓《江边的篝火》、囊玛《春天的舞步》、男子集体舞《堆谐》等节目，受到同行的广泛好评。

四、倾心教育，钟情研究

作为一个成功的民族艺术家，阿旺克村并没有仅仅沉醉在个人的艺术世界里，他敏锐地认识到，一个民族的艺术的传承和发展，关键在于人才。这使他决定做一个辛勤的园丁，全身心地为西藏民族艺术培养新人。

阿旺克村这样谈到自己的观点："应该说，在舞蹈事业上，我尽到自己的努力了。但是仅仅这样，还远远不够。因为随着年龄的增长，我不可能永远地跳下去，只有努力地培养好下一代人才，才能更好地将藏族的舞蹈艺术传承下去。西藏是一个歌舞的海洋，歌舞艺术在西藏是得天独厚的。只有在本地区建立一所能够培养自己歌舞人才的艺术学校，才能更好地让西藏独具魅力、独具特色的歌舞艺术得到很好的传承和弘扬。"

其实，这也是许多民族歌舞艺术家的共同心愿，只是比较起来，阿旺克村似乎更为幸运。没有等待多久，创办学校就成为自治区政府文化部门和艺术界人士的共识。1979年，西藏文化局决定创办一所艺术学校，阿旺克村接受了创办任务。

1980年，西藏艺术学校在拉萨八廓街闹市一隅的一个贵族院落里诞生了。学校创办伊始，几乎是白手起家，条件十分简陋。琴房是原本的马棚，练功室兼实习剧场则是经堂改成的，用铁皮盖的房子就是办公室、阅览室。设备之外，师资也严重缺乏，阿旺克村一个人就兼了三门以上的课程。艰苦奋斗几年之后，艺术学校的条件大为改观，有了排练厅、教学楼、外宾接待室、太阳能浴室……1982年，艺术学校迁到拉萨西郊，阿旺克村先后被任命为副校长、校长。

为了西藏艺校的学生，阿旺克村可谓费尽心思，不遗余力。20世纪80年代中期，法国一家电影公司来西藏拍摄电影，临走时送给文化厅两部雪铁龙轿车，文化厅将其中一辆送给阿旺克村当专车，可阿旺克村把车卖了，在学校临街处修了一排门面房出租，每年收入的几万元用于奖励优秀学生，改善教学设施，选送优秀学生到内地深造。如今，用这笔款深造的学生有人已成了博士。

西藏自己培养的第一批民族舞蹈艺术人才，很快就在国际舞坛上崭露头角。1988年，阿旺克村作为团长带领由西藏艺术学校应届毕业生组成的演出团，应邀参加首届羊城国际艺术节和香港第三届国际舞蹈节，学生们不畏强手，演出大获成功。香港演艺界、评论界这样评论："来自喜马拉雅山麓的演出是今年舞蹈节中最令人瞩目的演出……观众们的心似乎倾向于西藏的表演……"

在培养人才的同时，阿旺克村还致力于西藏舞蹈艺术的研究。20多年来，他发表和宣读了多篇论文，有的还引起了一定反响。1982年9月，他以中国舞蹈家的身份出席了由联合国教科文组织资助的在北京举办的亚洲地区舞蹈专家会议，宣读论文《保护与发展民族民间舞蹈及传统舞蹈的传授方法》，并被收入《国际教科文舞蹈文库》。1984年，他出席在昆明举办的少数民族舞蹈创作会议，宣读论文《浅谈继承和发展载歌载舞的民间歌舞》。其他论文还有：《关于如何继承载歌载舞的传统歌舞艺术》《民间歌舞荟萃之地——昌都》《雪域东部的综合歌舞——热巴》《雪域东部的热巴艺术》《论西藏僜人及其歌舞艺术》《初探雪域东部民间歌舞果卓》《初探雪域东部民间歌舞"嵯"（廓嵯）的个性及发展》等。此外，阿旺克村承担着国家重点科研项目，诸如《中国舞蹈通史·图录卷》和《少数民族舞蹈史》撰稿。

1994年，阿旺克村调入西藏文联，担任副主席。他还曾任中国舞协常务理事、西藏舞协主席，中国少数民族舞蹈学会理事，中国舞蹈教学委员会委员等。

《西藏舞蹈通史》书影

1995年，阿旺克村的著作《西藏舞蹈通史》由湖南文艺出版社出版。10年之后，他的又一部著作《雪域之音——才旦卓玛传记》问世（湖南文艺出版社，2006）。

担任西藏自治区文联副主席将近7年之后，阿旺克村退休了。西藏大学艺术系聘他担任客座教授，他每周都要为艺术系的舞蹈编导班上课。不过，阿旺克村此时又有了新的愿望："我还有一个愿望，就是能再办一个艺术学校。目前我区培养小学到中学年龄段孩子的艺术学校出现了空白，有些专业的艺术人才是需要从小培养的，特别是舞蹈演员，既然我这一生与舞蹈结缘，我希望能为它多做些事。"

何纪光

——"在云端上唱歌的人"

何纪光（1939～2002），男高音歌唱家，国家一级演员。湖南古丈人，苗族。1965 年毕业于上海音乐学院声乐系。先后在县、州文工团及湖南省歌舞团担任独唱演员等，曾任中国音乐家协会理事、湖南省文学艺术界联合会副主席、湖南省少数民族声乐学会会长。熟悉不同类型歌曲的演唱技巧，又发展了真假嗓结合、刚柔并济的独特唱法。演唱代表作有歌曲《澧水船夫号子》《挑担茶叶上北京》《洞庭鱼米乡》及电视剧主题歌《济公》等，出版有《湖南民歌 100 首》《20 世纪中华歌坛名人百集珍藏版——何纪光》等。

一、从小就是唱歌迷

1939 年 6 月 10 日，何纪光出生在湖南省古丈县古阳镇小河村一个苗族家庭。古丈县位于湖南西部武陵山区，那里崇山峻岭，山清水秀，汉、苗、土家等民族杂居，民族民间文化丰富。

何纪光的父亲曾经读过师范，后来投笔从戎，在地方部队干过。母亲是湘西凤凰人，没有读过书，但熟悉当地歌谣小戏。何纪光自幼就受到民族民间音乐的熏陶，而母亲正是他最早的音乐启蒙者。

何纪光自幼喜欢唱歌演戏，而且表现出对音乐的痴迷般的热爱。上山打柴，除了采花摘果，就是吹叶笛、吹"号筒杆杆"，设法利用

何纪光

各种材料发出声来；或者在山崖下喊回声，在溶洞里敲钟乳石……对于听到的各种民歌、小戏，他都爱学爱唱，而且记性好，模仿力强。有人教歌，他两三遍就可以学会。家乡的民歌调子，他唱得韵味十足；长长的叙

事歌谣，他也能背得滚瓜烂熟。有一次，父亲的同事借来一部手摇留声机听，何纪光听得入迷，几遍之后就能把《武家坡》有板有眼地唱下来。

何纪光的歌唱天赋很早就有了出色的表现和收获。7岁的时候，在家乡的赛歌会上，他就夺得了银牌。后来，他成了县里业余汉剧团的一名小演员。1952年冬，在古丈县城举行的文艺晚会上，他以一曲《王大妈要和平》的演唱赢得了全场掌声，并得到县长的奖励：一支金星钢笔和一把口琴。

1953年，正在读初中的何纪光经老师的推荐，参加了省歌舞团来人的招考。当时，在目测和绕口令后，何纪光唱了《晋察冀小姑娘》等三首歌，明亮清脆的嗓音，惟妙惟肖的模仿，尤其是出色的乐感，获得招考者的高度认可，被当场录取。这样，14岁的何纪光告别家乡，告别师友，到省城进入了专业文艺团体，开始了声乐艺术的新的学习。

二、广泛学习，形成风格

进入省歌舞团之后，何纪光边演出、边学习。一方面，他积极向民族民间歌手和地方戏曲演员学习，丰富自己的音乐积累，开阔自己的演唱路径；另一方面，他还两次进入上海音乐学院学习、进修，提高自己的音乐素养，完善自己的演唱技巧。广泛学习、训练和演出实践锻炼，逐渐形成了自己特有的演唱风格。

何纪光深入基层体验生活

1956年，何纪光参加了第一届全国音乐会中南海专场演出，他领唱的《澧水船夫号子》受到中央领导和专家的赞赏，开始在乐坛崭露头角。之后，他先后独唱《小红军》《长沙山歌》《古丈山歌》，领唱《酉水号子》《打硪歌》《琵琶夜歌》《五瞧妹》，对唱《四季花儿开》《扯白歌》等，并均被录制成唱片发行全国。

1962年，何纪光考入上海音乐学院声乐系，师从民族音乐家王品素教授学习。当时，何纪光所具备的高腔是音乐界少见的，但有不少缺陷，诸如高音明亮高亢，但音色比较尖锐；真假声截然分开，不能相互结合；只是直着嗓子唱，不会使用混合共鸣系统；声音色彩和力度变化小，表现力有局限。不克服这些缺陷，声乐事业的前途必然是有限的。王品素在要他保持原有高腔唱法的特点和浓郁民歌风格同时，采用西洋科学发声的理论和技巧训练他的声音，结合发声原理广泛聆听京剧各流派名家和中外歌唱家的唱片并进行比较，进而改造自己的唱法。

经过 3 年的学习和训练，何纪光将西洋科学发声理论知识有机融合到湖南高腔演唱中，掌握了一种既不同于我国戏曲，又不同于美声唱法的技巧，形成真假嗓结合、刚柔并济，具有中国民族气派的独特唱法，音域宽广，变换自如，风格淳厚，声音优美，从而使他在民族演唱艺术中达到一个新的高度。

1964 年，在第五届"上海之春"音乐会上，何纪光以新的演唱风格演唱了《挑担茶叶上北京》《洞庭鱼米乡》两首湘韵醇浓的歌曲，轰动上海乐坛，进而风靡全国。随之，上海人民广播电台、上海唱片社把他的歌录制成唱片推向全国，一些电影制片厂请他为美术片《红军桥》《孔雀公主》《红色的海螺》等配唱主题歌和插曲。

1965 年，何纪光从上海音乐学院毕业回到湖南后，他深入三湘四水，深入苗山瑶岭，遍访省内著名艺人和民间歌手，涉猎了全国民族民间音乐。他以极大的热情投入学习，学会了民歌、山歌、劳动号子、小戏等数百首。极强的模仿能力，使他的语言和演唱几乎达到"乱真"的地步，走到哪里都有人和他攀老乡。不论易于上口的平腔小调、难度多大的高腔山歌还是风格独特的少数民族歌曲，他都坚持全面学习。除民歌之外，何纪光对湘剧、京剧、川剧等各种戏曲中有特殊技巧的唱段，以及河南坠子、京韵大鼓、山东琴书、四川清音、苏州评弹等地方曲艺，他都有浓厚兴趣。学会了汉、苗、瑶、侗、土家等各族民歌唱腔，掌握了地方戏曲和民歌的艺术特色。此时，他已经成为省歌舞团挑大梁的演员，独唱、对唱、合唱领唱都少不了他。他还参加了大型歌舞《风雷颂》的领唱，北上北京，南下广州。这一时期，可谓何纪光音乐生涯最为辉煌的时期。

三、新时期，新高度，新面貌

经过"文革"的十年之后，1979 年，何纪光作为湖南文艺界的代表，分别出席了第四届文代会和全国第三次音乐家代表大会。

1980 年，何纪光再次到上海音乐学院深造，继续师从王品素教授学习。学习期间，正值院长贺绿汀组织领导对民歌进行抢救整理，何纪光参

20 世纪 80 年代的何纪光

加了湖南民歌的抢救工作。三年中，他一边进修声乐，一边整理民歌。毕业之时，他不仅歌唱艺术更加成熟，民歌整理也大有所成：精选民歌 100 首，从演唱、记谱到文字说明，录音制成了盒式录音带《湖南民歌一百首》。

1983 年，何纪光随文化部表演艺术团赴香港演出，轰动港岛，各报纷纷载文，称其"歌坛一绝，令人倾倒"。作曲家贺绿汀在 1983 年 4 月 9 日香港《商报》撰文指出，何纪光的声音"具有金属性和英雄气概的高腔音色，极强地丰富了他的表现力，使其歌声具备了前所未有的惊人魅力，将民歌演唱艺术推到了一个新的高度"。

1985 年，何纪光为电视连续剧配唱了《济公活佛》主题歌，随着电视剧的播出，这首歌很快风靡全国。他把这首歌演唱得既有戏曲声腔的色彩、民间说唱的韵味，又带一点佛门诵经的风格，用声音塑造了一个活脱脱的济公形象。这一年，他主唱的《济公》盒带获上海电视台"银盒带奖"，他自己也被评选为首届"全国十佳影视歌手"。

1986 年，何纪光到北京参加了"中国民歌大汇唱"音乐会，演唱了 3 首湖南民歌，赢得热烈掌声，首都评论界给予了高度评价。

1987 年何纪光参加了在北京举行的首届中国艺术节民族声乐专场音乐会，演唱了自编歌曲《应声岩》，将自己的新唱法发挥得淋漓尽致，受到首都同行的赞赏，《人民日报·海外版》《北京日报》等媒体都给予了报道，还发表了专访文章。

1988 年，何纪光随湖南省艺术团赴日访问演出，他自编自唱的《应声岩》给观众留下了深刻的印象；而用日语演唱的日本歌曲《北国之春》等也因独特的艺术处理而获得观众的赞赏。这一年，何纪光还重回古丈县，配合湖南省电视台拍摄了反映他的艺术生涯的音乐专题片《那山·那水·那歌》。

1995 年 5 月，何纪光应邀赴台参加"歌颂流芳古到今"音乐作品演唱会，在孙中山纪念馆高唱《祖国颂》《蜀道难》等爱国歌曲，获得了观众好评。

2002 年 9 月 18 日，何纪光参加在张家界举办的湖南旅游节闭幕演出，精神饱满地演唱了《张家界多美景》等歌曲，当天下午返回长沙，次日凌晨因心肌梗死去世，享年 63 岁。

2004 年 9 月 19 日，何纪光的家人依照其生前夙愿，将他的骨灰安放在了家乡古丈县山清水秀的栖凤湖畔。

四、"在云端上唱歌的人"

何纪光在歌坛上辛勤奋斗 40 多个春秋，演唱了丰富多彩、脍炙人口的曲目，赢得了观众和专业人士的普遍好评，取得了突出的艺术成就；尤其是独创"新型湖南高腔唱法"，形成了自己不可替代的演唱风格，受到了专家的赞赏。

40 多年来，何纪光参加各种演出 3000 多场，演唱歌曲 1000 余首，近 200 首录制成了唱片和磁带发行全国，为 10 余部电影电视剧配唱了主题曲。他演唱的经典曲目，包括《澧水船夫号子》《打硪歌》《挑担茶叶上北京》《洞庭鱼米香》《应声岩》《回苗山》《思念》《咱老百姓》以及《济公》等，其中许多已经成为为国内外广大听众所喜爱的歌曲。1997 年，中国唱片公司出版发行了《20 世纪中华歌坛名人百集珍藏版——何纪光》（CD）。

此外，何纪光还涉足声乐教育，应湖南文艺出版社之约编选了《成人声乐考级作品集》和《少儿声乐考级作品集》（1999）。

何纪光在 40 余年的艺术生涯中获奖无数。1985 年，他曾荣获首届"全国影视十佳歌手"称号；1987 年，他被评为湖南全省尖子演员；1990 年，被授予"湖南省优秀中青年专家"称号。1985 年，他主唱的《济公》盒带获上海电视台"银盒带奖"；

何纪光演唱专辑封面

1989 年，他灌制的唱片《洞庭鱼米香》更是拿下了中国首届"金唱片奖"。

作曲家刘振球指出："何纪光的唱法在世界上是独一无二的，他将湖南的高腔发扬到极致，并与科学的唱法结合在一起，将民歌演唱艺术推到

了一个新的高度。"而何纪光曾经的同事、作家水运宪,则用富有文学色彩的语言称他是"在云端上唱歌的人"。

2012 年 9 月 19 日,在何纪光逝世 10 周年之际,湘西土家族苗族自治州及古丈县有关部门在何纪光的故乡古丈县举行纪念活动,深情缅怀这位杰出的艺术家。

克里木
——天山脚下不老的"阿凡提"

　　克里木（1940～），男高音歌唱家、舞蹈家，国家一级演员。新疆乌鲁木齐人，维吾尔族。1951年正式开始艺术生涯。历任新疆军区民族第五军文工团演员，总政歌舞团演员。在长期的艺术实践中，继承发展了维吾尔族歌舞艺术的传统，创作并演唱了大量富有民族特色的表演歌曲。编创及演唱代表作有《塔里木河，故乡的河》《羊肉串香又香》《马车夫之歌》《阿凡提之歌》《库尔班大叔你上哪儿》等；表演作品有舞蹈《冰山婚礼》，喜剧《约尔特奏鸣曲》。

一、从文艺兵开始的艺术生涯

　　1940年6月12日，克里木出生在新疆迪化（今乌鲁木齐市）的一个维吾尔族艺术世家。他的父亲阿布都古力曾经是歌舞团的艺术指导，以吹唢呐远近闻名，被大家誉为"金唢呐"；母亲是一位在当地数一数二的舞蹈演员。在父母的熏陶下，性格开朗的克里木从小酷爱音乐、能歌善舞。

克里木

　　小时候，在克里木的家乡流传着一首家喻户晓的歌曲《达坂城的姑娘》。当时，几乎人人都会唱这首歌，克里木的父母也经常在当地的舞台上共同演唱。此后，每当听到这首歌，克里木都会情不自禁地跟着手舞足蹈起来。再到后来，每当逢年过节乡亲们欢聚一起的时候，他就会自告奋勇表演节目，伴随着父亲的唢呐或放声歌唱，或翩翩起舞。从那时起，克里木的艺术天赋逐渐显露，成为家乡小有名气的红人。

　　1951年，年仅11岁的克里木与父亲同时穿上军装，成为新疆军区民族第五军文工团的一对父子兵。多年后，在回忆刚进文工团的情形时，克里木说道："那时候我才小学刚毕业，文化底子太薄，我就边学习边创作。"为了提高文化水平，克里木把自己的全部精力都用在了学习上，不但努力学习文化知识，还系统地学习了创作及舞蹈艺术，为日后的艺术生涯打下了坚实基础。

1957年，克里木加入了中国共产主义青年团，成为新疆第一位共青团员。从此，他更加刻苦努力，终于在1959年全军第二届文艺会演中，凭借一曲《日夜想念毛主席》一炮而红，荣获文艺会演"表演奖"。

同年，由于在文艺会演中的出色表现，克里木被调入总政歌舞团，成为当时团里唯一的维吾尔族歌唱演员。在总政歌舞团，克里木的眼界一下开阔了许多，他下定决心，在这个广阔的舞台上将自己的歌声传遍全国、传向世界。他希望让更多的人通过自己的歌声和舞蹈认识新疆，认识能歌善舞的维吾尔族。

克里木与妻子古兰丹姆一起演出

20世纪60年代初，有一次在中南海汇报演出时，克里木为大家演唱了一曲《达坂城的姑娘》，为他伴舞的是新疆军区歌舞团的舞蹈演员古兰丹姆。演出结束后，周恩来总理问克里木："你们在舞台上唱得挺好，在舞台下是不是爱情关系？"克里木一下子脸红到了脖子根，摇了摇头。在周总理一句玩笑的启发下，大家纷纷撮合两人，不久，克里木真的和古兰丹姆喜结良缘。从此，夫人的舞蹈伴随他的歌声走遍了海角天涯。

1964年，为庆祝新中国成立15周年，人民大会堂举办了一台国庆晚会。在晚会上，克里木为党和国家领导人以及中外来宾再度唱起了他的成名曲《日夜想念毛主席》。"在演唱时，毛主席先后三次从座位上站起来为我鼓掌，我当时的心啊，都被幸福的泪水装满了……从此，这股巨大的力量一直鼓舞着我在歌唱的道路上不断探索。"

二、用歌舞演绎新疆风情

在总政歌舞团，克里木非常受欢迎。他平时很幽默，年轻演员和他毫无距离感，都亲切地称他为"老克"。大家都说他有三件宝：马车、毛驴、羊肉串。其中，"马车"出自《马车夫之歌》；"毛驴"出自《阿凡提之歌》；"羊肉串"则出自克里木自编、自演、自唱的歌曲《羊肉串香又香》。

《马车夫之歌》是王洛宾根据新疆民歌《达坂城的姑娘》改编而来的，其中有这样一段歌词："达坂城的石头硬又平啊，西瓜大又甜。达坂城的姑娘辫子长啊，两个眼睛真漂亮。你要是嫁人不要嫁给别人，一定要嫁给我。带着你的嫁妆，唱着你的歌儿，坐着那马车来。"在演出时，每当克里木唱到

克里木演唱《阿凡提之歌》

这里，台下的姑娘都会笑得掉出眼泪，小伙子则一边拍手跺脚，一边情不自禁地跟着克里木一起唱起来。

《阿凡提之歌》是克里木为电影《阿凡提》演唱的插曲，也是他最受欢迎的歌曲之一。自从 20 世纪 70 年代影片问世后，这首歌曲也不胫而走。在唱这首歌时，克里木总是一边做着赶毛驴的动作，一边动情地唱道："我骑上那小毛驴，乐悠悠，歌声伴我乘风走哎。亲爱的朋友们虽然我们不相识，我也为你分忧愁……"每当唱到这里，观众们都会被他的动作和歌声感染，一边拍手一边笑。有一阵子，连小学生走在路上都会学着克里木赶毛驴的动作，蹦蹦跳跳去上学。

《羊肉串香又香》是克里木每次演出时的压轴曲目。这首由他自编自唱的歌曲，就像真正的羊肉串一样喷香诱人。每当他在台上吆喝："哎，新疆的羊肉串香又香来，一毛钱一串……"时，就好像一串串羊肉串真的摆在大家眼前，令人垂涎欲滴。

这些反映新疆风情的歌曲，经过克里木别具一格的演唱深入人心，再加上他幽默风趣的舞蹈，以及手鼓和冬不拉的伴奏，深得观众喜爱。除了这些歌，克里木还先后与人合作或独立创作演唱了《库尔班大叔你上哪儿》《塔里木河，故乡的河》《嫁不出去的姑娘你怪谁》《哎，小伙子你好糊涂》等脍炙人口的歌曲。在他的歌声里，人们听出了地地道道的新疆味道，感受到了浓郁且富有特色的新疆风情，其中许多歌曲至今仍深受欢迎，广为流传。

克里木的演唱水平大家有目共睹，他的舞蹈水平也具有专业水准。有一次，总政歌舞团的舞蹈队排练新疆舞《冰山婚礼》，特别邀请克里木加盟，并饰演主要角色。当时，有些刚进歌舞团的年轻演员背地里说："让一个唱歌的人来跳舞，简直是瞎胡闹。"可等到排练时大家才发现，克里

木对舞蹈风格的把握极其准确。那洋溢着浓郁新疆风情的舞姿，对各种动作的独特演绎，让许多从小就开始练舞蹈的专业演员都自愧不如。大家这才知道，克里木的舞蹈和他的演唱一样出色。

三、深入基层，献唱边防

20 世纪 60 年代，克里木随中央慰问团，从新疆翻越喀喇昆仑山到西藏阿里地区进行为期两个月的演出。此后，他几乎每年都要赴各地慰问演出，无论是边防哨所，还是偏僻山村，哪里有官兵和百姓，哪里就有他的歌声。

1979 年，克里木赴前线慰问演出。当时，一位年仅 19 岁的战士双眼缠着绷带，呼吸已变得十分微弱。当克里木得知这位战士最喜欢听的就是自己谱曲的《塔里木河，故乡的河》时，他立即抱起战士，含着热泪唱了这首歌。

20 世纪 80 年代初，克里木带着自己创作的歌曲《我爱西藏，我爱新疆》赴西藏演出。当时，严重的高原反应让他气喘头晕，唱完一首歌后脸色就已经变得发紫，舞步也摇晃起来。即便如此，他依旧坚持为大家唱了七八首歌。1990 年，克里木再次进藏慰问演出。一下飞机，时任西藏自治区党委书记的胡锦涛就上前拥抱他，并激动地说："老同志，您又来了，欢迎。"克里木答道："这里有我的老战友、老观众，我当然要来啦。"

有一次，克里木到西北边陲演出，不料在路上出了事故，左肋粉碎性骨折。医生告诉他至少要治疗 4 个月才能出院，可一个月后，他就软磨硬泡出了院。出院后，克里木索性打掉石膏，一连在几个地方演出了 70 多场。演出时，谁也没发现他痛苦的表情，可每次下场后，他的身体就像散了架一样，晚上靠止痛片和安眠药才能减轻疼痛入睡。

演出任务完成后，克里木到医院拍 X 光片，大家惊讶地发现，几处接好的骨缝都变了形。有人说："您演出也要顾及自己的身体呀。"克里木却说："和日夜保卫祖国边防的战士比，我这点伤算得了什么。"

还有一次，克里木一大早就接到喀喇昆仑山某边防通讯站指导员打来的长途电话。在电话里，指导员对克里木说："今天是党的生日，我们在党的生日里讲党课。现在战士们都戴着耳机，请您在电话里教唱《颂歌献给亲爱的党》。"这首歌是克里木几年前创作的，听了指导员的请求，他马上对着电话一字一句地教战士们唱了起来。

1998 年，在总政歌舞团成立 45 周年联欢晚会上，克里木演唱了由自己作词谱曲的新歌《我们手挽手走向新世纪》。之后，克里木回新疆探望89岁的老父亲。回去没几天，他就在电视上看到了南方正遭遇特大洪水的画面。得知这个消息，克里木心急如焚："特别是从电视上看到有那么多战士、干部和将军奋战在抗洪第一线，有那么多感人肺腑的事迹，我就喉咙发痒。"于是，第二天他就从新疆飞回北京，参加了赴灾区演出的慰问团。

后来，克里木到湖南一个偏僻的山村演出。演出的第三天，大家为克里木送上了一张放大的演出照片，照片下面写了一行字"克里木我爱你!"这份朴实的感情让克里木久久难忘，这幅照片至今还挂在他的家里。

四、用歌声启迪心灵

随着演出次数的增多，克里木的名声变得越来越响亮。一些单位纷纷出重金请他前去演唱。面对金钱的诱惑，克里木不为所动，从不参加任何"走穴"演出。他说："艺术不是商品，演员不是商人。有人拿艺术卖钱，讨价还价，这实在是个悲剧。艺术是人民的，应该归属人民。"

克里木还常说："歌唱演员应该与时代同步。一支好歌能唤起人们的斗志，鼓舞人们忘我地去工作、去战斗；一支坏歌会腐蚀人们的灵魂，瓦解人们的斗志。"正因为如此，他一直演唱健康向上的歌曲，用歌声启迪观众的心灵。

有一年，克里木回新疆探亲，自治区领导来探望他，并邀请他为少管所和劳改农场演出。于是，克里木组织了一个"家庭慰问团"，在一个星期里走遍了当地的少管所和劳改农场进行演出。年近80岁的父亲表演唢呐独奏，妻子表演拿手的新疆舞蹈，二弟表演幽默小品，三弟自编自演《我爱我的新疆美》，四弟独唱《阿克帕尔当上了汽车兵》，最小的弟弟弹吉他唱通俗歌曲，妹妹独舞《新疆打鼓舞》，克里木则进行将近40分钟的压轴表演。每次演出结束后，克里木还不忘鞭策被劳教的青年，希望他们能改邪归正。

看了克里木一家的演出，听了克里木感人肺腑的劝说，不少青年都痛哭流涕，纷纷表示要洗心革面，重新做人。后来，这些人大多数都有所转变，有的减了刑，有的被提前释放。多年后，他们仍不忘当年克里木对他们的关怀。

后来，有位妇女听说克里木非常关心失足青年，专程带着女儿登门拜访，向克里木诉说了家庭的不幸和女儿的遭遇。克里木二话没说，把这位妇女的女儿收下做了义女，苦口婆心地亲自开导，还为她购置了生活必需品，并教她唱歌跳舞。最终，女孩在克里木的感召下痛改前非，她的母亲逢人便说克里木是孩子的再生父母。

几十年来，克里木始终活跃在舞台上，用热情而极富感染力的歌声打动着国内外的观众。无论走到哪里，大家都亲切地叫他"我们最喜爱的歌手"，而外国评论家则称他为"东方歌神"。

2009 年，年近 70 岁的克里木拓展了自己的艺术领域，进军影视，参与了 2010 年民族风情贺岁喜剧《约尔特奏鸣曲》（原名《不亦乐乎之寻宝记》）的拍摄，在剧中饰演一位维吾尔族村长——德高望重的传统文化守护者"克里木大叔"。对于首次出演影视作品，克里木的兴奋之情溢于言表："我还没老，还能做一些贡献，我想剧中的'克里木大叔'是我从艺60 年来遇到的最恰当的影视角色。"

有人说："克里木是一团火，他走到哪里，就燃烧到哪里。不管在什么场合演出，只要他一出场，舞台上下就热闹起来。"如今，克里木依旧带着旺盛的激情，燃烧着自己的艺术生命，燃烧着如火的艺术青春。

莎莉·鲍尔布希
——帕米尔高原的声乐之花

　　莎莉·鲍尔布希（1940～），女高音歌唱家，国家一级演员。新疆阿合奇人，柯尔克孜族。曾在阿克苏专区文工团、新疆文工团担任独唱演员，中国音乐家协会会员、新疆音乐家协会理事。她在民族民间音乐的滋养中成长，以演唱柯尔克孜族民歌而驰名，并为柯尔克孜族诗歌编曲，成为柯尔克孜族老一辈歌唱家。演唱和配曲的主要作品有《牧马姑娘》《我放声歌唱》《飘香的帕米尔》《歌唱解放军》《松花江》等，还录制有专辑。

一、民间艺术中成长起来的"小歌手"

　　1940 年 12 月，莎莉·鲍尔布希出生在新疆阿合奇县一个富裕的牧民家庭。

　　阿合奇县位于帕米尔高原，是我国柯尔克孜族两个最主要的聚居地之一，人口的 90% 是柯尔克孜族，其他民族有汉、维吾尔、回、哈萨克族。新疆柯尔克孜族民间音乐十分发达，男女老幼都有着很高的音乐天赋，许多传说、故事、史诗等由民间歌手、弹唱琴手等艺人世代相传，绵延不绝。

　　阿合奇又是我国著名的三大史诗之一《玛纳斯》的故乡，尤其是色帕巴依乡民间艺人众多，全乡 50% 以上的牧民都会弹唱柯尔克孜族传统乐器"库姆孜"，是国家文化部命名的"中国民间艺术之乡"。这些，均表现出这里的民族民间文艺不同凡响。

　　莎莉·鲍尔布希从小就喜欢音乐，并显现出一定的音乐天赋。莎莉·鲍尔布希的舅舅是当地有名的歌手，她小时候就希望将来要当舅舅那样的歌手。上小学的时候，莎莉·鲍尔布希就与唱歌结下了不解之缘，每逢学校过节或者搞活动举办晚会，她都要为大家演唱柯尔克孜族民歌，因此后来被人们誉为"小歌手"。

1953年，阿克苏专区文工团到阿合奇县招生，还在上小学的莎莉·鲍尔布希参加了招考，并且考试合格。然而，当她把自己被录取的消息告诉家里时，却遭到了父母的反对，他们说："家里不缺吃、不缺穿，一个女娃娃，为啥要走这条路？再说你才14岁。"

在那个年代的柯尔克孜族人的传统观念里，一个姑娘在大庭广众之下蹦蹦跳跳、又喊又唱，被认为是离经叛道的事情。莎莉·鲍尔布希要去当专业演员，不仅要出头露面，还要在众人面前表演，父母是很难许可的。

然而，从小就想当歌手的热切渴望，此时再也不可遏制。莎莉·鲍尔布希决心成为一名歌唱演员，要用自己的歌声歌唱美好的新生活。一天，她趁父母没有注意，悄悄地溜出毡房，一个人来到阿克苏，参加了文工团。

二、在专业团体里不断提高

初到文工团，语言成了莎莉·鲍尔布希最大的障碍：她既不懂汉语，又不懂维吾尔语，学习和生活都很不方便。不过，这并没有难住这个聪明好学的柯尔克孜族姑娘，她一面向老演员学习专业知识，掌握演唱技巧；一面随时随地向团里兄弟民族的姐妹学习维吾尔语和汉语。经过自己的不懈努力，再加上组织上的帮助，在不到一年的时间里，莎莉·鲍尔布希就逐渐克服了语言上的困难，学会了用维吾尔语和汉语演唱。

第一次登台演出，莎莉·鲍尔布希演唱了一首柯尔克孜族民歌《牧马姑娘》。这首歌是她小时候曾经无数次唱过的，但由于从来没有过舞台经验，而且年纪也小，一正式登台，歌还没唱完她就紧张得冒了一身热汗，结果连自己唱了什么、怎么下台的，都不知道了。

首次登台的紧张经历，并没有使莎莉·鲍尔布希丧失信心，文工团的同志们也看到了她的潜力。在接下来的工作中，文工团领导为了培养莎莉·鲍尔布希，经常安排她上山下乡。莎莉·鲍尔布希也不断利用一切机会锻炼自己，在毡房里为牧民演唱，在边防哨所为战士演唱，在车间里为工人演唱。在演出中，莎莉·鲍尔布希迅速成长，她的歌声也逐渐为天山南北的人们熟悉起来。

1955年，莎莉·鲍尔布希被调到了新疆文工团（今新疆维吾尔自治区歌舞团），担任独唱演员。在这个新的岗位上，莎莉·鲍尔布希有了更多的锻炼机会，也有了更为广阔的学习空间。她曾多次随团到国内的大城市演出，北京、上海、广州等地都留下了她优美的歌声；她还随团出国，把

优美的歌声传达给了吉尔吉斯斯坦
等国人民。

当然，作为帕米尔高原的声乐
之花，莎莉·鲍尔布希更多的还是
在天山南北演出。几十年来，天山
南北的许多农村牧区、边防哨卡、
工矿企业、机关学校都留下了她的
歌声。晚年的时候，看着一张张发
黄的照片，她能够清晰地记起当时
的时间、地点以及演出或者工作内

莎莉·鲍尔布希在阿勒泰牧区演出

容：1972 年在阿勒泰地区牧区演出，1978 年在南山牧业队演出，1982 年
在阿合奇演出，1996 年在阿克苏地区乌什县选拔新秀……

三、艺术生涯的历史见证

在柯尔克孜族民族民间音乐海洋里成长起来的莎莉·鲍尔布希，钟情
于自己民族的民歌，她早期演唱的，大多是柯尔克孜族民歌。柯尔克孜族
民歌浩如烟海，具有短小精悍，容易抒发感情的特色。莎莉·鲍尔布希的
演唱将这些民歌演绎得热情豪放、优美自然。

柯尔克孜族传统音乐非常丰富，不仅有短小的作品，还有大套作品；
不仅有词曲相配的演唱作品，还有单纯的演奏音乐。在这样的厚实的音乐
天地里长大的莎莉·鲍尔布希，不仅具备歌舞天赋，也不乏作曲素养。在
进入新疆文工团后，随着演出机会的增多，演出曲目自然也要相应扩充。
经过一段时间的刻苦学习，莎莉·鲍尔布希比较系统地掌握了音乐理论知
识和基本作曲技能，开始尝试给本民族诗歌作曲。

检视莎莉·鲍尔布希的演唱曲目可以发现，她的保留曲目除《牧马姑
娘》《我放声歌唱》等之外，《飘香的帕米尔》《歌唱解放军》《松花江》
等，都是她自己编曲的。这些歌曲具有浓郁的柯尔克孜族音乐风格，深受
全国各族人民的欢迎。

《歌唱解放军》是莎莉·鲍尔布希的演唱代表作，这首由她自己配曲
并演唱的歌曲，在 1960 年首演时就受到了观众的热烈欢迎。歌曲旋律热情
奔放，节奏明快流畅，很快就在很多地区流传开来，成为那个时代的流行
歌曲。这之后，莎莉·鲍尔布希一边演出，一边利用业余时间进行歌曲创
作，写出了不少为广大观众、听众喜爱的歌曲。

歌唱解放军

柯尔克孜族民歌
莎　莉曲
吉聿制谱

欢快 跳跃地

《歌唱解放军》曲谱

　　为了扩充演出曲目，更好地为人民服务，除了柯尔克孜族民歌外，莎莉·鲍尔布希还演唱了我国其他民族的歌曲，以及外国歌曲。

　　1959年，莎莉·鲍尔布希光荣地加入了中国共产党。1961年，她又成为中国音乐家协会的会员。后来，她还担任了新疆维吾尔自治区音乐家协会理事。

　　莎莉·鲍尔布希还十分注意发现和培养本民族以及兄弟民族的音乐人才,一些具有较好天赋的少数民族青少年被她发现和选拔到了文艺团体。而自己的大女儿莎维拉,也已经是塔里木歌舞团的演员。

　　在退休之前,莎莉·鲍尔布希把自己作曲、演唱的30多首歌录制了一盘磁带,成为她音乐艺术生涯的见证。

　　莎莉·鲍尔布希,对过往年代的火热生活有着无尽的回忆。一张发黄的演出照片,往往会把她的思绪拉回到那个年代,而这同样也成为她的艺术生涯的见证:洁白的毡房上炊烟袅袅升起,树荫下的拉拉车静静地等待着下一个转场的季节,牧民们随意地坐在绿草如茵的原野上,小孩子天真无邪地趴在老人的怀里,他们一起围着莎莉·鲍尔布希,聆听她优美的歌声……没有舞台,没有音响,然而,什么样的舞台能比草原更加宽广?什么样的音响能比天籁更加动听?

阿拉腾奥勒
——草原音乐"金色的圣山"

阿拉腾奥勒（1942～2011），作曲家，国家一级作曲。内蒙古哲里木人，蒙古族。毕业于天津音乐学院作曲系。历任内蒙古广播电视艺术团作曲、副团长、艺术总监，以及中国音乐家协会理事、内蒙古音乐家协会副主席。一生创作歌曲近千首，器乐曲几十首，为电影、电视剧、广播剧、话剧、舞蹈等谱写了大量的音乐作品。作品有歌曲《敬祝毛主席万寿无疆》《美丽的草原我的家》，管弦乐组曲《草原音诗》，电影交响组曲《沙漠的春天》《森吉德玛》《嘎达梅林传奇》，蒙古语组歌《科尔沁婚礼》，器乐曲《布尔特其诺瓦的故乡》，交响序曲《昨天的故事》《第一交响曲》，音乐史诗《草原组歌》等。出版有蒙古、汉文版《阿拉腾奥勒歌曲选》。

一、初出茅庐显才华

阿拉腾奥勒

1942 年农历八月二十一，阿拉腾奥勒出生在哲里木盟（今通辽市）科左后旗一个牧民家庭。

阿拉腾奥勒的家乡在美丽的科尔沁草原，那里不仅水清草美，而且民族民间歌舞丰富多彩。还在蹒跚学步、咿呀学语时，他就受到了蒙古族民间音乐的熏陶。美丽的草原，优美的蒙古族民歌，成为他一生音乐创作的源泉。

在家乡接受完初等教育，1956 年，阿拉腾奥勒离开家乡，考入呼和浩特第二师范学校，四年的学习为他打下了扎实的知识基础。也就在师范学校读书期间，1957 年，15 岁的阿拉腾奥勒创作了自己的处女作《送肥歌》，引起了人们的关注。

1960年，阿拉腾奥勒又考入内蒙古艺术学校，向马头琴演奏家色拉西、民间歌手铁钢学习马头琴和蒙古族民间音乐，并师从著名女作曲家辛沪光学习音乐创作理论。

1962年，阿拉腾奥勒被保送到天津音乐学院附中理论学科学习。1964年，他又考入天津音乐学院作曲系，师从许勇三、张筠青先生。后来，他又在1973年和1978两度到上海音乐学院学习，师从丁善德、瞿维、桑桐、施咏康、陈明志等音乐大家。这些，为他后来的音乐创作奠定了扎实的创作基础。

1967年，内蒙古自治区决定举办一台大型的献礼歌舞晚会。为配合晚会的演出，阿拉腾奥勒受命创作了《敬祝毛主席万寿无疆》。后来，这台晚会并没有公演，但阿拉腾奥勒创作的这首歌曲却流传了下来，成为他的成名作。作曲家莫尔吉胡听了《敬祝毛主席万寿无疆》后评价道："音调的浓郁民族特色，作曲手法上的创新，音乐语言和旋律的深沉与别致，显示了这位初出茅庐的年轻作曲家的艺术才华。"

由于歌词倾吐了草原人民对党、对毛主席的深情敬爱，旋律丰满抒情，节奏舒展，曲调充满浓郁的蒙古族风格，歌曲《敬祝毛主席万寿无疆》很快就火遍了全国。

1973年，朝鲜万寿台艺术团访华演出，在大型合唱里演唱了《敬祝毛主席万寿无疆》。周总理在人民大会堂观看演出时，兴奋地向朝鲜贵宾介绍说："这是一位青年蒙古族作曲家的作品啊！"

1978年6月，日本著名指挥家小泽征尔首次来华指挥中央交响乐团演奏，刘德海演奏琵琶协奏曲《草原英雄小姐妹》。当乐曲进行到表现主人公在雪夜中艰难行进的慢板曲调时，长笛深情地奏出了《敬祝毛主席万寿无疆》，质朴、清新的乐曲与大型的交响乐完美地交融，深深地打动了在场的专家和听众。

20世纪90年代，这首歌曲又被收入《红太阳》盒带中，受到群众的普遍欢迎。事实上，它已经成为一个时代的红色印记，永远不可磨灭。

二、"美丽的草原我的家"

1968年，天津音乐学院毕业后，阿拉腾奥勒曾在河北省束鹿京剧团担任指挥。1971年，阿拉腾奥勒调入内蒙古广播电视艺术团，后来一直在这里工作。

阿拉腾奥勒出生、成长在草原，也把自己的艺术才华奉献给了草原。

而提起他的代表作，则是那首众所周知的《美丽的草原我的家》。

1975 年，北京怀柔青年词作家火华到内蒙古锡林郭勒盟开会，会后到草原体验生活。草原水绿草青，天高地阔，百花盛开，人们热情好客，能歌善舞，令人陶醉。两年后，火华调到内蒙古军区文工团从事歌词创作。为参加全军文艺会演写歌，想起了那段往事，心灵触动，一气写出了《美丽的草原我的家》的歌词……

阿拉腾奥勒（右）和
火华创作歌曲

1977 年春节期间，阿拉腾奥勒刚和火华认识不久，在火华的一叠歌词中，他发现了《美丽的草原我的家》。看到歌词，阿拉腾奥勒十分高兴，脑海里很快就产生了曲调。那时，阿拉腾奥勒正在上海音乐学院进修，6 月份，他在上海修改完成了这首歌曲，但并没有立刻给人试唱，而是搁置了起来。

阿拉腾奥勒后来回忆说："我在拿到歌词时立即被感动了，仿佛看到在那片广阔的土地上，辛勤的牧民们正在描绘最新最美的图画，正在谱写最新最美的旋律，我毫不犹豫地要下了这首歌。"

"这首歌的音乐素材采用了蒙古族民间音乐的风格，但不用具体的民歌旋律。当时创作《美丽的草原我的家》的时间很短，也就写了不到一个小时，两天后又稍微调整了一两句，之后就再也没有改动过。创作出发点也很简单，就是要真实地表达蒙古族对草原的那种朴素而真实的深切的情感。"

德德玛在演唱
《美丽的草原我的家》

1978 年初，上海音乐学院声乐系学女中音的大四学生马志铮找到了阿拉腾奥勒，说老师高芝兰希望她能唱些有民族特色的曲目（马志铮是内蒙古集宁市人），问有没有合适的歌。阿拉腾奥勒就把这首《美丽的草原我的家》给了她，但马志铮只是在校园里演唱了这首歌，而真正把这首歌带向全国的演唱者是德德玛。

新中国成立 30 周年时，内蒙古自治区要准备一台晚会进京献礼演出，

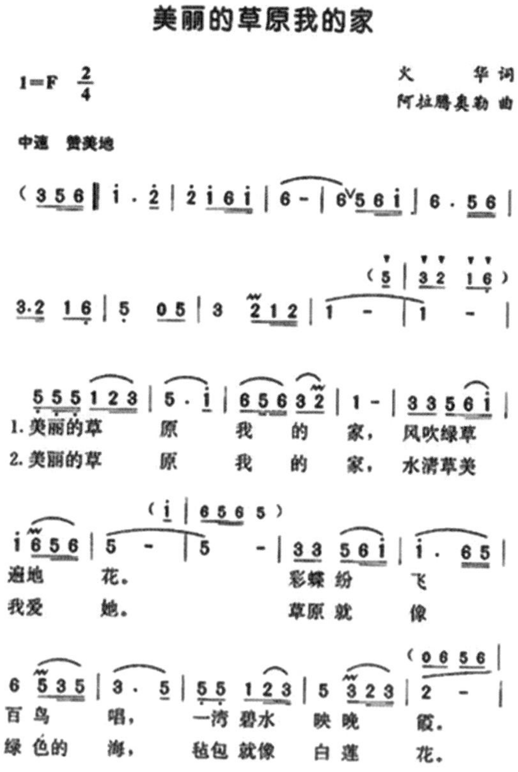

美丽的草原我的家

1=F 2/4

火　华 词
阿拉腾奥勒 曲

中速　赞美地

《美丽的草原我的家》曲谱

《美丽的草原我的家》被选定为晚会曲目之一。当时 20 出头的德德玛担任内蒙古歌舞团独唱演员。在晚会上，她演唱了这首歌曲，成为她的成名曲和一生中最重要的一首歌。

德德玛唱响的《美丽的草原我的家》很快引起了轰动，受到国内外的普遍欢迎。中央人民广播电台将歌词翻译成 24 种语言，向世界进行介绍。1980 年《歌曲》杂志评奖时它再次获奖，中央六部委还把这首歌列为向全国人民推荐的 12 首歌曲之一；同年 10 月联合国教科文组织在日本东京举行的教材评审会上将这首作品选入教材，编入《亚太歌曲集》。此后这首歌便在世界各地广为传唱。

1996 年，在第四届国际无伴奏合唱节的大赛上，蒙古族女指挥家娅伦格日乐指挥内蒙古蒙古族无伴奏青年合唱团演唱《美丽的草原我的家》，倾倒了海外宾朋，征服了世界乐坛，获得了合唱节的金奖。

歌曲《美丽的草原我的家》在新中国成立 60 周年时被评选为 100 首

爱国歌曲之一。在草原上，远道而来的客人和生活在草原上的人们都能哼唱几句《美丽的草原我的家》，而这首歌的光盘也成为草原上的人们送给客人最好的赠品。可以说，《美丽的草原我的家》已经成为内蒙古的一张"名片"。

三、创作丰富，屡获殊荣

阿拉腾奥勒是一位具有深厚艺术底蕴和创作激情的作曲家，在一生的艺术生涯中，他不仅创作了近千首歌曲，器乐作品近百首，其中包括为电影、电视剧、广播剧、话剧、舞蹈等谱写了大量的音乐作品。

除了《祝福毛主席万寿无疆》《美丽的草原我的家》，阿拉腾奥勒创作的歌曲还有《请喝一碗马奶酒》《草原的篝火》《锡尼河》《金色的沙漠上》《献给母亲的歌》《采红豆的姑娘进山来》《大雁》《小马驹》《绣满云朵的马靴》《牧笛新曲》《科尔沁，我的摇篮》《草原情歌》《草原酒歌》《相聚在内蒙古》《纳文江边的思恋》《祖国辉煌，草原吉祥》《草原恋歌》等。花甲之年创作的女中音独唱与合唱伴唱歌曲《蒙古心》（蒙古族歌唱家阿拉泰演唱），是阿拉腾奥勒受到人们广泛关注和喜爱的成功新作。作品曲调甜美深情，风格韵致浓郁，手法独特新颖，编配精确细腻，在中央电视台播放后回响神州，标志着阿拉腾奥勒音乐创作的又一高峰，荣获全区第七届艺术创作"萨日纳"奖。

1978年，阿拉腾奥勒创作了交响叙事曲《乌力格尔主题随想》。作品在蒙古族民间乐器与西洋管弦乐的结合方面做了大胆的尝试。这部作品在第一届全国交响乐比赛中获得好评，在1978年全区文艺会演中获得优秀作品奖。2007年，这部作品还在维也纳中国新春音乐会上成功上演。

阿拉腾奥勒的其他大型作品还有管弦乐组曲《草原音诗》（1973），电影交响组曲《沙漠的春天》（1978），大型蒙古语合唱组歌《科尔沁婚礼》（1986），马头琴、小提琴、钢琴三重奏《布尔特其诺瓦的故乡》（1992），交响序曲《昨天的故事》（1993），《第一交响曲》（1997），音乐史诗《草原组歌》（2007）等。在这些作品中，阿拉腾奥勒既注重继承传统，又刻意求新，取得了不凡的音乐成就。他创作的《科尔沁婚礼——蒙古语合唱组歌》，填补了蒙古族音乐史上的空白。他创作的《第一交响曲》，引起了民族乐坛的轰动。

阿拉腾奥勒创作影视音乐作品有电影《沙漠的春天》《母亲湖》《森吉德玛》，广播剧《成吉思汗》，电视剧《嘎达梅林传奇》《乌兰夫》《阿拉善亲王》，话剧《席尼喇嘛》等。这些作品，有的讴歌蒙古族名人，有的再现草原之美，使影视作品获得了强健的生命力。

阿拉腾奥勒的作品屡获殊荣，有 60 多部作品在全国和全区获得表彰和奖励，包括全国奖励 20 多项、全区奖励 50 多项。2007 年，内蒙古音乐家协会授予阿拉腾奥勒"内蒙古自治区杰出作曲家"称号；2008 年，他荣获内蒙古文学艺术"萨日纳杰出贡献奖"；2009 年，歌曲《白杨树》荣获自治区"五个一"工程优秀作品奖，并荣获中共内蒙古自治区党委、政府授予的"内蒙古自治区文学艺术杰出贡献奖"和金质奖章。

四、"乐坛巍巍起高峰"

阿拉腾奥勒的音乐作品深受广大音乐爱好者欢迎，经常被各类专辑选收。2007 年，内蒙古文化音像出版社出版了《阿拉腾奥勒音乐作品精选》（4CD），分别为声乐作品：独唱、重唱；声乐作品：合唱；交响乐专辑：《第一交响曲》；交响小品专辑：交响叙事曲《乌力格尔主题随想》，交响序曲《昨天的故事》，以及《原野迎宾曲》《美丽的草原是我家》《牧马人》《牧野情趣》。

《阿拉腾奥勒音乐作品精选》CD

2010 年 11 月 27 日，内蒙古乌兰恰特大剧院，"难忘的歌——阿拉腾奥勒作品音乐会"隆重举行。音乐会由中共内蒙古自治区党委宣传部主办，内蒙古音乐家协会等承办。音乐会展示了阿拉腾奥勒 50 年中所创作的经典作品，是对他的艺术生涯的回顾和小结。内蒙古音乐家协会主席阿拉泰，歌唱家德德玛、金花、白玉花等青年歌手，以及众多器乐演奏家，深情演绎了阿拉腾奥勒的作品。

阿拉腾奥勒是中国音乐家协会理事、内蒙古音乐家协会副主席，还曾担任内蒙古广播电视艺术团艺术总监、内蒙古国际文化艺术交流中心理事等。

2011 年 8 月 11 日，阿拉腾奥勒因心脏病突发去世，享年 69 岁。

阿拉腾奥勒去世当晚，火华在悲痛中为阿拉腾奥勒作了一副挽联："盖世才华大作煌煌人共仰，一生奋斗乐坛巍巍起高峰。"在接受记者采访时，火华感慨地说："他是我一辈子最好的朋友，他的名字是'金山'的意思，我认为他也是内蒙古音乐界一座金色的圣山，是一位了不起的音乐大师。"

阿拉腾奥勒的音乐是与草原连在一起的，他的音乐来自草原，草原就在他的音乐中，他的音乐可谓"草原音乐"，因而他正是草原音乐"金色的圣山"。

鄂圭俊

——从"建构自我"到"超越自我"

鄂圭俊（1942～），油画家、版画家，国家一级美术师。曾用名鄂国俊，青海西宁人，土族。1960年毕业于青海省文化艺术学校。早年在电影院和文化馆工作，后任青海文学艺术界联合会《青海潮》美术编辑，1987年调入上海油画雕塑院任专职画家，中国美术家协会理事。他从自学起步，经过20多年的努力，逐渐走上全国画坛，成为风格特异的杰出画家。代表作有油画《迎新娘》《春的脚步》《唐蕃古道》《少女与牛》以及"大自然"系列，版画《农家》等，出版有《鄂圭俊油画作品集》等。

一、从影院美术杂工走向专业画家

1942年3月，鄂圭俊出生在青海西宁一个土族家庭。

土族是我国西北地区的一个人口较少的少数民族，他们世代繁衍生息在青藏高原东北部、祁连山东南麓及黄河、湟水、大通河和洮河流域，与那里的汉、藏、回、蒙古等民族人民生活在一起。长期以来，勤劳、智慧、纯朴的土族人民与各族人民共同开发了这片肥沃、神奇的土地，也形成了自己独特的丰富多彩的民族文化。

鄂圭俊

尽管有关少年时代的生平资料极为稀少，但可以肯定的是，自己民族长期生存的这块土地以及自己民族的文化，对鄂圭俊的艺术创作有着深刻而久远的影响，无论是表现题材还是精神气韵，无论是前期作品还是后期作品，无不体现着他对养育自己的那片土地和人民的魂牵梦绕的记忆。

20 世纪 50 年代末，鄂圭俊就读于青海省文化艺术学校。1960 年毕业后，他先后在西宁红旗电影院、西宁文化馆工作。在电影院，他做过美术杂工，大致是写招贴、画海报一类的事情；在文化馆，工作也相差无几。业余时间，他自学绘画。起初学国画和版画，后来因为色彩感觉特别好，又改学油画，并不断进行艺术创作。就这样，经过了整整 20 年。

美术评论家范迪安对鄂圭俊的成长道路有过中肯的评价："鄂圭俊先生是一位自学成才的少数民族画家，他从少年学画到青年时代以美术工作谋生，经历了许多生活的磨难，甚至形成了他不善言辞、朴素沉稳的性格，但是他的艺术禀赋和才能却是充分的，即使是在物质条件匮乏的时期，他也能沉浸在专注的艺术感受和表达中，画出有灵气和内涵充实的作品。他从一个电影院的美术杂工走向专业画家的道路，很能证明他对艺术执着的追求与不懈的努力。"

正是经过执着的追求和不懈的努力，鄂圭俊的艺术才华得到了社会的认可。1980 年，他调入青海省文联，担任文联杂志《青海潮》的美术编辑，同时在美协青海分会工作。在这段时间，他还担任过青海省青联委员、青海省对外友协理事等职。

1979 年，鄂圭俊的油画作品第一次被选中参加全国性的美展，到 1984 年，在 5 年之中，他就有 9 幅作品获选参加全国性美展。他的作品在全国性展览中屡获荣誉，1982 年，油画《迎新娘》获全国少数民族美术作品展览优秀奖，版画《农家》获全国第八届版画展览优秀奖，油画《春的脚步》获第六届全国美术展览铜牌奖。此外，《高原情》《套牛》《远客》等先后获青海省级文化创作奖 8 次。他还有许多作品曾多次参加全国美协对外版画展览，日本的"现代中国优秀作品展览"，东德柏林举行的国际版画展览等。

二、大写的西部风情

1987 年，鄂圭俊调入上海油画雕塑院，任专职油画家。

尽管从边远的青海高原来到了繁华都市，但鄂圭俊仍旧是乡音无改，而且一段时间里，绘画作品题材和风格，也都延续了在青海时的面貌；即便是后来艺术创作的突破，也没有离开西部原野的风貌和精神。

有评论家说："鄂圭俊先生出生并成长于中国西部的青海省，这很直接地为他的油画艺术尤其是早期油画艺术提供了天然的绘画素材和个人观照。青海湖畔的神秘与灵动，青藏高原的浑厚与崇高，乃至庄严的宗教寺

作品《春的脚步》

庙、古代遗址和纷繁多样的少数民族风俗民情，都成为鄂先生作品的灵感来源；加之其土族的文化身份，更容易认同并接纳这些自然灵魂进入他的艺术视野。不仅如此，淳朴、淡泊而悠远的中国西部风土特征也孕育了他的豁达、纯粹的个人气质，这从他的作品中亦能感受得到。"

评论界一般把鄂圭俊的创作大体分为两个时期，一个是创作起步直到20世纪90年代中期，一个是90年代末期至今。这两个时期的作品，虽然都没有离开青海高原的西部原野，但无论艺术技巧、审美取向还是精神意涵，都体现出既有联系又显著不同的特点。

鄂圭俊前期的作品，人们一般会用"风情"来概括，即主题是西部民族风情，包括生产、生活活动等。早期的获奖作品，如油画《迎新娘》《高原情》《套牛》《远客》，版画《农家》等，都是如此；但并不拘泥于传统的纯然写实，构图、造型上都有大胆的开拓。比如获第六届全展铜牌奖的油画《春的脚步》，它以青海土族"六月六"的花儿会为题材，表现了土族青年在春的原野上载歌载舞的欢乐场面。画面充满了欢快的视觉节奏，弥漫通幅的绿色尤其洋溢出活跃的生机，折射出20世纪80年代中国社会在改革初期涌动的蓬勃气象，而在造型上则大胆吸收融汇了西方立体主义的造型手法。这幅作品无论思想性还是艺术性，在当时的画坛都引起了强烈的共鸣。它入藏于中国美术馆之后，每逢组织反映 20 世纪 80 年代的中国艺术的展览，总会再一次特别展示。

到上海以后，尽管主题还是"风情"，但审美取向和表现手法逐渐有了一定的改变。时空的转换，使他得以远距离地观照、体会以至思考，从而抓住民族风情更为本质的东西，从再现过渡到表现。这一时期的作品，如《唐蕃古道》（1988）创造了一个神奇、璀璨的梦幻世界，充溢着肃穆庄重的历史感；《少女与牛》（1988），在整体浑廓中造成空灵、游动和对比之趣，弥漫着真情与活力；《赛牦牛》（1990）将生命激情化作运行于天地间的一团火焰，迸发着生命的闪光。

诚如一篇评论所言，"鄂圭俊全身心地体验青海高原自然人情，把对乡土民族文化的热爱转化为主体内在精神的映象，引发出不可遏制的创作冲动和激情"。不过，"风情"之于鄂圭俊的创作，已非仅题材的获取，也非形式的偏好，而是作为一种艺术符号——主观地成为画家精神的外化显现，客观地形成图式结构的文化显现，从而构成"风情"的超越。这种风情是物与我、再现与表现的统一、古代和现代的统一，是一种大写的"风情"。

三、"大自然"系列的自我超越

对于鄂圭俊的个性，有人有过精到的概括：与世俗离得较远，离艺术很近（张培成语）。他不善言谈，与人交往无多，只是踏踏实实地画自己的画。在当今这个艺术家纷纷陷入世俗物欲的时代，鄂圭俊仍旧沉静着，默默地坚守在自己的艺术园地。也因此，他与画坛似乎若即若离。其形象亦时隐时现。就是在这种沉静与坚守中，他获得了自己艺术的突破与升华，并又一次令画坛震撼。

20 世纪 90 年代末期，鄂圭俊推出了自己的"大自然"系列。这一系列作品通称"大自然"，每幅作品并没有具体的标题，仅此就体现了作者对题材的概括把握和作品所显示的宏阔气象。而实际上正是这样的，诚如上海刘海粟美术馆馆长张培成指出的，"鄂圭俊的大自然中几乎看不到清泉小溪或是庭院深深的人间佳境，也不见茂林修竹、春花秋月，我们能看到的往往是那些个沧溟的大漠、奔腾的长河、无云的苍穹、残雪泛银、黑沉沉的山谷……那些画面让你无法与精巧、玲珑相关联。在他的许多风景油画中几乎无其细部让你去揣摩，画面上往往就是那么沉静的几根水平线或是大小组合的几个团块。那种简约与精练却化成了雄强、浑厚的力量，直击你的心灵深处。犹如拨动大提琴的琴弦而发出沉闷的回响。面对他的作品你绝不会陷入对于一些细节的咀嚼之中，因为扑面而来的就是那苍凉的大漠、群峰、江河，这是一种气魄更是一种格调"。

关于鄂圭俊这一时期作品的特点，评论家们用"简约""单纯""宁静"等词语来概括，也有评论家将其概括为与前期"建构自己"不同的"超越自己"，这些从绘画技法或者艺术精神方面的把握，都道出了"大自然"系列的特色。

"简约""单纯"是"大自然"系列构图、色彩等的突出特点。画面作平面化的处理，有时又有焦点式透视的假象，形成一种似是而非的空间，正是这种远离于真实的空间使画作有着直指精神的力量。自然界中丰富繁杂的树、石、山谷，都被画家浓缩成浑圆大气的团块，纷繁琐细的自然外形全被舍弃，主观理性的安排布置直击主题。色彩有时近于浓丽，纯净的黄、火焰样的红并置，热烈而又谐和；青翠的草绿间划过几痕玫瑰红的色块，艳丽而又不喧闹；其间以一些乌黑的线条叠缀色块之间，面积极小，似乎匆匆而过，却又必不可少。简约明快的图式，浓烈的装饰意趣，艳而不俗的色彩，使这些画作特立独出。

鄂圭俊在自己的作品展上讲话

鄂圭俊自学成才，并非油画科班出身，因此油画的条条框框于他不太相干，而他超强的色彩感觉又为油画所必须；他能书能画，油画、版画兼擅，绘画技法能够在跨领域间灵活借鉴和转换；他早年学过国画，古人山水画的写意精神，又给了他巨大的启迪。正是这些，成就了他独特的油画艺术。他说："我所呈现的'大自然'系列正是我近年来以适合自己个性的现代形式，试图表达出宋元时期山水画那样，是生命与宇宙的圆融，人与宇宙之间的和谐，使观赏者除视觉上的和谐外，产生宁静致远的精神反射。"

鄂圭俊后期的作品有了一定的宗教因素，这似乎是精神追求与超越的必然。这种因素，不只是表现在他创作了一些宗教题材的作品，比如《菩萨》等；更在于作品中体现出的宗教精神。鄂圭俊并不是佛教徒，但后来这些年，他每天早晨会默诵几遍《心经》《大悲咒》或者其他的佛教偈语，以此求得心灵的宁静和升华。

鄂圭俊的画作参加了十多次国内外的美术作品大展，画种在 20 世纪 80 年代前半期有版画、油画，后来则均为油画；在国外的展览，主要是日本和德国。个展主要集中在 20 世纪末和 21 世纪。1998 年，上海油画雕塑院举办了"鄂圭俊油画作品学术展"；2006 年，上海富大画廊举办了"曾经与现在——鄂圭俊油画作品展"；2008 年，由刘海粟美术馆和上海油画雕塑院共同主办"大自然系列——鄂圭俊油画作品展"；2011 年，青海师范大学举办了"鄂圭俊作品观摩展"。

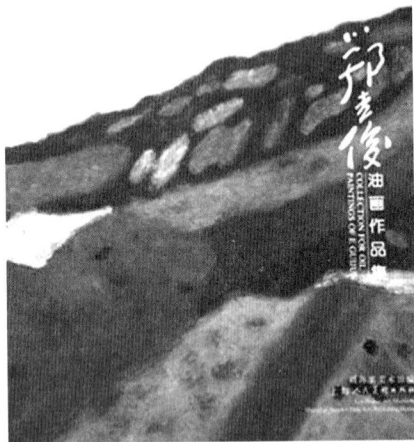

《鄂圭俊油画作品集》书影

鄂圭俊的一些作品被中国美术馆、民族文化宫等收藏，并入选《中国美术馆藏画选》《中国当代油画集》等大型画集。他还出版有《鄂圭俊油画作品集》（上海人民美术出版社，2008）等。

热比娅·穆罕默德
——光彩夺目的"天山雪莲"

热比娅·穆罕默德（1942～），女高音歌唱家，国家一级演员。新疆库车人，维吾尔族。曾任新疆歌舞团演员、副团长，新疆维吾尔自治区文化厅副厅长；现任新疆音乐家协会名誉主席、新疆少数民族声乐学会会长。在60多年的艺术生涯中，她将民族唱法和西洋唱法结合起来，形成了自己独特的富有民族韵味和丰富表现力的演唱风格。主要演唱作品有《毛主席的恩情唱不完》《春天》《加乃》《巴达姆花帽》《雪莲花》《驼铃之歌》《迎来明媚的春天》等。

一、少年时代开启艺术生涯

1942年，热比娅·穆罕默德出生在新疆库车县。能歌善舞的维吾尔族血统赋予了她卓越的艺术基因，环境的熏陶更使她茁壮成长。

1953年，年仅11岁的热比娅就参加了文艺工作。

1957年，热比娅被选入新疆维吾尔自治区歌舞团，担任歌唱演员。由于有较好的音乐素质，随后组织上派她到上海音乐学院声乐系学习深造，师从著名音乐教育家周小燕教授。

在上海音乐学院的学习，是热比娅·穆罕默德艺术道路上的一个里程碑。学习期间，除了受到严格、正规、系统的训练外，还通过观摩、实习、交流，向同行和老一辈歌唱家汲取了许多宝贵的经验，为她后来声乐艺术的发展打下了良好的、坚实的基础。

1962年，热比娅从上海音乐学院毕业，回到新疆歌舞团，担任独唱演员。这一年，她还加入了中国共产党。

从20世纪60年代初，热比娅·穆罕默德开始活跃在国内外舞台上。她初次登上专业舞台就给观众留下了深刻印象。在以后不断的舞台实践中，热比娅不仅走遍了新疆各地，还多次到北京、上海、天津等地演出，其演唱风格逐渐为广大观众和专业人士所熟悉，并获得了相应的荣誉。

热比娅不仅经常在国内演出，在国外的舞台上也留下了她美好的身影和优美的歌声。从 20 世纪 60 年代起，她先后多次随中国艺术团、新疆维吾尔自治区歌舞团出国访问演出，涉及印度尼西亚、阿富汗、巴基斯坦、叙利亚、科威特、伊拉克、法国、冰岛、挪威、瑞典、丹麦、芬兰、尼日尔、多哥、加纳等近 20 个国家。她用歌声传播友谊，介绍我国的文化艺术，受到了外国朋友的称赞。

从 20 世纪 70 年代中期开始，热比娅·穆罕默德开始担任新疆维吾尔自治区文化、文艺领域的领导。1976～1989 年期间，她担任了自治区文化厅党组成员、副厅长，新疆歌舞团副书记、副团长，以及新疆艺术学院筹备组组长。

如今，热比娅已经离开了舞台，但她仍然担任着新疆音乐家协会名誉主席、新疆少数民族声乐学会会长，为祖国各民族的声乐事业奉献着自己的光和热。

从 11 岁开始到如今，在 60 多年的艺术生涯中，热比娅·穆罕默德这朵"天山雪莲"，在祖国的花园里放射出了灿烂的光彩。

二、少数民族声乐园地的奇葩

在 60 年的艺术生涯中，热比娅·穆罕默德演唱了大量维吾尔族和其他民族的歌曲以及一些外国歌曲，形成了自己独特的演唱风格，深受国内外观众的喜爱和专业人士的好评。

数十年来，热比娅演唱的代表性歌曲有《毛主席的恩情唱不完》《春天》《加乃》（"加乃"维吾尔语意为"生命啊"或"像生命一样宝贵的"）、《巴达姆花帽》《雪莲花》《斐力扎特》（"斐力扎特"，柯尔克孜语意为"仙女"）、《驼铃之歌》《迎来明媚的春天》等。其中许多歌曲已经灌制了唱片，发行了 6 张个人专辑，并经常在中央人民广播电台等媒体播放。

专家指出，热比娅·穆罕默德台风热情奔放，声音甜美圆润，风格浓郁，色彩鲜明。她的演唱"热烈之中孕育着深情，奔放之中包含着委婉，粗犷之中隐藏着纤细"。在发声方法上，她民族唱法和西洋唱法兼收并蓄，结合自己的特点和歌曲的内容需要，树立了自己的民族唱法和西洋唱法相结合的演唱风格。因此，在演唱维吾尔族歌曲时，她并未因学习西洋唱法而丢失了原有风格，相反更加丰富了这些歌曲的表现力。

热比娅不仅演唱维吾尔族歌曲有独到之处，演唱其他民族和外国歌曲

毛主席的恩情唱不完

《毛主席的恩情唱不完》曲谱

时也表现出深厚的功力和精湛的造诣。她曾使许多著名作曲家的歌曲得到了淋漓尽致的表达。她能够非常地道地演唱外国民歌，富有感情地重现外国歌曲的表达特点。在演唱印度、巴基斯坦等国家的歌曲时，她优美高亢的歌声曾多少次感动过那些国家的领导人和民众。

热比娅·穆罕默德取得的艺术成就，离不开她始终不懈的努力。众所周知，人的声带是一个看不见、摸不着的器官，只有通过刻苦的训练、心灵的感悟，才能发出甜美的声音。热比娅说过，"在声乐艺术道路上，懒惰是没有出路的"。数十年来，她不分寒暑，勤奋努力，锲而不舍，精益求精，从而练就了一副圆润、甜美的好嗓子，让优美的歌曲插上翅膀，飞向四方，浸入人们的心灵。即便是中年以后身兼数职，她也从未放弃过练声，从不脱离舞台实践。

声乐教育家周小燕教授在全国各种音乐活动中，多次说到她引以为傲的两位得意弟子，即两位少数民族学生，一位是西藏的才旦卓玛，一位就是新疆的热比娅·穆罕默德。才旦卓玛演唱的《翻身农奴把歌唱》响彻了

热比娅的老师周小燕

神州；热比娅·穆罕默德演唱的《毛主席的恩情唱不完》传遍了全国。这两首歌曲在中华大地上如同艳丽的花朵绽放着艺术的魅力。周小燕说，热比娅·穆罕默德和才旦卓玛是中国少数民族声乐的两朵奇葩，各族人民为她们戴上了歌唱家最崇高的花环。

三、为培养民族音乐人才奉献力量

在热比娅·穆罕默德的艺术生涯中，培育人才也是一个重要方面，她毫无保留地培养青年声乐人才，为新疆的文艺人才培养和艺术事业作出了杰出贡献。

热比娅长期担任新疆维吾尔自治区政府文化部门、歌舞团以及音协、声乐学会等机构和团体的负责人，这使她承担着培育人才的责任，也具备了某种条件。

新疆艺术学校成立于1958年，20世纪90年代，为了促进学校各方面的提升，热比娅担任筹备组组长，为今天的新疆艺术学院的建设做了许多工作。

1997年，为使民族声乐后继有人，在党政有关部门的支持下，热比娅开办了"热比娅声乐大专班"。在其后短短两年的时间里，来自新疆各地的11名学生，在她的指导下快速成长为专业的声乐演员，活跃在新疆各地的舞台上，并且在全疆乃至全国各类声乐比赛中获得了优异的成绩。1999年，"热比娅声乐大专班"的毕业会演经电视台播出后，在全疆引起了轰动。

维吾尔族舞蹈家迪丽娜尔·阿布都拉说，作为舞蹈演员，她的舞蹈与音乐密不可分。热比娅这样的歌唱家给了她舞蹈的灵感，她正是在这一辈歌唱家的歌声中不断得到陶冶和熏陶。在后来发展自己的歌唱才艺时，她也得到了热比娅的热心指导。

此外，热比娅还撰写了大量有关声乐技巧的论文，对声乐艺术的理论建树奉献了力量。

在退居演出舞台之后，热比娅更是孜孜不倦地将精力放在教书育人上，培养了大批维吾尔族音乐人才。

热比娅·穆罕默德除在业务上不断探索外，思想政治上也严格要求自己。她曾任全国第四届、第五届人大代表；自治区第二届、第三届、第四届党委候补委员；自治区第五届、第六届人大代表；自治区第五届、第七届、第八届政协委员。

2013年8月20日，新疆艺术研究所、新疆音乐家协会和《新疆艺术》杂志社举办了热比娅·穆罕默德艺术生涯60周年研讨会。与会领导和专家充分肯定了热比娅在60年艺术生涯中取得的成就，她的学生们为她戴上镶有金边的维吾尔花帽，披上了一件件维吾尔袷袢……

杨丽坤

——永远的"金花"，永远的"阿诗玛"

杨丽坤（1942～2000），舞蹈和电影表演艺术家。云南普洱人，彝族。1954年进入云南省歌舞团。1959年因主演《五朵金花》闻名全国，以朴素自然的表演在亿万观众心中留下了不可磨灭的印象。表演代表作有舞蹈《春江花月夜》《白鹏鸟》等，电影《五朵金花》《阿诗玛》。

一、舞台上的"芭兰花"

1942年4月27日，杨丽坤出生在云南省普洱县磨黑镇的一户彝族家庭。家中兄弟姐妹11人，她排行第9，所以家里人都亲切地称呼她"小九"。

杨丽坤四五岁时，积劳成疾的母亲离开了人世，这让原本就不宽裕的家庭变得更加穷困。她的大姐杨琴曾说："小九自小沉默寡言，但爱动脑子，个性很强，脾气犟得像死牛。碰上不高兴的事就独自坐着生闷气，有时竟憋得鼻子里流出血来。10岁的时候，二妹黄晓夫妇把她接到了昆明，留在身边生活、学习。黄晓的丈夫是当时的中共云南省委组织部部长，这给小九的成长提供了极好的条件。"

杨丽坤

来到昆明后，杨丽坤被二姐送到靖国新村小学继续念书。当时新中国刚成立不久，年幼的杨丽坤一心想着长大后要做一名工程师，为建设祖国添砖加瓦，因此学习十分用功。她非常喜欢读书，常常待在家中的书房里，抱着厚厚的《死魂灵》《堂吉诃德》看得入神。二姐夫见她爱看书，就时常买一些像《卓娅和舒拉的故事》《丹娘》等比较适合她读的书送给她。

杨丽坤12岁那年，有一次二姐带她一起去云南省歌舞团看演出。演出结束后，她在回家的路上兴致勃勃地学着演员们的舞蹈动作，恰好被歌舞团的团长胡宗林看见了。"这样省歌舞团便知道了小九，觉得她身材极好，五官端正，想让她进歌舞团当学员。团长问她时，她除了自己的名字什么也不肯说。事后，我问她到底喜不喜欢舞蹈，她说喜欢的，但学习怎么办？我能不能一边学习，一边跳舞？"多年后，二姐黄晓在电视节目《电影传奇》中这样说道。

就这样，杨丽坤走进云南省歌舞团，成为一名舞蹈学员。在很短的时间内，她不但品学兼优，而且舞蹈水平也进步神速，先后参加了《十大姐》《白鹇鸟》《万盏红灯》《采茶》《小卜少》《赶摆》等集体舞的表演。

1956年，在经过两年的系统训练后，杨丽坤逐渐成长为一名出色的独舞演员，在家乡的文艺舞台上崭露头角。她从藏族舞蹈《弦子舞》翩然起步，继而担任了歌舞团中许多大型舞蹈演出中的领舞。

一次，杨丽坤在古典舞蹈《春江花月夜》中为大家表演了独舞。在舞台上耀眼的聚光灯下，她以灵巧的肢体语言控制着整个舞台，用优美舒展的舞姿、稳健含蓄的表演，细腻地描绘出了春、江、花、月、夜的意境，诠释了舞蹈深邃的内涵。表演结束后，人们纷纷称赞她"好像一枝冰清玉洁、素心芳菲的芭兰"。从此，杨丽坤声名鹊起。

1957年"反右"运动开始后，杨丽坤的二姐和二姐夫被划为"右派分子"，发送到偏远的矿山劳动改造，她因此受到牵连，领舞机会变得越来越少。那时，先前对杨丽坤"特别关心"的人也都突然对她板起了脸，这对年仅15岁的她来说无疑是雪上加霜："世态炎凉使我更加不爱说话了。从此以后，我就拼命地练舞蹈，因为这就是我唯一的乐趣了。"

二、用演技征服银幕

1959年年初，中宣部和文化部在北京联合召开了"全国创作工作会议"，决定拍一批优秀影片向国庆10周年献礼。于是，当年4月，导演王家乙来到云南省歌舞团，为即将开拍的电影《五朵金花》挑选演员。

《五朵金花》是一部以大理为背景，反映少数民族热情奔放、载歌载

《五朵金花》拍摄时杨丽坤听导演指导

舞的轻喜剧电影。经过几天的挑选，影片中的其他四朵"金花"——炼钢厂金花、拖拉机手金花、畜牧场金花、积肥模范金花都定了下来，唯独女主角——副社长金花还没有理想人选。于是，王家乙准备离开云南省歌舞团，到地方歌舞团去寻找"金花"。

离开昆明那天，王家乙与摄影师王春泉默默走在从歌舞团去公路车站的小道上。路过团里的排练厅时，王春泉突然发现，一个姑娘正侧身坐在窗台上擦着玻璃，那优美的体态、灵巧的动作令他眼前一亮，他碰了碰身旁正低头冥思苦想的王家乙，于是王家乙便抬头望了过去。陪同人员轻轻唤了一声，姑娘顺声回头，露出了纯真质朴的笑容，在她那如泉水般清澈的双眸中，王家乙找到了他需要的美丽。这个姑娘就是杨丽坤。

虽然找到了理想人选，可她的表演功底如何还不得而知。于是，王家乙让杨丽坤和其他被挑选出来的演员一起接受了一次即兴表演考试。

首先，道具师拿来了一个脸盆、一条毛巾，王家乙说道："你们经过一整天的紧张劳动后回到了宿舍，可这时团里又突然临时通知，要你们简单收拾一下，再去参加青年突击队的慰问演出。这时你们应该怎样反应？"话音落下，演员们思索片刻，开始一个接一个地进行表演。她们有的面露极为不满的情绪，有的唉声叹气，有的则干脆开口骂了一句。

这时，只见杨丽坤静静走到场地正中央，麻利地用毛巾擦了擦稚嫩的脸庞，脸上自然流露出一种在紧张劳动后感到异常疲倦，并渴望马上休息的神情。接着，晚上要参加慰问演出的消息传来，她听后没有立即做出夸张的动作，也没有说话，只是在一刹那间很自然地撇了一下嘴，以表示自己不满的心情。

看了杨丽坤微妙、真实而富有层次的表演，王家乙十分欣喜。紧接着，他又单独给杨丽坤出了一个更难的考题。他坐在沙发上，不动声色地递给杨丽坤一封信。杨丽坤一看是妈妈来的信，喜形于色的表情顿时写在了脸上。这时，王家乙问道："是谁的来信啊，看你这么高兴的样子？"只见杨丽坤一边拆信，一边撒娇地说："我不告诉你。"等她把信拆开一看，却大吃一惊，两颊顿时抽搐了一下，嘴唇轻轻地一撇，一行清泪顺着眼帘流了下来。看到这里，王家乙情不自禁地脱口而出："就是她！"

考试结束后，王家乙好奇地问杨丽坤："你快对大伙说一说，刚才为什么转喜为泣呀？"杨丽坤答道："我想象是妈妈的来信说，她给我介绍的对象吹了……"一句话惹得大家都笑了起来。就这样，杨丽坤脱颖而出，登上了新中国的红色银幕。

三、绚烂开放的"金花"

1959 年 10 月，电影《五朵金花》作为新中国成立 10 周年 18 部献礼片的压轴之作，在全国公映。周恩来总理高兴地说："我们的电影已经开始创造了一种能反映伟大时代的新风格——一种革命现实主义和革命浪漫主义相结合的新风格。"

在《五朵金花》中，杨丽坤的出色演技赢得了大家的交口称赞。参演该片的演员曾谈起过片中的一个桥段："杨丽坤扮演的公社副社长参加完婚礼，喝了点酒后一个人照着镜子、摸着自己的脸，心里想着心上人，头却摇了摇。事业女强人含情羞怯又无可奈何的心思让她演绎得非常到位，别忘了她那会儿才 17 岁。"

杨丽坤在《五朵金花》
中的剧照

同年 11 月，杨丽坤作为少数民族代表和《五朵金花》的主演，应邀参加了庆祝新中国成立 10 周年的国宴。在招待会上，周总理亲切地询问了许多有关杨丽坤个人的工作和生活情况，杨丽坤十分紧张，说起话来语无伦次。总理就笑她："你说话怎么还是奶声奶气的，像个孩子。"当了解到她演的"金花"是由别人配音时，周总理说："作为少数民族的电影演员，你要努力学好、学会普通话。以后再演新戏的时候，不要再要别人配音，我会去看你的新戏。"

后来，《五朵金花》被输出到46个国家放映，创下当时我国电影在国外发行的最高纪录。1960年2月，在埃及开罗举办的第二届亚非电影节上，《五朵金花》获得"最佳导演银鹰奖"和"最佳女主角银鹰奖"，埃及总统纳赛尔点名邀请杨丽坤前往开罗领奖。

随着电影在国内外的播放，以及影片插曲"大理三月好风光，蝴蝶泉边好梳妆"的传唱，大理成了人们向往的人间天堂，杨丽坤这朵"金花"也迎来了人生中最绚烂夺目的时期。

1960年冬天，云南省歌舞团在中南海怀仁堂汇报演出，杨丽坤上台表演了《白鹇鸟》和《铃鼓舞》。演出结束后，毛主席走上舞台与演员们一一握手，等来到杨丽坤的身边时，周总理大声告诉毛主席："她就是演《五朵金花》的杨丽坤，我们自己培养出来的少数民族电影演员。"

虽然凭借着电影中的出色表现一举成名，可杨丽坤依旧质朴无华，不演出的时候就穿着粗布衣干活、看书、教小姐妹们唱歌跳舞。她甚至都没有告诉家人自己演了电影，直到后来有人给她的二姐送来《五朵金花》的电影票，二姐才知道这居然是她演的。杨丽坤的同事称赞说："电影是成功了，但她做人还是很谦虚，不张扬。"

之后，杨丽坤又跟随陈毅副总理率领的中国青年代表团出访了缅甸等国。她的二姐回忆说："她第一次出国去缅甸演出时，团里发了30元的补助。她回来买了三样东西，一样是给我的孩子买了大桶蓝铁盒的雀巢奶粉，一样是给一直有胃病的我买了一只很大的暖水袋，一样是给她的五哥买了一块床单。问她给自己买了什么时，她说'我不要。'"

四、遭遇重创，悲情谢幕

1963年，上海海燕电影制片厂准备将云南地区广为流传的一首叙事长诗《阿诗玛》改编摄制成我国第一部彩色宽银幕立体声音乐舞蹈片。在确定主演时，导演刘琼第一个想到的就是杨丽坤。

电影《阿诗玛》讲述的是一个悲情的故事：善良美丽的阿诗玛与勇敢憨厚的牧羊人阿黑相爱，富家子弟阿支趁阿黑不在将阿诗玛关进地牢逼婚。阿黑赶来相救，不料妒火燃烧的阿支却放洪水吞噬了这对恋人。最后，洪水中的阿诗玛变成了一座美丽的石像，永驻石林。

在一年多的拍摄过程中，杨丽坤的表演十分出色，塑造的银幕形象近乎完美。伴随着赋有民族特色的美妙歌声，她翩翩起舞，使这部影片未映先红、先声夺人。

之前，杨丽坤曾经向周总理保证一定会把普通话说好，如今，她在这部影片中兑现了自己的诺言。片中有一幕讲述的是阿诗玛被关进热布巴拉家地牢时的情形，在地牢中，阿诗玛忧虑道："我什么都不怕，只担心年迈的老妈妈。"这句话就是杨丽坤的原声。而那句在音乐声中阿诗玛独自对着水中的山茶花说出的韵白"水呀！你为什么不往高处流呀"，也是她自己的声音。

杨丽坤《阿诗玛》剧照

1965年秋，《阿诗玛》的拍摄和后期制作全部完成。然而，就在剧组人员怀着无比激动的心情准备公映影片时，文化部下发了一份文件：电影《阿诗玛》停止发行，拷贝封存。被禁止放映的理由是"不歌颂社会主义的大好局面，为死人做传"，"宣扬爱情至上，充满资产阶级情调"。同时，《五朵金花》也遭到了禁播。

此后，杨丽坤不可避免地卷进了"文革"的漩涡。正如电影中唱得那样，"太阳不愿照，玉鸟绕路飞，热布巴拉家阴森森，阿诗玛正在受苦罪"！

1970年，在多方的帮助下，周总理终于得知了杨丽坤的消息，杨丽坤这才被允许送到医院治疗。后来，为了让杨丽坤远离受刺激的环境，家人又把她送去了湖南郴州医院。

五、雨过天晴，抱憾离世

1971年，杨丽坤的病情有所好转，经人介绍认识了唐凤楼。1973年，两人举行了婚礼，并在一年后生下了双胞胎儿子唐琰和唐韬。

"文革"结束后，大多数当年遭禁的影片都重返银幕，可《阿诗玛》却迟迟未能与大家见面。于是，1978年，作家陈荒煤在《人民日报》上发表了一篇题为《阿诗玛，你在哪里》的文章。随后，汪习麟和《解放日报》的记者张曙又共同发表了《阿诗玛就在我们身边》一文，在社会上引起了强烈反响。

不久后，封存了十几年的电影《阿诗玛》终于在全国公映。紧接着，杨丽坤也得到平反，落实了政策，和丈夫一起调到上海电影制片厂，并转入上海市精神病医院接受治疗。

1982 年，在西班牙桑坦德召开的第三届国际音乐舞蹈电影节上，《阿诗玛》荣获"最佳舞蹈片奖"。此时，观众们希望杨丽坤回归表演事业的呼声越来越高。然而，在"文革"期间饱受摧残的杨丽坤，无论接受怎样的治疗，都始终无法走出那段阴影。在接下来的日子里，她的身心难以恢复健全，总是时好时坏，因此，重回舞台和银幕就成了一个遥不可及的梦想。

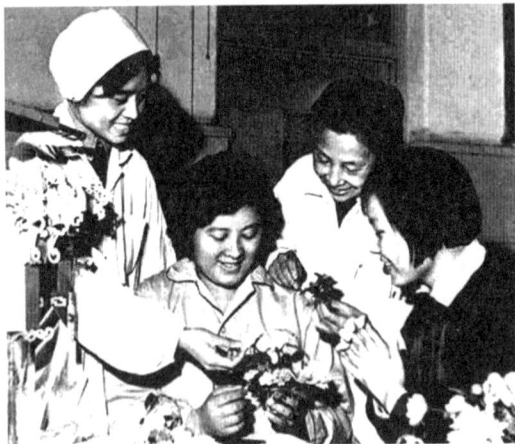

病中的杨丽坤

1997 年，杨丽坤突患脑溢血，经及时抢救脱离了生命危险。出院后，丈夫唐凤楼将办公用具搬回家中，在她的病榻前工作。从此，杨丽坤最爱做的事就是坐在一旁深情地注视着丈夫，对她来说，看着丈夫工作就是最大的满足。有时，她还会满怀遗憾地说："唐凤楼，要是我没病，应该好好照顾你。"

2000 年 7 月 21 日清晨，杨丽坤照例在卫生间门口看着丈夫洗脸刷牙，还伸出手轻轻划过这个和自己相濡以沫近 30 年的男人的脸颊。这天晚上，保姆喂杨丽坤喝汤时，她的脸突然涨得通红，随后面呈蜡色、气若游丝。19 时 15 分左右，杨丽坤停止呼吸，结束了自己脆弱的生命，随后赶来的医生给出的诊断是"突发性脑溢血和脑梗死"。这一年，杨丽坤才 58 岁。

2000 年 8 月 5 日下午 3 点，杨丽坤的追悼会在龙华殡仪馆隆重举行，闻讯赶来的人们把殡仪馆围得水泄不通。2001 年 1 月 15 日，杨丽坤的一半骨灰落葬云南金宝山艺术园林；3 月 16 日，她的另一半骨灰落葬上海九天陵园。云南的红土与上海的黄土，就这样永远融合在了一起。

杨丽坤一生虽然只演过《五朵金花》和《阿诗玛》两部电影，却在亿万观众心中留下了不可磨灭的印象。如今，即使过去了几十年，人们也依然怀念着杨丽坤，怀念着永远的"金花"和"阿诗玛"。

刀美兰

——竹楼里飞出的"金孔雀"

刀美兰（1944～），舞蹈表演艺术家，国家一级演员。云南西双版纳人，傣族。1954年加入西双版纳州民族文工队，开始舞蹈生涯。历任云南省歌舞团、东方歌舞团舞蹈演员，中国舞蹈家协会副主席，云南省文学艺术界联合会副主席、舞蹈家协会主席。表演淳朴自然、舞姿轻柔优美，被誉为"傣家的金孔雀"。创作及表演代表作有独舞《水》《金色的孔雀》《种菠萝》等；另表演有小型舞剧《召树屯与楠木诺娜》，舞蹈《赶摆》《小卜少》等。

一、从大自然和佛寺壁画中寻找舞感

1944年4月，刀美兰出生在云南西双版纳景洪县宣慰街的一户傣族家庭。她的傣族名字叫"楠蝶提娜"，意思是"仙女的百合花"，代表着吉祥幸福。

刀美兰刚出生没多久，父亲就移居到了泰国，剩下她和母亲还有爷爷奶奶相依为命。刀美兰的幼年时光充满了长辈的慈爱和民族民间艺术的滋养：在火塘边，她依偎在母亲和奶奶身上，听着傣族民间诗歌与传说，度过了一个个令人难忘的日子。

再长大一些，大自然成了刀美兰最好的玩

刀美兰

伴："我以前住的那个寨子叫宣慰街，它面朝湄公河，背靠深山老林，我幼年时一天到晚就在这个植物王国里自由地玩耍嬉戏。白天，我会到树林里去摘野果、采野花，还喜欢在清幽幽的河边观察孔雀，跟它们一起喝水，跟它们比美，拣它们美丽的羽毛带回家欣赏。如果不去森林，我就跟我们养的大象玩耍。大象的性格非常温顺，是傣家人不可缺少的劳动助手。我很喜欢它，总是偷偷地把奶奶蒸的糯米饭包上甜角和香蕉从竹楼上扔给它，它就会高兴地把鼻子搭到竹楼上，让我顺着滑下去，再把我卷起放到背上，真是开心极了！"

"晚上，在竹楼里睡觉时，经常会听到大象、猴子、老虎等野生动物的叫声，有时它们还来竹楼下面找东西吃，但是我们从来不计较，大人们总是说：'它们饿了，就让它们拿走吧。'甚至经常有蟒蛇盘在竹楼下乘凉，我们也不觉得害怕，因为它们和我们一样都有灵性，你不犯它，它自然也不会伤害你，彼此就这样和平共处。"

后来，刀美兰开始陪着奶奶一起到佛寺赕佛。佛寺里美丽的壁画，总是深深地吸引着她，她常常在壁画前边看边想，并模仿画上孔雀开屏、仙女起舞的姿势。就这样，刀美兰的舞蹈天赋被充分激发，无论走到哪里都要跳上几下："那时在草地上玩耍，到澜沧江沐浴，都要跳一阵子舞，比画的动作就是从佛寺壁画里学来的。"

1954 年，西双版纳州民族文工队成立，10 岁的刀美兰被选中，成为一名舞蹈演员。在文工队，她和一同入队的 5 名同龄演员接受了专业的舞蹈训练，每天拿大顶、下腰、压腿、踢腿、旋转，十分辛苦。

当时，按照傣族的习俗，姑娘们站要有站样、坐要有坐相、走要有走姿，人们看到文工队的舞蹈演员头朝地、脚朝天练功，都议论纷纷，有人还说这样练功"要把肠子都倒出来的"。其他演员的家长经不住众人嘀咕，硬是把自己的孩子拉回了家里，只剩下刀美兰一个人留在文工队。

此后，刀美兰越发刻苦练功，并向民间艺人学习了各民族的舞蹈。大自然的神奇瑰丽造就了她舞蹈纯朴、自然、优美的特点，佛寺中的壁画滋养了她舞蹈的灵性。渐渐地，她的舞蹈才华充分显露，成为文工队的佼佼者。

二、高飞的"孔雀公主"

1956 年，云南省举行了第一届各族青年文艺体育大会。在大会上，刀美兰代表文工队表演了舞蹈，以质朴自然的舞蹈风格受到各级领导的重视。

到了年底，"中缅两国边境人民联欢大会"在云南德宏傣族景颇族自治州芒市召开。在联欢大会的演出中，刀美兰跳了一支自己创作的独舞《种菠萝》，一曲舞毕，周恩来总理带头为她鼓起了掌。演出结束后，周总理还握着刀美兰的手，通过翻译亲切地对她说："小同志，你今天的舞蹈

跳得不错。你要苦练基本功，还要好好
学习文化，要向老艺术家学习。你们傣
家人把孔雀当作吉祥幸福的象征，你这
个小孔雀要高飞，要飞到全中国，要飞
到全世界。"

周总理接见刀美兰

在芒市演出结束后，刀美兰又随周
总理赴缅甸访问演出，轰动了整个缅甸。
当时，一位年轻的缅甸王子看了刀美兰
的舞蹈后，一见倾心，差点将她抢回去
做自己的王妃。

1957 年，全国第一届少数民族音乐舞蹈会演在北京举行，小型舞剧
《召树屯与楠木诺娜》被云南省歌舞团选派到北京参加会演。这部舞剧根
据同名傣族民间叙事长诗改编而来，刀美兰担任剧中的女主角，扮演"孔
雀公主"楠木诺娜。

在会演中，刀美兰的表演受到了大家的一致称赞。此前，在傣族的传
统舞蹈中，孔雀舞都是由男子戴着面具表演，而刀美兰不但扮演"孔雀公
主"，开创了女子孔雀舞的先河，还大胆革新，摘掉面具露出"公主"的
美丽面容，令人眼前一亮。大家都说："她的眼睛会说话。"

1959 年，在向国庆 10 周年献礼的文艺会演中，刀美兰主演了傣族舞
蹈《赶摆》和《小卜少》，以质朴、自然、端庄、甜美的舞蹈给人们留下
了深刻的印象。随后，由于在演出中的出色表现，她被调至云南省歌舞团
任舞蹈演员。

1961 年，刀美兰和云南省军区歌舞团的小提琴演奏员王施晔结为夫
妻。两人初次见面是在《召树屯与楠木诺娜》的排练现场。当时，作为这
部舞剧音乐指导的王施晔看到舞台上美丽脱俗的刀美兰，当即写下了"如
一颗灿烂的明星在我眼前闪烁，像一片绚丽的彩霞在我身边飘落"的诗句
表达爱慕之情。

1962 年 1 月，东方歌舞团在北京成立。当年 10 月，在周总理的推荐
下，刀美兰从云南省歌舞团调至东方歌舞团担任舞蹈演员。从此，她走向
了更加广阔的艺术舞台。

北京的生活和家乡的差别很大，初到东方歌舞团时，刀美兰并不适
应。在家里吃惯了糯米饭的她，看着食堂的窝头、馒头以及其他面食就发
愁。气候也与四季如春的家乡大不相同，到了大雪纷飞的冬日，她总是冻
得瑟瑟发抖。最重要的是，她不懂汉语，听不懂老师讲课，更看不懂专业

书籍上的汉字，只能靠模仿老师的动作练习。然而，令大家没想到的是，凭借对艺术的领悟力，刀美兰的学习不但没有落下，反而成了歌舞团响当当的舞蹈演员。

三、用舞蹈体现真善美

在东方歌舞团，刀美兰一待就将近 10 年，她跳的傣族舞蹈出神入化、无人比肩，和莫德格玛、阿依吐拉、崔美善一起，被誉为少数民族舞蹈的"四朵金花"。

除了苦练自己的看家本领，刀美兰还如饥似渴地学习各民族的舞蹈，从中汲取营养；就连柬埔寨舞蹈《百花园中的仙女》、几内亚舞蹈《大象》等，她跳起来都神形兼备。一次，团里排练非洲舞，刀美兰本来没有演出任务，却依旧在旁边跟着大家一起学。演出当天，一名舞蹈演员生病了，情急之下，大家决定让刀美兰临时顶替。没想到，刀美兰的表演出人意料的精彩，以至一位观看演出的外宾笑着说："怎么把我们非洲的演员也请来了？"

1964 年，刀美兰参加了大型音乐舞蹈史诗《东方红》的演出。在"伟大的节日"一场中，她担任了傣族花环舞的领舞，虽然只有短短一两分钟，却给全国观众留下了深刻印象。

"文革"开始后，刀美兰被下放到云南省建筑机械厂当绘图员。虽然离开了舞台，但她没有放弃对舞蹈的追求，无论是工厂、农村，还是部队、学校，只要大家让她跳，她就会当场翩翩起舞。

1972 年，刀美兰回到了云南省歌舞团，回到了朝思暮想的舞台。此后，她的艺术生命重新点燃，创作及表演了许多优秀的舞蹈。

1980 年，已经 36 岁的刀美兰参加了在大连举办的第一届全国独舞、双人舞、三人舞比赛。在比赛中，她表演了自己创

刀美兰表演《金色的孔雀》

作的独舞《水》和《金色的孔雀》。最终，这两部舞蹈作品均荣获优秀表演奖，其中，《水》被选入"中华民族 20 世纪舞蹈经典作品"。

《水》和《金色的孔雀》在刀美兰表演的众多舞蹈中最为突出。通过

这两支舞蹈，她把傣族舞蹈典型的手势、晃胯、颤步、三道弯等肢体语言特征演绎得如诗如画，获得了不同凡响的艺术效果，被人们称为具有"美兰味"的舞蹈。

贾作光曾这样评价刀美兰的这两部舞蹈作品："她表演的《水》，诗境更加突出，在舞美道具的配合下，使我们看到了澜沧江之壮美。她那舞蹈风姿，充分表现了生活的情趣，俨然是一幅活生生的美丽画卷。""金色孔雀的飞舞，仙女般的美丽动人，无论表演孔雀展翅、衔动羽毛，还是嬉戏游步，都表演得纯正无瑕，美而不腻。那眼神、那纤细的三道弯的傣族舞蹈特有的身段，真的，把我的眼神凝住了，我被她的表演征服了。"

多年后，在谈及这两部作品时，刀美兰说："我是一个在傣文化'蜜糖'罐中长大的傣家女儿，美丽的西双版纳给予我快乐的童年和创作的源泉。我创作和表演的代表作《水》和《金色的孔雀》，就是傣族人民幸福、吉祥、美好的象征，这一切已经成为我生命的一部分。"

四、为传承民族舞蹈贡献力量

1982年，刀美兰主创并表演的"刀美兰独舞晚会"在全国十大城市巡回演出，受到广大观众和国内外专家的高度评价。之后，她一边参加演出，一边积极创作，先后独立创作了《新米歌》《勇士之舞》《长甲舞》等，并与人合作了《蜡条舞》《春到版纳》《捕鱼》等。

从1989年起，刀美兰开始远赴边疆地区万里巡演，把自己优美的舞姿送进了村村寨寨，送进了哨所兵营。此外，她还先后到泰国、新加坡、阿尔及利亚、捷克斯洛伐克等国访问演出，让国外友人一睹她的舞蹈风采。

刀美兰和学校的孩子们在一起

1994年，为培养傣族舞蹈的下一代，刀美兰在西双版纳创办了全国第一个民族艺术希望学校——"刀美兰民族艺术希望学校"。不久，她又在德宏傣族景颇族自治州建立了分校，先后吸收了傣族、景颇族、苗族等民族的600多位儿童在这两所学校免费上学。

在教学中，刀美兰常常

向大家强调"德"字。她说:"只有'德'高的人,艺才会高。'德'是艺的根,到哪里,根都不能丢。"

进入 21 世纪,刀美兰当选为中国舞蹈家协会副主席。

2006 年,刀美兰荣获"云南文学艺术卓越贡献奖"。2007 年,"刀美兰舞蹈艺术 50 年研讨会"在西双版纳举办。中国舞协主席、中国文联副主席白淑湘在研讨会上说:"刀美兰的舞蹈表演独树一帜,尽情展现了我国少数民族的历史文化沉淀,赋予了厚重的傣族贝叶文化,倾心描绘了民族精神和生活的神韵,是当之无愧的'云南明珠'。"

2009 年 2 月,温家宝总理邀请刀美兰到中南海做客,一起探讨如何更好地传承和发扬光大少数民族文化艺术。同年 11 月,刀美兰在庆祝新中国成立 60 周年大型舞蹈精品晚会《舞动中国》上,用优美的舞姿抒发了对祖国的深厚情谊。

2014 年 9 月,由刀美兰和王施晔共同完成的傣族歌曲《勐沙松》,作为集体舞伴奏在西双版纳各族群众中

温家宝总理邀请刀美兰做客中南海

推广。《勐沙松》曲风铿锵有力,向人们展示了别具一格的傣族音乐。

2015 年 3 月,刀美兰回到家乡探望村民,并帮助演员们为即将到来的泼水节排练节目。在接受采访时,她说:"我是傣家女儿,西双版纳各族人民是养育我的母亲。今年我从艺 60 年,不能忘记走过的艺术道路,我觉得更应该回到家乡把艺术送进村寨,与民同乐。"

吴晓邦曾这样评价刀美兰的舞蹈:"看了她的表演,仿佛不是人在跳舞,是舞蹈之神、民族之神降临到人间、爱抚人间、爱抚苍生。"带着这样的赞美,刀美兰在舞坛走过了半个多世纪,被誉为"傣家的金孔雀"。如今,刀美兰最大的心愿就是培养出千千万万只"金孔雀",让他们飞遍中国,飞向全世界。

尼玛泽仁

——"开一代新派的画家"

尼玛泽仁（1944～　），画家，国家一级美术师。四川巴塘人，藏族。毕业于四川美术学院。曾先后在县文化馆、报社、艺术馆、藏画研究院工作，历任甘孜藏画研究院副院长、中国美术家协会副主席、四川省美术家协会副主席等，还是"十世班禅画师"；现任中国美术家协会顾问、中国少数民族美术促进会副会长、中央文史研究馆馆员。长期潜心研究藏族历史文化和藏画艺术，在藏画创作和研究领域取得了杰出成就，开创了"新派藏画"，是现代藏画的开拓者。代表作有《岭·格萨尔王》（合作）、《扎西德勒》（合作）、《雪域》《生命》《岁月》《最后的净土》《元蕃瑞合图》《牧马图》《有土地的故事》等；出版有《班禅画师尼玛泽仁绘画选》《中国名画家精品集——尼玛泽仁》等。

一、走没有人走过的路

1944年2月6日，尼玛泽仁出生在西康省巴塘县的一个藏族家庭。尽管生长在贫困家庭，但由于环境习染和生活阅历，再加上从小就酷爱，尼玛泽仁在同龄人中很早就显露出了绘画的天赋。

小的时候，尼玛泽仁生活在雪山环绕的古城——西康德格县。德格是一座文化名城，佛教文化艺术氛围浓郁。那里有气势恢宏的德格印经院，绚丽多彩的壁画，庄重生动的铜塑、泥塑。耳濡目染，这些都深深地印入了尼玛泽仁的心灵深处，成为民族艺术的深厚修养。

尼玛泽仁

西藏和平解放后，藏族传统文化艺术得到尊重和发展。为了繁荣藏族传统绘画艺术，培养少数民族美术人才，四川美术学院创办了民族班，在民族地区选拔具有绘画才能的学生到学院接受专业训练，使他们全面掌握素描、解剖、透视、色彩等基本功，增加中外艺术知识，提高审美修养，进而成为与时代共同成长的新一代画家。

1958 年，尼玛泽仁有幸被选中，进入四川美术学院美术系学习。在校 5 年的学习，使尼玛泽仁的天赋有了更为扎实的凭依，艺术修养和技巧登上了更高的台阶。对于国家的培养，尼玛泽仁始终不忘，他曾说："我出生于一个藏族家庭，从小就酷爱绘画，政府将我保送至内地最好的美术学院，在那里我学习掌握了中国传统绘画技法和西方技巧，将更多文化元素融入发展本土绘画艺术中。"

1962 年，尼玛泽仁毕业回到故乡，决心把自己所学知识用于表现自己的民族，弘扬自己民族的艺术。他开始尝试学校学会的各种美术形式，创作了不少作品，但由于画风脱离了藏族文化的母体，始终得不到藏族人民的承认，他自己也不满意。总结这段时间的艺术实践，尼玛泽仁说："雕塑、版画、油画，我都实践过了，可是这些都离开了母体文化，而仅是西方现代主义内容的作品无法让我满意。"对此，汉族老师也指出："在内地学习美术方面的科学知识是非常必要的，但作为藏族画家一定要走民族化道路，否则就失去培养民族画家的意义，汉族画家无法代替你们，寺庙画僧也无法代替你们，你们要走一条前人没有走过的路。"

尼玛泽仁与其他同事一起，开始了用现代语言诠释藏族传统艺术的探索之路。为了比较全面地理解和把握藏族文化的深刻内蕴，提升自己的理论素养，尼玛泽仁开始研究人类学、佛学、民族学，读书成了他这段时间的充电和提升途径。案头学习的同时，他与同事们重新回到民族文化腹地，走向寺庙，走向民间，分析、临摹壁画和唐卡，对构图、色彩、线条、造型进行多方面的研究，开始使用这些经受漫长岁月洗礼的藏族文化因素进行创作。

经过长期努力，尼玛泽仁与同事们终于推陈出新，最终创作出新藏画。1982 年，尼玛泽仁与仁真朗加、梅定开等人合作创作出了《岭·格萨尔王》《扎西德勒》（也作《吉祥如意》）和《朱德会见格达活佛》三幅新藏画，受到藏族广大僧俗群众的欢迎，印刷发行上百万份而供不应求。这些作品也得到了国内外专家的认可，其中《岭·格萨尔王》参加了法国 1982 年秋季沙龙展览。

《岭·格萨尔王》《扎西德勒》和《朱德会见格达活佛》三幅作品继承了民族形式，又结合了现代艺术语汇，有的还运用了新的题材。1982 年秋天，这些作品参加文化部、国家民族事务委员会、中国美术家协会联合举办的全国各民族美术展览会，分别获得优秀作品首奖（金奖）、佳作奖（银奖）等，并均被民族文化宫收藏。这三幅民族形式较强的绘画作品的问世，预示着藏族绘画进入了一个新的阶段。

二、与两世班禅结缘

尼玛泽仁的艺术生涯，与藏族宗教领袖十世班禅额尔德尼·确吉坚赞有着深长的渊源。他是十世班禅的画师，得到了十世班禅的认可，也得到了班禅大师的鼓励和指导；而这些，又成为他创作的方向和动力，在民族艺术上进一步获得了成就。尼玛泽仁曾说："我人生中有缘拜见十世班禅大师，近距离地聆听他的教导，是我的幸运。"

1982年，38岁的尼玛泽仁在各民族美术展览中获得了首奖（金奖）。颁奖大会上，全国人大常委会副委员长、十世班禅额尔德尼·确吉坚赞注意到了这位年轻的藏族画家。颁奖结束后，十世班禅和尼玛泽仁亲切交谈。"一个民族落后不可怕，可怕的是没有文化。"

对于这次初识，尼玛泽仁有着美好的回忆："当颁奖主持人念到我们的作品得奖时，班禅大师眼睛里闪着光亮，很是兴奋，一直在盯着我。我也特别注视着他。领了奖，我就径直走到他跟前，向他问好。当时他就约我以及和我合作的画友到他家里去。到了他家，他给我们祝福，又赠送礼品，说我们是藏族人民的骄傲，给藏族人民争了光。"

这次会晤并没有仅以谈话结束。谈了一阵之后，最后班禅大师郑重地说："我已有好长时期的思考了，要重现历史人物形象。现在给你们一个任务，就是把历史上藏族人民的英雄赞普松赞干布画出来，塑成雕像，安座于广场，变神像为伟大的历史人物。"

尼玛泽仁接受任务后，既感到光荣，又觉得压力很大。他回到故乡，就深入到各大寺院走访喇嘛，观看壁画，临摹唐卡。经过一番构思，他绘出了藏族人民英雄的草图，又进京请班禅大师审阅。班禅大师看了不满意，温和地说道："画的马太矮了，人也不够魁梧，少了英雄气概……主要是太流于自然主义表现形式了，要运用夸张的艺术手法，大胆去创作。"大师停顿了一下，又说，"这样吧，明天我领你去国家马术队。"

到了马术队，班禅大师挑了一匹腿高身大的枣红马，翻身跃上马背，左手提缰，右手高高举起，威风凛凛。随之，他对每个动作的内涵作了详尽的讲解，最后严肃地说："看，就这样，画吧。"当时在一旁观看的还有溥杰等人，他们笑着对尼玛泽仁说："国家领导人给你当表演模特，恐怕你是第一人了。"

经过刻苦努力、精心探索，尼玛泽仁拿出了高水平的新作：人物造型准确、神情生动，线条挺劲圆润，色彩深沉，既具唐卡的传统，又加入了东西方绘画艺术的神采，引起了广大读者的关注。班禅大师更是倍加欣赏。

1986年，十世班禅赐封尼玛泽仁为自己的画师，特聘他为中国高级佛学院藏传佛教传统绘画研究员，并让他把"十世班禅画师"称号作为作品落款。对一位藏族画家来说，这可是最高的荣誉。班禅大师对尼玛泽仁寄予厚望，对他说："你既懂佛教文化，又懂汉文化和西方文化，应该将三者结合起来，发扬光大藏族文化。"

尼玛泽仁（右）和十世班禅

此后，尼玛泽仁有机会就跟随十世班禅大师出巡，走遍了青海、四川等地各大寺院，深入实际，感悟藏画的灵魂和精神，不断加深对佛教文化的理解，不断创作出令人震撼的新作。后来，尼玛泽仁又受班禅大师派遣，前往日喀则扎什伦布寺五至九世班禅灵塔，绘制十世班禅坐床的大型壁画。

在十世班禅的指引和激励下，尼玛泽仁的作品风格在20世纪90年代发生了很大的变化，他在传统藏画的基础上，融入了中国绘画和西方现代艺术的元素，形成了画坛上从未出现过的风格，有人把它称之为"新派藏画"。

尼玛泽仁与班禅大师之缘，后来又延续到了十一世班禅额尔德尼·确吉杰布。那是2004年，身在都江堰的尼玛泽仁接到电话，要他当天下午前往峨眉山拜见十一世班禅。尼玛泽仁一路驱车赶到，按藏族礼节拜见了十一世班禅。十一世班禅赠送了珍贵的纪念品，说了一句意味深长的话："你把藏文化带到世界上，很好。"这句话让尼玛泽仁想起了最后一次拜见十世班禅时听到的一句话："你要把藏文化带到世界上去……"尼玛泽仁感悟到，前后两世班禅，为民族文化的发展说同样的话，真是穿越时空，恰如真身转世。

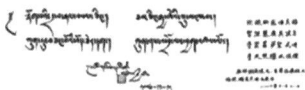

巨幅工笔重彩《普贤菩萨》

2007 年，尼玛泽仁带着自己精心绘制的巨幅工笔重彩《普贤菩萨》和唐卡画《宗喀巴大师》，到北京请十一世班禅审查。十一世班禅看后连连说"好"，随即挥毫用藏文分别题上了偈词。其中题在《普贤菩萨》上的偈词汉译是："除疑断惑悟真谛，智深慧广具法身，普贤菩萨圣光明，普天照耀此顶礼。"后来，尼玛泽仁把这幅珍贵的作品捐赠供奉于世界自然遗产地峨眉山金顶。

三、从传统到现代的转换

众所周知，唐卡是藏族绘画艺术的传统品种，历史悠久，内容丰富，深受藏族人民的喜爱。但面对新的时代、新的生活，完全固守旧有的题材和技法，就不可能使这种古老的民族艺术换发新的光彩。因此，尼玛泽仁致力于在继承传统的基础上创新，开拓了藏画的题材，结合中国传统绘画技法和西方绘画技法，创造出了走向全国、走向世界的现代藏画，被称为"开一代新派的画家"。

宗教是传统藏画的主要题材，而这些作品主要是作为供奉品而存在的。尼玛泽仁认为："1300 年来，藏族因为信仰藏传佛教而产生了作为供奉品的宗教绘画。一个民族的艺术如果仅作为供奉品存在，就很容易失去生命力。传统唐卡大都以原始宗教为内容，无法传达出新时代鲜活的文化信息。只有把藏族的生活通过国际通用'语言'、通过现代化的语言表现出来，才能让更多的人了解这个民族的历史，了解他们现在的生活和精神追求。"

正是基于这样的认识，尼玛泽仁继承并革新了藏画。为此，尼玛泽仁进行了不懈的探索，进行了艰辛的努力。他首先要下功夫学习本民族的历史文化，研究佛学经典，把握藏族长期形成的审美心理，在民族的文化积淀和现实生活中探索藏族的精神内涵。为此，他再次走向雪山深处，拜寺院画僧为师，拜艺术匠人为师，与藏族学者广交朋友，像朝圣者一样花费数年功夫往返敦煌和西藏各个寺庙，临摹和创作了大量的作品。与此同时，他又深入研究了中外美术史，寻求藏族古老文化与汉族文化和外国文化之间的结合点。

20世纪90年代，尼玛泽仁的创作出现了新的变化，题材上突破了单一宗教内容，由民族风情画向哲理性绘画发展。从《珠姆遣鹤送信》到《雪域》《生命》，再到《天界》《岁月》，这些作品已经不是简单地模仿民族绘画的外在形式，而是在创作过程中自然流露出藏族的民族特色和精神风貌。而这些，正是打动甚至震撼中外观众的艺术灵魂。

1993年，尼玛泽仁带着他的《莲花生大师》《极地的梦》《雪域》等几十幅作品，来到美国波士顿。这是他的作品第一次走出国门，却在当地引起了轰动。一位电视台负责人说："尼玛泽仁的画让人耳目一新，令人震撼。构图大胆创新，想象力丰富，准确地表达出西藏人的精神追求。强烈的色彩，

尼玛泽仁作品《极地的梦》

深刻的内涵，独特的艺术手法，深深打动了我的心。西藏的现代艺术太了不起了！"一位画家评论道："既有唐卡的传统，更有现代感，是集古今、东西艺术之所善为己有，自立新意，独为一家，令人佩服。"

尼玛泽仁的作品展示了从未有人见过的藏画新形式，对此，尼玛泽仁说："藏文化不可能永远地当活的化石，我们要同步发展我们的文化，所以这里展示的是发展了的藏族现代艺术。""传统手绘唐卡与现代藏画，从形式上看，它们异曲同工，都是藏传佛教的表现载体。但实质上，其间却包含着一种从原始宗教到民族文化的转换。"

有研究者指出："从原始宗教到宗教文化，从宗教文化到现代艺术，这个过程，欧洲用了整整500年时间，而尼玛泽仁只用了短短的几十年。尼玛泽仁的新藏画艺术一如雪域呼啸的阵风，揭开了拥有1300年历史的藏传佛教绘画发展的新篇章，他将传统藏画提升为开一代新派的现代艺术，从而确立了新藏画在中国乃至世界艺术殿堂的重要地位。"

四、"从本民族文化的载体上生长出来"

尼玛泽仁的绘画作品，无论题材还是意蕴以及表现手法等，都打上了鲜明的藏族文化的印迹，同时又有着他自己独特的风格，并开创了藏族绘画艺术的"新派藏画"。也正是这些，征服了国内外的观众和收藏者，得到了同行专家的认可与好评。

藏传佛教与藏族文化有着深刻的联系，它不仅是藏族文化的一个组成部分，也深刻地塑造了藏族人的精神世界。尼玛泽仁认为，"在藏族早期艰难困苦的实践过程中，藏传佛教让藏族看到未来一种崭新的生命，解脱痛苦，淡然面对生老病死。而在环境改善以后，它已经融合在大自然中，融合在藏族的生活中。因此，藏传佛教在整个雪域高原、整个藏族的发展过程中起了很大的精神支撑作用"。

尼玛泽仁的宗教画作可以分为两大类，一类是直接表现宗教的题材，如《莲花生大师》《千手观音》《敦煌印象》等；另一类是反映现实宗教生活的题材，如《天界》《禅悟》《妙音》等。每一幅作品都充满了玄思妙想，涌动着庄严肃穆的宗教情怀，深刻地描绘出了藏族对世界的神秘感知。

宗教色彩之外，雪域高原的自然风光和那里人们的生活及其所蕴涵的精神，是尼玛泽仁绘画的另一个题材。巍峨冷峻的冰山雪岭，苍茫辽远的高原草地，头顶的太阳，低垂的云朵，美丽却又有几分严峻。千百年来，藏族人民的生存方式，决定了其文化的独特风貌，而这种风貌都在尼玛泽仁的画笔下有所展示。

尼玛泽仁说："我的绘画也正是从本民族文化的载体上生长出来的，其中每一个形象、每一个符号都浸染着历史感。"然而，"我的画并非只是给观赏者带来视觉上和心理上的愉悦和满足，还要引起心灵上的震撼和思考，需要静静地品，慢慢地领悟。"

尼玛泽仁新形式的西藏题材的绘画获得了广泛的认同。有评论说，尼玛泽仁的作品不仅开拓了新的视觉空间，而且拓展了新的心理空间，接通了宇宙、自然和人在精神上的情感。联合国国际民间艺术委员会秘书长法格尔也曾对尼玛泽仁说："你的画充满了圣洁、爱抚，远离世俗，是一片洁净的净土，表现了超越时空的真理，追求宇宙的顽强生命力，体现其博大、深奥。"

尼玛泽仁的创作涉及多种艺术门类，他既创作了本民族人民喜闻乐见的年画形式的《珠姆遣鹤送信》，连环画《格萨尔王》，又创作了大型壁画《十世班禅》《文成公主进藏联姻图》；既画传统绘画《米拉日巴》和风俗画《沐浴图》，又画现代感强的《极地的梦》。他还有不少雕塑作品，矗立在各地。

20世纪80年代以来，尼玛泽仁的作品多次参加国内外的展览。除全国少数民族美术作品展等展览外，他还参加了各类联展：2001年，作品入选"百年中国画大展"，并参加澳门中国画家作品联展；2003年，参加"开放的时代"大型画展；2004年，参加"澳门回归五周年书画大展"；2005年，参加"第二届北京国际双年展"；2006年，参加巴黎"中国美术周"大型画展；2008年，参加"第三届北京双年展"，作品《珠峰圣火》还参展于奥林匹克美术大会。2013年，在奥林匹克森林公园美术馆举办"苍茫无语——班禅画师尼玛泽仁绘画艺术展"。2005年，作品《珞巴人狩猎图》《飞夺泸定桥》还曾搭乘神舟六号飞船遨游太空。此外，还在日本、新加坡、阿尔及利亚以及中国台湾参加过美术作品联展。

尼玛泽仁作品
《珠峰圣火》

《班禅画师尼玛泽仁绘画选》书影

尼玛泽仁作品个展，达数十次之多，中国的内地和港台不论，仅是国外举办个展的城市就有：美国波士顿、洛杉矶、华盛顿、亚特兰大、巴特鲁治，英国伦敦、曼彻斯特、利物浦、康沃、乌斯特，法国巴黎、印度新德里，奥地利维也纳，瑞士日内瓦、苏黎世，西班牙马德里，等等。此外他还到日本、土耳其、埃及、以色列等国家进行过文化访问。

尼玛泽仁的许多优秀作品获得了众多荣誉和奖项。《元蕃瑞和图》《格萨尔王》（合作）、《牧马图》分别获得1982年、1995年、1999年全国画展金奖；《辉煌的遗迹》《扎西德勒》（合作）分别获得1982年、

1994 年全国画展银奖；《雪域》《走出大山》《古艺逢春》（合作）、《元蕃瑞和图》分别获得 1988 年、1990 年、1991 年、1995 年四川省国画大展金龙奖和一等奖，《岁月》获二等奖，《沐浴图》获三等奖；作品《元蕃瑞和图》还于 1995 年获得四川省文艺最高奖——巴蜀文艺金奖；《佛门盛事》获得 2001 年全国画展银奖：《有故事的土地》获得 2001 年由中国美协、中国少数民族促进会颁发的金奖。还有 12 件作品分别获得全国和省级优秀作品奖。先后有 7 幅作品为中国美术馆、民族文化宫收藏，多幅作品由美国、英国、瑞士、日本、法国收藏。

由于对世界文化艺术作出杰出贡献，尼玛泽仁入选英国剑桥和美国国际人物传记中心编辑的《世界最著名五百名人录》和《二十世纪最杰出贡献人物传》。1994 年，英国利物浦市政府授予他"国际杰出艺术家"奖牌；1999 年，美国路易斯安那州巴特鲁治市政府授予他"荣誉市民"证书。2002 年，获意大利政府为世界著名艺术家颁发的"第三个千年"国际奖牌。他的生平和艺术成就受到国内外媒体的广泛报道，包括美国之音、英国 BBC、中国中央电视台、国际广播电台以及《人民日报》《人民画报》《美术》等媒体巨头和专业杂志。

有关尼玛泽仁的出版物，包括画册和传记、艺术评论等，诸如：《四川少数民族画库　尼玛泽仁》（四川民族出版社，1994）《班禅画师尼玛泽仁绘画选》（五洲传播出版社，1994）、《中国当代绘画作品集》（四川美术出版社，1999）、《中国名画家精品集——尼玛泽仁》（河北教育出版社，2004）、《尼玛泽仁》（人民美术出版社，2009）、《大山无言》《大美为真——中国国家画家顾问、院委、研究院作品选　尼玛泽仁》（河北美术出版社，2013）等。

五、旗帜鲜明反对"藏独"

作为藏族画家，尼玛泽仁总是会遇到一个问题，那就是如何评价国家在西藏的民族政策，西藏的传统文化发展状况如何。而且由于长期以来达赖集团在海外的恶意歪曲和肆意诋毁，西方社会出于意识形态的偏见，又总是先入为主地抹黑，甚至是无中生有地中伤。经常行走海外的尼玛泽仁，每逢有人提出咨询，他都是循循善诱、如实相告；而对于那些恶意的中伤，他总是义正词严、有力反击。

1993 年 7 月，尼玛泽仁画展在波士顿展出引起轰动，我国驻美大使馆随即邀他去华盛顿办展。展览期间，尼玛泽仁接受了美国之音、《华盛顿时报》、美国国务院人权局和亚洲民主研究所西藏问题专家的采访。尼玛泽仁从一位藏族艺术家的角度，以生动实例详尽介绍了西藏和平解放后，尤其是改革开放以来，藏族人民生活的巨大改善和提高，中央政府如何致力于藏族文化的保护和发展。

这样的讲述当然不能令媒体记者"过瘾"，于是，"对达赖喇嘛提出'西藏独立'的看法"的问题抛了出来。尼玛泽仁态度明确，语言铿锵："我是坚决反对的，因为西藏自 13 世纪 40 年代正式划入中国版图起，至今已有 700 多年的历史。现在西藏在政治、经济、文化方面都处于一个最好的历史时期。我没看到也没听说过国内的藏胞有要求独立的。要求独立的是少数人，只能代表他们自己的意见，不能代表全中国四百多万藏胞的意见。"

美国之音向来与中国"过不去"，其记者采访时指责说："1959 年后，西藏遭受了许多磨难。"尼玛泽仁以其个人的经历，有力地驳斥道："你这种说法是不正确的。藏族人民的情况，从 1959 年后是越来越好了。我父母是没有文化的贫民，但现在我们五兄妹都接受了大学教育，我如今是教授级画家。国家还成立了藏画研究院，给予我们很好的生活、工作和创作条件。在以前，像我这样的情况是完全不可能的。"

当有人问到"西藏人权"时，尼玛泽仁说："过去只有农奴主的人权。我小时候亲眼见到一个农奴触犯了主人的规定，主人挖出了他的眼睛，然后在他的眼窝里倒进滚开的酥油。"

尼玛泽仁还奉劝一位藏语记者说："我希望你在国外不要靠乞求、施舍活着，而是要回到祖国、回到西藏去了解实际情况，实实在在地去报道西藏的真实变化，为绝大多数藏族人民谋利益。"

事后，《华盛顿新闻》以《尼玛泽仁接受美国之音采访，强烈反对达赖煽动西藏独立行径》为题，刊载了此次采访的谈话记录。《侨报》以《尼玛泽仁画展轰动华盛顿，媒体争相报道画师强调藏族反对藏独》的标题，报道了尼玛泽仁的画展及其反对西藏独立的主张。

尼玛泽仁说："这些年来，我走遍了五大洲，在世界各国举行画展，展示藏族文化对传统的传承与发展。"他表示，自己希望用画笔描绘出今日美好新西藏，让全世界了解藏族文化历经数千载而至今仍旧充沛的生机和活力。

盘继红

——"盛开在南疆的红棉花"

盘继红（1944~ ），女高音歌唱家。广西富川人，瑶族。1969 年毕业于上海音乐学院声乐系民族班。先后在公社和县文工团以及梧州市和广西壮族自治区歌舞团担任歌唱演员，是中国音乐家协会理事、广西文学艺术界联合会委员、广西音乐家协会副主席。艺术生涯以歌唱为主，包括歌曲演唱和戏曲演唱、歌剧伴唱等，还在戏剧中扮演过角色。主要演唱曲目有《壮族人民歌唱毛主席》《毛主席的恩情比山高比水深》《红太阳照瑶山》《瑶山顶上飘彩云》《阿里罗船歌》等。

一、从民间走向声乐艺术殿堂

1944 年 1 月 5 日，盘继红出生在广西富川县下坂村的一个瑶族农民家庭。

大瑶山里穷人家的孩子，在旧社会是很难得读书上学的。幸运的是，到了入学年龄，新中国已经成立，盘继红也顺利地在当地读了小学、民办中学，掌握了基本的文化知识。

盘继红从小爱好民族民间艺术，喜欢唱歌，而当地丰富的瑶族民歌以及戏曲小调也给了她充分的艺术滋养。小的时候，她还学过桂剧、彩调等地方戏，这为她后来的声乐艺术打下了一定的基础。

从喜爱到参与再到专业，是大部分少数民族艺术家的成长轨迹。爱好歌唱并有了一定功底的盘继红，很快成了当地民间文娱活动的积极分子。12 岁的时候，她就参加了家乡的业余剧团，演出地方戏——桂戏、彩调。那时，她参加演出的剧目有桂剧《梁山伯与祝英台》《米桑》，彩调《娘送女》和《刘海砍樵》等。

1958 年，盘继红参加了梧州专区群众业余文艺会演，演出了女声四重唱，还跳了瑶族长鼓舞。

中学毕业后，1959 年 2 月，盘继红参加了工作，在福利公社文工团当演员。同一年,她又先后上调到富钟县文工团和梧州市歌舞团当演员,逐渐走上了比较专业的声乐艺术道路。

1960年,盘继红参加了广西壮族自治区文艺会演,在《刘三姐》中扮演王媒婆,获得好评,受到关注。1961年,她被调入广西壮族自治区民间歌舞剧团担任演员。

盘继红虽然从未受过专业训练,但由于声音素质好,具有献身民族声乐事业的强烈进取心,肯于刻苦钻研,取长补短,因而刚一参加工作时,她就成为引人注目的瑶族青年歌手,并且一步步进入了更为专业的艺术团体。

1965年,组织上为了进一步培养这位从瑶山上走出来的歌手,选送盘继红到上海音乐学院声乐系民族班学习深造。在刘慧娟、王品素教授的指导下,盘继红不但认真总结了过去的经验,而且系统学习了科学的发声方法。学校的理论学习,使盘继红认识到,作为声乐演员,不仅要有圆润、甘美的音色,还要有宽厚的音域和丰富的表现力,而这就需要科学的发声方法。经过不断探索和刻苦训练,她终于突破了难关,扩大了音域,丰富了表现力,由过去只适合于演唱民歌的声音条件,转而也能演唱一些难度较大的创作歌曲。经过这段时间的理论学习和专业训练,她的演唱技能和表现力实现了很大的飞跃。1979年,盘继红又在组织的安排下,到上海音乐学院进修了一年。正是在组织的关怀下,盘继红逐渐成为新中国成立后成长起来的第一代瑶族歌唱家。

1969年从上海音乐学院毕业后,盘继红回到广西歌舞团工作,并一直担任独唱演员。

二、新中国第一代瑶族歌唱家

作为新中国第一代瑶族歌唱家,盘继红热爱民族艺术,在她的声乐艺术生涯中,主要以演唱民族民间歌曲为主,此外还参加过歌剧演出。数十年来,她勤勤恳恳地为各族人民送歌献艺,给当地观众留下了深刻的印象。

1960年,在刚满16岁时,盘继红就担任了民族歌剧《刘三姐》的伴唱,并曾随《刘三姐》演出团到北京汇报演出,之后又到全国其他一些省、市作巡回演出。

1974年,盘继红在北京参加了全国部分省、市、自治区文艺调演,担任独唱。1975年,她又参加了全国独唱、独奏单项节目调演,演出了女声独唱和女声二重唱。

1980 年 9 月，盘继红在北京参加了首届全国少数民族文艺会演，并获得了优秀节目奖。

《壮族人民歌唱毛主席》曲谱

在长期的艺术实践中，盘继红积累了许多经典演唱曲目，主要有《壮族人民歌唱毛主席》《千歌万曲歌唱毛主席》《共产党领导好》《瑶族人民怀念周总理》《红太阳照瑶山》《瑶山顶上飘彩云》《阿里罗船歌》《昨夜灯花开》《瑶族酒歌》《凝望这幸福的邕江》《竹楼静悄悄》《红棉花情歌》《鱼靠水呀花连根》《喝口瑶家蜜糖水》《阿妹不责怪》《故乡的红河水》等。不少歌曲曾先后在中央人民广播电台和广西人民广播电台录音播放，为广大听众所熟知。其中一些歌曲，至今仍然为大批群众所热爱和追捧。

在歌曲之外，盘继红还演出过歌剧，扮演过《刘三姐》中的王媒婆、《夺印》中的烂菜花等角色。她还曾为香港摄制的大型纪录片《桂林山水》录制《毛主席的恩情比山高比水深》《春歌》等插曲。

除了在国内演出，盘继红还把自己优美的歌声送给了国外的民众。

1984年，她随广西艺术团访问非洲象牙海岸（今科特迪瓦）、多哥、贝宁、刚果、喀麦隆五国，担任独唱，富有民族特色的演唱，给那里的观众留下了深刻印象。

盘继红的嗓音圆润洪亮、宽厚结实，演唱热情饱满、朴实无华，富有浓厚的山乡气息和浓郁的民族韵味，给人一种纯真美的感受，形成了自己独特的风格。

盘继红的成长历程中，党组织总是给以及时的关怀，人民群众也给了她很大的激励。每当谈到事业上的发展，她总是满怀深情地说："我所取得的一点成绩全靠党的培养和教育，如果离开了党、离开了人民，就没有我今天的一切。我要一辈子为祖国、为人民放声歌唱。"

党的关怀和人民的激励，还体现在给了盘继红许多社会荣誉。1975年，她光荣地加入了中国共产党。1977年，她出席了广西壮族自治区第四次党代会。1979年，她出席了全国第四次文代会。她还担任了中国音协理事、广西文联委员、广西音协副主席等职务。

三、"盛开在南疆的红棉花"

盘继红的歌唱，与民族音乐和民间戏曲有着很深的渊源，尤其是瑶族的民歌。她的艺术生涯，可以说是瑶族民歌吸收和推广的双向过程，她从瑶族民歌中汲取了丰富的营养，也把瑶族声乐艺术传播到了更为广泛的地区和领域。

瑶族民歌是瑶族民族文化的重要组成部分，它深深地浸润在瑶族人民的生活之中。凡是婚嫁喜庆以及节日和其他公共活动，瑶族人民都要用歌声来表达自己的情感、信念等。瑶族民歌同声二重唱或多声多重唱的表演形式，以及歌词中丰富的衬字，构成了其独一无二的特色。盘继红家乡富川瑶乡古城和一些瑶族村寨中流行的《蝴蝶歌》和《留西拉裂》，就体现出了这些特点。后来，盘继红演唱的歌曲及其

盘继红家乡的人们
在表演《蝴蝶歌》

表演，继承了瑶族民歌的特点。比如，她和吴巧演唱的瑶族传统民歌《流

水欢歌迎客来》，曲调优美，婉转悦耳，唱出了瑶族人民的热情，展示了瑶族文化的独特魅力。

祖国南疆是木棉的故乡，盘继红的家乡就有着高大的木棉树。每当木棉花（红棉）开的时节，红色的木棉花点缀大地，如彤云似烈火，把大地山河装点得格外娇艳。在瑶族民间，人们常常把美好的事物喻为盛开的木棉花。盘继红也在《壮族人民歌唱毛主席》这首歌中，用木棉花起兴作比，歌唱了毛主席，歌唱了新中国，而她自己也被称为"盛开在南疆的红棉花"。

齐·宝力高
——与马头琴灵魂对话的艺术大师

  齐·宝力高（1944～），马头琴大师，国家一级演奏家，民族音乐研究专家。内蒙古科尔沁人，蒙古族。1958年加入内蒙古自治区民族实验剧团。现任中国马头琴学会会长，内蒙古民族歌舞剧院副院长，齐·宝力高野马马头琴乐团团长，联合国世界马头琴协会主席等。致力于蒙古族传统马头琴艺术的传承与发展，成功改制了传统马头琴的琴体以及其声源，并实现马头琴演奏弓法的统一，开创了马头琴演奏的合奏形式。创作代表作有马头琴曲《万马奔腾》《草原赞歌》《苏和的白马》，歌曲《锡林河》《马头琴之歌》等。著有《齐·宝力高马头琴演奏法》《马头琴与我》等。

一、与音乐的不解之缘

  1944年2月25日，农历二月初二，是民间俗称"龙抬头"的日子。这一天，在内蒙古科尔沁左翼中旗哈拉胡少村的老活佛齐根德扎布家，降生了第二个男孩，他就是齐·宝力高，成吉思汗大儿子术赤的39代孙。

  齐·宝力高的母亲是一位善良、坚强、酷爱唱歌的蒙古贵族后裔，父亲曾在阿拉坦西热图大庙当过活佛，还在印度等地研习佛经19年。用齐·宝力高的话来说，自己"在娘胎里就是听着佛经长大的"。这样的家庭环境培养了他的佛家心性，让他拥有了一颗善良、仁爱的心。

齐·宝力高

  3岁那年，齐·宝力高被确认为科尔沁草原莫力庙第五世活佛。后来，随着土地改革的开展以及自治区政府的成立，他5岁时被赶下了台。

结束了短暂的活佛生涯后，齐·宝力高在音乐方面的天赋逐渐显露出来："我很小的时候，常常倚在电话线杆下，听着风吹动电话线发出嗡嗡作响的声音，觉得无比神秘和美妙。"就这样，大自然成为齐·宝力高音乐方面的启蒙老师。

7岁时，齐·宝力高萌生出学习乐器的想法。于是，父亲请人给他做了一把"潮尔"（一种古老的蒙古族弓弦乐器）和一把四胡。每逢过年，草原上的牧民都会邀请民间艺人前来拉马头琴、奏四胡、吹笛子、弹三弦，彻夜狂欢，齐·宝力高总会跑去欣赏，第二天再把听到的曲子演奏给母亲听。虽然不懂五线谱，可他总能把每一个音调拉准，一年后，他已经能和民间艺人合奏几十首民歌，展现出极高的音乐天赋。

1958年10月，内蒙古自治区民族实验剧团（今内蒙古民族剧团）的孟和团长到科尔沁招收学员。当时，刚刚从科尔沁左翼中旗道兰陶布小学毕业的齐·宝力高听到消息，兴冲冲地跑去应试。考试中，他用四胡为团长演奏了《嘎达梅林》等几首蒙古族著名曲目，被顺利选中，前往呼和浩特学习。

送别时，母亲把自己全部的积蓄——用三层布包着的15块钱递给了齐·宝力高，并对他说："人这一辈子要学会和自己过不去，千万不要和别人过不去。"后来，这句话成了他奉行一生的座右铭。

到呼和浩特后，齐·宝力高有幸向蒙古族马头琴演奏家桑都楞学习马头琴，向《草原上升起不落的太阳》的词曲作者美丽其格学习乐理和作曲。同时，他还抽空向马思聪（中国第一代小提琴音乐作曲家与演奏家）的得意弟子王华意学习小提琴演奏技巧，并将小提琴的跳弓、快弓运用到马头琴演奏中，从而极大地丰富了马头琴的艺术表现力。

在老师的指点下，齐·宝力高不断汲取着艺术养分，音乐水平突飞猛进地增长，为日后的词曲创作及马头琴演奏打下了坚实基础。

二、誓死护琴，三改琴面

1966年"文革"开始后，马头琴被定为"民族分裂的乐器"。因为醉心于钻研马头琴的演奏技艺，齐·宝力高也受到了冲击。

后来，齐·宝力高受诬陷被关进监狱半年，之后又被送到乌兰布和沙漠劳改3年。在被部队押上卡车前，他还带着自己的马头琴。当时劳改不允许带马头琴，他就斩钉截铁地对押送他的小战士说："让我带着马头琴，我就去；不让我带马头琴去，干脆就枪毙我好了。"当时部队的参谋长刚好是蒙古族，他见齐·宝力高宁死也不肯上车，就说："你把马头琴给我，你在哪儿劳改我清楚，一个礼拜后我把琴送到那儿去。"

在劳改中，马头琴成了齐·宝力高唯一的伴侣。在荒无人烟的沙漠里，他日夜与马头琴为伴，向马头琴倾诉着自己的心声。当时，齐·宝力高十分想念自己刚出生不久的儿子，于是就写了一首《沙漠月亮摇篮曲》："银色的月亮照亮大沙漠的时候，我又想起了我的孩子，就在我眼前看见一样，我什么时候能看到他，谁也不知道，只有马头琴知道……"

"文革"接近尾声时，齐·宝力高终于重见光明。随后，他开始潜心研究马头琴，在传统马头琴的基础上对其进行了三次改革。

第一次改革是在 1973 年，当时，齐·宝力高随剧团到锡林郭勒草原演出。在东乌珠穆沁旗的那达慕大会上，齐·宝力高在独奏时大雨突降，雨水打湿了马头琴的定音鼓皮面，马头琴的声音渐渐变得嘶哑而后失声。受大雨启发，齐·宝力高决定用防潮性能较好的蟒皮面来制作马头琴，令马头琴的音色更加醇厚，音域也得到了扩展。

齐·宝力高（左）等
讨论改革马头琴

1983 年，在与北京交响乐团排练马头琴协奏曲《草原音诗》时，齐·宝力高发现，蟒皮面的马头琴常常跑弦，共鸣箱也不理想，于是他产生了再次改革马头琴的念头。这一次，他用梧桐木面制作出马头琴的共鸣箱，使马头琴的音色明朗、音量宏大、高音稳定。日后，这把用梧桐木面制作的马头琴成了齐·宝力高的至爱，陪伴他走南闯北多年。

1996 年，白松木面的马头琴又在齐·宝力高的手中诞生了。这次改革后的"现代马头琴"，在重奏、齐奏、协奏乃至与交响乐队合奏时，音质音色都得到了空前提高，极具穿透力。

在改革琴面的同时，齐·宝力高还将小提琴、二胡、四胡、大提琴的演奏方法融入马头琴的演奏当中，添加了跳弓、击弓、碎弓、抖弓、连跳弓、砍弓、连砍弓等弓法技术，并将传统演奏法中的多种定弦法和演奏法进行分类，使之逐步规范。

多年后，谈起对马头琴的改革，齐·宝力高说："我对马头琴三次改革的动力，来源于草原牧民对马头琴的厚爱和痴情。"

三、将马头琴合奏变为现实

在马头琴的发展历程中，齐·宝力高不仅仅是这一乐器本身的改革者，还是马头琴合奏的奠基人。

1986 年的一天，齐·宝力高正在家中写马头琴独奏曲，这时妻子对他说："你不要总是写独奏曲，应该写一些合奏、齐奏的曲目，应该把你的学生召集起来搞几个大型的齐奏或合奏。"妻子的一席话令齐·宝力高茅塞顿开，他认为："一种乐器要把它继续发展下去，一定要群体化。如果马头琴变成群体化了，那就了不起了。"于是，他立即向团里申请组建马头琴乐队。

很快，团里批准了组建马头琴乐队的申请。随后，齐·宝力高把所有在内蒙古艺术团体从事马头琴演奏且技艺不错的乐手集中起来进行训练，将他们的弓法、节奏、指法统一起来。几个月后，经过规范化、群体化训练的马头琴乐队诞生了。

在内蒙古自治区成立 40 周年的庆祝会上，齐·宝力高训练出的马头琴乐队凭借齐奏的艺术气势和音乐效果轰动全场，得到了音乐界的高度赞扬。有人评价说："过去的马头琴手就像草原上的野马，这儿一匹，那儿一匹，成不了气候。现在把他们集中起来了，艺术感染力就大了，是

齐·宝力高和乐团在演出中

名副其实的'野马队'。"从此，这个乐队便命名为"野马"，名声越叫越响，最终从乐队变成了乐团。

乐队成立后，齐·宝力高开始进一步统一马头琴的演奏弓法。早在 1973 年，他就开始对马头琴的演奏弓法展开探索和归纳，并出版了世界上第一部关于马头琴演奏理论的著作——《齐·宝力高马头琴演奏法》（汉、蒙古文，内蒙古人民出版社，1974）。如今，他在原先的理论基础上正式开始实践，成立了马头琴高级训练班，从各个旗抽调了 49 人进行集训。

由于马头琴是一种民间乐器，起初，演奏者们甚至都不知道"弓法"究竟为何物。于是，齐·宝力高对大家进行了为期45天的封闭式强化训练。在他的悉心指导下，大家的演奏弓法终于得到了统一。学成后，这49人又各自带了几名学生，就这样将马头琴艺术传承了下去。

1989年6月20日，中国马头琴学会在呼和浩特成立，齐·宝力高担任会长。12月26日，他率领来自国内8个省区的27位马头琴手，在北京音乐厅为中国音乐家协会作了专场汇报演出，受到音乐家及文化部的高度评价。

自古以来，马头琴多以独奏形式出现，而齐·宝力高经过长达3年的不懈努力，实现了马头琴演奏弓法的统一，开创了马头琴合奏的先河。

四、让马头琴艺术走向世界

除了研究马头琴本身及其演奏方法，齐·宝力高还致力于向世界宣传马头琴艺术。他曾先后在坦桑尼亚、布隆迪、巴基斯坦、斯里兰卡、印尼、日本、加拿大、奥地利、蒙古等国进行演出。其中，单是赴日本演出就多达53次，使马头琴逐渐成为世界瞩目的民族乐器。他的声望也与日俱增，被聘为蒙古国马头琴名誉主席和日本国际交流马头琴协会名誉主席。

在出访坦桑尼亚时，齐·宝力高还依稀记得，当他演奏《万马奔腾》时，全场观众都随音乐跳起了舞，帽子也高高地抛向空中。当时的场面让他深刻体会到了马头琴的魅力，也让他理解了"艺术没有国界"这句话的含义。

1988年，在蒙古国首都乌兰巴托，齐·宝力高成功举办了马头琴独奏音乐会。蒙古国的乌和那德对他说："马头琴本是蒙古包里拉的乐器，现在能够走向世界，这是一件了不起的事情。"

2001年8月8日，已经58岁的齐·宝力高再次做出惊人举动：在呼和浩特国际青少年马头琴艺术节暨呼市昭君艺术节开幕式上，他率领由1000余名学生组成的千人马头琴乐团，以一曲雄壮的《万马奔腾》打破了吉尼斯世界纪录。

演出中，齐·宝力高既像一匹狂放不羁的头马，又像一位统领千军万马的将军。在他的指挥和领奏下，他的马头琴大军时而低音回旋，时而高音嘹亮，犹如万马奔腾在辽阔的草原上。一曲终了，全场掌声雷动，齐·宝力高的眼角也湿润起来，他的千人马头琴乐团冲刺吉尼斯世界纪录的演出大获成功。这一年，齐·宝力高还出版了他的自传《马头琴与我》（汉、蒙古、日文）。

2005 年 8 月 26 日晚，在奥地利维也纳金色大厅，一场为纪念反法西斯胜利 60 周年的音乐会正在举行。齐·宝力高应邀率乐队到场演出，为来自 66 个国家的华侨代表和各国友人奏响了马头琴和平之歌。演出开始前，他满怀深情地说：“几百年前人们拿着刀枪而来，而我今天拿着马头琴而来，我唱着和平之歌而来，我是和平的使者。”

2008 年 8 月 8 日，齐·宝力高带领乐队在北京奥运会开幕式前的文艺表演中，再一次奏响《万马奔腾》，让更多人领略到草原民族文化的博大精深。

《马头琴与我》书影

2011 年 10 月 20 日，齐·宝力高一手创办的锡林郭勒职业学院齐·宝力高国际马头琴学院正式成立，为世界各地更多想要学习马头琴艺术的学生提供了平台。

2014 年 10 月 10 日，由联合国世界马头琴协会、内蒙古民族事务委员会、中国马头琴学会和锡林郭勒职业学院主办的首届中国国际马头琴学术研讨会在锡林浩特举行。作为会议策划者，齐·宝力高在开幕式上说的第一句话就是：“我这一辈子只为三个字，那就是‘马头琴’。”

五、传承艺术，义不容辞

60 多年来，齐·宝力高在对马头琴艺术的传承与发展中作出了不可磨灭的贡献，他的创作之路也从未间断。

自 1963 年的处女作《鄂尔多斯高原》问世以来，齐·宝力高相继创作了上百首马头琴曲，如《万马奔腾》《草原连着北京》《草原赞歌》《乌审召新歌》《回想曲》《献给母亲的歌》《苏和的白马》《初升的太阳》，合奏《寻找》，四重奏《命运》，协奏《草原天驹》《心灵之歌》等，以及歌曲《锡林河》《难忘》《马头琴之歌》等。其中很多都已成为家喻户晓的名曲。

此外，齐·宝力高在艺术生涯中收获的累累硕果，也见证了他在这一领域铸就的辉煌：1979 年，他在国庆 30 周年文艺演出中第一次演奏《万马奔腾》，一举荣获作曲银奖和演奏金奖；1996 年，他在全国色拉西马头琴大赛中获"大师奖";2007年,他荣获国家文联和国家文化部双重"非物质文明传承大师"光荣称号;2009年,他被内蒙古自治区人民政府授予"内蒙古自治区文学艺术杰出贡献奖",并授予金质奖章。

齐·宝力高在国际马头琴学院授课

齐·宝力高不仅在国内屡创佳绩,还在国际上赢得了许多荣誉:1993年,在日本大阪市国际室内音乐大赛中,他获得特别一等奖;同年,在日本福岛市世界青年音乐节上,他荣获"大使奖";1997年,他在日本横滨市世界和平文化音乐艺术节上获"世界音乐和平奖";2003年,他获得蒙古国社会科学院与成吉思汗大学联合颁发的世界游牧文化最高奖——成吉思汗奖章。

"在我的认知里,马头琴是全世界唯一有头的乐器,正因为有头,就有了五脏六腑,也就有了灵魂。所以我就是个与马头琴的灵魂建立了交流的人。"如今,已经70多岁的齐·宝力高依旧坚定信念,在马头琴艺术传承的道路上不断前行。

童自荣

——银幕后的配音王子

　　童自荣（1944～），配音表演艺术家。江苏镇江人，生于上海，回族。1966年毕业于上海戏剧学院并留校任教，1973年起在上海电影译制厂担任配音演员。在几十年的配音生涯中，为1000多部译制片贡献出了美妙的声音，是我国电影译制片十大配音演员之一，被誉为"银幕剑客""银幕后面的童话王子"。配音代表作有《佐罗》《水晶鞋与玫瑰花》《绝唱》《苔丝》《铁面人》《黑郁金香》《茜茜公主》《胜利大逃亡》《伦敦上空的鹰》《靡菲斯特》《沉默的心》《玩具总动员》等。

一、为圆梦而努力

　　1944年1月11日，童自荣出生在老上海弄堂里的一户回族平民家庭，在兄妹3人中排行老大。他的父亲是上海冶钢厂的职员，母亲是工人，从小家庭环境比较优越。

　　新中国成立初期，童自荣喜欢上了洋文化，他被外国小说、电影中的情节和人物深深吸引，几乎到了痴迷的程度。在那个相对闭塞的年代，童自荣一度成了周围人眼中的另类人物，然而他却对此毫不在意，依旧如饥似渴地汲取着外国文化的精髓。

童自荣

　　上初中时，童自荣又喜欢上了听广播，他说："初中的时候我听广播，里面的语言艺术把我迷住了。那些老艺人真是神通广大，三言两语就能把一个人物形象刻画得十分鲜活，无形之中给了我生活的快乐和艺术的享受。"在那段日子里，广播变成了童自荣的启蒙老师，让他感受到了语言艺术的神奇魅力。

1959年，上海电影译制厂出品了一部由邱岳峰（配音表演艺术家）配音的苏联电影《白夜》。电影上映后，童自荣一连看了3遍，从此深深爱上了配音演员这个职业。他下定决心要做一名配音演员，努力跨入上海电影译制厂。

此后，童自荣成了一些著名配音演员的忠实观众，开始大量观看由他们配音的电影。"哪怕是对着一张薄薄的电影说明书，只要上面有邱岳峰、毕克、尚华、苏秀、于鼎的名字，我就会心跳加快、热血沸腾。"

为了早日实现自己的梦想，童自荣鼓起勇气，给上海电影译制厂的一位导演写了一封自荐信。在信中，他向导演表达了自己希望从事配音工作的强烈愿望，可遗憾的是等了很久都没能收到回信。

第一次尝试失败后，童自荣并没有灰心，开始为自己的下一步做起了打算。他认为，要想实现自己的梦想，首先要找到一所好的大学打基础，于是，他在高考填报志愿时选择了上海戏剧学院。

1962年，童自荣顺利考入上海戏剧学院表演系学习话剧表演，从此开始了4年的大学生活。在大学里，他勤奋努力，每天坚持练习基本功，为日后从事配音工作打下了扎实的基础。

1966年，童自荣大学毕业。此时的他本以为能够就此步入上海电影译制厂的大门，可却因为种种原因没能实现自己的愿望。于是，他只好暂时放下自己的梦想，留在上海戏剧学院任教。

转眼间，童自荣已经在学校里工作了6年。1972年，学校下达了一份关于大学曾经学习话剧表演的人员再分配的通知，于是，童自荣找到了当年教自己表演课程的李志舆老师，向他表达了希望能到上海电影译制厂当配音演员的想法。李志舆听后，马上托人帮忙联系了上海电影译制厂的厂长陈叙一，就这样把童自荣分配了过去。

1973年1月，童自荣终于跨进上海电影译制厂大门，开始了自己的配音生涯。为了圆这个梦，他足足等了12年。

二、从"龙套专业户"到"银幕剑客"

不久后，童自荣配了人生当中的第一部戏——苏联电视剧《解放》，虽然只为前5集中的一个小角色配了音，可他心里仍十分激动。

刚开始配音时，童自荣还不能完全掌握其中的要领。在上大学时，他虽然通过演话剧练就了扎实的语言功底，但话剧中的读词方法却并不适合配音的要求。他常常把握不好话筒的距离，说话有些含混其词。为了掌握配音读词的分寸，童自荣不断磨炼，有时一句话要练上好几十遍，就这样一点点提高自己的配音水平。

接下来的几年中，童自荣又为《春闺泪痕》（内部参考片）、《警察局长的自白》《鸳梦重温》《基度山伯爵》《故乡》等电影配了音。虽然配的只是一些小角色，台词很少，可他依旧有着极高的热情。一次，厂里的一位老同志在看完由童自荣配音的电影后称赞他说："小童，你这句话配得很有味道。"他听了以后心里乐开了花，觉得自己长期以来下的苦功没有白费。

多年以后，回想起自己初入上海电影译制厂的几年，童自荣说："那个时候我走进了上译厂的大门，当时心情真的是很兴奋的。虽然开始几年里我都是在电影里跑龙套，常常在一部影片里就那么一两句台词让我配，但是当时我感到自己很幸运，因为和我在一起的是那些大艺术家。他们是邱岳峰、毕克、尚华、苏秀，是那些配音界最优秀的演员，和他们在一起用心交流，向他们学习，这就足以让我感到很快乐了。当我站在配音话筒面前完成一句台词的时候，我的心里真的是充满了一种幸福感。"

1978年，电影《未来世界》在国内一炮而红，为影片中的记者查理配音的正是童自荣。从此，他的名字开始为观众所熟知。这一年，除了《未来世界》，童自荣一共配了包括《悲惨世界》《华丽家族》在内的9部影片，受到观众的好评。

童自荣（左一）与
阿兰·德龙（左二）等合影

1979年，由阿兰·德龙主演的法国电影《佐罗》在国内上映。影片中，佐罗这个戴着宽边帽、披着斗篷的蒙面大侠受到了无数观众的热烈追捧，而他那清脆明亮又带着潇洒的王子般的嗓音，更是让影迷们神魂颠倒，这一声音的来源正是童自荣。

从此，童自荣一举成名，被大家誉为"银幕剑客"。有人评价说："童自荣的魅力和阿兰·德龙一样历久而弥新。他那富有感染力的声音让'佐罗'加入了中国籍，成为尽人皆知的英雄人物。"

后来，阿兰·德龙来上海做生意，上海电影译制厂邀请他到厂里参观，并放了由童自荣担纲配音的《佐罗》和《黑郁金香》片段，阿兰·德龙一下子就被童自荣的声音迷住了。"阿兰·德龙声音很粗犷，但他对我的声音比较认可，还让我保护好嗓子。他还说，我的电影在中国放都由你来配。"正如童自荣所说，后来，他成了这位国际影星的专业配音。

三、用声音塑造角色

在为《佐罗》配音后，童自荣又先后为法国电影《黑郁金香》中的"黑郁金香"、英国电影《水晶鞋与玫瑰花》中的爱德华王子，以及日本电影《绝唱》中的少爷配了音。

当年，在为《绝唱》配音时，童自荣曾请教过邱岳峰，问他如何才能够含蓄地表达一种克制而又心潮澎湃的人物情绪。邱岳峰告诉童自荣："首先，你的心里得有银幕上角色的心事，不能脑袋空空地站在麦克风跟前。"这句话让童自荣懂得了"强调内心的情感抒发，比单纯的宣泄更能打动人"的道理。在以后的配音生涯中，他常常提醒自己要用心配好每一个角色，他说："一个艺术大师来到录音棚里就要拿出自己的真本事，绝不能光玩儿那些虚的东西。"

后来，找童自荣配音的人越来越多，他平均每年都会为十多部电影配音。从佐罗、爱德华王子，到后来《少林寺》中的觉远、《砂器》中的和贺英良，这一连串神奇、俊美的形象，使他们的中国代言人童自荣也获得了广大观众的青睐。特别是一些少男少女，简直把他当成了心中的偶像。有人曾这样评价他的配音："明亮而帅气，潇洒中带着风流；音色华丽，充满儒雅的贵族气质，从他的配音中你能感受到一种很有教养的绅士味道。不管是为主角还是配角配音，他总能把握住角色在戏中的性格特征，使观众不仅能从视觉上看角色，还能通过听觉去认识角色。"

童自荣在配音

能取得这样的成就，离不开童自荣多年来对提高配音水平的执着追求。他的前辈苏秀曾说："在我们演员组，童自荣恐怕是最用功的一个了，就连一段戏要念上六七十遍的尚华可能也不是他的对手。小童从进棚开始台词就一个字也不会错，他不管是等待开会还是等待看电影，只要有点空闲都会看剧本、念台词，几十年一贯如此。"

此外，童自荣还很虚心。苏秀说："一次，我和曹雷接手一部上海电视台的系列剧《快乐家庭》，由童自荣、王玮和杨晓3个人担任主要配音演员。小童不太有喜剧细胞，出戏也比较慢，而杨晓来自上海滑稽剧团，自然对喜剧台词敏感。在录音过程中，杨晓看到小童一时未能领会我的要求，就忍不住指手画脚地教起他来。开始我还挺担心，怕小童面子上下不来，因为20世纪80年代初小童就是闻名全国的配音演员了，而杨晓不过是进厂不久的晚辈。可没想到，小童竟不羞不恼，而且认真地照他的话做。这就是一个人的戏德呀。"

在上海电影译制厂，童自荣一待就是30年，为近千部译制片贡献出了美妙的声音。其中，他配音的《黑郁金香》《苔丝》和《靡菲斯特》曾获上海文学艺术奖。然而，对他来说，就算获得再大的成就也比不上观众对他的支持："我不过是做着一份很不起眼的工作——幕后的工作，我只是一个普普通通的配音演员，广大观众对我的厚爱是最高的奖赏。"

四、心系配音，退而不休

朗读者

《朗读者》纪念版上市一月后，迅速重印。

BERNHARD SCHLINK

DER VORLESER

毕飞宇、戴锦华、黄集伟、梅子涵、邱华栋、小宝、肖复兴、王寅、张悦然、朱朱……他们都在读第2遍

钱定平重评 曹文轩作序推荐

童自荣朗读者喜马

童自荣配音的《朗读者》书影

2004年，童自荣从上海电影译制厂退休。之后，他常常被邀请参加一些晚会，生活变得比以前更加充实。然而，本可以不再关心译制片的他却仍痴情不改，希望在配音事业上续写辉煌。他说："我这辈子最大的爱好就是配音，我恐怕永远不会放弃，特别是外国电影的配音，塑造角色是我永远的爱好。"

2006年，童自荣为译林出版社新出版的德国著名小说《朗读者》做了朗读人，这也是为数不多的电影配音演员对文学作品进行的声音诠释。此后，他又多次为国内外影视剧进行配音，在银幕背后继续书写着自己的艺术青春。

2010年夏天，《玩具总动员3》在国内上映，为影片中男主人公"胡迪警长"配音的正是已经66岁的童自荣，这已经是他第三次为"胡迪警长"配音了。

然而，童自荣虽然配了无数部电影，其中不少还是大片，可片酬却少得可怜。"人们总以为，像我这样在全国有点影响和知名度的配音演员，收入应该相当可观，这实在是个误解。配音演员一向待遇偏低，现在配主要角色能拿 1000 元就不错了，为《玩具总动员》这样的好莱坞大片配音也不例外。"

由于薪酬不高，再加上要供一双儿女出国读书，童自荣的生活非常简朴。他住在上海的一幢连排旧式民居楼里，房间只有 30 平方米，家具都是旧的，厨房也要和其他住户共用。即便如此，他也从不靠接拍商业广告挣钱："广告是来钱的，但是我要保护我塑造的美好形象。我并不反对广告，但是得非常谨慎。"

生活中的童自荣是一个非常谦虚、宽厚的人，无论是街坊四邻，还是厂里的司机和小木匠都跟他非常要好。他的妻子杨倩华曾说："童自荣最不爱出风头了。当年法国演员阿兰·德龙来到上海，欢迎宴会上把他安排在主桌和阿兰·德龙坐在一起，可是有些老同志不高兴了，说让他到后面去，他就无所谓地走开了。后来还是阿兰·德龙到处找'佐罗'才把他找了回来。童自荣最红的时候，大学里请他去做讲座开车来接，他说不要，自己骑自行车就去了。他觉得车子停在门口来接是件很不自在的事。"

就像妻子讲的那样，童自荣虽身为名人，可心态却依旧平和，这也是他深受影迷喜欢和敬佩的原因之一。在上海电影译制厂 50 周年庆典时，他写了一篇名为《保持我们的品德》的文章，希望广大演员都能做到"业务好，人品、道德也好"。

如今，已步入古稀之年的童自荣仍心系配音事业，希望能办一个学校培养专门的配音人才。他说："其实，我一直希望能有一个年轻人，他有华丽漂亮的音色，有特殊的语音魅力。这并不是说他非要跟我的声音完全一样，不过他至少能够取代我的配音，那样我就可以安心退休了。一个人毕竟总是会老的。"

带着对未来的美好憧憬，童自荣在配音道路上不断前行，他用王子般漂亮的声线，在观众心目中留下了难以磨灭的美好记忆。

德德玛
——德艺双馨的"草原夜莺"

德德玛（1947～），女中音歌唱家，国家一级演员。内蒙古额济纳旗人，蒙古族。历任内蒙古巴盟歌舞团、内蒙古民族歌剧团、内蒙古歌舞团、中央民族歌舞团独唱演员，中国音乐家协会会员。她把美声唱法与蒙古族长调唱法结合，在民族声乐艺术领域独树一帜，开辟了一条新的歌唱道路；同时倾心声乐教育，培育人才艺术。主要演唱作品有《美丽的草原我的家》《草原夜色美》《马背上洒下悠扬的牧歌》《父亲的草原母亲的河》等，出版个人专辑《牧人》《我的根在草原》《望草原》《温暖的风》等。

一、草原上的夜莺

德德玛

1947 年，德德玛出生在内蒙古阿拉善盟额济纳旗一个牧民家庭。少数民族本身有着悠久的歌舞传统，草原上的民族更是能歌善舞，德德玛的父母就是有名的民间歌手，童年的德德玛总能听到父亲拉着马头琴，抑扬顿挫地哼唱着散发出浓郁奶香的民歌。小德德玛就在这样的艺术熏陶下逐渐成长起来。

在家人的熏陶下，德德玛从小就爱上了唱歌。1960 年，13 岁的德德玛在老师的推荐下进入了乌兰牧骑（蒙古语，直译为"红色的嫩芽"），成为这支红色文艺工作队伍里年龄最小的演员。

1962 年 15 岁时，德德玛在一次汇报演出中唱了一首古巴歌曲《哈瓦那的孩子》，她的出色表现赢得时任内蒙古自治区主席乌兰夫的赏识，被选入内蒙古艺术学校声乐研究班学习声乐，第一次离开草原，走上专业的学习道路。德德玛不懂汉语又不识乐谱，学习歌曲遇到的困难可想而知。为了攻克这些难关，德德玛想了不少方法。她将蒙古语音标注在汉语上，然后死记硬背，终于能发音标准，吐字清晰。经过两年多的学习，德德玛初步掌握了美声唱法。

毕业后，德德玛以优异的成绩被保送到中央音乐学院声乐系学习民族唱法。在两年多的学习中，老师及音乐界的前辈都慷慨无私地给予德德玛丰富的音乐营养，使她的歌唱拥有更丰裕的色彩和表现力，在用气、力度、速度、音色的多样性上也有了极大的进步。

1968 年中央音乐学院毕业后，年轻的德德玛满心欢喜，进入内蒙古巴盟歌舞团。刚走

德德玛与哈扎布在一起

上文艺工作道路的德德玛便遇到了不小的挫折，本以为可以为家乡亲人一展歌喉，但牧民们更喜欢高音歌手的"长调"，而德德玛甜美的女中音却并没有得到热烈的欢迎。好在她音域较宽、高音优美，有较好的控制能力，本身具有的优越条件为德德玛的成功探索提供了可能。刚开始她试着模仿著名蒙古族歌唱家哈扎布的长调演唱，之后正式拜哈扎布为师，努力摸索着美声与长调相结合的方法。经过辛勤探索和磨炼，她用女中音演唱的长调歌曲得到老一辈音乐家的认可，在声乐艺术道路上开辟出新的领域。

德德玛将美声唱法与民族唱法结合起来，形成自己独特的演唱风格，在保持少数民族歌唱艺术中的精华的同时，不断扩大其功能，从而适应更广泛的声乐艺术表演，走出了一条成功的道路。

1968 年，德德玛考入宁夏文工团，两年后调入内蒙古民族歌剧团，出演了第一部蒙古语歌剧《杜鹃山》，在其中饰演"杜妈妈"的角色，之后又调入内蒙古歌舞团。

1978 年，德德玛随内蒙古歌舞团参加广州交易会的演出，首次演唱了蒙古族作曲家阿拉腾奥勒作曲的歌曲《美丽的草原我的家》，给观众留下了深刻的印象，德德玛也因此一举成名。

1982 年，德德玛从内蒙古歌舞团调入中央民族歌舞团担任独唱演员，

德德玛20多岁时在舞台献唱

在这人才荟萃的艺术殿堂，德德玛更加孜孜求学，刻苦训练，向着声乐艺术的更高境界进发。

德德玛曾随中国艺术团先后出访罗马尼亚、南斯拉夫、蒙古国、坦桑尼亚、哥伦比亚、美国、日本、菲律宾等国家，她的歌声传到异国他乡，出色的演出也为国家赢得了荣誉。

德德玛善于把握不同歌曲的特性，使用不同的歌唱方法，把不同国家、不同民族、不同作家的各种歌曲的独特韵味表现出来。《丝绸之路多遥远》愉悦悠扬，《马背上洒下悠扬的牧歌》刚健豪放，《草原上有个美丽的传说》柔美温婉，《在路旁》轻清幽妙，《美丽的草原我的家》《草原夜色美》《阿尔斯楞的眼睛》等更是因其独特的风格轰动歌坛。

1984年，德德玛的专辑《美丽的草原我的家》以磁带形式由中国唱片公司出版。

1986年，在"全国听众喜爱的歌唱演员"大赛中，德德玛获得美声唱法"濠州杯"奖。

1989年，在"全国十大女歌唱家"大赛中，德德玛荣获第一名。

1997年，德德玛随少数民族艺术团赴蒙古国演出，荣获蒙古国国家文化艺术最高奖；同年，在日本大阪进行的国际艺术节上，德德玛获最高艺术奖。

1998年在日本生了一场大病之后，人们在舞台上很难再看到德德玛的身影，然而在2001年，一首《父亲的草原母亲的河》横空出世，唱红大江南北，人们惊喜地发现，德德玛又重新登上了舞台，这首歌也成为她最有影响力的代表作之一。

德德玛是一位德艺双馨的艺术家，不仅艺术成就屡获殊荣，其他方面也获得了社会的充分肯定。2000年，她被评为"全国先进工作者"；2012年，她又荣获"中华文化人物"奖。

二、"我是牧民的女儿，我要为牧民歌唱"

德德玛先后在内蒙古巴盟歌舞团、内蒙古民族歌剧团、内蒙古歌舞团担任独唱演员。她热爱家乡的一草一木，经常到牧区为牧民演出，德德玛常说："我是牧民的女儿，我要为牧民歌唱。"

德德玛的歌声浑厚深沉，辽远豪放，音色纯净，技艺精湛，令人心荡神驰，被人们称为"草原夜莺"。她用醇美而富于表现力的歌声表达着对美丽的草原、勤劳的牧民的赞美与眷恋，"这么多年来，我的歌除了家乡就是家乡，除了草原就是草原，当然，唱什么也不是刻意选择的，唱歌是一种情感的表达，大家也更喜欢听我唱草原歌曲。"她身上蒙古族特有的韵味和歌中强烈的

20 世纪 80 年代德德玛在锡林郭勒草原为牧民唱歌

生活气息感染了听众，也形成了她独特的艺术风格。

综观德德玛演唱的作品，可以说大多与辽阔的草原、与草原牧人的生活紧密相连。从成名曲《美丽的草原我的家》，到新时期的《父亲的草原母亲的河》，以及《草原上有个美丽的传说》《草原夜色美》《阿尔斯楞的眼睛》，这些作品无不深深地浸透着对草原、对牧人的情谊。她的个人演唱专辑，也都打上了鲜明的草原与牧人的印记，诸如《我的根在草原》《望草原》《牧人》等。

《美丽的草原我的家》是德德玛的成名作，也是她的代表作。这首作品经她演唱后风靡全国乃至海外，成为蒙古族创作歌曲史上继《赞歌》《草原上升起不落的太阳》之后的第三个里程碑。不久，《美丽的草原我的家》入选了联合国教科文组织的音乐教材。30 多年来，这首歌已经成为对草原的经典写照，成为那些到过草原的人对草原的深刻记忆，成为那些未及亲睹草原风貌的人对草原的真切向往，更成了内蒙古的名片。

除了在国内外舞台展现自己的歌唱艺术，德德玛在内蒙古先后举办了三次个人专场演唱会，地点包括首府，更有她的故乡额济纳。

《献给母亲的歌》是德德玛一次独唱音乐会的主题曲，演唱会中，她激动地用蒙古语告诉同胞，自己是自治区的同龄人，为终于实现多年来想回故乡开音乐会的夙愿而高兴。

2012 年 7 月 14 日，德德玛在内蒙古人民会堂举办"美丽的草原我的家——德德玛从艺 50 周年感恩家乡专场演唱会"，再一次以美丽的微笑和浑厚悦耳的女中音，为家乡父老乡亲倾情献唱，表达对家乡的热爱与眷恋。

2014 年 10 月，德德玛在家乡额济纳旗举办了"感恩家乡公益演唱会"。正是对故乡草原执着、深

生活中的德德玛常常和钢琴、乐谱相伴

沉的爱才使德德玛的歌声那么动人，那么深入人心。

"回报那慈母的深情，要用我一生的挚爱。"正如德德玛在《我从草原来》中唱的那样，多年来，家乡举办文化活动时，只要向她发出邀请，她从不推却，尽可能地用行动回报家乡，帮助家乡的人民。尽管如此，她仍然自责道："自己好像给家乡办的事情特别少。"

三、坎坷的艺术道路

当人们为德德玛优美的歌喉所倾倒而鼓掌的时候，却想不到她经历了怎样的坎坷与艰辛才换来今天的成就。她曾经三次因为病痛折磨差点离开舞台，凭借对音乐事业的热爱与坚韧不拔的毅力，克服困难，砥砺向前，才一步步走到今天。

在内蒙古巴盟歌舞团工作期间，为得到牧民的认可，德德玛努力练习用美声唱法演唱长调，由于没有找到正确的方法，声带因承受不了压力长了息肉。亲人、朋友劝她改行，而她不忍放弃自己挚爱的声乐艺术，冒着极大的风险第一次做了息肉切除手术。手术后，德德玛无法发声，在残酷的现实面前，她没有屈服。一次次的歌唱练习之后，德德玛的嗓子又长了息肉，无奈之下又做了第二次息肉切除手术。之后，德德玛仍然选择坚持自己的音乐事业，继续走她的艺术之路。

就在调入中央民族歌舞团的第二年，德德玛突患过敏性哮喘，说话嘶哑，连走路都要人扶，各种疗法无一灵验，她几乎濒于绝望。然而音乐已成为德德玛生命中无法分割的一部分，她以惊人的毅力与病魔斗争，只要哮喘一收敛，她就登台演出。1984 年 7 月，德德玛随歌舞团到福建慰问演出，当地人了解到德德玛的病情后纷纷出谋划策，在吃了当地的特产蛇胆

之后，她的过敏性哮喘终于奇迹般康复了。

正当德德玛的事业蒸蒸日上时，又迎来了新的挑战。1998年3月，德德玛应邀去日本参加为期58天的庆祝"中日邦交正常化20周年、周恩来总理100周年诞辰"的演出。按计划，这一大型演唱会共40多场，超负荷的演出活动，让患有高血压、年逾五旬的德德玛再也支持不住了。4月2日，第25场演出中，德德玛由于高血压而引发脑溢血，谢幕后，她走进后台就昏倒在地上，工作人员急忙把她送进了医院。等她醒过来时，已经是5天后的早晨。这次大病使德德玛半身瘫痪，日本医生告诉她，她的下半生将要与轮椅为伴，没有可能再回到舞台了。这对一个视歌唱为生命的人来说，简直痛不欲生。当歌迷们为德德玛的不幸而伤感、失落的时候，没想到9个月之后，从不认输的德德玛又奇迹般地回到舞台上。患病初期，连路都走不了的她在老伴的帮助下坚持爬楼梯，三层楼她往往也要爬上半天。为了锻炼不听使唤的右手，她每天练习抓黄豆。开始，她抓起一颗黄豆就要几个小时，但她坚持不懈，凭着超人的毅力一直坚持练习。现在，德德玛演出时，上下舞台还需要别人搀扶，在舞台上她很少移动脚步，只是稳稳地站着。没有华丽的舞步，没有炫目的表演，每一次演出都博得现场观众的鲜花和阵阵掌声。

一场场演唱会诠释着这位歌唱家如何经历坎坷获得新生，在德德玛摇摇晃晃的身影背后表现出的是她永不服输的生命力和顽强拼搏的人格魅力。

四、创办艺术学院传艺育人

德德玛迷恋故乡草原，对草原有倾诉不完的心声，她唱过很多关于草原的歌，每一首都是那样动人。当然，德德玛对于故乡的爱，不仅表现在她的歌声里，她所作的贡献也不只表现在她对声乐艺术发展的贡献上，内蒙古德德玛艺术专修学院就是她回报故乡的一份厚礼。

草原上的牧民能歌善舞，他们用歌声交流感情，唱歌已经成为牧民们的天分。很多孩子极具天赋，又发自内心地喜爱唱歌，但他们音乐基础差、成绩不高，被正规音乐院校拒于门外。为了让牧区孩子接受正规的音乐教育，走出草原，走上真正的舞台，德德玛顾不得家人对自己身体状况的担忧，也顾不得考虑更多的困难，四处跑资金、拉赞助，历尽艰辛，终于在2002年9月14日，成立了内蒙古德德玛音乐艺术专修学院（后改名为内蒙古音乐艺术职业学院）。建校之初，学校租用呼和浩特赛罕区林业

内蒙古德德玛音乐艺术专修学院

职工中专的校舍，经过三年的努力，终于在 2005 年 11 月从租借的校舍迁入了宽敞的新校区，这是学校发展史上的一大跨越。现在，学校里内蒙古地区的学生占全体学生总数的 90% 以上，少数民族学生也达到 70%，为挖掘和培养少数民族人才作出了突出贡献。

现实的困难远比想象的多，最大的困难是经费问题，后来得到几位企业家的资助，学校才逐渐有了现在这样的规模，但校园环境和教学设备还有待改善。学校要持续发展就必须加强硬件建设，改善教学环境。在内蒙古自治区，公立高等学校每个学生有 4000 元的政府教育补贴，而民办学校的学生不仅没有教育补贴，而且学费标准每人每年要比公立学校低 1000~2000 元。同时，学院一直按企业标准缴纳各种税费，远高于公立学校的标准，办学经费的紧张程度可想而知。在德德玛的努力下，一批为之感动、为之奉献的好心人、民族同胞以及许多少数民族艺术家投身到少数民族音乐教育的行列中来，带动了社会各界人士对少数民族音乐教育事业的关心和支持。

十多年来，学校在举步维艰中前行。本着"民办学校为民而办"的办学思想，德德玛将多年来的全部积蓄和大部分的演出酬劳都用在了办学上。在学校里，德德玛是唯一一个不拿工资的人，她不断地资助品学兼优、具有艺术培养潜力的贫困家庭学生，并拿出专项资金设立了"德德玛奖学金"，奖励"德、艺、文"三优生。德德玛的愿望就是在她有生之年，让学校的管理和规划更加完善，出更多的成绩，得到社会更多的认可。她用无私的人格魅力和坚强不屈的精神，带出了一支精干有力、团结向上的教师队伍，把学校推向健康发展的轨道，赢得了良好的社会声誉。

学校在办学特色上下功夫，开设长调和马头琴及马头琴制作等特色专业，并且尤为重视长调的教学。通过这些专业的学习，越来越多的蒙古族青年开始对本民族的优秀文化产生兴趣，而且个别学生已经取得了可喜的成绩。办学十几年来，德德玛音乐艺术专修学院捷报频传，学生的作品先后荣获全区首届舞蹈电视大赛铜奖，国际长调大赛银奖，第 14 届全国推新人大赛年度决赛的银奖……

草原赋予德德玛宽广的胸襟和坚忍的意志，这些优秀的品质让她在声乐生涯中克服重重困难，获得一次次的成功。她用真挚而优美的歌声表达对于故乡、民族、祖国的爱；通过办学育人，她用另一种方式延续着自己关于音乐、关于草原的梦想。

吉古夫铁
——凉山彝族第一代作曲家

吉古夫铁（1953～），民族音乐家，国家一级作曲。四川美姑县人，彝族。1975年毕业于中央民族学院艺术系作曲专业，并在东方歌舞团等文艺团体进修指挥。现任四川凉山彝族自治州歌舞团党委书记，中国音乐家协会会员、四川省音乐家协会副主席，中国少数民族音乐学会理事。他是凉山彝族第一代作曲家，创作了大量声乐、器乐、舞蹈、歌剧音乐。代表作品有歌曲《泸沽湖的女儿》《幸福的凉山》《泉边姑娘》，器乐曲《彝寨风情》《彝寨随想》，舞蹈音乐《彝族达体舞》，歌剧音乐《穿红裙的幺表妹》（合作）等，出版有《吉古夫铁创作歌曲集》和个人创作作品专辑《会飞的口弦》。

一、"荞花般的童年"

吉古夫铁

1953年12月，吉古夫铁出生在四川省凉山美姑县一个叫维其沟的寨子里。美姑县位于大凉山腹地，群山连绵。维其沟处于群山之中，风景美丽，这个当时只有五户人家的小寨子周围，环绕着白杨树、核桃树，天蓝、云白、水清。春天的时候，漫山遍野的荞花尽情开放，犹如花的海洋。

吉古夫铁的母亲是远近闻名的民间歌手，会唱许多彝族民歌，具有很高的音乐天赋。吉古夫铁后来能成为音乐家，与母亲的唱歌天赋有一定的关系。他曾说，如果母亲能像自己一样从小获得学习的机会，也一定会成为一个了不起的歌唱家。

凉山地区的彝族，直到新中国成立前还处在奴隶社会阶段，而新中国的成立给那里的人们带来了全新的生活。出生在新社会的吉古夫铁，像其他民族的孩子一样，按时走进了学堂，学习自己民族的语言和汉语，学习文化科学知识。

学校里有位来自远方的汉族老师刘文正，他十分认真地教彝族孩子们读书识字。孩子们有的贪玩，有的还要牧羊放猪，不来上学，他就去家访，要孩子们回来读书。

由于环境和家庭的熏陶，吉古夫铁从小就喜欢音乐，还经常自制竹笛吹奏，尤其是在荞花盛开的春天。刘老师注意到了他爱吹笛子爱唱歌，还专门教他唱歌，教他识谱。

1965 年，不满 12 岁的吉古夫铁，在刘老师的推荐下，进入了凉山彝族自治州文工团。

在新社会成长起来的吉古夫铁有着幸福的童年和少年时代，这些后来都反映了他的音乐作品中。他创作的第一部交响乐作品《呷莫阿妞》，第一乐章为"荞花般的童年"，就浸润着他对自己童年生活的甜蜜回忆；他创作的歌曲《金色的太阳照凉山》，表达了他对新中国和新生活的赞美。

二、走上专业艺术舞台

进入凉山彝族自治州文工团后，除了继续学习文化课外，吉古夫铁开始接受正规的音乐专业知识的学习和技能的训练。其间，他不仅学习声乐，还学习过作曲，学习过手风琴、月琴、钢琴的演奏。同时，一边学习，一边参加演出。

1972 年，已经是吉古夫铁在文工团工作的第 7 个年头。这年 8 月，中央民族学院艺术系到四川招收作曲专业的学生，州文工团的领导和老师积极推荐吉古夫铁。结果，吉古夫铁顺利通过考试，被录取了。

进入中央民族学院音乐系，吉古夫铁的艺术生涯登上了新的台阶。在三年学习生活期间，他受到了各方面更为严格的训练，同时创作了多部作品，其中小提琴曲《铁路修到彝家寨》、双簧管独奏《凉山新歌》被收入中央民族学院器乐教材，手风琴独奏曲《草原女拖拉机手》被收入中央音乐学院器乐教材。

吉古夫铁是大凉山第一代彝族作曲家，他的成长经历是新时代的一个见证。1973 年 7 月，还在吉古夫铁在中央民族学院学习的时候，中央人民广播电台播出了《一个奴隶的儿子成为少数民族最高学府的作曲专业生》，介绍了他的经历，还播放了他手风琴伴奏的创作歌曲《金色的太阳照凉山》。

1975 年从中央民族学院毕业后，吉古夫铁又回到了凉山彝族自治州文工团。为了能使他在音乐天地里飞得更高，文工团又多次送他到东方歌舞团、煤矿文工团、四川省歌舞团以及峨影乐团等文艺团体，进修乐队指挥。

就这样，吉古夫铁又成长为一名彝族指挥家。1977 年，吉古夫铁在成都参加四川省文艺调演，指挥凉山彝族自治州歌舞团演出舞剧《奴隶的女儿》，获得成功。此外，他还在西昌指挥了自己创作的交响乐《呷莫阿妞》等。

三、优美的作品及其源泉

40 多年来，吉古夫铁创作了大量音乐作品，涉及声乐、器乐、舞蹈音乐和电视剧音乐等各个门类。代表性作品，如歌曲《泸沽湖的女儿》《喜相会》《幸福的凉山》《望上一眼心也碎》《泉边姑娘》；器乐曲《彝寨风情》《呷莫阿妞》《彝寨随想》；舞蹈音乐《席勒的红裙》《溪涧》《彝族达体舞》《荞花花》《拖觉拉达的姑娘》《喜背新娘》（合作）；歌剧《穿红裙的幺表妹》（合作），等等。

《吉古夫铁创作歌曲选》书影

20 世纪 70 年代初，中央人民广播电台等媒体开始向国内介绍吉古夫铁的音乐作品。他的作品不仅经常在电台、电视台播出，有些作品还在舞台上表演。许多作品还被随团带到英国、德国、俄罗斯、马耳他、朝鲜、日本、土耳其、希腊等国家以及香港、澳门等地区演出。

早在 1998 年，四川省青年联合会编辑出版了《吉古夫铁创作歌曲选》（四川民族出版社）。2007 年，中国唱片总公司成都公司发行了《会飞的口弦——吉古夫铁个人作品专辑》，专辑中收录了他的 30 首作品，包括《彝人家园》《望上一眼心也醉》《泉边姑娘》《祝酒歌》《邛海，请告诉我》《赶场》《会飞的口弦》《邛海的清晨》《泸沽湖书札》《小溪》《泸沽湖的儿女》《不见阿哥马铃响》《在心上》《波落山》《守望》《美丽的月城》《珍珠河》《喜相会》《故乡的小河》《核桃树》《凉山的金索玛》《林木美姑》

《眼睛》《泸沽湖边的白裙》《金沙江》《月琴的故乡》《依呀勒》《幸福的凉山》《阿勒南瓦》《我的爱恋》。

吉古夫铁的音乐作品屡获殊荣，所获奖项达60多个，包括国家级、省级以及州里的。1990年，他的民族器乐曲《彝寨风情》获得了四川省首届少数民族艺术界创作一等奖。也就是这一年，中共凉山彝族自治州州委、州政府授予他"有突出贡献的科技拔尖人才"称号。

吉古夫铁现任凉山彝族自治州歌舞团党委书记，享受国务院特殊津贴。他是中国音协会员，中国少数民族音乐学会理事，四川省音协副主席，四川省优秀专家评审委员会委员。他曾被评为四川省劳动模范，还是四川省第五届、八届、十届人民代表。

谈到自己的音乐创作体会，吉古夫铁认为，一是始终抓住彝族音乐的精髓。他的受到人们认同和专家好评的音乐作品，都是民族风格很浓的作品。二是要发展但是不走样，不追逐都市音乐的那套，要始终保持自己的特色和风格。

谈到自己的成长道路，吉古夫铁最为感激的是那些教育、帮助过他的老师，以及自己的生活伴侣，而他们当中许多是汉族同胞。少年时代的记忆是刘文正老师，大学时期则有田联韬、关也维、金正平等。他曾经深情地说："我的许多老师至今依然关心我、指导我、帮助我。我的每一点进步和取得的成绩都凝聚着老师们的心血。"

吉古夫铁的人生旅途中也遇到过挫折，感到过痛苦甚至绝望。每当这些时候，给他信心和勇气的，是他的妻子。他的妻子是汉族，在歌舞团担任手风琴、电子琴演奏员。他们都在大凉山长大，有着共同的艺术追求，并且曾经一起演奏过吉古夫铁创作的音乐作品。在他们的身上，不仅体现了夫妻间的默契，更体现了中华各民族人民的和谐。

四、坚持民族音乐的根基和元素

吉古夫铁是在民族音乐的熏陶下成长起来的，他对自己民族的音乐有着深厚的感情。他不仅以自己的音乐表现凉山、表现彝族人，而且还对彝族音乐进行了深入的研究，不仅发表过论文，还应邀进行了彝族音乐的专题讲座等。

2004年，吉古夫铁应香港文化署邀请，到港进行了彝族音乐专题讲座。这一年，他还在《凉山大学学报》（第6期）发表文章《凉山彝族民歌简述》，比较全面地介绍了彝族民歌。他认为，凉山音乐从类别上来讲，分四大类：歌曲类（即民歌）、器乐类（如极富凉山特色的口弦、巴乌、彝族唢呐、打击乐器皮鼓、月琴等）、舞蹈音乐类、曲艺类。

凉山彝族民歌又可归为六大类：山歌、儿童歌曲、劳动歌曲、喜庆歌、叙事歌、祭祀歌。其中彝族山歌男女老少都可以唱，上山、砍柴、挑水、耕种、情人之间表达相互爱慕的情绪等，内容丰富；儿童歌曲类，有些是大人来给儿童演唱的，如哄孩子睡觉、叙述孩子成长的；劳动歌曲类则很形象，比如在打荞子、犁地等各种劳动场合唱的歌等；喜庆歌是在红白喜事的民风民俗中唱的；而叙事歌是彝族人最有特色最丰富的种类，玛母特依、勒俄特依等，可以用唱的形式将一部史诗叙述完，包括讲述人生、历史、个人遭遇和婚姻自由等内容。祭祀歌则是毕摩苏尼所唱，是彝族特有的。

吉古夫铁十分注重用彝族母语和音乐元素进行音乐创作。他认为，彝族音乐的形态和历史、文化、宗教、地域形态等因素是分不开的，其中母语是一个民族的重要标志。在彝族音乐创作中，母语和旋律是彝族民间音乐的根基和元素，必须保持。

作为凉山彝族自治州歌舞团的领导，吉古夫铁在实践中坚持贯彻他的民族音乐理念。尽管在整体技术、阵容等方面，凉山彝族自治州歌舞团比不上中央歌舞团等文艺团体，但在表现民族特色上却占优势。正因如此，凉山彝族自治州歌舞团才在全国乃至世界艺术领域都获得了好评。吉古夫铁说："将来，凉山彝族自治州歌舞团作为宣传凉山，提高凉山的知名度，宣传彝族的载体，我们就必须保持自己的元素不变。"

曹新华

——"大山给我好歌喉"

    曹新华（1955～），男高音歌唱家，国家一级演员。云南宁蒗人，普米族。毕业于上海音乐学院。历任宁蒗县文工队、云南省歌舞团演员。他把自己的天赋与广泛学习、专业训练结合，成就了出色的演唱艺术，能用多种民族语言演唱十几个民族的民歌，形成了"山一样挺拔"的声乐风格。演唱代表作有歌曲《大山给我好歌喉》《神鹰颂》《怒江人》《普米酒歌》等，还在《阿诗玛》《泼水节》《母亲河》等多部大型歌舞剧中担任主唱，在《五朵金花的儿女》《金沙水拍》等多部影视剧中演唱主题歌或插曲。出版有专辑《大山给我好歌喉》。

一、生就一副好嗓子

    1955 年 10 月 1 日，曹新华出生在云南省宁蒗县的一个普米族家庭。父亲给他取名"贡"，在普米语里是"草"的意思。

    宁蒗隶属丽江地区，那里风光绮丽，气候宜人，四季如春。除了彝族之外，还居住着普米族、纳西族和藏族等十几个少数民族，男女老幼都是能歌善舞，是一个民族歌舞之乡。曹新华所在的村子叫"拉垮"，在大山脚下，泸沽湖畔。普米语"拉垮"，意思是"看得见老虎的村寨"。这一切，赋予了曹新华成长的

曹新华

基因——老虎一样的身板，虎背熊腰、身材魁梧；能歌善舞，多才多艺；自称"大山之子"，人们称他"曹大山"，有着山一样的性格。

    曹新华的父亲是普米族的"汉归"（祭司）。因为没有文字，普米族千百年的历史与文化，全靠"汉归"们一代代以歌传承。那时，到了夜晚，一家人围坐在火塘边，父亲就会唱起普米族古歌，曹新华则跟着学唱。由于天生好嗓子，悟性又高，曹新华学会了不少古歌。同时，母亲唱的儿

歌、摇篮曲、劳动歌、山歌，他也学会了很多；就连大人们唱的情歌，他也能唱得婉转悦耳。

童年的曹新华是与山为伴度过的。那时，他每天清晨就上山放羊，脆亮的吆喝令人印象深刻。十几岁之前，他几乎没有穿过鞋，一双铁脚跑遍了大山。劳作之余，他和小伙伴们会尽情娱乐，爬山、采花、游水、晒太阳；尤其是唱歌，他们会把当地的普米调、彝人调、摩梭调唱个遍，用他自己的话来说，就是"有时候，我们一高兴，会把世界上的歌唱个稀巴烂。"

上小学那年，老师见他和新中国是同一个生日，就给他取了一个汉语名字"新华"，从此他有了响亮的学名"曹新华"。在村里读完三年初级小学后，他又到离家七八里路的地方读高小。由于生活所迫，读完两年高小，曹新华就辍学了。不过，在当地，读过完全小学的人，也算是识文断字了。

辍学之后，12岁的曹新华干起了重体力活，种田、修公路、挖水库，他都干过。体力劳动虽然艰辛，但丝毫不影响曹新华快乐歌唱，而广袤大地、开阔原野也给他提供了放歌的舞台。在修路的那些日子里，曹新华一边干活，一边高歌。大家都说，曹新华"唱得比广播里的声音还高"，"几百个民兵都唱不过"。

1971年，宁蒗县成立文工队，招收队员。县里的人听说乡下有个普米族小伙子能歌善唱，专门到筑路队找到了曹新华，让他"考考"。曹新华也不知道"考"是个啥，以为就是往高里唱吧，于是拉开嗓子，情绪激昂地唱起《东方红》，声音高得惊人，于是招考的人当场拍板："回去收拾收拾，进县城报到吧！"就这样，15岁的曹新华成了宁蒗县文工队的成员，开始了新的人生历程。

二、走上专业之路

经过两天的跋涉，曹新华来到县城，在县文艺工作队报到，成了一名文艺工作者。

在新的工作岗位上，曹新华其实是什么都干，唱歌、跳舞、拉提琴、搬布景；民歌之外，还唱花灯、滇剧、京剧。他吃苦耐劳，又勤奋好学。每一次下乡的机会，他都不肯放过，因而学会了藏、彝、白等几个民族的语言，收集了各民族的大量歌曲；省里的歌舞团来县里演出，他场场不落，为的就是向歌唱家们学习。这既增加了他的音乐知识，又丰富了他的演唱曲目，并且熟悉和掌握了不同民族民歌的演唱风格。

1977 年，经过几年演出锻炼的曹新华考上了云南省艺术学院进修班，学习声乐。进修期间，在老师的精心指导下，曹新华进行了正规的声乐学习和训练，艺术潜力得到了进一步发掘，演唱水平有了显著提高。

曹新华在演出

1978 年，还在艺术学院进修的曹新华，作为云南省代表团的少数民族歌唱演员，到北京参加了文化部举办的"部分省市自治区民族民间唱法独唱二重唱会演"。他与白族女歌唱家杨洪英合作演唱的男女声二重唱《白族调》，以浓郁的乡土气息博得了首都观众和声乐界的热情赞扬，有评论认为"曲调清新，歌声优美，耳目为之一新"。

1979 年，由于已经在全国乐坛初露头角，进修结业的曹新华被直接调入了云南省歌舞团。在这里，曹新华一如既往，如饥似渴地吮吸着民族艺术的甘露。每逢下乡演出，他都积极地向老乡们求教，搜集、整理民歌。普米族民歌、藏族情歌、彝族小调……不同民族的音乐文化充实着曹新华的音乐生命中。

1980 年，在云南省少数民族文艺会演上，曹新华演唱了自编的《欢迎您啊！朋友》和纳西族民歌《阿哈巴拉》以及《春天回来了》《高山站在云雾上》等歌曲，受到观众的欢迎，进一步得到各方面的重视。同年，曹新华随同云南省歌舞团到香港地区以及新加坡、缅甸、泰国等国家访问演出，他的独唱以及他和杨洪英的对唱，给观众留下了深刻印象。

1981 年，曹新华考入上海音乐学院声乐系，师从著名声乐教授胡靖舫，开始系统的声乐专业学习和训练。音乐学院 4 年的学习生活，对曹新华的音乐知识的积累和人生素养的积淀，都十分重要；而且更重要的是，大学生活使他对音乐艺术的认识和理解上升到了一个新的高度，开阔了他的视野，拓宽了他的艺术道路。在以后的艺术实践中，他把自己学到的音乐理论与发声技巧用于民族歌曲的演唱，为传统民歌注入了新鲜的血液。

三、做普米族的歌手，也要做各民族的歌手

曹新华是在各民族音乐艺术的氛围中成长起来的。他的故乡宁蒗彝族自治县，除了彝族之外，还居住着普米族、纳西族和藏族等十几个民族。曹新华是普米族的儿子，更是大山的儿子，他立志不仅要做普米族的歌手，也要做各民族的歌手。

曹新华是第一个搜集、整理、演唱普米族民歌的歌唱家。在云南的 26 个世居民族中，独有民族 15 个，人口较少民族 7 个。普米族是云南人口较少的独有民族，只有 3 万多人。曹新华很早就意识到，自己是普米族的歌者，要为普米族音乐做点事。

曹新华演唱专辑《大山之子》

曹新华记得："我刚到昆明的时候，闻不到普米族的气息，见不到一个普米族人。在我所能看到的书籍杂志上，找不到一个记录普米族音乐的音符。"为此，他不断地搜集普米族歌曲，请作曲家二次编创，在舞台上传唱。他演唱的普米族民歌或歌曲，有《团结花》《欢迎您啊！朋友》《大山给我好歌喉》《普米酒歌》等。他还担任普米族歌舞剧《母亲河》的策划，推动普米族第一部大型音乐舞蹈史诗走上了舞台。他还发掘和培养了茸芭莘那、贡嘎、葛荣娜姆等普米族音乐新人，帮助他们走上民族声乐艺术之路。

与此同时，曹新华也清楚地认识到，自己表演的时候，台下观众中可能没有一个人是普米族。因此，要想与观众产生共鸣，路子要宽，要唱各民族的歌曲；而且这也是促进各民族相互了解、加强民族团结的途径之一，是自己义不容辞的责任。

从上海音乐学院毕业后，曹新华常年活跃于国内外艺术舞台。他怀着"为民族歌唱"的理想，立志为云南 26 个世居民族都演唱一支歌。他认为，只会唱民间小调是远远不够的，还要将其上升为舞台艺术，打造成在舞台上站得住的作品。

早在 20 世纪 70 年代，曹新华就演唱了白族民歌《白族调》。那以后

的 30 多年来，他坚定地实践着自己的梦想。他利用一切机会，学习各民族的语言，学唱各民族的民歌。比如，他几次到怒江采风，学习傈僳语，最后能用标准的傈僳语演唱《怒江人》，而且催人泪下。如今，他已经演绎了云南 20 多个世居民族的歌曲，如《大山给我好歌喉》（普米族）、《神鹰颂》（彝族）、《怒江人》（傈僳族）等，并且能用多种方言和民族语言演唱。这让人们想起他曾经演唱过的一首普米族民歌《团结花》："东方开的海螺花，南方开的玉竹花，西方开的金兰花，北方开的玉石花，栽在一个花盆里，开成一蓬团结花……"所以有人说："把曹新华的歌综合在一起，这本身就是一首民族团结之歌。"

不论在国内还是在国外演出，宣传民族文化、宣传各族人民团结一心的积极形象，是曹新华时刻铭记的责任。随"心连心艺术团"赴云南省文山演出时，他以一曲《在祖国的怀抱中》拉开序幕，道出了云南各民族维护祖国统一、民族团结的共同心愿；在《普米酒歌》中，他用汉语填词："国家要强盛，民族要团结，我们兄弟民族不要四分五裂……"随云南省歌舞团赴日本访问演出时，他领唱了压轴歌曲《26 个民族奔向同一个未来》。他以自己的行动，实践了自己的诺言。

四、"大山给我好歌喉"

在数十年的舞台生涯中，曹新华演唱了许多出色的作品，获得过不少奖项，取得了骄人的艺术成就，影响波及国内外。而他始终保持自己质朴的本色，执着地追求自己的音乐人生，并把自己的成就归功于"大山给我好歌喉"。

"大山给我好歌喉"

曹新华成功演绎的歌曲，有各民族的民歌，如《白族调》《普米酒歌》《欢迎您啊！朋友》（普米族）、《神鹰颂》（彝族）、《怒江人》（傈僳族）、《大山给我好歌喉》（普米族）等。他还在《爱的足迹》《阿诗玛》《东方彩霞》《玉洱银沧》《高原彩链》《泼水节》《蓝月亮》《母亲河》等多部大型歌舞剧中担任主唱，在《五朵金花的儿女》《阿惠》《比鲁岩堡》《金沙水拍》等多部影视剧中演唱主题歌，在《南方丝绸之路》《走出大山峡谷》《说不尽的云南》等电视系列片中主唱插曲。在北京亚运会、上海艺术节、云南世博会等大型活动的舞台上，他留下了高亢的歌声。2002 年，曹新华随团赴拉丁美洲演出。他头戴普米族毡帽，身穿羊皮坎肩，脚蹬马靴，派头十足的"牛仔"打扮，无意中实现了与拉美国家传统文化"接轨"。他演唱的《普米酒歌》朗朗上口，不仅富有普米族民歌特色，还借鉴美声唱法中的宣叙调，抑扬顿挫，充满魅力，备受欢迎。

曹新华的演唱艺术，获得了社会的广泛肯定。他演唱歌曲《神鹰颂》《怒江人》《大山给我好歌喉》先后在少数民族青年歌手大奖赛、首届长江歌会民歌比赛、全国首届海峡同乐优秀民歌大奖赛、首届云南民歌大奖赛等赛事中获奖；《怒江人》还在中国国际音乐电视比赛中获金奖，《酒歌》获得了第二届中华民歌大赛十大金曲奖。此外，他的歌曲专辑《大山给我好歌喉》获全国第二届城市电视台电视音乐节目金奖。

曹新华的演唱音域宽广，声音洪亮，音色柔和，尤其是高音区，具有浓郁的山歌风格，给人一种粗犷、自然的感受。他演唱的歌曲涉猎面广，不但能出色演绎众多少数民族的民歌，演唱创作歌曲也是独具功力。有专家认为曹新华的歌声"像大山一样挺拔，音色独特，形成了云南风格的一种流派，尤其是演唱云岭高原上高山各民族民歌的一种特殊流派"；"他的音色具有粗犷、刚烈的大山之声，高亢雄浑的高原之情，足以使他成为云岭歌坛的顶尖代表人物"。

曹新华经常会对人说："我的一生最离不开的是音乐和干饭。"他把唱歌看成一种生活，而且在这种生活中他如醉如痴。他说自己走的是艺术的路，不是明星的路，不像那些歌星一样的时沉时浮、经历痛苦，自己的人生无怨无悔、"做梦都要笑醒"。说到最佩服的人物，他从帕瓦罗蒂等世界顶尖人物一直数到国内名家胡松华、郭颂、蒋大为，但最终忍不住要冒出一句：其实我最佩服走自己。一曲《大山给我好歌喉》，唱出了他的人生和追求：

> 我是山的歌手，
> 我是水的歌手，
> 我是太阳的歌手，
> 我是月亮的歌手，
> 我是希望的歌手，
> 我是欢乐的歌手……
> 不唱烦恼，不唱忧愁，
> 只唱理想，只唱追求！

夏米力·夏克尔
——"为兵歌唱"的军旅艺术家

夏米力·夏克尔（1958～），男高音歌唱家，词曲作家，节目主持人，国家一级演员。新疆奇台县人，乌孜别克族。曾任某部战士、文书、排长、指导员，新疆军区政治部文工团独唱演员、演唱队队长、节目主持人；现任新疆军区文工团业务副团长，中国音乐家协会、新疆音乐家协会副主席，区青联常委、区青年志愿者协会副会长等。他是军营里走出来的艺术家，集演唱、创作、主持于一身，形成了自己独特的艺术风格。主要创作与演唱作品有《我是连队的歌唱家》《巴达木》《阿拉山口》《二道桥子》《大巴扎》《新达坂城》《西部雄鹰》《欢迎你到我故乡来》《达列什的口哨》等，出版有《天山歌声——夏米力·夏克尔创作歌曲集》。

一、连队里走出的歌唱家

1959年12月25日，夏米力·夏克尔出生在新疆维吾尔自治区奇台县。奇台是西域古城，那里的人们能歌善舞，歌舞艺术氛围浓厚。夏米力就出生在一个艺术之家，父亲是乌孜别克族，母亲是维吾尔族，父母都能歌善舞。

小时候，夏米力经常和伙伴们到草原上欣赏牧人们的纵情歌唱，他最喜欢听富有西域民族特色的乌孜别克族民歌。7岁时，夏米力就能唱出十几首不同风格的乌孜别克族民歌。

上小学后，夏米力对音乐更加痴迷，参加了学校少年合唱队，把大部分课余时间用在了听歌、学歌上。在学校，夏米力一直是文艺骨

夏米力·夏克尔

干，学校组织什么活动，准少不了他，而且多次在少儿、少年歌唱比赛中

获奖。

家庭的潜移默化、环境的熏陶以及学校的训练，为夏米力后来的艺术生涯打下了扎实的基础。

1976年冬天，正在读高中的夏米力听说部队要到学校征兵，高兴极了。他从小就梦想着有一天能扛着钢枪、骑着骏马、唱着歌儿在雪域边关巡逻，父母也很希望他们兄妹7人中能有一个成为军人。征兵干部知道夏米力歌唱得好，逗他说："小伙子，就你这身板，到了部队恐怕连枪都扛不动，怎么能当兵呢？"夏米力灵机一动说："我的歌唱得好呀，可以到宣传队去。"

就这样，1976年12月，17岁的夏米力被特招入伍。1979年7月，他又光荣地加入了中国共产党。在部队，夏米力先后担任某部炮兵团和师直侦察连战士、文书、排长、副指导员、指导员、连党支部书记等职。在任师侦察连指导员期间，该连因各项工作成绩突出连续两年荣立集体三等功，夏米力也曾被评为优秀指导员。

夏米力的普通话讲得很标准，写得一手好字，除母语乌孜别克语外，还精通维吾尔语、哈萨克语。这些优势，使他在部队里成为不可多得的人才。刚进军营不久，夏米力发现部队里没有专业歌曲教员，有时候一些很好听的歌也被唱走了调。于是他毛遂自荐，当起了连队的歌曲教员，每到周末，便发挥自己的艺术特长，教战士们唱歌跳舞，而且

"我是连队的歌唱家"

保证每周教一首新歌。从此，无论是连队聚会还是参加各种集体活动，夏米力所在连队的歌声最嘹亮、最动听。时间长了，夏米力在部队里的名气越来越大，被战友们誉为"连队里的歌唱家"。

火热的军营生活，深厚的战友情谊，加上一定的音乐艺术潜力，让夏米力萌发了创作歌曲的念头。于是，军事训练之余，夏米力便在连队的车库里进行歌曲创作。经过半年的努力，处女作《我是连队的歌唱家》诞生了。1981年7月，夏米力作为西部军营基层连队的文艺骨干代表参加全军文艺会演，《我是连队的歌唱家》取得了创作、表演、演唱三个一等奖。1981年7月，夏米力的处女作《我是连队的歌唱家》在全军文艺会演中荣获演唱、创作两个一等奖。时任总政治部主任余秋里说："夏米力歌儿写得好，唱得好，跳得也好。声、情、舞并茂，是一个难得的人才。"

1984 年 12 月，夏米力·夏克尔奉调进入新疆军区歌舞团（现新疆军区政治部文工团），担任独唱演员。可以说，他是地地道道从连队里走出来的歌唱家。

二、再攀艺术高峰

进入专业文艺团体，夏米力·夏克尔得到了专业导师的指点和教导，自己艺术潜能很快被激发出来，创作、表演、歌唱很快就上了一个新的台阶。

进入新疆军区文工团后，夏米力遇到了领着他步入艺术殿堂的老师——原新疆军区文工团团长、著名声乐指导老师何满斗。通过何满斗的悉心指导，夏米力的演唱水平在较短时间内产生了质的飞跃，很快完成了由业余歌手到专业演员的过渡，不到一年就正式担任了独唱演员。

1985 年 5 月，在兰州举行的全军文艺会演中，夏米力演唱了自己的作品《我的歌儿》《我的热瓦甫》两首歌，再次获得了演唱一等奖、创作一等奖和优秀演员奖。

何满斗老师经常语重心长地告诫夏米力："作为一个好的歌唱演员，必须不断提高自己的文化艺术修养，只有对每件音乐作品有了深刻的理解，才能在舞台上尽情地发挥，达到声情并茂的境地，引起观众情感上的共鸣。"夏米力在努力提高艺术修养的同时，不断提高自己的文化修养。在业余时间里，他阅读了大量的古今中外文学名著。对中国古代的唐诗宋词，更是爱不释手，不仅会背，还能较好地理解这些佳作的意境。

1986 年，夏米力担任了文工团演唱队的队长。

1992 年，夏米力自己创作的音乐作品《连队周末晚会》在第六届全军文艺会演中荣获声乐表演和创作两个一等奖。夏米力的荣誉多了、名气大了，许多大军区和地方的文艺团体纷纷给出优越的工作环境和丰厚的待遇希望夏米力加入，可夏米力都婉言谢绝了，他说："我是新疆人民的儿子，新疆的水土养育了我，新疆这片沃土更是我艺术生命的源泉。"

为让新疆各族人民更好地接触本土原创音乐作品，1994 年 8 月，夏米力首次在新疆人民会堂举办了个人本土原创音乐作品演唱会，获得巨大成功。

1995 年 7 月，夏米力凭着多年积累的深厚的音乐功底，考入了全军最高的文艺学府——解放军艺术学院音乐系干部大专班，师从男高音歌唱家、声乐教授李双江，从此攀上艺术生涯的又一座高峰。

经过两年的刻苦学习，1997年7月，夏米力以优秀学员的身份，带着三等功的勋章从军艺毕业，回到了新疆军区文工团。

2008年6月，夏米力走上了新疆军区文工团的领导岗位，担任党委常委、副团长。

三、接力"十年走边关"

夏米力·夏克尔来自军营，不忘军营，"为军营创作歌曲，为战士演唱歌曲"一直是他的奋斗目标。

夏米力在三个泉边防连演出

夏米力心系基层官兵，把自己的艺术热情和才华奉献给了边防连队。2000年，他制订了一个"十年走边关"计划，即在完成文工团每年100场国内外演唱任务之外，利用业余时间，主要是春节休假时间，自掏路费，奔赴那些最高、最远、最冷、最艰苦的边防哨卡，进行慰问演出。

从2000年开始到2009年2月，夏米力先后奔赴中巴、中俄、中吉、中哈、中蒙、中塔边境，总行程5万余公里，为100多个边防连队和前哨班举办了160多场演唱会，80多场座谈会，赠送个人CD、VCD演唱专辑2万余张，并创作了大量反映边防官兵生活的脍炙人口的歌曲。这10年，夏米力始终如一地坚持与战士们同吃同住，不让领导陪同，不给部队增添任何负担，不接受边防部队任何形式的馈赠。

这里，不妨记录下夏米力"十年边关行"中的几个镜头：2004年春节，在风雪交加的"风口第一哨"阿拉山口边防连，夏米力为连队的战士唱完歌，又继续登上哨塔为站岗的战士演唱，凛冽的寒风，零下二三十度的气温，很快冻木了他拉手风琴的双手……2006年春节，在海拔4700米的红旗拉甫边防连，夏米力爬冰踏雪登上哨所，高山反应非常强烈，头疼欲裂。即使这样，他依然为战士们引吭高歌，并为连队写了两首歌曲，使那里的战士们有了自己的歌曲。

十年来，三个泉边防连、乌拉斯台边防连、斯姆哈纳边防连、马兰前哨班、帕米尔边防连、天山深处的边防哨所……都留下了夏米力的身影和歌声。

长期的基层演唱活动，使夏米力的创作更富生活气息。他写的词，唱的歌，全是战士们的心声。总结自己走边关的 10 年，夏米力写了一首诗：

> 走过一站又一站，
> 欢歌笑语融严寒。
> 如今已过十年整，
> 爱洒边关无遗憾。

这首短诗道出了夏米力的心声。

2010 年，完成第一个"十年边关行"计划后，夏米力集中精力成功举办了个人演唱会，并出版了《天山歌声——夏米力·夏克尔创作歌曲集》（新疆人民出版社，2010）。与此同时，他决定：自 2011 年始，再利用 10 年时间，走完第一次未能到达的其他边防一线连队和联勤分部偏远仓库。

2011 年 2 月中旬，夏米力只身携带手风琴，来到塔城军分区一线连队，召开演唱会，并为官兵赠送光碟和书籍。这成为夏米力第二个"十年边关行"活动的第一站。

如今，夏米力仍旧一如既往地奔走边关，为战士演唱，为军营创作。

《天山歌声——夏米力·夏克尔创作歌曲集》书影

四、多才多艺的军旅艺术家

夏米力·夏克尔是一位多才多艺的艺术家，他既能演唱，又能创作，是一位不可多得的创作型歌唱家。此外，他还是一位出色的主持人。

30 多年来，夏米力创作、演唱了《我是连队的歌唱家》《阿拉山口》《忠诚》《思念》《致敬》《二道桥子》《歌舞之乡》《卡德尔大叔的日记》《西部雄鹰》《大巴扎》《达坂城的故事》《多思姑娘》《幸福新疆》等 100 多首歌，译配《致敬》《黑眼睛》《达坂城的姑娘》等 60 多首民歌。在中国唱片总公司、杰盛唱片总公司和新疆音像出版社发行 10 张个人 CD、VCD 专辑，销往全国各地及日本、新加坡及中亚等国家和地区，深得赞誉。

夏米力在创作

入伍至今，夏米力荣立二等功 3 次、三等功 8 次。同时，他数十次在全军全国比赛会演中获得演唱一等奖、创作一等奖、演唱金奖、创作金奖、全军声乐表演特别贡献奖三连冠和中宣部"五个一工程奖"等。同时，夏米力还多次受到党和国家领导人的接见。

2010 年 4 月，新疆人民出版社出版了《天山歌声——夏米力·夏克尔创作歌曲集》，集中收录他创作、译配的新曲 60 余首，维吾尔语歌曲《忠诚》《思念》《狼的传说》《致敬》等和《巴达木》《周末晚会》《叶尔羌河》《新疆可爱的故乡》等几十首汉语歌曲。

胡锦涛接见夏米力等人

2013 年 10 月 12 日，在国庆节和古尔邦节的中间时段，新疆八一剧场举行了夏米力·夏克尔创作歌曲演唱会。演唱会以《致敬》拉开序幕。唱出了当代军人对祖国母亲的忠诚和对家乡父老的热爱；接着从夏米力创作演唱的 200 余首歌曲中精选 22 首创作歌曲，上半场为"边关情"，演唱了《我是连队的歌唱家》《红其拉甫》《神仙湾的士兵》《咱们的民族连》《有那么一个地方》《西部雄鹰》《阿拉山口》等，下半场为"家乡情"，演唱了《二道桥子》《新疆精神》《中国梦照耀新疆》《卡德尔大叔的日记》等。

夏米力还经常主持全国性的大型演出。1997 年 9 月、10 月，夏米力两次在人民大会堂为外国军事代表团进行专场演出。迟浩田上将对夏米力的出色表现给予高度的评价："一个少数民族演员不仅歌儿唱得优美，用流利的汉语主持节目又这样精彩，真是难得。你在外国人的面前，为我们中国军人争了光。"并为夏米力亲笔题词："为兵歌唱。"

夏米力主持时的潇洒风度、幽默风格和富有知识性的串词，总能给人留下难以忘怀的印象。1998 年元旦，他独自主持了新疆军区文工团在香港演出的"西部民族音乐会"，香港《大公报》称誉他的主持"幽默风趣、轻松自然，拉近了演员与观众的距离，给音乐会增添了不少色彩"。

1999 年 3 月，大型民族歌舞《我们新疆好地方》在北京中国剧院为两会代表进行专场演出，夏米力极其完美地演唱了哈萨克族歌曲《可爱的一朵玫瑰花》，并和蕴情姆成功地主持了这台晚会。国家领导人称赞他"歌儿唱得好，主持得也很好"。

无论在国内还是在国外，不论是在高原哨卡还是在工厂农村、学校，不论是在全国各类大型晚会上还是在中央电视台做嘉宾主持，夏米力总是真情热烈、潇洒大方、风趣幽默、独具魅力，多家媒体称他是"中国西部的奥里奥""深情王子""西部雄鹰""才华横溢的主持家""才貌双全的艺术家"等。胡锦涛同志在一次演出后评价夏米力的"多才多艺"四个字，可谓对其艺术才华的高度概括。

五、倾心公益，德艺双馨

夏米力·夏克尔是一位德艺双馨的艺术家。他十分注重公益事业，为此奉献出了自己的一分力量，从而成为杰出的志愿者以及新疆的爱心慈善大使、诚信大使等。

多年来，夏米力始终十分关心新疆社会公益事业的发展。不论工作多忙多累，他总是积极参加各单位组织的慰问、慈善公益演出活动，全国及自治区重大慈善公益演出中，都能看到夏米力用歌声传递爱心的身影。

夏米力和他捐助的贫困儿童在一起

2003年，喀什18岁的维吾尔族姑娘娜曼古丽不幸患了白血病，夏米力知道后送去了3000元钱，后来又把自己演出所得的1万元全部交到娜曼古丽手中，同时发动身边的人们和社会力量帮助她，一直到娜曼古丽恢复健康，并找到了满意的工作。

和田地区的维吾尔族大学生日吉甫·热合曼家庭特别困难，家里拿不出学费。夏米力从报纸上得知此事后，拿出平日积蓄的4900元学费送到日吉甫手中。

2003年2月，听说新疆喀什地区巴楚县发生强烈地震，夏米力怀揣自己省吃俭用的1万元钱赶赴灾区，当场把钱分给受灾严重家庭的100个孩子。2008 年汶川地震发生后，夏米力积极捐款捐物。

2005 年 3 月，为了让家庭经济困难的学生完成学业，夏米力四处奔波，多方呼吁，发起并策划了新疆首届"情满天山慈善助学大型演唱会"，并在现场带头捐款，引起强烈反响，共募集善款 14 万元，现场为 10 名贫困学子每人给予 1000 元赞助，并以 4 万元建立自治区"天山学子自强助学金"。随后，他又带领演艺界同行到和田地区洛浦县多鲁乡麻风村进行慈善助学活动，将募集的 10 万元善款通过新疆慈善总会捐给麻风村，修建了一座百灵希望小学。2006 年 6 月，他又带着座椅、校服来到乌鲁木齐市郊区的哈萨克族小学，把资助金送到家庭生活困难的小学生手中。2007 年，在新学期来临之际，他为乌鲁木齐市周边地区十所中学捐赠图书 21 000 余册，价值 2.4 万余元……

从 1997 年至今，夏米力为家庭经济困难大学生、贫困中小学校、患病青少年组织公益性慈善演唱会，捐赠活动 70 多场次，义务参加各类社会公益活动 100 多场次，捐款捐物累计金额超过 100 万元。他是新疆首任"爱心慈善大使"，首任"诚信形象大使"，首任"青年志愿者形象大使"，他已经成为引导社会慈善、公益事业的最佳形象。在夏米力的影响下，许多演艺界人士、热血青年纷纷加入了志愿者的行列。

新疆慈善总会秘书长马丽说："夏米力在做慈善大使之前，其实就一直在做公益事业，他用美好的心灵和歌喉，抒发着对美丽新疆和各族人民的热爱。在他的血液里，融入了对艺术的热爱和对慈善事业的执着，他是人们心目中仰慕的艺术家和公益使者。在新疆慈善发展史上，夏米力的功绩是不可磨灭的。"

2007 年 12 月，团中央、全国青年志愿者协会举办的第七届"中国十大杰出志愿者"评选揭晓，在全国 200 多名候选人中，夏米力·夏克尔脱颖而出，成为"中国十大杰出志愿者"中唯一的少数民族人士。

杨丽萍
——独一无二的孔雀精灵

杨丽萍（1958～），舞蹈表演艺术家，国家一级演员。云南大理洱源人，白族。历任西双版纳傣族自治州民族歌舞团演员、中央民族歌舞团演员、中国舞蹈家协会副主席。以"孔雀舞"闻名，擅长将舞蹈中原本动态的艺术表现形式转化为静态，被誉为"中国第二代孔雀王"。舞蹈代表作有《雀之灵》《月光》《两棵树》《云南映象》《藏谜》《孔雀》等。

一、与生俱来的舞蹈天赋

1958 年 11 月 10 日，杨丽萍出生在云南省大理白族自治州洱源县的一个农民家庭，在兄妹 4 人中排行老大。

杨丽萍的家乡——素有"温泉之乡"美誉的洱源，是一个风景秀美，充满诗情画意的地方，那里聚居着以白族为主的 23 个少数民族，舞蹈是人们生活中不可缺少的部分。因此，对杨丽萍来说，舞蹈是她与生俱来的天赋。自从记事以来，她就常常和乡亲们一起唱歌跳舞。"一到晚上，村寨里的年轻人就聚在小油灯下跳舞。遇到有月光的夜晚，我们就三两一群到小河边载歌载舞。"

杨丽萍

5 岁那年，杨丽萍的父母离异，于是，身为长女的她和母亲一起挑起了家庭的重担。种地、砍柴、挑水、做饭，都是她每天必须要做的。那时，虽然生活清贫，但她依然感到非常快乐："在我的记忆中，伸手就可以摘到桃子吃，出门就可以见到一条清澈的河水，你可以在那儿洗菜、打水。有时我躺在河边，抬头看流云无穷的变化、树影的婆娑，完全是一种

美好的景象。我觉得美极了，幸福极了。"

渐渐地，只要一看到周围的美景，杨丽萍心中就会涌起一股想要翩翩起舞的冲动："无须任何人来教，你自己就会感到一种韵律，跟着它张嘴、迈步，就是歌，就是舞蹈了。""你可以跟一朵白云学，可以观察一只小蚂蚁看它们怎么动，还有蜻蜓点水、孔雀开屏，多着呢！"

正如杨丽萍所说，家乡的生活教会了她跳舞，培养了她即兴而歌、即景起舞的天性，为她提供了源源不断的灵感。"只要留意，处处都是舞蹈，就连追赶野兽的动作也是舞蹈。"

后来，每当逢年过节大家聚在一起狂欢纵舞时，杨丽萍总是显得格外耀眼。她常常会别出心裁地跳出一些独特的舞步，而且比传统动作更优美、更有韵味。就这样，她的舞技慢慢出了名，还传到了别的村寨。有一次，邻村的人用一包红糖"收买"了她，请她前去跳舞，杨丽萍高兴地大跳特跳，村民们看了都拍手叫好。

1967 年，9 岁的杨丽萍随母亲迁居到了西双版纳。在这里，当地独特的热带雨林景观以及频频出现的孔雀，带给了她无尽的遐想；而沐浴在朝晖夕照中的佛寺和金塔，更荡涤了她的心灵。她与当地的傣家儿女轻歌曼舞，度过了人生中最惬意的时光。

在那段时间里，杨丽萍受当地最具代表性的传统舞蹈"孔雀舞"的影响很深。只要一看到当地人表演这个舞蹈，她就会情不自禁地跟着跳起来，想象自己就是一只美丽的孔雀。

当地人在练"孔雀舞"时还有一个独特的方法，那就是把双手压在热水里，掰成孔雀的冠式、爪式、翅式等各种形状。杨丽萍看到后就跟着大家一起练，双手因此逐渐变得优美灵活、坚韧善变，为日后生动展现孔雀的空灵和美丽打下了基础。

二、翩翩起舞的"孔雀公主"

1971 年，杨丽萍被选入西双版纳傣族自治州民族歌舞团。从此，她拥有了越来越广阔的人生和艺术舞台。

在民族歌舞团的日子里，杨丽萍经常随团赴全州的村寨演出，从各民族的歌舞中汲取艺术养分。渐渐地，她的舞蹈才华不断走向成熟，成了团里的"台柱"。1979 年，她主演的《孔雀公主》荣获云南省表演一等奖。

1980 年，杨丽萍调入中央民族歌舞团。起初，她和大家一起练芭蕾舞，但没过多久便发现自己被其中的舞步所束缚，于是立刻停止了练习。

这一举动引起了领导的不满，她因此受到了处罚，营养费和练功服被扣发。即便如此，杨丽萍也再没有碰芭蕾舞一下，反而自己发明了一套练法，坚持并发展了下去。她说："对违规付出的代价是应该的，但我是跳民族舞的，从形体和精神上都不适合那种训练。"

1986年，全国举办第二次舞蹈大赛，杨丽萍想用自己编排的独舞《雀之灵》参赛，却没能得到团里的支持。于是，她四处借来1300多元，购置了服装和设备请人为她录像。好不容易录完了像，却已经过了参赛作品的预收日期，那天正下着瓢泼大雨，杨丽萍毫不犹豫地拿着录像带就冲进了雨里。接待老师被她冒雨而来的诚意感动，破例收下了录像带，答应在评委们休息时放给大家看。没想到，评委们看后都一致喝彩，《雀之灵》荣获了创作一等奖和表演第一名。

《雀之灵》登上
《人民画报》封面

此后，杨丽萍的创作激情日益旺盛，又继续自编、自演了《秋叶》《月光》《火》《雨丝》《弯弯的月亮》《瑞雪》《蛇舞》《飞天》《两棵树》等舞蹈。1988年，她被《北京日报》评为十大新闻人物之一。第二年，电视片《杨丽萍的舞蹈艺术》的播出更是让她名扬四海。

1990年，杨丽萍在第11届亚运会开幕式上表演了《雀之灵》，这是她第一次在国际大舞台上展现云南民族舞蹈的迷人魅力。1992年，杨丽萍应邀赴台湾演出，成为大陆第一位赴台表演的舞蹈家。她的独舞《雀之灵》在当地引起了极大轰动，人们都亲切地称她为"孔雀公主"。

之后，杨丽萍又先后在新加坡、俄罗斯、美国、英国、德国、加拿大等国举办专场舞蹈晚会。在日本大阪国际艺术节上演出时，她荣获大阪国际交流中心授予的最高艺术奖；在菲律宾演出时，菲律宾国家民间舞蹈协会授予她终身会员。

1994年，《雀之灵》荣获中华民族20世纪舞蹈经典作品金奖，舞蹈编剧张苛评价这支舞蹈"可与《天鹅之死》媲美"。杨丽萍也因此被誉为继毛相、刀美兰之后的"中国第二代孔雀王"。后来，杨丽萍在接受采访时曾说："《雀之灵》用手腕和五指的颤动，不仅仅是再现孔雀啄食、饮水、梳翅的动作，更深层地表现的是大自然和内心交感互通的一种状态。"

三、用舞蹈再现云南风情

1995 年，杨丽萍跨入影坛，主演了电影《兰陵王》，后来又在电视连续剧《射雕英雄传》中扮演了梅超风。1997 年，她自编、自导、自演了一部自传成分很大的电影《太阳鸟》，并在 2000 年入围加拿大蒙特利尔国际电影节，获"评审团特别大奖"。

杨丽萍在云南采风途中

2002 年，杨丽萍回到云南采风，开启了自己的"寻根"之旅。在红河哈尼族彝族自治州绿春县的村寨，她领略到了可以打出几十种花样的"绿春神鼓"；在石屏，她看到了烟盒舞和"鸽子渡食""蜻蜓点水""卷大白菜"等民间舞蹈绝技，听到了彝族姑娘婉转低回的"海菜腔"；在大理南涧，她欣赏到了"跳菜舞"，感受到了当地人"打歌打到太阳升，打起的黄灰能做药"的激情昂扬……

渐渐地，杨丽萍心中呈现云南民族歌舞魅力的愿望变得日益强烈，她决定导演一部描绘云南风情的歌舞剧。为了能保留舞蹈的原汁原味，她还亲自到农村去寻找群众演员。在回忆当初寻找演员的过程时，杨丽萍说："上百位演员都是云南村子里土生土长的农民，有的就是在放牛时吆喝了一嗓子，被我们看中了，于是就被请到了舞台上。只有这些朴实、憨厚，为了爱、为了生命而起舞的人，他们在跳舞时的那种狂欢状态，才最能表现天、地、人内在而广大的精神。"

最终，演出被定名为大型原生态歌舞集《云南映象》，杨丽萍兼任总编导、艺术总监和主要领舞。其中的所有节目都取自云南的民族舞蹈，服装都取材于云南各民族的民间着装，70% 的演员来自云南各地。

2003 年 8 月 8 日，《云南映象》在昆明首演，大获成功。在全长 120 分钟的演出中，演员们通过"云""日""月""林""火""山""羽"7 场歌舞展现了彝、苗、藏、傣、白、佤、哈尼等民族原汁原味的生活场景。

之后，《云南映象》很快红遍全国，并在 2004 年中国专业舞蹈最高奖项——第四届中国舞蹈"荷花奖"的比赛中，一举囊括舞蹈诗金奖、最佳编导奖、最佳女主角奖、最佳服装设计奖、优秀表演（打鼓设计）奖。

2004 年 11 月，《云南映象》走出国门，到巴西、阿根廷演出，引起当地媒体高度关注。

2005 年，杨丽萍凭借《云南映象》荣获万宝龙国际艺术赞助大奖。同年，她又带着《云南映象》踏上了北美巡演之旅。美国《华盛顿邮报》以《超越"大河之舞"》为题称赞道："中国制造了一部像爱尔兰踢踏舞一样阵势壮观的民族舞蹈——《云南映象》。"《询问者》则称之为"你所见过的最大、制作最精细的民族歌舞集。"

后来，《云南映象》又分别在日本、澳大利亚等地进行了演出，受到当地观众的热烈欢迎。

四、"至情至性的舞者"

2007 年 8 月 16 日，杨丽萍与容中尔甲联手打造的大型歌舞乐表演舞台剧《藏谜》在四川成都首演。这部剧以一位藏族老阿妈朝圣路上的所见所闻为线索，以不同藏族地区的歌、舞、器乐为载体，情景式地展现了藏族人民群众的日常生活、民俗活动以及宗教仪式。剧中的 70 多位演员几乎都是藏区的牧民。

谈到《藏谜》，杨丽萍说："《藏谜》展现了这样一个伟大而独特的民族：他们血液里流淌着马蹄的声音，眼睛里盛满了青稞酒；他们会说话就会唱歌，会走路就会跳舞；他们用最纯粹的生活和最虔诚的态度感受幸福。对每个参与者，包括观众，都是心灵的洗礼与启迪。"

2009 年，杨丽萍又推出了《云南映象》的姊妹篇——大型原生态歌舞集《云南的响声》。在这台演出中，她用云南各少数民族独有的民间乐器以及村寨里人们常用的锄头钉耙、水车石磨，共同奏出了生活在大自然中的人类所发出的响声。

2011 年，杨丽萍荣获"中华艺文奖·艺文奖"。2012 年，她的收官之作《孔雀》在云南昆明首演，随后开始了全球巡演。

《孔雀》全剧分为春、夏、秋、冬 4 个篇章，讲述了一个关于成长、人性、生命和爱的故事。以《孔雀》作为收官之作，是杨丽萍多年以来的夙愿："20 多岁时没有能力，现在终于圆梦。其实整个舞剧就像我的自传，第一幕也跳'雀之灵'，表现孔雀刚出生，万物萌动，带着新鲜的喜悦；

杨丽萍在昆明演出收官之作《孔雀》

然后是夏秋冬，先是生命的盛夏，然后是生命的萧条，爱情的消失，最后绝望的孔雀在神的怀抱里明白了生命的真谛……这就是我自己的人生体验。"

2013年，杨丽萍结束了长达40年的舞蹈生涯，转向了幕后。从《雀之灵》到《云南映象》，再到后来的《藏谜》《孔雀》，杨丽萍在舞蹈上取得的成就，令人惊叹。《纽约时报》曾这样评论她的舞蹈："杨丽萍跳起来像一个充满活力的年轻人，叠起那苗条的躯干，伸开双臂、双腿、十指，轻盈自如得宛若大自然的精灵一样。"

《人民网》则评价说："一直以来，人们将这位从深山里走出来的神秘舞蹈家称为'巫女'——一位善于用肢体说话的人。台湾及东南亚的观众更称她为'舞神'。杨丽萍所舞出的纯净柔美的舞蹈，是特殊的艺术形象、特殊的灵慧气质。她是真正的艺术家、创作者、实践者，真正独一无二至情至性的舞者。"

如今，虽然离开了自己心爱的舞台，但杨丽萍依然在幕后继续着自己的舞蹈事业。正如《云南映象》中的一首民歌所唱的那样："太阳歇歇么歇得呢，月亮歇歇么歇得呢，女人歇歇么歇不得，女人歇下来么，火塘会熄掉呢……"

银杏姬斯
——"裕固族姑娘就是我"

　　阿尔昂·银杏姬（吉）斯（1960～），女高音歌唱家、词曲作家，国家一级演员。甘肃肃南人，裕固族。曾在西北民族学院（今西北民族大学）进修。历任肃南县文工团、中央歌舞团演员等。她从演唱裕固族民歌开始，到自己创作本民族风格的歌曲，促进了人们对裕固族及其音乐艺术的了解和喜爱。主要演唱歌曲有《西至哈至》《草原为你吐芬芳》《美丽的海子湖滩》《歌唱我亲爱的哥哥》，创作并演唱的歌曲有《驼户人的欢乐》《我们这群裕固族姑娘》《母亲的歌》《敬酒歌》等，出版有专辑《裕固族姑娘就是我》等。

一、在歌声中不断成长

　　1960年，阿尔昂·银杏姬斯出生于甘肃省肃南裕固族自治县明花区的一个裕固族牧民家庭。她的家乡地势平坦，水草丰美，是个比较富庶的牧区。家里有8个兄妹，一家人生活得很是安宁幸福。

　　银杏姬斯的父亲是当地远近闻名的民间艺人，既会唱民歌，又会讲民间故事；母亲和哥哥也都喜欢唱歌。受到家庭和当地民间民族文化的熏陶，银杏姬斯自幼能歌善舞，从父母和哥哥那里学到了许多裕固族民歌，还从家里的一台收音机里听到了很多来自草原以外的歌。

银杏姬斯

　　小时候银杏姬斯是在歌声中度过的，不仅是听家人唱歌、听乡亲们唱歌，她自己也是歌不离口，走路在唱，做活在唱，娱乐游艺时更在唱。回忆少年时光，她总是满怀神往："每天迎着刚刚升起的太阳，赶着自己心爱的羊，走向绿草如茵的大草原，看着小草尖上还挂着前一夜的露珠。每

当这个时候，歌声总是会自己从嗓子里飘荡出来。"

15 岁那年，银杏姬斯读书的明花区学校要举办文艺演出，同学们撺掇她上台演唱。这是银杏姬斯第一次登台，演唱的歌曲是裕固族传统民歌《西至哈至》。这次登台，使银杏姬斯很快就变成了远近闻名的"百灵鸟"。

1976 年，银杏姬斯考入肃南中学读高中。在那里，除了学习文化课，她还参加了学校的文艺宣传队，成为学校文艺活动的积极分子和骨干。也正因为这样，她才在毕业后被选入肃南县文工团，且后来有机会到专业院校进修。

关于银杏姬斯的这段经历，有这样一段记录。在县里上高中的时候，有一天，一位好朋友要到县文工团考试，拉着银杏姬斯陪她一起去。到了考场，不知是谁认出了银杏姬斯："你不就是县一中那个唱歌的小姑娘吗？来，给我们也唱一首！"随后，银杏姬斯一口气唱了七八首歌，从裕固族民歌唱到当时流行的电影插曲。听着听着，考场里一位拉手风琴的老师忽然站起来，拍着腿说："我们就需要这样的学生！"后来银杏姬斯才知道，这个人是当时西北民族学院（今西北民族大学）的老师。

进入县文工团后，正是之前的那次机缘，经过那位拉手风琴的老师推荐，银杏姬斯有机会被选送到西北民族学院进修。这次进修虽然只有短短的一年，却为她后来的演唱打下了坚实的基础。

银杏姬斯回到母校献唱

1978 年，刚走进西北民族学院音乐系时，银杏姬斯还是一个连"哆唻咪"都不认识的学生，上音乐理论课时更是"一问三不知"。可学校的老师对这个裕固族小姑娘关怀备至，尤其是课任老师邵永静和马玉兰，手把手地教她识谱等基础知识，教她发声、吐字等歌唱基本功。老师的关怀和教导，给银杏姬斯留下了不可磨灭的印象；当然她也没有忘记，当时因为年龄小，调皮的她也没少给老师出难题。

2010 年，西北民族大学 60 周年校庆，银杏姬斯接受邀请回到母校。见到自己 30 多年前的启蒙老师，她抱着老师说："感谢您当年教给我的知识。"银杏姬斯的姐姐常说："她从一个不识谱的小丫头，变成了一个能唱会写的歌者，所有的基础都是在西北民族学院打下的。"

二、全国会演一举成名

结束在西北民族学院的进修，银杏姬斯回到了肃南县文工团。在演出实践中，进修老师教给她的演唱技巧逐渐发挥了作用，她的演唱越来越成熟。她说："以前自由的山莺，慢慢地学会了怎么去歌唱。"

1980年年初，国家民委联合文化部，决定举办第一届全国少数民族文艺会演。这次会演是在一个特定的时代背景下举办的。"文革"期间，少数民族文艺受到摧残破坏，百花凋零，党的民族政策也遭到践踏。为了落实民族政策和文艺政策，由国家民委发起，联合文化部决定举办这次会演。随后，各省按照中央安排，为准备会演而选拔节目和演员。

裕固族是我国55个少数民族之一，是一个人口较少的民族（2000年统计为13 719人），主要分布在甘肃，90%聚居在甘肃省肃南裕固族自治县。为选拔会演演员，甘肃省文化厅干部来到了肃南县，他们在文工团听了银杏姬斯演唱的《西至哈至》等几首歌曲，被深深打动，当场决定选她进入省里参加会演的队伍。

1980年9月20日至10月20日，第一届全国少数民族文艺会演在首都北京举行。历时一个月的会演中，55个少数民族的2000多名文艺工作者表演了300多个节目，集中展示了我国少数民族音乐、舞蹈、说唱、戏剧艺术的丰富多彩，也显示了少数民族文艺创作水平和表演水平的提高，呈现出我国少数民族文艺百花齐放、欣欣向荣的兴旺景象。

这次会演中，影响较大的节目，歌曲有壮族歌曲《妈妈，你喜欢不喜欢他》，朝鲜族歌曲《我娶了个好媳妇》，裕固族歌曲《裕固族姑娘就是我》，白族歌曲《我敬阿哥一杯酒》；器乐演奏有苗族芦笙独奏《赶坡》；舞蹈有蒙古族群舞《牧马人之歌》，黎族《竹竿舞》，景颇族《刀舞》，等等。参加这次会演的部分优秀节目，还被拍成了纪录片《姹紫嫣红》。

参加这次会演的演员，不仅有许多老演员登台再展风姿，如才旦卓玛（藏族）、崔美善（朝鲜族）、金花（蒙古族）、帕夏·依霞（维吾尔族）、赵履珠（白族）等；还涌现了很多新秀，如阿拉泰（蒙古族）、银杏姬斯（裕固族）、央宗（藏族）、曲比阿乌（彝族）等。新秀中有人因为表现突出，会演后就被调入了中央民族歌舞团。

银杏姬斯凭着一首《裕固族姑娘就是我》，在这次会演中一举成名。她银铃般的歌声，热情朴素的台风，以及甜美的演唱特点，令观众为之赞不绝口。

1981 年，银杏姬斯调入中央民族歌舞团，成为一名全国性文艺团体的专业歌唱演员。与她同批调入的，还有杨丽萍、德德玛等少数民族演员。对此，银杏姬斯总是说："是我的民族给了我机会。"

三、"裕固族姑娘就是我"

在第一届全国少数民族文艺会演中让银杏姬斯一举成名的《裕固族姑娘就是我》是一首裕固族民歌，银杏姬斯早期演唱的作品也大多是裕固族民歌。银杏姬斯在自己民族的音乐艺术中汲取了充分的营养，并在此基础上进行了歌曲创作，成为一名比较全能的歌唱家。

裕固族民歌体裁丰富，风格独特，富有鲜明的民族特色，充满浓郁的生活气息。这些民歌以纯粹、地道的裕固族语言歌咏本民族生活，展现出一种原汁原味、土生土长的母语文化的动人魅力。而银杏姬斯小时候生活的明花区裕固族叫"草原上的裕固人"，那里的民歌古朴、平和、沉稳，保留了裕固族本民族的更多特点。

在 1980 年准备全国会演选拔的过程中，银杏姬斯偶然听到团里一个名叫贺俊梅的小姑娘在唱一首非常好听的歌，这首歌当时名叫《裕固族妇女故事多》，是贺俊梅从自己母亲那里学到的老歌。银杏姬斯拉着贺俊梅学会了曲子，并改编成了《裕固族姑娘就是我》，在会演上演唱。歌曲从裕固族姑娘的头饰开始唱起，把一个漂亮的裕固族姑娘呈现在了大家眼前：

> 裕固族姑娘就是我，
>
> 姑娘我心中歌儿多，
>
> 闪光的珍宝我戴过，
>
> 漂亮的头面我绣过……

歌曲优美的曲调，通俗的唱词，就像在向观众作自我介绍，把人们的注意力紧紧吸引住了。接着歌曲缕述了姑娘生活中的诸多活计，包括捻毛线、织粗布、做奶制品等，最后唱道：

> 辽阔的草原我走过，
>
> 高山峻岭我上过，
>
> 你干的活儿我干过，
>
> 不信咱们比着说。

这里的几句，进一步凸显了裕固族姑娘的个性，使人既感到了姑娘的亲切、真挚，也体会到了她开朗的性格和无畏的精神。会演期间，每当人们提到裕固族姑娘，就会想到银杏姬斯，很多人都说这首歌只有她演唱最合适。后来，这首歌曲不仅作为声乐作品久唱不衰，还被作为甘肃歌舞团同名舞蹈的背景音乐和舞蹈《山那边的彩云》的主要音乐旋律。

银杏姬斯善于演唱民歌，能够精准地掌握本民族歌曲的风格。除了《裕固族姑娘就是我》之外，她演唱的裕固族民歌还有《草原为你吐芬芳》《美丽的海子湖滩》（牧歌）、《歌唱我亲爱的哥哥》（牧歌）等。

银杏姬斯的声音明亮、流畅，高低音区音色统一，听起来圆润、甘美。"高音时清脆得像塞上的银铃，低音时像祁连山下清澈的流水。"她的演唱总是让人百听不厌，每次演出往往总要返场。她曾被赛福鼎·艾则孜、司马义·艾买提等人誉为"阿尔泰语系21个民族的夜莺"；而家乡和草原上的乡亲们，则称她为"祁连山的百灵鸟""河西飞出的金凤凰"。

不过，银杏姬斯并未就此止步。进入中央歌舞团之后，由于人们对裕固族了解较少，团里没人能为银杏姬斯写歌，同事笑称她的演出曲目是"老三篇"，这让银杏姬斯有些尴尬。有一天，表哥拿来自己创作的一首诗，想让银杏姬斯谱上曲子，由此她开始了自己的歌曲创作之路。

此时，早年多彩的草原生活和丰富的民族音乐，成为银杏姬斯创作的素材。正如她自己所说："有时候晚上闭上眼睛，草原、羊群、劳作的父母，这些家乡的影子就浮现在我眼前，曲子就像是从心里最深处流淌出来的一样，唱出来就是我们裕固族的调子。"

就这样，银杏姬斯在23岁时有了自己的第一首创作歌曲《驼户人的欢乐》，并开始在演出中演唱。后来，这样的创作歌曲越来越多，如《我们这群裕固族姑娘》《母亲的歌》《敬酒歌》等，这些创作歌曲和裕固族民歌一起，最终凝结成了一张专辑《裕固族姑娘就是我》。

此后，银杏姬斯的创作一发而不可收，创作的《神奇的河西走廊》《朋友情永未了》《牧羊人》等几百首原创歌曲，在国内及欧美、亚非等十余个国家传唱。在这些原创歌曲中，除《太阳把温暖洒向人间》《爱情的信念》等为数不多的几首，其余全部都是裕固族歌曲。银杏姬斯说："很多人会问起我的创作源泉，这种能量不是我一个人拥有的，我的身后站着的是一个民族。我一直觉得裕固族是一个被很多人恩宠的民族，有很多人喜欢我们的服饰，喜欢我们的风俗，喜欢我们的敬酒歌。我从父辈们那里传承来的小曲，我放过的羊群，我生活过的草原，都奠定了我创作的源泉。"

裕固族的音乐艺术滋养了银杏姬斯，银杏姬斯的歌声也让越来越多的人认识了裕固族。1989年，银杏姬斯经人推荐见到了匈牙利驻华大使，这

银杏姬斯专集《神奇的河西走廊》

位说着一口流利汉语的大使在听完她的演唱后高兴地说："我太幸福了，我是第一个见到裕固族人的匈牙利人！"经过这位大使的推荐，银杏姬斯第一次走出了国门。

那是匈牙利科学院对民歌的一次研究活动，对方让银杏姬斯把自己所知道的裕固族民歌陆续唱出来，并请来一位匈牙利民歌手和她对唱。回忆起这次活动，银杏姬斯说："我们隔着万水千山，可是有很多流传下来的民歌却是惊人地相似。"

后来，银杏姬斯有了更多的外出交流的机会。她珍惜每一次走出去的机会，在美国、韩国、泰国等很多国家，她带着裕固族人的歌声，将这个中国西部的少数民族展现给了世界。

银杏姬斯是一位肯于学习、善于学习的民族音乐家。在全国少数民族文艺会演时，有一次银杏姬斯和云南白族赵履珠碰到了一起，赵履珠对她的演唱大加称赞："你真是塞上飞出的金凤凰，唱得很好，我要向你学习。"银杏姬斯很谦虚地回答说："我是刚刚参加工作的新演员，在您面前我是个学生，需要向您学习的地方太多了。"

如今，银杏姬斯仍旧在自己的岗位上辛勤工作，为了自己的民族，为了自己的家乡，为了音乐艺术。

曲比阿乌

——"月亮的女儿"

曲比阿乌（1963～），女高音歌唱家，国家一级演员。四川凉山人，彝族。1982年毕业于天津音乐学院。先后担任美姑县文工团、凉山彝族自治州歌舞团、四川省歌舞团、中央民族歌舞团独唱演员，以及中国音乐家协会会员、中国少数民族声乐学会理事等。她以优美亲切的嗓音、清新大气的演唱风格受到观众喜爱，被称为"月亮的女儿"。演唱代表作有《远方的客人请你留下来》《赶圩归来阿哩哩》《月琴弹起来》《彝乡谣》等，有《小阿妹》《人间天堂》《美丽绽放》等专辑。

一、大凉山飞出的"金凤凰"

1963年5月13日，曲比阿乌出生在四川省凉山彝族自治州美姑县的一户彝族家庭，在五姊妹中排行老大。"阿乌"是大凉山上的一种鸟，羽毛亮泽绚丽，叫声优美动人。父亲给她取名阿乌，蕴含着吉祥祝福之意。

在曲比阿乌的家乡美姑县，人人能歌善舞。到了一年一度的"火把节"，那里的村寨都会燃起火把载歌载舞，歌声、琴声、欢笑声此起彼伏，传遍山野。曲比阿乌的阿爸虽然是搞行政工作的，但也是唱歌跳舞的能手。阿爸那优美的月琴声和深情演唱的《情深谊长》，成了她童年最美好的回忆："从小我就对彝族歌舞着迷，凉山是我艺术的摇篮。"

在家乡浓郁的歌舞氛围下，曲比阿乌的歌唱天赋逐渐显露。4岁时，她跟着父亲学起了唱歌，先是学会了彝族的山歌，后来又学会了《我的祖

曲比阿乌

国》《草原上升起不落的太阳》等经典歌曲。每当听到曲比阿乌清脆的歌声，乡亲们都会摸着她的小脸夸奖她："小阿乌，你也能唱歌了。"

优美的月琴声给了曲比阿乌歌唱的智慧和甜美的梦想，乡亲们的赞美更给了她唱歌的无限动力。13 岁那年，她瞒着家人考上了美姑县文工团，可阿爸担心她年纪小，硬是拦下了。

过了两年，曲比阿乌又偷偷考上了县里的文工团。这一次，她长了个心眼，等顺利进入文工团后才向家人公开了这个秘密。阿爸知道后，不但没有丝毫责备，反而夸她是个"小机灵鬼"。就这样，在父亲的支持下，曲比阿乌走进艺术殿堂，开启了人生的艺术之旅。

进文工团还不到半年，歌美、人也美的曲比阿乌就成了团里耀眼的新星。不久，她代表县里参加了州里的文艺调演，因表演出色被调入凉山彝族自治州歌舞团。1979 年，曲比阿乌代表歌舞团参加四川省文艺会演，从众多演员中脱颖而出，顺利加入四川省歌舞团。

1980 年，曲比阿乌被省里派往北京参加全国少数民族文艺会演。在演出中，她以一曲《阿哥你莫慌，你莫忙》荣获优秀表演奖。当曲比阿乌带着获奖证书回到家乡时，乡亲们都高兴得奔走相告："小阿乌在北京获奖了！""彝家飞出了一只金凤凰！"直到今天，这首歌还在她的家乡广泛传唱。

随后，曲比阿乌获得了到天津音乐学院深造的宝贵机会。在音乐学院两年的系统学习，为她日后的振翅腾飞奠定了坚实基础。

1982 年，曲比阿乌顺利毕业，回到了四川省歌舞团，并随团赴广西演出。一天晚上，她唱完歌刚回到后台，就接到了北京发来的调函，让她去中央民族歌舞团报到。几天后，曲比阿乌踏上前往北京的旅途，迈出了自己艺术生涯中至关重要的一步。

二、为家乡而唱

刚到中央民族歌舞团时，曲比阿乌显得有些不太适应。当时，团里分给她的房间又小又矮，而且门口还紧靠着两棵大树，即便她身材小巧玲珑，也要侧身进门。到了晚上，曲比阿乌不好意思邀请同事来做客，只能一个人待在房间，每当想起家乡的青山绿水，想起阿爸阿妈，她的鼻子总是酸酸的。

过了一段时间后，曲比阿乌逐渐适应了在歌舞团的生活，性格也变得开朗起来。从此以后，她打起精神，认真练习发声技巧，不断提高演唱水

平，并随团演出积累经验。在辛勤努力
下，她的歌声变得越来越通透圆润，表
演艺术也日益精湛。

1985 年，曲比阿乌在中国唱片社录
制了自己的第一张专辑《小阿妹》。当
时，流行歌曲风靡全国，许多歌手都改
走通俗路线，而曲比阿乌却坚持民族唱
法，她说："我是第一个来到首都的彝
族歌手，而且又是来到中央民族歌舞团

曲比阿乌在演出中

这个大家庭，我觉得我代表的不是我一个人，而是我的整个民族。"

多年后，翻唱邓玉华在大型音乐舞蹈史诗《东方红》中演唱的彝族经
典歌曲《情深谊长》时，曲比阿乌说："邓玉华老师是演唱这首歌的第一
代歌唱家，我是第二代。我祖祖辈辈生活在大凉山，是地地道道的彝族
人。彝族人演唱彝族的经典歌曲，天经地义。再加上历史赋予这首歌的特
殊含义，我每次歌唱都有不同的感受。"

1988 年，曲比阿乌首次登上了中央电视台春节联欢晚会的舞台。在晚
会上，她身着彝族服装头饰，演唱了一首《陪我阿哥守边疆》，让全国亿
万观众心醉神迷。第二年，她又在春节联欢晚会上演唱了《今宵多美好》，
把清脆嘹亮的歌声以及清纯美丽的形象深深地印在了观众的脑海里。

此后，曲比阿乌经常参加中央电视台的"五一""十一"、元旦以及春
节联欢晚会的表演。许多观众都称赞她是全方位演员，说她"不但人长得
漂亮，歌也唱得好；不但歌唱得好，服装也非常好看。"

大连的一位观众曾写信给曲比阿乌说："阿乌，我非常喜欢你的歌。
这些年，你在电台、电视台的所有节目，我都录了下来并精心保存着。"
一位昆明的小观众也来信对她说："阿乌姐姐，我在电视上发现你瘦了。
你是不是太累了？一定要保重身体。"1994 年除夕之夜，一位远在西藏的
解放军战士，甚至把电话打进了中央电视台春节联欢晚会的直播现场，他
激动地告诉曲比阿乌："我是你大凉山的彝族老乡。为了保卫祖国，我已
经有几年没回家乡过春节了。每年的除夕之夜，我都盼望着能在电视晚会
上看到你。因为看到你，就好像回到了家乡，看到了亲人。"

听着观众们感人肺腑的话语，曲比阿乌心里感到十分温暖。每当她在
北京感到孤独寂寞时，只要看到观众们曾经写给她的信，回想起大家激励
的话语，她的烦恼与劳累就会烟消云散，观众们的肯定成了她前进的
动力。

三、追求完美，不断进步

1997年，在中央人民广播电台主办的"全国观众喜爱的歌手"评选中，曲比阿乌一举荣获"最受欢迎歌手奖"。

1998年底，曲比阿乌随中央电视台"心连心"艺术团，到位于家乡大凉山的西昌卫星发射中心演出。在演唱《情深谊长》前，她激动地说："凉山州亲爱的父老乡亲、兄弟姐妹们，我是你们的曲比阿乌，我是从这片土地上走出去的歌手！"西昌是有名的"月亮城"，因此，观众们都亲切地叫她"月亮的女儿"。

2000年，曲比阿乌在八一电影制片厂录制了MTV《月琴弹起来》。当时正值寒冬季节，录音棚里没有暖气，曲比阿乌穿着短袖坚持拍摄，拍完后全身几乎快要冻僵。最终，《月琴弹起来》荣获了中国音乐家协会和广播电影电视部举办的"新人新作"MTV大赛银奖，曲比阿乌再次用实力证明了自己的演唱水平。

之后，曲比阿乌远赴云南，拍摄了MTV《远方的客人请你留下来》。当时，有一个镜头需要去石林拍摄，"在石林的底部有一个地方的风景特别好，要下到那个地方去必须坐缆车。坐的缆车是直上直下的，拴缆车的铁链特别细，而且都生锈了"。即便如此，曲比阿乌还是硬着头皮坐缆车下到了石林底部，"后来想起来都特别的后怕"。

专辑《人间天堂》

2004年，曲比阿乌发行了专辑《人间天堂》。在采访时，她说："通过音乐专辑《小阿妹》和《人间天堂》，就能完全了解我的性情、喜好和为人，有人说言为心声，其实歌声更能传情达意。"

2008年和2009年，曲比阿乌被全国妇联授予"全国三八红旗手"荣誉称号。2010年，她又发行了新专辑《美丽绽放》。

为了能让观众有更好的艺术享受，曲比阿乌对自己的每一场演出和每一张专辑都力求完美，并不断在歌曲的配乐、服饰等方面进行改进。在配乐方面，曲比阿乌在伴奏乐器上做了一些改变。她说："以前的伴奏乐器以传统乐器为主,现在都融入了很多流行音乐的元素。"在服饰方面,曲比阿乌对传统服饰进行了改良,使其更适合舞台演出。"我们彝族的服装以红、黄、黑三色为主,在后来的演出服装中,我尝试了各种颜色,包括金色、银色、白色、粉色等,让彝族服装变得更加国际化。"

同时,曲比阿乌还不断变换演唱形式,曾在"彝人制造"组合发行的专辑《回归》中以4首歌倾情加盟。她还常与"彝人制造"同台演出,从形式单一的个人独唱,到形式多变的合唱,一刚一柔,向观众展现了不一样的民族音乐风情。

此外,曲比阿乌也经常向著名歌唱家学习经验,并自学了很多其他民族的歌曲。她说:"只有自己不断地学习进步,不断地提高专业能力,才能适应不断发展变化的艺术环境。"

四、"让全世界都知道彝家"

几十年来,曲比阿乌一直活跃在舞台上,从最初美姑县文工团的一名小歌唱演员,逐渐成长为一名优秀的少数民族歌唱家。对于如何做一名优秀的歌唱家,曲比阿乌有自己的理解:"我觉得,作为一个少数民族歌手,歌唱技艺虽然很重要,但个人品德更为重要。祖国的山山水水养育了我们,我们要力所能及地回报社会,所以只要是公益活动邀请我,我都会力所能及地参加。"

正如曲比阿乌所说,她积极投身公益活动,从20世纪80年代起就参加中央电视台组织的"心连心""同一首歌"艺术团,赴祖国贫困山区慰问演出。无论是在云南、贵州等少数民族地区的慰问演出上,还是在四川地震灾区的公益演出上,都能看到她的

曲比阿乌和"彝人制造"组合一起演出

身影。曲比阿乌还参加了许多大型募捐义演,为"希望工程"捐款,并担任中国红十字基金会"爱心天使"、中国环境文化促进会的"中国环境大使"等,多次受到表彰,先后荣获全国"德艺双馨演员""民族团结先进个人""突出贡献专家"光荣称号。

曲比阿乌还说:"民族艺术是我毕生的追求。从事民族艺术,就可以将我们彝族的文化传播到世界各地,这也是我坚持走民族音乐艺术道路的原因之一。""让全世界都知道彝家是我不变的心愿。"

曲比阿乌曾作为"大陆杰出青年赴台湾访问团"成员前往台湾演出,并在庆祝香港回归和澳门回归的演出中倾情献唱,受到热烈欢迎。她还曾作为少数民族的优秀代表,多次出访美国、英国、日本、德国、法国、澳大利亚等国家。她演唱的《远方的客人请你留下来》《赶圩归来阿哩哩》《我的家乡美》《月琴弹起来》等歌曲深受国外观众喜爱。在日本,曲比阿乌被观众称为"中国的山口百惠";在欧美,她被称为"来自古老东方最美丽的歌手"。

每次出国演出,曲比阿乌总是身穿彝族服饰,常常还没开口唱歌,就凭借美丽的服饰和容貌引起在场观众的热烈掌声。散场后,好奇的外国观众总是把曲比阿乌团团围住,连比带划地想要了解彝族风情。每当这时,曲比阿乌都显得格外兴奋,常常边说边笑。"作为少数民族歌手,我有责任和义务当好文化使者,让各个民族、各个地区、各个国家的人们通过歌声加深了解、增进感情。"

随着曲比阿乌的歌唱,她的家乡也变得越来越好。"当年离开家乡到外面闯世界,完全是山里人带着好奇和惶惑不安往前走。那时家乡偏远、贫穷,被时尚潮流甩在后面,而今,家乡的巨大变化让人惊喜,城市变得漂亮和现代了,父老乡亲的生活也更安详和富足。我近年来经常介绍朋友到家乡旅游,家乡变美变靓了,作为游子在外面就有一种安定和自豪感。"

如今,曲比阿乌已成为彝族人民的形象大使,深受爱戴。她用歌声把彝族日新月异的变化展示出来,把彝族风情、民族艺术传遍全世界,为弘扬少数民族事业,促进民族团结作出了突出贡献。

参考文献

[1] 汇知海．于非闇艺术作品欣赏［M］．哈尔滨：黑龙江美术出版社，2006.

[2] 318艺术商城编辑部．"再生"于新时代的旧式文人——于非闇［OL］．［2013-02-08］．318艺术网．

[3] 曹禺．一代名家，不同凡响——在侯喜瑞先生舞台生活八十年纪念会上的祝词［J］．戏曲艺术，1981（2）．

[4] 李佩伦．梨园翘楚老侯爷——记回族京剧表演艺术家侯喜瑞［J］．回族文学，2006（5）．

[5] 高翔．"觉木隆"职业藏戏及唱腔音乐研究——以西藏藏剧团为例［D］．北京：中央民族大学，2012.

[6] 李传兴．扎西顿珠在藏戏发展中的历史贡献［J］．湖北第二师范学院学报，2013（6）．

[7] 易荆．锱铢必较马连良［J］．上海戏剧，2005（2）．

[8] 马龙．马连良香港回归记——纪念祖父105周年诞辰［J］．中国京剧，2006（4~9）．

[9] 施京吾．流水洗心听清音——马连良谈片［J］．同舟共进，2012（8）．

[10] 马崇仁口述，马龙编．马派行头［J］．书摘，2014（6）．

[11] 果素瑛．追忆砚秋［M］//全国政协文史资料委员会．中华文史资料文库．北京：中国文史出版社，1996.

[12] 黄泽．中国各民族英杰：1~6［M］．西安：陕西人民教育出版社，1999.

[13] 李小佳．程砚秋艺术理想与革新精神探微［D］．北京：中国艺术研究院，2008.

[14] 本刊记者．怀念胡絜青［J］．美术，2001（10）．

[15] 田绿萍．菊香通幽径　荷雅显高洁——我与胡絜青老人的忘年之交［J］．老人天地，2005（7）．

[16] 赵士芸．留金影坛　化焰云端——纪念金焰逝世十五周年［J］．大众电影，1998（9）．

[17] 本报记者．三十年代"电影皇帝"——金焰［N］．深圳商报，2005-09-25.

[18] 毅冰．李万春的舞台生涯［J］．现代中国，1990（8~12）．

[19] 辛言．李万春的童年世界［J］．中国电视戏曲，1997（1）．

[20] 周桓．漫谈李万春的艺术［J］．中国戏剧，1998（4）．

[21] 曾杏绯．我所走过的路［M］．宁夏文史资料委员会．宁夏文史资料：第25辑．银川：宁夏人民出版社，2001．

[22] 贺璐璐，王迎霞．德艺长馨　香泽百年——国画大师曾杏绯的艺术人生［N］．新消息报，2010-03-26．

[23] 马文祥．丰姿独韵花飞舞　神采焕然色弥鲜——读曾杏绯先生绘画［J］．回族研究，2012（2）．

[24] 刘连群．相声大师马三立去世前后［J］．名人传记（上半月），2012（4）．

[25] 吴志菲．相声泰斗马三立［J］．文史春秋，2013（6）．

[26] 姜昆．人民的马三立［J］．曲艺，2014（10）．

[27] 丁雪松，等．作曲家郑律成［M］．沈阳：辽宁人民出版社，2009．

[28] 竹风．郑小提：父亲在军歌的旋律中永生［N］．北京日报，2009-07-10．

[29] 刘波．五线谱上的美——著名作曲家雷振邦长镜头［J］．文史春秋，2000（2）．

[30] 茫茫．雷振邦和三部音乐经典影片［J］．档案春秋，2009（4）．

[31] 李晴海．一次难忘的音乐座谈会——深切缅怀雷振邦先生［J］．民族音乐，2007（3）．

[32] 冯明洋．壮族男低音歌唱家李志曙的艺术道路［J］．艺术探索，1992（1）．

[33] 严良堃．评李志曙的独唱音乐会［J］．人民音乐，1962（11）．

[34] 李秀清．中国第一位女导演王苹［J］．炎黄春秋，2000（8）．

[35] 胡清宁．秦淮河畔走出的"娜拉"——新中国第一位电影女导演王苹［J］．世纪风采，2006（6）．

[36] 薛宝琨．论侯宝林的相声艺术［J］．文艺研究，1982（5）．

[37] 余钊．侯宝林纪事［J］．章回小说，1997（2）．

[38] 侯鑫．一户侯说——侯宝林自传和逸事［M］．北京：五洲传播出版社，2007．

[39] 罗筠筠．李德伦传［M］．北京：作家出版社，2001．

[40] 谌强．音乐老人李德伦［J］．今日艺术，2001（4）．

[41] 蒋力．上海培育李德伦［N］．新民晚报，2015-04-09．

[42] 李新．作曲家通福和他的《敖包相会》［N］．呼伦贝尔日报，2015-

04-03.

[43] 本刊编辑部．音乐，永远为人民——记著名达斡尔族音乐家通福先生 [J]．草原歌声，2008（3）．

[44] 万伯翱．梅派佳人言慧珠 [J]．艺坛之星，2012（6~7）．

[45] 章诒和．言慧珠：瞬息风华的戏剧人生 [J]．文史博览，2006（5~7）．

[46] 吉颖颖．傅雪漪古典诗词歌曲演唱探析 [J]．中国音乐学，2009（4）．

[47] 涂玲慧．不把胭脂迎俗眼，自将宫羽谱新词——傅雪漪先生艺术成就综论 [J]．戏曲研究，2010（2）．

[48] 钟民．草原"歌王"哈扎布 [N]．中国民族报，2012-05-11．

[49] 玛依古丽·艾，等．追忆新疆著名舞蹈艺术家、舞蹈教育家康巴尔汗 [N]．新疆日报，2015-01-16．

[50] 李季莲．现代维吾尔族舞蹈艺术的第一代宗师康巴尔汗 [J]．艺术导刊，2001（2）．

[51] 李樱，路斐斐．贾作光：蒙古舞的"老祖宗" [J]．三月风，2007（10）．

[52] 张宗灿，高思远．贾作光：雁鸣长空　雁舞峥嵘 [J]．文明，2014（7）．

[53] 黄永玉．黄永玉自述 [M]．郑州：大象出版社，2004．

[54] 李默然．戏剧人生 [M]．辽阳：春风文艺出版社，1996．

[55] 王建柱．永远的"邓大人" [J]．党史纵横，2013（1）．

[56] 吴志菲．李默然：永生的"邓世昌" [J]．文史春秋，2013（2）．

[57] 英若诚述，康开丽记．水流云在——英若诚自传 [M]．北京：中信出版社，2009．

[58] 刘芳．英若诚：在狱中仍然寻找幽默和尊严 [J]．瞭望东方周刊，2009（45）．

[59] 宗禾．胡松华：且歌且行的"马背歌手" [J]．开心老年，2009（4）．

[60] 邢星．英雄志四方　长歌情万里——访歌唱艺术家胡松华 [J]．人民教育，2011（22）．

[61] 苗菁．油画民族化的倡导者——中国油画学会会长詹建俊先生访谈 [J]．美术之友，2008（2）．

[62] 江梦源．论詹建俊油画作品的写意精神 [D]．济南：山东工艺美术

学院，2013.

［63］张婷．"画了一辈子，还像画第一张一样"——访中国美术奖·终身成就奖获奖者詹建俊［J］．中华魂，2013（22）．

［64］乌兰杰．斯琴塔日哈的艺术道路——斯琴塔日哈蒙古舞文集（节选）［J］．内蒙古大学艺术学院学报，2008（4）．

［65］珊丹．试谈蒙古族舞蹈家斯琴塔日哈的艺术成就［J］．内蒙古大学艺术学院学报，2008（4）．

［66］云希望．妥木斯油画创作分期及其风格研究［J］．吉林艺术学院学报，2012（6）．

［67］符盛松，俞礼纯，高守信．歌声中的怀念——纪念维吾尔族音乐家乌斯满江［J］．中国民族，1991（8）．

［68］晓明．来自花城的维族音乐家乌斯满江［J］．中国音乐，1984（4）．

［69］王路路．歌唱家方初善研究［D］．延吉：延边大学，2012.

［70］熊生民，孙以森．马泰成功的秘诀［J］．人民戏剧，1980（10）．

［71］孙民．马泰与评剧的革新发展［J］．中国戏剧，2004（4）．

［72］周群慧，东旻．走出大山：百年中国苗族优秀人物［M］．北京：中国文史出版社，2006.

［73］吴志菲．高山雪莲才旦卓玛［J］．音乐生活，2007（8）．

［74］才旦卓玛．雪域高原飞出的百灵鸟［J］．档案天地，2009（10～11）．

［75］陈美琦．金凤浩和他的歌曲创作［J］．人民音乐，1984（8）．

［76］金凤浩．美的旋律塑造美的心灵——我是怎样创作《美丽的心灵》的［J］．音乐世界，1988（12）．

［77］赵兴振．阿旺克村［J］．西藏艺术研究，1989（3）．

［78］二毛．雪域舞坛老将——阿旺克村［J］．中国西藏（中文版），1995（3）．

［79］王帅红．论何纪光演唱风格的形成——兼及王品素的声乐教育思想［J］．交响（西安音乐学院学报），2005（2）．

［80］王菊苹．何纪光：中国的"帕瓦罗蒂"［J］．湘潮（上半月），2014（5）．

［81］永发，宗仁．人民歌手——记优秀共产党员、国家一级演员克里木［J］．党建，1994（Z1）．

［82］蔡恩泽．掀起你的"盖头"来［J］．世纪行，2001（6）．

[83] 边军．表现中国西部民族精魂的油画——读鄂圭俊的画［J］．美术，1985（11）．

[84] 范迪安．驻守心灵的净土——鄂圭俊的油画艺术［M］//鄂圭俊．鄂圭俊油画作品集．上海：上海人民美术出版社，2008．

[85] 刘澍．杨丽坤：请问丽人魂归何处？［J］．大众电影，2004（19）．

[86] 彭苏，易洁．杨丽坤 悲情阿诗玛［J］．南方人物周刊，2009(38)．

[87] 贾作光．用舞蹈创造美——赏析著名傣族舞蹈家刀美兰的表演［J］．舞蹈，2005（12）．

[88] 张幄．刀美兰：至美若水［J］．创造，2007（5）．

[89] 李焕民．尼玛泽仁和他的新藏画［J］．文史杂志，2002（2）．

[90] 彭凯雷．"班禅画师"尼玛泽仁：把藏文化带向世界［J］．中国政协，2014（2）．

[91] 陈传席．情怀高原——读尼玛泽仁作品有感［J］．美术观察，2004（11）．

[92] 殷海山，高守信．歌坛民族之花——少数民族歌唱家、歌手介绍［M］．桂林：漓江出版社，1983．

[93] 编纂委员会．中国少数民族艺术词典［M］．北京：民族出版社，1991．

[94] 高原．齐·宝力高：草原"野马"灵魂歌者［J］．北方音乐，2008（1~2）．

[95] 苏秀．我的配音生涯［M］．上海：文汇出版社，2005．

[97] 于允科．草原的女儿——记著名女中音歌唱家德德玛［J］．民族艺术，1989（2）．

[98] 姚辉．德德玛［D］．北京：中国艺术研究院，2008．

[99] 编委会．凉山大特写［M］．成都：四川民族出版社，1992．

[100] 陈士可．大山的歌者——普米族歌唱家曹新华的故事［J］．民族音乐，2003（5）．

[101] 沙平，彭琪云．大自然的女儿：生命开出瑰丽的花——著名舞蹈家杨丽萍侧记［J］．民族论坛，2002（5）．

[102] 张洁．杨丽萍：舞蹈着并幸福着［J］．人民论坛，2004（4）．

[103] 朝露蒙．裕固族舞蹈文化探析［J］．新世纪，2010（2）．

[104] 何艺囡．曲比阿乌：让世界都知道彝家［J］．民族大家庭，1998（6）．

[105] 李红敏．月亮的女儿，曲比阿乌［J］．音乐时空，2013（3）．

后　记

作为贵州民族出版社"共和国民族之魂丛书"的第三批，《共和国少数民族科学家传》《共和国少数民族艺术家传》，在选收标准、写作思路等方面，保持了与此前已出诸书的连续性；同时，写作中也不无新的发现和感触。

"科学家"和"艺术家"都是公众熟知的概念，它们的外延都比较广泛。这里的科学家，既包括基础研究领域的，也包括技术开发、工程应用领域的。艺术家则包括音乐、美术、舞蹈、戏剧、影视等诸多方面，但与丛书中的"文学家传"一样，专事艺术研究的学者没有收入，而是放到了"文化学者"里；同时，鉴于未来可能的"非遗传人传"的推出，具有"非物质文化遗产传承人"身份的个别艺术家，也拟留待将来。

众所周知，我国少数民族能歌善舞，歌舞艺术十分发达，有些民族还有自己成本大套的传统音乐作品和成熟的戏曲曲艺样式。正是民族民间艺术滋养了少数民族的艺术家，而众多出类拔萃的少数民族艺术人才，是我们写作的丰富资源。但同时，由于篇幅的限制和避免民族成分过度集中的考量，许多名家未能入收。不仅艺术家如此，科学家也存在这样的情形。遗珠之憾使我们也深切感受到，在这方面，我们还有很多的工作要做。

书稿的写作，参考、借鉴了许多专家学者的研究成果，包括传记、专著、论文、网上资料等，对于这些成果的作者，我们表示诚挚的感谢。鄢晓霞、张蓓等参与了部分书稿的写作，这也是需要说明和感谢的。

信息时代资讯发达，但有些方面也还是令人捉襟见肘。由于种种原因，有些人物的资料并不充分，甚至我们增加某一民族成员的努力不得不因此中止。这些，都使书中可能存在或此或彼的不足和错漏，敬请专家学者和广大读者批评指正。